Mémoires D'une Aliénée

Hersilie Rouy

Nabu Public Domain Reprints:

You are holding a reproduction of an original work published before 1923 that is in the public domain in the United States of America, and possibly other countries. You may freely copy and distribute this work as no entity (individual or corporate) has a copyright on the body of the work. This book may contain prior copyright references, and library stamps (as most of these works were scanned from library copies). These have been scanned and retained as part of the historical artifact.

This book may have occasional imperfections such as missing or blurred pages, poor pictures, errant marks, etc. that were either part of the original artifact, or were introduced by the scanning process. We believe this work is culturally important, and despite the imperfections, have elected to bring it back into print as part of our continuing commitment to the preservation of printed works worldwide. We appreciate your understanding of the imperfections in the preservation process, and hope you enjoy this valuable book.

Mlle HERSILIE ROUY

MÉMOIRES D'UNE ALIÉNÉE

PUBLIÉS

Par E. LE NORMANT DES VARANNES

PARIS

OLLENDORFF, ÉDITEUR

RUE DE RICHELIEU, 28 BIS

1883

Tous droits réservés

Mlle HERSILIE ROUY

MÉMOIRES D'UNE ALIÉNÉE

PUBLIÉS

Par E. LE NORMANT DES VARANNES

PARIS
PAUL OLLENDORFF, ÉDITEUR
28 bis, RUE DE RICHELIEU, 28 bis

1883

Tous droits réservés

PRÉFACE

Il m'en souvient encore comme si c'était hier. Dans une chambre modeste de la rue des Charretiers, une vieille dame me reçut. Je ne sais quoi d'inquiet et d'inquiétant brillait dans son œil tenace et ferme. Elle était maigre et nerveuse, presque laide et très-suggestive. On eût dit un mystère qui marchait, s'asseyait, regardait et causait, causait toujours, pour ne rien dire de positif. Une maladie agitait ce corps. Une volonté indomptable animait cette âme.

Je me trouvais en présence d'une énigme. La personne que je visitais, et que je n'ai vue qu'une seule fois, car rien ne me pressa de revenir, me parla de l'Antechrist et de la loi sur les aliénés, de sa longue détention dans les asiles et de la nécessité qu'elle sentait de remplir sa mission avant de mourir. Et de fait, quelques mois après elle était morte.

L'aimable et vénéré ami qui m'y avait conduit m'avait dit la vérité : cette dame est un problème, mais son malheur n'en est pas un. Il sera du moins utile à d'autres, et son cas extraordinaire sera un préservatif. Il sortira de cette vie tourmentée, infortunée, et cependant peu sympathique, une délivrance pour des condamnés à l'enfer de la vie.

En un mot, cette femme était Mlle Hersilie Rouy.

J'ai vu son portrait, fait par Compte Calix. Une merveille d'esprit, de rêverie et d'art. Je ne voyais plus qu'une ruine. Mais quelle ruine ! La ruine bizarre et fantastique d'un palais hanté jadis par le génie du mystère.

Je ne m'étais pas trompé. L'histoire de cette personne est un drame mouvementé, plus terrible que ne l'aurait rêvé Alexandre Dumas. Le mystère ou l'intrigue, peut-être les deux, domineraient

… un drame réel et poignant qui commence, […] aux Tuileries, pour continuer dans le monde […], dans les asiles de fous, et s'achever dans […] retraite. Je n'y mis aucune étude. […] Le cauchemar m'avait effleuré de son [aile] capricieuse et lourde. Quand je fus réveillé [par] l'attrait philosophique du sujet et mon désir [de seconder] les intentions philanthropiques et bien[veillantes] de mon conducteur, Mlle Hersilie était [morte]. Une pierre muette couvre son cadavre dans [le cimetière] de la porte Saint-Jean, à Orléans. [Muette] dans la vie, muette dans la mort ! Fallait-il [abandonner] ainsi l'énigme de sa destinée? Il paraît […].

[Les] Mémoires d'une feuille de papier soulèvent [le voile]. Et voici que les Mémoires vrais d'Hersilie [vienn]ent et donnent au public tout ce qu'il a été [permis] de deviner.

[Que] m'importait, du reste, la femme? Qu'elle [fût victime] ou instrument, elle avait été malheu[reuse, il] était juste et bon que son infortune en [sauvât] d'autres. M. le Normant des Varannes et sa bonne et exquise compagne avaient, avec un dévoûment, une abnégation qui ne s'étaient jamais démentis, sauvé, arraché la pauvre femme à son enfer, la pauvre séquestrée à sa geôle. Et maintenant ils voulaient démontrer par son histoire la cruauté d'une législation sans entrailles. Ils voulaient apporter le remède à des calamités sans nom, et je me promis de les aider par ma plume et par mon nom. Et c'est ce que je fais en écrivant cette préface.

Je n'entre pas dans le vif du sujet. Notre siècle n'a plus besoin des rois. La démocratie est une marée haute qui couvre tous les sommets et étend sur tous les terrains sociaux l'égalité mouvante de son niveau.

Que celle-ci ait été ceci ou cela, Hersilie Rouy ou fille de duchesse, substituée ou non, double ou simple, il m'importe peu. Je vois une misérable qu'un caprice ou qu'un arrêt inflexible, que la raison d'État ou la raison de famille arrache à la vie, au bonheur, à la lumière, pour la précipiter dans un gouffre, et je désire jeter une pierre dans ce

... pour qu'elle contribue à le combler ; bien ... ... y tomberont. La loi sur les aliénés ... L'humanité aura son tour. La République sera plus clémente que les monarchies. ... régnera enfin sur cette terre désolée, et ... de cette victime sera un avertissement, ... pour l'avenir.

..., il y a quelque temps, l'article suivant ... l'*Avenir du Loiret*, et j'y rendais compte des ... *d'une feuille de papier*.

... cet article, car il renferme l'annonce ... *Mémoires* qui paraissent aujourd'hui.

... à y ajouter peu de chose :

... toujours frappé les esprits. Aussi un livre ... une forme légendaire, apporte une révélation sur ... les plus mystérieux du siècle sera-t-il ... avec intérêt, d'autant mieux que ce livre, ... goût et élégance, joint les qualités de forme les ... à la profonde et émouvante énigme ... ; mais, pour quelques lecteurs, pour ceux ... jusqu'au bout des pensées, pour ceux qui cher... ...losophie sociale sous les manifestations de la vie ... extraordinaire, ce livre sera une révélation. Je ... simplement, avec la conviction d'une cons... ...irée par la réflexion et par les faits : ce livre est ...

Cette fois un courageux et dévoué accusateur se lève au nom de la justice et — chose étrange — se lève, non pas au nom de la société, mais contre la société ; j'entends la société telle que l'ont faite les despotismes antérieurs.

Voici le cas :

L'ancien régime avait ses lettres de cachet. La loi moderne sur les aliénés est elle-même une sinistre et perpétuelle lettre de cachet.

Sous l'ancien régime, la femme, qui très-probablement est la marquise de Douhaut, se voit enlevée, conduite à la Salpêtrière, spoliée et condamnée à traîner une longue existence sans *état-civil*, de sorte qu'on peut la surnommer « la femme sans nom. »

De nos temps, une législation barbare livre à l'appréciation d'un médecin, à la haine probable d'une famille, à quelque sombre et criminelle intrigue, une femme, une artiste dans tout l'éclat de son talent, la fait passer pour folle *de par la loi* et l'interne dans ces géhennes contemporaines où le Dante aurait trouvé un dernier cercle de son « Inferno. »

Eh bien ! en attendant que l'histoire impartiale donne un vengeur à Mme de Douhaut, voilà que M. E. Burton paraît et venge Mlle Hersilie Rouy, car sous le pseudonyme légendaire il s'agit d'elle, d'elle que nous avons vue et connue, d'elle qui a séjourné dans cette ville et qui y a traîné ses derniers jours, adoucis du moins par le gouvernement réparateur de la République française.

M. Burton ne livre pas son nom véritable à la publicité ; mais sa généreuse intervention n'est un mystère pour personne.

Respectons son secret. Parlons du livre.

J'ai nommé Mme de Douhaut. La victime elle-même,

PRÉFACE. VII

..., dans un article écrit il y a quelques années et
... feuille locale, comparait son sort à celui de
... marquise.
... je le trouve plus dur.
... prétendue de janvier 1788 avait autour d'elle
... admirable de dévoûments et de sympathies.
... a été seule longtemps, seule d'une solitude abso-
... à tous les abandons ; et, certes, si le machiavé-
... l'enfermait avait eu pour but de la rendre vrai-
..., il avait choisi les moyens les plus propres à
... but. Son ferme esprit résista. Sa volonté presque
... la sauva. Ses mémoires sont, à l'heure qu'il est,
... . La légende que nous présentons au public en
... la préparation. Elle développe toute l'intrigue
... mémoires ne font connaître qu'une partie ; elle
... jour inattendu sur l'évasion de Louis XVII, sur
... du pouvoir occulte qui inquiéta la Restaura-
..., un autre point plus délicat encore, la naissance
... contemporain.

... ajouter que M. Burton a eu en ses mains les preu-
... qu'il avance sous une forme romantique et que,
... pourrait connaître les noms réels des personnages,
... deviendrait l'histoire.

... étonné des qualités dramatiques que développe
... de la vie des personnages, de la multiplicité des
..., et de la savante combinaison des trames, et l'on
... avoir affaire à l'œuvre d'un romancier accoutumé
... du métier. Eh bien ! cette fois, la réalité a été
... que la fiction. Et si la mise en œuvre fait
... à E. Burton ; si le style, avec ses nuances et ses
... appartient, ce n'est pas à lui, c'est à la *réalité*
... reporter l'honneur de l'invention dramatique.

La vie moderne a ouvert ses profondeurs, comme l'Océan sous une rafale, et ce livre révélateur en est sorti...

La *séquestration* et ses suites monstrueuses !

La réforme de ces bastilles contemporaines qu'on nomme *asiles d'aliénés !*

La modification *indispensable* de la législation sur les aliénés.

Trois points difficiles que ce livre éclaire et qu'il faut résoudre. La République le fera ; elle n'acceptera pas l'héritage monstrueux du passé.

Puis trois problèmes historiques éclaircis :

Si Louis XVII a pu être sauvé ?

Si Louis XVII a été le baron de Richemont ?

Si le mariage du duc de Berry avec Caroline de Naples a été valable ?

Ce livre les éclaircit.

Eucharis Champigny, Jeanne Tavernier, c'est Mlle Hersilie Rouy, connue, dans les asiles sous le nom de *Chevalier.*

Voilà la clef qu'il faut avoir pour comprendre la légende ; M. Burton ne m'en voudra pas de l'avoir donnée.

Ami lecteur, lisez ce livre. Quand vous l'aurez lu, et quand vous y aurez joint la lecture des *Mémoires* de Mlle Hersilie Rouy, qui vont paraître, vous connaîtrez l'envers de l'histoire du XIXe siècle.

M. Burton semble (qu'il me permette un peu de critique), semble avoir conservé quelque reste d'attrait pour les couronnes papales ou autres (lisez son *post-scriptum*) ; mais c'est un esprit sincère, un cœur droit, une âme bien trempée et méditative ; qu'il se relise lui-même, et qu'il reconnaisse que son livre est la condamnation des couronnes.

Max d'Elion,

PRÉFACE. IX

...... annoncés et promis, les voici. La ...... parle elle-même. Écoutons-la. Tout com...... ... affaiblirait.

...... demanderai la permission de rappeler ...... d'une lettre de Mlle de Grozelier, ... à la page 72 :

...... ! en plein XIXe siècle, dans un pays ......, où il y a une police, des tribunaux, une ....rature, on peut accomplir un acte aussi .... séquestration, sur le simple aver...... ... d'une personne inconnue ? ».

... hélas ! on le peut, ou du moins on l'a ...... livre n'a qu'un but : celui de faire qu'on ...... plus jamais.

... ... style est nerveux dans sa simplicité ! ... tout cela est palpitant, vécu et sinistre ! ... voix que cette voix posthume qui crie à ...... : « Quand feras-tu justice ? ».

... moins, elle en est morte, si elle en a ...... que d'autres ne souffrent plus, ne meurent ...... cela et que la pitié humaine connaisse ...... larmes, pour les empêcher de couler ! Que la loi, jadis si terrible, s'attendrisse sur tant d'infortune. Que les législateurs patriotes, que le gouvernement national réparent cette injustice, et que l'œuvre de toute la vie des éditeurs soit couronnée par le succès. Leur cœur sensible n'en veut pas d'autre. Il appartient à la démocratie, si souvent victime des tyrannies, de dire avec le poète :

Non ignara malis miseris succurrere disco.

JULES-STANISLAS DOINEL,
Archiviste-paléographe.

AVANT-PROPOS.

... de la loi du 30 juin 1838 sur les aliénés.

... du rapport de M. le Ministre de l'intérieur ... Président de la République, mars 1881 (1).

...mission pourrait s'éclairer, soit par l'audition ..., soit par des questionnaires, soit par des en... ...elles. En un mot, elle apprécierait aussi exacte... ...possible l'état de choses actuel.

... que les attributions de la commission doivent ... administratives, médicales et législatives.

... que des garanties plus complètes doivent être ... contre les admissions non justifiées et contre le ... prolongé dans les asiles.

... dans les améliorations de détail et non dans les ... qu'il faut rechercher le progrès.

Le Ministre de l'intérieur et des cultes,
Signé : Constans.

...ères sont écrits dans ce but, et si je meurs avant ..., je charge M. et Mᵐᵉ le Normant des Varannes ... à ma place.

Hersilie Rouy.

Il allait se coucher à huit heures; je me mettais au piano jusqu'à minuit, pour recommencer mon rude travail le lendemain.

Cette vie était bien triste pour ce pauvre vieillard, qui, au moment où le repos et la vie d'intérieur sont le plus nécessaires, était abandonné à lui-même tout le jour et n'avait plus, au coin de son feu, cette douce et charmante compagne qui avait partagé sa vie et ses travaux, élevé ses enfants, et faisait tous les soirs avec lui sa chère partie d'échecs. Je cherchais tous les moyens de lui créer une occupation qui pût le distraire; mais rien ne pouvait combler ce vide cruel, et sa vie, toujours si active autrefois, lui paraissait d'autant plus monotone qu'il ne savait plus à quoi l'employer. Il modela le Panthéon, le tombeau d'Héloïse et d'Abeilard, et les fit couler en bronze, ainsi que différents autres objets; mais cela devenait ruineux, et il y renonça.

Le dimanche, je lui appartenais. Il en jouissait; j'étais à lui seul toute la journée. Il me menait promener ou me conduisait fièrement dans un concert matinal où je faisais ma partie, où il m'entendait applaudir avec bonheur, et m'embrassait, sans cérémonie, devant tout le monde, quand mon succès était complet. Je travaillais pour lui plaire, et j'aurais passé ma nuit entière au piano si, sortant de son lit à minuit, il n'était venu régulièrement m'avertir qu'il était temps de laisser dormir les voisins et de dormir moi-même.

Ayres. On a dit que le navire s'était perdu corps et biens.

Mon frère Jean-Charles-Télémaque, né à Milan en septembre 1815, élevé jusqu'à l'âge de seize ans par une sœur de ma mère, Mme Boiteux, qui habitait Genève, était placé à Marseille dans une raffinerie. On m'a écrit que, tombé dans une cuve de sucre en ébullition, il était mort après trois jours d'horribles souffrances, le 21 octobre 1833.

Ma sœur Jeanne-Marie-Dorothée est née à Moscou, le 22 septembre 1818.

Ma sœur Constantine, née et morte à Varsovie en 1822, était filleule du grand-duc Constantin, vice-roi de Pologne et frère de l'empereur de Russie, Alexandre Ier.

Mon père avait en outre, de son premier mariage, un fils nommé Claude-Daniel.

Mon père et ma mère tenaient à Milan une institution de jeunes gens. Mon père y donnait lui-même des leçons. Afin de faciliter les études de ses élèves, il inventa un mécanisme uranographique qui attira, dès 1812, l'attention du prince Eugène, alors vice-roi d'Italie, et de tous les savants de ce pays; ils en firent au ministre de l'intérieur un rapport si favorable qu'ordre fut donné de placer ce mécanisme dans les institutions publiques. Le grand succès qu'il obtint décida mon père à retourner en France. Il mit ce projet à exécution après la naissance de mon frère Télémaque, en 1815.

Nous arrivâmes à Paris à la fin de cette même année, et mon père fut présenté à Louis XVIII le 17 janvier 1816. Il donna au roi, ainsi qu'à la famille royale, un cours d'astronomie dont le résultat fut aussi satisfaisant que celui obtenu à Milan. Louis XVIII ayant beaucoup admiré le mécanisme uranographique, mit son nom en tête d'une souscription ouverte pour sa propagation. Le ministre de l'intérieur en ordonna le placement au Conservatoire. Les institutions publiques et particulières en furent pourvues.

Après avoir donné des séances dans plusieurs sociétés savantes et à l'Institut, mon père partit pour la Russie, fit le tour de l'Europe, et nous revînmes nous fixer à Paris en 1823.

Ma mère n'ayant plus voulu quitter cette ville, où elle avait été fort bien accueillie par la famille Rouy, mon père s'y établit. Il donna des leçons et des cours d'astronomie. Sa position scientifique le mettait en rapport avec les savants, les littérateurs, les artistes, qui se donnaient rendez-vous chez lui. Ses séances étaient suivies par les plus hautes sommités sociales. J'ai eu l'honneur de voir à la maison Mme la duchesse de Berry, le roi Jérôme, les ambassadeurs de Portugal, etc. Je leur ai été présentée, ainsi qu'à tous ceux qui voulaient bien s'occuper déjà de mon petit mérite.

Élevée par mon père et par ma mère, que je n'ai jamais quittés, j'ai eu le bonheur de répondre à leurs bons soins par des progrès rapides. J'ai pu être reçue élève titulaire au Conservatoire de musique le jour même de ma dixième année, 14 avril 1824; donner des leçons à mon frère Télémaque et à ma sœur Dorothée à douze ans; être placée comme institutrice à seize ans, après la mort de ma bonne mère, qui a succombé, le 6 octobre 1830, à une longue et douloureuse maladie.

Après être restée trois ans à Blois chez Mme de Galard de Zaleu, deux ans à Londres chez lady Dillon, mon père, qui avait repris ses voyages, ayant voulu se reposer, je suis revenue près de lui en 1836, et grâce à la bienveillance de chacun, je me suis créé une situation fort honorable, comme pianiste et comme professeur.

Je menais une vie très-active et très-fatigante, ayant à tenir ma maison comme j'avais été élevée à le faire et comme cela convenait à mon père, qui aimait la vie large et aisée. L'appartement était en mon nom et à ma charge. Le loyer était de 800 fr., prix très-élevé alors. Mon père me donnait 70 fr. par mois pour sa pension, tout compris.

Réveillée dès six heures du matin, j'allais embrasser mon père dans son lit, et je partais, par tous les temps, pour donner des leçons jusqu'à l'heure du dîner, seul moment où nous nous retrouvions, seul repas que nous faisions ensemble et où nous pouvions un peu causer.

Il ne sortait jamais le soir que quand il m'accompagnait dans le monde; il n'avait donc pas la ressource du café, ni même celle des journaux, sa vue affaiblie ne lui permettant pas la lecture.

Il allait se coucher à huit heures ; je me mettais au piano jusqu'à minuit, pour recommencer mon rude travail le lendemain.

Cette vie était bien triste pour ce pauvre vieillard, qui, au moment où le repos et la vie d'intérieur sont le plus nécessaires, était abandonné à lui-même tout le jour et n'avait plus, au coin de son feu, cette douce et charmante compagne qui avait partagé sa vie et ses travaux, élevé ses enfants, et faisait tous les soirs avec lui sa chère partie d'échecs. Je cherchais tous les moyens de lui créer une occupation qui pût le distraire ; mais rien ne pouvait combler ce vide cruel, et sa vie, toujours si active autrefois, lui paraissait d'autant plus monotone qu'il ne savait plus à quoi l'employer. Il modela le Panthéon, le tombeau d'Héloïse et d'Abeilard, et les fit couler en bronze, ainsi que différents autres objets ; mais cela devenait ruineux, et il y renonça.

Le dimanche, je lui appartenais. Il en jouissait ; j'étais à lui seul toute la journée. Il me menait promener où me conduisait fièrement dans un concert matinal où je faisais ma partie, où il m'entendait applaudir avec bonheur, et m'embrassait, sans cérémonie, devant tout le monde, quand mon succès était complet. Je travaillais pour lui plaire, et j'aurais passé ma nuit entière au piano si, sortant de son lit à minuit, il n'était venu régulièrement m'avertir qu'il était temps de laisser dormir les voisins et de dormir moi-même.

Bientôt le pauvre cher père ne put plus m'accompagner le soir; la lumière faisait enfler ses yeux. Je voulus renoncer au monde; il ne le voulut pas et entra à Sainte-Périne, espérant trouver, dans une maison consacrée à la vieillesse, un amateur et un échiquier.

Ne pouvant rester seule dans cet appartement où j'avais eu le bonheur de vivre près de lui, et qui était devenu trop grand pour moi, j'y donnai une soirée d'adieu où je réunis la famille et les personnes qui avaient la bonté de me porter intérêt. Celle dont la bienveillance était la plus active était alors Mme Dominique André, de si respectée mémoire. Sitôt qu'elle sut que je voulais avoir un peu de musique chez moi, elle m'envoya des lampes, des rafraîchissements et son bon vieux domestique *Baptiste*, pour veiller au service et à l'éclairage. Elle m'amena quatorze personnes, parmi lesquelles se trouvait son aimable amie, Mme la baronne de Neufflise, et m'en aurait amené davantage si mes modestes murs ne s'y étaient pas opposés. Elle fut, du reste, enchantée de sa soirée, où M. et Mme Ponchard, MM. Mallart, violoniste; Prunnier, harpiste; Wartel, de l'Opéra; Henri, de l'Opéra-Comique; MM. Jacques et Henri Herz, rivalisèrent d'entrain et de talent, où un public d'élite ne cessa d'applaudir, où les rois de la publicité se pressaient et, comme disait gaîment Théophile Gauthier, qui s'y était trouvé écrasé dans un coin, « où ils avaient la ressource de se percher sur un pied pour reposer l'autre. »

Quand Mme Dominique André apprit que je souffrais de la poitrine et voulais changer d'air, elle chercha à m'emmener à Tours, où la très-charmante Mme Blanche André, femme de M. Louis André, le propriétaire de la manufacture de Foëcy, passait l'été avec ses beaux enfants. Elle fut très-fâchée de me voir me décider pour le midi, où j'allai passer six mois dans la famille Benoît d'Azy. Mais Mme la comtesse Benoît d'Azy, qui m'enlevait à elle, eut la gracieuseté de retarder son départ de quelques jours, pour que je pusse jouer au concert de Mlle A..., jeune artiste que Mme Dominique André protégeait et avait amenée à ma soirée.

Cette dame, dont la bienveillance était extrême, sachant combien j'aimais ma sœur et me préoccupais de son avenir, la plaça comme institutrice chez son neveu, M. Paul Bontoux, habitant un château près de Paris. Mais ma sœur n'y put rester, et j'en éprouvai tant de chagrin que je n'osai plus retourner chez Mme Dominique.

Je rencontrai un jour le bon vieux Baptiste, qui me témoigna sa surprise de ne plus me voir chez sa maîtresse.

« Madame parle souvent de vous, me dit-il ; elle vous portait et vous porte encore tant d'intérêt ! » Je fus sur le point de le suivre, tant l'élan fut vif. Un sentiment de délicatesse me retint. Plusieurs années s'étaient écoulées, et j'étais alors en froid avec mon frère, à qui j'avais dû la connaissance de la famille André. Il était en relations d'affaires avec M. Louis ; il eût fallu parler de nos différends, et c'était un sujet trop pénible. Je me privai donc de revoir une femme qui était la bonté descendue sur la terre.

Puisque ma plume a parlé comme mon cœur, je laisse ces pages telles qu'elles me sont échappées, afin que ma reconnaissance pour celle dont la mémoire est bénie par tous ceux qui ont eu le bonheur de l'approcher puisse arriver jusqu'à ses petits-enfants, qui ne savent même pas mon nom.

Pendant que j'étais heureuse dans l'aimable famille Benoît d'Azy, où je serais bien restée des années si ma triste destinée n'en avait pas ordonné autrement, je recevais lettres sur lettres de ma belle-sœur Désirée, pressant mon retour à Paris à cause de ma sœur Dachinka (Dorothée).

En sortant de chez Mme Paul Bontoux, elle était entrée, comme professeur de piano à demeure, chez Mlle Dumay, son ancienne maîtresse de pension, dont la belle institution avait été transférée rue de Vaugirard. Ma tante Étienne, veuve du frère de mon père, et mère de ma belle-sœur Désirée, envoyait sa bonne tous les dimanches chercher Dachinka pour passer la journée en famille. Enfant gâtée par tous, habituée à faire toutes ses volontés, nerveuse et irritable à l'excès, elle donnait beaucoup de souci à ma tante. — « Toi seule, m'écrivait ma belle-sœur, peux venir à bout de cette jeune fille. » — Je revins donc en toute hâte à Paris, et bientôt ma sœur, ayant perdu sa pension, s'installa chez moi. Elle y fut à ma charge jusqu'au moment où, ayant suffisamment d'élèves, elle put me donner une petite indemnité de 50 fr. par mois.

J'aimais beaucoup ma sœur, à qui j'avais donné ses premières leçons et dont j'avais perfectionné le talent sur le piano; cependant, j'avoue franchement que je fus très-heureuse, plusieurs mariages que j'avais espérés pour elle ayant manqué, quand, m'étant trouvée malade de fatigue et obligée de garder la chambre, elle me quitta provisoirement pour prendre un petit pied-à-terre à la campagne, afin, disait-elle, — « de respirer un air plus pur. »

Je profitai de cet abandon pour l'amener à trouver qu'elle ferait mieux de rester tout à fait chez elle, parce qu'elle serait libre de se conduire à son idée, et j'obtins de mon père, avec une peine infinie, de lui meubler une chambre à coucher, lui faisant comprendre que cela vaudrait beaucoup mieux pour tout le monde.

Ma sœur Dachinka était une très-jolie petite brune, blanche et rose, vive, spirituelle, instruite, écrivant et jouant fort bien du piano; elle avait remporté tous les premiers prix de sa pension. D'une nature ardente, violente, faisant de grandes scènes fréquentes, ayant besoin de mouvement, aimant à se mettre en évidence, à danser, à aller à cheval, elle ne regardait ni à la qualité du partner ni à celle de sa monture: le premier

raison s'était mûrie, et j'étais vieille de pensée. Je me trouvais heureuse de cette affection fraternelle en laquelle j'avais une grande confiance, estimant et respectant beaucoup mon frère, ainsi que ma belle-sœur, avec laquelle j'entretenais une correspondance régulière quand nous nous trouvions éloignées l'une de l'autre. Pendant un assez long séjour qu'ils ont fait à Limoges, mon frère étant venu à Paris, a logé chez moi avec son fils Jean qui, dès lors, trouvait *sa petite tante* Dachinka charmante. Quand il fut question de mariage, tout changea autour de moi : on me fit mystère des préparatifs ; l'acte civil fut accompli le 15 novembre 1845, presque clandestinement, et je ne sus, moi-même, cette union faite, que lorsque je fus invitée à la célébration du mariage à l'église, effectuée quelque temps après.

A cette occasion, j'entendis parler vaguement de bigamie, de faux, de formalités à éviter. Mais quand je voulais en savoir plus long, on me répondait que les choses étaient toutes personnelles, qu'on avait fait pour ma sœur une reconnaissance d'enfant naturel, afin d'éviter des dispenses, et qu'il ne fallait rien dire.

Je dois avouer ici qu'élevée loin des chicanes judiciaires, n'ayant jamais entendu soulever la question de notre état civil, voyant l'union parfaite qui régnait entre la première famille de mon père et notre mère, je croyais tout régulier autour de nous. J'étais d'autant plus ignorante de toutes choses sur ce point, que j'avais

même confiance, m'ont octroyé, sur la simple parole d'un homme, qu'ils ne connaissaient pas plus qu'ils ne me connaissaient, le nom et l'état civil de fantaisie qu'ils ont enregistrés, sans aucune pièce à l'appui.

Depuis le moment de ce mariage, mon père baissa rapidement, ayant eu une attaque de paralysie. Sa fin fut accélérée par une circonstance que je vais rapporter.

Il avait, 31, rue de Fontarabie, à Charonne, près du Père-Lachaise, une maison assez belle dont il était devenu propriétaire malgré lui, parce qu'il avait dessus une première hypothèque. Cette maison, qui entre des mains fermes et habiles aurait pu rapporter beaucoup, ne faisait que lui engendrer des ennuis et des tracasseries qui le minaient. On l'avait louée pendant un certain temps, par petits logements, à des ouvriers. Elle rapportait ainsi de 3,000 à 3,600 fr. Mais les rentrées se faisaient fort mal, mon père étant trop âgé pour s'en occuper activement. Il prit un homme d'affaires ; cela coûtait cher et n'allait pas mieux. Il voulut m'en charger : outre que c'était pour moi un surcroît de fatigue, je ne pus arriver à rien ; ces gens pleuraient, en appelaient à ma compassion, et la rigueur me devenait impossible. On fit maison nette, et on loua à deux fabricants. Le plus important fit faillite... C'était à décourager le plus intrépide.

Mon père avait soixante-dix-sept ans. Il s'était placé à Sainte-Périne viagèrement, en donnant une somme de 12,000 ou 15,000 fr. Mais il fallait, en outre, café, service, tabac, éclairage, chauffage, blanchissage, entretien, menus frais, argent de poche, ce qui faisait monter la pension assez haut; et n'ayant presque pas d'argent devant lui, il se tourmentait beaucoup. Je priai donc mon frère de vouloir bien prendre la direction de la maison, de m'ôter cette besogne, à la hauteur de laquelle je ne me sentais pas du tout, et d'assurer à mon père un revenu fixe qui lui mît l'esprit en repos. Il y consentit, et mon père se trouva immédiatement mieux, à ma grande joie.

En l'honneur de cette prise d'autorité de mon frère, il fut convenu que le dîner de famille, qui se donnait ordinairement chez moi le jour de la Saint-Charles, — car mon pauvre père ne se regardait chez lui que quand il était chez moi, — se donnerait chez Claude-Daniel.

Je fus exacte au rendez-vous général. Mon frère avait gardé l'habitude militaire d'être à l'heure; on le savait, et on s'arrangeait de manière à ne pas le faire attendre. Une heure s'était écoulée; sept heures sonnaient, et mon père n'était pas arrivé. Je commençais à être inquiète.

« Il ne viendra peut-être pas, me dit Claude-Daniel. — Comment cela? — C'est que je lui ai écrit de ne plus compter sur moi pour ses affaires. — Qu'est-ce que cela veut dire? dis-je stupéfaite. — Dachinka m'a dit que tu aurais des soupçons sur ce que je ferais, et j'ai préféré couper court à cela. »

Je me levai désespérée. « Vous avez tué mon père ! m'écriai-je en courant prendre mon chapeau. Est-il possible qu'un homme de cœur, qu'un homme sensé agisse ainsi ? Si je n'avais pas eu toute confiance en vous, si je n'avais pas voulu tranquilliser mon bien-aimé père, vous aurais-je prié de vous occuper de lui ? Ne m'en serais-je pas occupée seule ? C'est indigne ! — Aussi je m'en suis étonné. — Et pourquoi avez-vous écrit à mon père sans m'en parler d'abord ? — Parce que j'ai agi sous la première impression ; ce n'est qu'après que j'ai réfléchi. Où vas-tu ? — Je vais le chercher, lui dire que vous avez agi stupidement, que vous le regrettez, que vous tenez vos engagements..... ou rester avec lui, car il ne peut pas passer sa fête seul au monde ! »

Je pris une voiture ; je promis bon pourboire si on allait vite. J'arrivai à Sainte-Périne... Personne ! Je revins chez mon frère... Personne !..... Oh ! mon père ! Je redescendis ; je retournai à Sainte-Périne... Personne !!..... Que faire ? que devenir ?... Je ne suis pas devenue folle ! Non ! je suis restée là, attendant, espérant... Puis j'ai couru chez moi, ayant l'idée que le pauvre affligé devait avoir recouru à moi ; à moi, sa fille ; à moi, qu'il savait l'aimer !... Personne n'était venu ! Je suis revenue à Sainte-Périne, où les concierges me permirent d'attendre chez eux.

A dix heures et demie, il est rentré, brisé, exténué ; il avait faim !... Il avait reçu un coup ; sa tête avait tourné. Il avait pourtant voulu nous voir ; il s'était perdu, et on avait été obligé de le remettre sur le chemin de Sainte-Périne. J'ai soupé avec lui ; je lui ai remis de l'espoir au cœur ; je l'ai bien embrassé, caressé, couché ; puis, à minuit, j'ai remercié les braves gens qui avaient bien voulu me permettre d'attendre dans leur loge, et ne s'étaient pas couchés avant que j'eusse calmé leur pensionnaire. J'ai quitté seule ce quartier isolé et dangereux ; je me suis dirigée chez moi, près la barrière des Martyrs.

Le coup était porté. Rien ne l'a pu sauver. Il est tombé en enfance ; il croyait qu'on voulait le voler, l'empoisonner. Il se perdait sans cesse quand il sortait, et me disait que les souvenirs de son jeune âge l'obsédaient. Bientôt il garda le lit, refusa de recevoir aucune nourriture que de ma main ; puis me dit qu'on trompait ma surveillance, qu'on empoisonnait à mon insu ce que je lui offrais, et finit par tout jeter par la fenêtre et par s'enfermer.

Le jour de l'an 1848, jour de sa naissance, il avait soixante-dix-huit ans. Je vins le voir un peu tard, comptant rester jusqu'au soir.

Il avait sur son lit des oranges. « Tiens, me dit-il, prends-les, ma fille ; je n'ai pas autre chose à te donner, maintenant qu'ils m'ont tout pris. » J'eus beau refuser, lui donner celles que je lui apportais moi-même ; il me força à les emporter et ne voulut goûter qu'aux miennes.

Ce fut presque son dernier jour de lucidité.

Mon frère ayant été averti par le directeur de Sainte-Périne qu'on ne pouvait pas le garder, voulut bien se charger de trouver une maison de santé et s'occuper des démarches à faire pour le placer, ainsi que pour obtenir de l'assistance publique de la Seine le revenu de la somme assurée viagèrement à Sainte-Périne. Il vint me chercher de bon matin avec ma belle-sœur, car mon père ne voulait voir personne, et ils n'osaient forcer sa porte sans que je fusse là. En effet, il sauta à bas de son lit et demanda pourquoi on entrait chez lui. Dès qu'on lui eut dit que c'était parce que sa fille voulait le voir : « Laquelle ? — Hersilie. — Où est-elle ? où est-elle ? »

Il se plaignit à moi de cette violence. Malgré tous mes efforts, je ne pus lui persuader qu'il fallait quitter sa chambre pour m'accompagner ailleurs.

Je fus obligée de me retirer dans une autre pièce avec mon frère et ma belle sœur, tandis qu'on l'entraînait de force.

Nous suivîmes, dans une seconde voiture, celle qui l'emportait entre quatre gardiens, et nous arrivâmes avec lui à la maison de santé de Mme Reboul-Richebraque, rue Picpus.

Il y fut installé dans une belle chambre, claire, gaie et tranquille.

Nous allâmes, ma belle-sœur et moi, le voir le surlendemain. Il nous regarda en silence, semblant ne pas nous reconnaître. Il nous en voulait sans doute.

La visite suivante fut pareille. Désirée alors déclara que, puisqu'il ne reconnaissait plus personne et qu'il était bien, il était inutile de venir plus de deux fois par mois, et m'engagea à la prendre tous les quinze jours, afin de lui faire visite ensemble. M. le docteur Rotta, médecin de l'établissement et associé de Mme Reboul-Richebraque, nous avait accompagnées. Il nous dit qu'il y avait de l'argent et des papiers dans le coffre-pupitre, et qu'il ne fallait pas laisser de tentation au service. Ma belle-sœur visita ce pupitre, y trouva un livret de la caisse d'épargne, différents papiers et le testament de mon père. Elle emporta le tout chez elle ; on donna un tour de clé au pupitre qu'on laissa là, après s'être assuré qu'il ne contenait plus rien de précieux.

Je ne pus rester quinze jours sans revoir mon père. J'y arrivai donc peu après ; on me dit à la porte qu'il n'y avait personne dans la maison portant le nom de Rouy. Je demandai à parler à Mme Reboul-Richebraque, qui parut fort embarrassée par ma présence. Elle m'expliqua que mon frère, ne désirant pas, à cause de sa position, qu'on sût son père dans une maison de santé, tout en l'ayant fait régulièrement enregistrer sous le nom de Rouy, avait dit de ne lui donner que celui de *Daniel* dans le service et à la poste, et avait défendu de le laisser voir à qui que ce fût, sinon accompagné de lui ou de l'un des siens ; qu'elle ne voulait pas prendre sur elle d'enfreindre ces ordres, parce que mon père pourrait me faire du mal... Je la rassurai sur ce point.

Je n'avais pas *peur* de mon père, et je déclarai que *je voulais* le voir deux ou trois fois par semaine. Elle comprit qu'il était inutile de résister et me conduisit près de lui. Il était tristement assis devant le feu, qui était garanti par un grillage fermé à clé. Dès qu'il me vit seule, il fit un mouvement, regarda autour de lui, puis me demanda comment j'avais fait pour m'échapper et venir le voir sans être surveillée. Ceci m'étonna. Il me parla longtemps et avec toute sa raison, me dit qu'il était parmi des fous qui ne disaient rien de juste, s'informa de ma santé, de mes affaires, de tout le monde, et me déclara qu'il ne me parlerait jamais quand je ne serais pas seule. L'effet de me voir là, tête-à-tête, avait eu ce résultat, qui, malheureusement, ne se soutint pas. Chaque fois que je vins seule, il fut content, et il continua de me parler plus ou moins raisonnablement.

Peu de jours après, je revins avec ma belle-sœur. Le docteur, averti, vint nous trouver, et nous faisant passer par le jardin du quartier, dit, en montrant un jeune homme qui s'y promenait, *qu'il était dangereux pour moi de venir voir mon père*, parce qu'en traversant le jardin je risquais d'être embrassée par cet hystérique, qui pourrait se jeter sur moi. « Eh bien ! j'aime encore mieux être embrassée par un fou que de ne pas voir mon père, » dis-je résolument. Mais il devint *gâteux*, et on dut le placer ailleurs. Mme Reboul-Richebraque me conduisit elle-même dans sa cellule et lui annonça sa fille. « Laquelle? — Hersilie. — Ah ! ma chère enfant, sauve-moi ! Regarde, j'ai mon bonnet sur les yeux, et je ne puis le lever ; la fenêtre en tabatière qui est au-dessus de mon lit m'aveugle, m'envoie du vent. On me fait descendre les pieds nus sur la pierre, sans tapis, et on me pousse si j'hésite... » Mme Reboul-Richebraque était confondue ; elle le croyait idiot. Personne ne voulait me croire quand je disais qu'il *parlait* raisonnablement ! Puis elle ajouta qu'il était *méchant*, qu'il ne se plaignait que parce qu'il savait me faire de la peine et qu'il *m'entendait* pleurer, car le pauvre cher homme ne pouvait me voir, ayant son bonnet rabattu sur ses yeux, comme un condamné à la pendaison. « Méchant ! » Mais tout ce qu'il disait était vrai ! Je le voyais bien, et j'en étais au désespoir. J'allai directement chez mon frère lui conter cette douleur. Au lieu d'y compatir, mon frère fut formalisé et me signifia que, si je n'étais pas contente, « il placerait son père à Bicêtre, ceux qui étaient enfermés dans les maisons de l'État n'en sortant plus, ne pouvant pas être vus, et étant punis lorsqu'ils se plaignaient ; que, d'autre part, c'était bien moins cher. »

Jamais je n'avais eu la moindre discussion avec mon frère. Cependant, à ce discours, je ne pus m'empêcher de bondir. « Mon père à Bicêtre ! à Bicêtre ! Avez-vous bien osé dire cela, alors qu'il a de quoi payer sa pension avec son propre argent, sans rien demander à personne ? Qui a donc ici le droit d'économiser son avoir ? Il doit, avant tout, servir à son bien-être. Mon pauvre père ! vous n'avez que moi pour vous aimer ; mais tant que je vivrai je saurai vous aimer et vous défendre ! » Puis je fondis en larmes.

Cette altercation augmenta le froid qui existait entre nous depuis le mariage de ma sœur.

Mon père mourut le 20 octobre suivant. Je l'avais vu bien faible le 16. Le 19, mon frère me fit dire de venir le prendre avec une voiture à son bureau, où il m'attendait avec son fils Jean, et nous allâmes ensemble à la maison de santé. Mon pauvre père était couché et au plus mal.

Il ne pouvait plus parler ; sa tête était enflée ; les mouches le dévoraient. Dès qu'il entendit ma voix, ses yeux, qui seuls avaient encore leur mouvement, me cherchèrent jusqu'à ce que, m'étant placée en face de lui, il les fixa sur moi et commença une de ces conversations muettes qui laissent un souvenir ineffaçable. Je lui parlais ; il me répondait en ouvrant et fermant les yeux. Je voulus chasser les mouches ; il prit mes mains dans les siennes, les serra, me regardant le plus qu'il pouvait... Mon frère et son fils voulurent aussi lui prendre la main ; il lâcha les miennes et se mit à frapper les autres mains qui s'avançaient. Le médecin intervint et nous fit tous sortir, en disant qu'il était surexcité et qu'il fallait le laisser mourir en paix. Je tombai à genoux... On m'entraîna ; je n'avais plus de pensée. Mais, au moment de partir, je me souvins de cette main qui avait pressé la mienne, et je demandai à mon frère de me donner l'*anneau d'or* que mon père avait à son doigt, comme souvenir de son dernier moment. Il me le promit devant le médecin.

Ma sœur et ma belle-sœur n'avaient pas pu venir lui dire adieu ; elles étaient « trop sensibles » pour cela.

Le lendemain matin, je vins avec ma femme de ménage revoir une dernière fois celui que je ne devais plus retrouver que dans mon cœur. Il était mort !... Mort seul, sans enfant près de lui, entre les mains d'un service étranger, et on m'avait refusé le bonheur de rester dans un coin jusqu'à son dernier souffle ! Ma mère avait été soignée par moi-même ; je l'avais vue à l'heure suprême, embrassée chaude encore... Il était là, froid, insensible, lui dont le regard avait su trouver un signe pour me parler, quoique perdu d'esprit !

Quel désespoir, quel remords pour ma vie entière ce serait, si j'avais pu le garder chez moi et que j'aie à me reprocher de l'avoir livré volontairement à cet abandon ! Je l'embrassai doucement ; j'avais peur de le troubler.

M. le docteur Rotta m'offrit de me donner l'anneau qu'il avait encore au doigt ; mais j'aurais regardé comme une profanation de le déranger pour moi dans son repos. Je priai donc le docteur d'être assez bon pour le prendre quand on l'ensevelirait et le donner à mon frère, qui le remettrait entre mes mains à notre première entrevue. M. le docteur Rotta me dit que ma sœur était venue avant moi et avait fait une scène de désespoir terrible.

Les grandes douleurs ne font pas de bruit et aiment l'isolement. Je rentrai chez moi. Au bout de huit jours, mon frère m'invita à dîner. Je me rendis à cette invitation le désespoir dans l'âme. Je fondis en larmes en les voyant, puis je tendis la main vers mon frère. « L'anneau, lui dis-je. — L'anneau ? Je l'ai fait couper, parce qu'il était trop grand, et je l'ai donné à ta sœur. — A ma sœur ! » répétai-je *avec stupidité*.

Ce coup m'avait *hébétée*. Je ne comprenais pas.

Cet anneau d'or, simple, sans aucune valeur, ne pouvait être qu'un souvenir; s'il n'avait pas frappé mes yeux, on l'aurait enterré avec mon père. Mon frère me l'avait promis à son lit de mort, et mon frère le donnait à sa bru, qui n'avait pas même été voir son père !

Je ne comprenais pas ! non ! Mais mes yeux s'étaient séchés ; quelque chose s'était brisé en moi. Je n'avais plus rien à dire, rien à faire là. Je n'ai même pas protesté. Avais-je besoin d'*un anneau d'or*, pour penser à celui qui m'avait élevée, aimée, protégée ? J'avais son amour ; l'autre pouvait avoir son anneau !

A la fin du dîner, où je ne pus manger, on le comprendra, mon frère alla chercher le *testament de mon père* qu'il avait chez lui depuis le mois de février. Il l'ouvrit, nous le lut lui-même. Voici ce que j'en ai retenu : « Après s'être mis en présence de Dieu et avoir déclaré qu'il était dans toute la possession de ses facultés intellectuelles, il partageait ce qu'il possédait en trois parts égales entre ses trois enfants. *Il léguait son mécanisme uranographique à son fils aîné, Claude-Daniel, à la condition expresse qu'il nous servirait de père, à ma sœur et à moi...* »

Il paraît que ce testament a été fait avant le mariage de ma sœur, car il n'y est pas question de son mari.

Après l'avoir lu, mon frère a demandé à son fils Jean, qui comme mari de ma sœur la représentait, et à moi, si nous voulions nous occuper de la liquidation, avoir chacun notre notaire ou lui laisser tout pouvoir d'arranger les choses pour le mieux. Nous avons tous deux répondu en le priant de s'en charger, et en le remerciant de vouloir bien être assez bon pour nous éviter ces ennuis. Il a alors replié le testament, l'a remis dans son enveloppe, s'est levé pour aller l'enfermer. Je l'ai prié de me le laisser voir. Il m'a refusée net.

Je l'ai regardé en silence, profondément.... Puis je me suis levée tranquillement; j'ai pris mon chapeau, mon châle; je leur ai dit adieu. Je n'y suis plus retournée.

Quand toutes les affaires furent réglées, mon frère m'envoya, par un tiers, la somme de 1,500 et quelques francs pour ma part de succession, avec un compte énorme que je n'ai même pas regardé. J'ai donné reçu sans faire une observation, bien que je fusse un peu étonnée de ce qu'il ne me revenait que cela, la maison de la rue de Fontarabie ayant été vendue, et aussi de ce que mon frère avait gardé, sur ma part, 400 fr. pour couvrir les frais du mariage de son fils avec ma sœur.

Que m'importait un peu d'argent, dans l'état d'esprit où je me trouvais? J'étais bien pauvre; mais j'avais tant de ressources en moi-même, il m'était si facile de me placer, je m'étais trouvée si bien partout où j'avais été, que plutôt que d'avoir une discussion d'intérêts, plutôt que d'avoir une seconde journée comme celle du testament, j'aurais mieux aimé perdre tout l'or du monde. Ceux que j'aimais m'avaient frappée dans ma foi en eux. Tout était fini entre nous!

Depuis ce moment, nous n'avons plus eu aucun rapport ensemble. Cependant, chaque fois que je donnais un concert, je leur envoyais des billets à tous. Ma sœur et son mari y venaient régulièrement. Ils avaient même d'assez fréquentes nouvelles de ce qui se passait chez moi. J'ai su plus tard qu'ils trouvaient moyen d'avoir de leurs connaissances parmi mes habitués et se montraient fort curieux de ce qui me concernait.

CHAPITRE II

Ce qui a précédé mon enlèvement.

Il me faut à présent remonter un peu haut dans mes souvenirs, pour rendre compte de faits assez bizarres dont l'importance ne me fut révélée que plus tard.

A mon retour des forges d'Alais, où j'avais passé six mois dans la famille de M. le vicomte Benoît d'Azy, buvant du lait de chèvre et me reposant de mes fatigues, je fus reçue par mes connaissances, par les professeurs du Conservatoire, par M%me% Orfila, par M%me% la duchesse Decazes, avec des compliments et des félicitations sur mes succès dans le nord.

Stupéfaite, je voulus m'expliquer, prouver par le témoignage de la famille Benoît d'Azy que j'étais dans le midi et que ma présence dans le nord était matériellement impossible, puisque je n'avais pas quitté les deux jeunes filles auxquelles je donnais des leçons de piano.

On me signifia que M%lle% Hersilie Rouy avait eu de

grands succès dans le nord, que la presse en avait parlé, et qu'on ne comprenait pas pourquoi je niais des faits aussi honorables que flatteurs.

Sans m'expliquer comment tant de personnes, ne se connaissant pas entre elles, pouvaient s'être entendues pour me dire la même chose, ni dans quel but, je pris le parti de me taire et de laisser dire. Des faits analogues se reproduisirent à Paris même; je me trouvai souvent avoir fait de la musique chez des personnes que je ne connaissais aucunement.

J'en conclus qu'on prenait pour moi quelque autre pianiste blonde aux cheveux bouclés, ou qu'une artiste prenait mon nom pour donner des concerts et aller dans le monde.

Cela dura environ dix-huit mois.... puis je n'en entendis plus parler.

J'ai entre les mains le programme d'un concert donné à Caen dans ces conditions inexplicables.

Vers la fin de 1840, une dame de la plus haute distinction, aux façons bienveillantes, se présenta chez moi un dimanche matin, un peu avant huit heures, et demanda à me parler en particulier. Elle n'avait pas dit son nom à ma domestique.

Cette dame s'informa du prix de mes leçons, me parla d'une place fort lucrative à l'étranger, insista pour me la faire accepter; et sur mon refus, basé sur l'âge avancé de mon père que je ne voulais pas abandonner, me dit de réfléchir, qu'elle reviendrait; qu'elle m'engageait à me placer dans une famille, une jeune personne seule étant exposée, les leçons fatigantes, etc.

Elle revint ainsi trois fois à peu de distance, toujours sans se nommer. Ma sœur Dachinka, alors chez moi, pourrait au besoin en rendre témoignage.

Comme elle était invariablement vêtue de noir et la figure cachée par un voile épais qu'elle ne levait jamais, je l'avais surnommée la *dame noire*, ne sachant comment la désigner autrement.

Lors de sa dernière visite, me voyant toujours décidée à rester près de mon père, elle finit par me dire que je n'étais pas en sûreté en France, qu'on devait *m'enlever....* sans me donner aucune autre explication, ce qui, je l'avoue, me causa une certaine émotion.

Elle me quitta en me promettant de veiller sur moi autant que cela serait en son pouvoir.

Quelques jours après cette dernière visite, je reçus celle d'une femme, accompagnée d'un jeune homme, venant m'avertir de la part de la *dame noire* qu'un crédit m'était ouvert dans une maison de banque, à laquelle on avait envoyé l'ordre de me donner tout l'argent dont je pourrais avoir besoin. Je refusai ces offres, et vivement impressionnée par cette petite aventure, je ne sortis plus qu'accompagnée par ma domestique. N'entendant plus parler de rien, je finis par oublier ma frayeur.

La *dame noire* revint en 1843, 1845 et 1848, de la même façon.

En 1849, cette dame (que j'ai su plus tard être la baronne del Lago) leva son voile et me donna des explications qui me firent comprendre, à ma grande stupéfaction, que le projet de mon enlèvement, qu'on avait mis sur le compte d'un prince riche et amoureux ou d'un lord quelconque, était le résultat d'une étrange complication.

Elle me dit que j'avais pour parrain un Pierre, fils de Pierre, qui, tout en conservant cette dénomination constante, prenait plusieurs noms différents ;

Que le nom le plus généralement adopté par lui était celui de *Joseph-Pierre Petrucci*, ce qui ne l'empêchait pas, comme on le voit dans nos actes, d'en prendre d'autres (Petracchi, Petroman, Petrowicht), mais toujours en conservant Pierre pour en former un nom de famille, ou répétant deux fois le nom de Pierre ;

Que, comme filleule de Pierre, je me trouvais mêlée à une affaire de succession énorme ; que personne ne pouvait hériter sans que les conditions du testament fussent toutes remplies, ce qui était très-malheureux pour moi.

Elle me confia que c'était elle qui, sous le nom d'Hersilie Rouy, avait donné des concerts et fait de la musique en plusieurs endroits, afin d'augmenter ma réputation et de me tirer de l'obscurité, qui pouvait m'être fatale en me laissant oublier, et qui permettrait de me faire disparaître à tout jamais.

Elle me montra un écrit, copié, me dit-elle, sur l'autographe de l'astronome Charles Rouy, déclarant « que la fille élevée par Charles Johnson, esquire, sous le nom de Charlotte Johnson, était la fille reconnue par lui, Charles Rouy, en 1814, sur les registres de Milan ; que pour qu'elle fût riche, heureuse et héritât de Charles Johnson, qui n'avait pas d'enfant, il la lui avait abandonnée en toute propriété ; mais que si Pierre, fils de Pierre, son parrain, la réclamait, elle était avant tout sienne, devait reprendre les noms des actes milanais et en subir les conséquences. »

Il se trouvait donc, d'après cela, que c'était le porteur de cet écrit qui était Hersilie, et non pas moi, bien que j'eusse la possession d'état ; qu'un changement d'enfant avait été effectué afin d'assurer à la fille de l'astronome une existence heureuse et tranquille, et la soustraire à Pierre.

Je restai confondue ! Ceci m'arrivait au moment où M. Claude-Daniel m'écrivait de me déclarer *enfant adultérin*.... où Désirée, sa femme, me disait que je n'avais pas droit au nom de Rouy.... Et voici que je n'étais même plus du tout la fille de l'astronome, mais une *inconnue* à tous et à moi-même, substituée pour dérober la trace d'une autre et tromper.... qui ?

La baronne del Lago me tendit la main et me demanda si le courage me manquait devant une adversité si cruelle. Elle me dit que, bien que la déclaration de l'astronome, ainsi que des écrits de Charles Johnson, attestassent ce fait, il fallait encore d'autres preuves pour m'ôter ma personnalité; que la justice seule — ou le crime — pouvait intervenir dans cette question; que même cet écrit, établissant les droits d'Hersilie à hériter de Charles Johnson, pouvait m'être favorable, puisque j'avais les titres me conférant ce nom et une longue possession d'état.

Elle ajouta qu'en admettant que ce fût elle qui fût Hersilie, je n'en avais rien à craindre; qu'au contraire elle venait m'avertir, afin que le coup, qui pouvait m'être porté par d'autres, fût moins rude et que les moyens de le parer me fussent fournis; qu'il valait mieux savoir que d'ignorer; que si je ne me sentais pas le courage de lutter sous le nom acquis par la possession d'état, je pouvais partir; *qu'elle se chargeait de tout*. Elle me prévint que, grâce à ce double personnage, grâce à des choses que je saurais plus tard, on répandrait sur mon compte une masse de bruits contradictoires. Elle m'engageait à bien réfléchir, à mesurer mes forces, afin de savoir si j'acceptais l'étrange destinée qui m'était faite. Elle ne pouvait rien me dire au sujet de Pierre, fils de Pierre, auquel nous nous trouvions ainsi appartenir toutes deux, si ce n'est que sa puissance occulte était grande; qu'il avait besoin d'une Hersilie, et que si l'une manquait, l'autre devrait la remplacer.

Elle insista pour que je réfléchisse avant de prendre un parti décisif. Il fut alors convenu que j'irais passer trois mois dans une famille habitant la campagne près de Paris, où je m'étais engagée à entrer pour donner des leçons de piano et de langue aux jeunes filles.

Rendez-vous fut donc pris à trois mois. Je devais, si je revenais, ne plus me tenir recluse comme je le faisais, me mettre en évidence, me lancer dans le monde, donner des concerts, publier un album avec mon portrait, ayant pour titre : *L'Étoile d'Or*, surnom qu'on m'avait donné étant enfant, à cause de mes cheveux blonds et bouclés qui faisaient comme une auréole autour de ma tête ; enfin il me faudrait ajouter un tréma sur l'*y* de Rouy, afin d'en faire un nom différent et de pouvoir, si celui sous lequel j'étais connue m'était contesté ou enlevé, conserver celui d'Hersilie Rouÿ comme un pseudonyme artistique auquel on ne pourrait plus toucher. Le secret le plus absolu me fut recommandé, quoi qu'il arrivât ou qu'on pût me dire.

Elle m'obligea à accepter une somme assez importante comme prix de mon mobilier, afin, me dit-elle gracieusement, d'avoir pour elle-même, si je venais à partir, un pied-à-terre où elle viendrait, en *notre* nom, s'occuper de *nos* affaires.

Comme je viens de le dire, nous prîmes rendez-vous à trois mois. La première arrivée devait attendre l'autre. Chacune de nous prit une clé..... Seule je suis venue au rendez-vous.

Le choix était fait. Ma destinée devait s'accomplir.

Il y a des personnes qui me blâment de n'avoir pas

parlé des offres et des révélations qui m'ont été faites par la *dame noire*.

On oublie toujours de se mettre à ma place. Ces révélations semblaient compromettantes pour ma famille; était-il admissible que j'allasse publier le scandale? Lorsque M. Claude-Daniel Rouy m'avait écrit la lettre dont j'ai parlé plus haut, je lui ai répondu « qu'il ne devait pas compter sur moi pour souiller les cheveux blancs de mon père et semer le déshonneur sur le souvenir de ma mère. »

Quand j'ai parlé de ces choses, je ne l'ai fait que pour repousser les accusations dont j'étais accablée, et quand les événements m'en avaient prouvé la réalité. Je ne suis pas d'un caractère assez étourdi, d'une crédulité assez absolue pour m'être entièrement rapportée à ce qui m'a été dit en cette circonstance. Le premier moment a été saisissant, d'autant plus saisissant que ce qui se passait dans la famille Rouy m'était pénible et venait donner un certain poids à ce qui m'était dit.... Cependant, en trois mois, on a le temps de se remettre, et c'est ce que j'ai fait. Sans mettre tout à fait en doute ce que cette protectrice mystérieuse m'avait annoncé, j'ai cru prudent d'attendre, sans en parler à personne, une dernière entrevue dont le résultat devait être concluant.

Cette entrevue n'a pas eu lieu. Je suis donc restée avec une version pouvant faire de moi une Charlotte Johnson, une héritière, mais provisoirement ne dérangeant en rien mon existence.

Je me suis trouvée, grâce à la générosité de cette étrangère, en mesure de n'être pas tourmentée au sujet des premiers besoins de la vie, à même de pouvoir suivre ses conseils, bons à suivre dans tous les cas. Elle m'avait donné le moyen de continuer à porter mon nom quand même, en y ajoutant le tréma, de rester *moi* sans scandale si un jugement me l'ôtait, car, après tout, on n'affiche pas un jugement dans tous les coins de la France.

Je me suis donc fait un devoir de suivre en tout point ce qui m'avait été recommandé : j'ai gardé le silence prescrit ; je n'ai relevé aucun des bruits qui ont couru ; j'ai signé avec le tréma. Mon portrait, par Compte Calix, a paru avec l'album, le titre de *L'Étoile d'Or* et le tréma. Mes concerts ont été affichés avec le tréma, et, pour être sûre que personne n'en ignorerait et ne pourrait me faire à ce sujet le moindre reproche, j'ai envoyé à Dachinka mon portrait tout encadré et signé avec le tréma.

De 1849 à 1854, il ne se passa rien d'extraordinaire. J'allais beaucoup dans le monde ; ma position artistique s'affirmait de plus en plus ; je donnais tous les quinze jours des matinées littéraires et musicales très-suivies, et des concerts annuels très-productifs.

Mon appartement de la rue de Laval, 23, que j'occupais depuis 1848, étant devenu beaucoup trop petit pour contenir la foule d'élite qui se pressait à mes réunions, j'en donnai congé en décembre 1853, pour le terme d'avril, espérant avoir le temps d'en trouver un autre d'ici là, ou au pis aller de garder le mien. Mais l'hiver de 1853 à 1854 ayant été très-brillant, très-rempli, je ne pus donner mon concert annuel que le 12 avril, et dès le lendemain je dus me mettre en route, sans prendre un instant de repos, pour trouver un gîte, le mien étant loué.

Ce que je vis d'appartements en quarante-huit heures est incalculable!

Tous étaient hors de prix, et je fus très-heureuse de trouver, le 14, à cinq heures du soir, rue de Penthièvre, 19, un local de 800 fr. encore occupé par M. le comte de Cambis, qui avait un bail ne finissant que le 15 octobre.

Il voulut bien néanmoins déménager dès le lendemain matin, pour me permettre d'y entrer, à midi, le 15 avril.

C'est ainsi qu'à la hâte, sans presque l'examiner, je me suis installée dans cet appartement que je devais, quatre mois plus tard, quitter d'une manière encore plus subite.

C'était au rez-de-chaussée. Trois fenêtres sur la rue, tout autant sur la cour. Pas de grilles aux fenêtres, ce qui forçait à fermer les persiennes ou les fenêtres quand on passait d'un autre côté de la maison. Ce logement était humide, quoiqu'exhaussé de six ou huit marches; de plus dans une rue excessivement bruyante, où de grosses voitures passaient dès trois heures du matin.

A part ces inconvénients, l'appartement était assez bien : salon, chambre à coucher sur le devant; seconde pièce attenante dont j'avais fait un élégant cabinet de toilette; salle à manger, cabinet de travail, cuisine, office sur la cour. Le tout fort propre, dans une maison très-présentable (voir le plan).

M. Grenard, le propriétaire, étant venu me voir, il fut convenu entre nous, tant verbalement que par écrit, qu'au mois d'octobre le loyer serait augmenté de 50 fr., moyennant quoi il s'engageait à me faire immédiatement quelques réparations et à faire poser, dans la petite cour intérieure dépendant de l'appartement, une marquise vitrée au-dessus de la porte; ce qui fut ordonné et exécuté aussitôt.

Par le fait de ces conditions et de leur exécution, je me trouvais être devenue, directement locataire du propriétaire, et non plus la remplaçante momentanée du comte de Cambis. Nous nous trouvions libres aussi, chacun de son côté, de donner congé en temps voulu et de nous quitter à notre convenance.

Cela posé, il me faut faire faire connaissance avec mes concierges.

C'était la famille Nicolle, se composant :

Du mari, qui n'y était presque jamais;

De la femme, qui tenait la maison cahin-caha;

De deux enfants, fille et garçon de douze et treize ans;

D'une vieille cousine à moitié sourde, qui remplaçait

les concierges, quand ils étaient absents et que les enfants n'y étaient pas.

Si bien qu'on ne pouvait savoir que très-difficilement si les locataires étaient chez eux ou sortis, s'il était venu quelqu'un pour eux, ou même s'il y avait des lettres.

Pourtant, dans cette loge, tenue tour à tour par les uns et par les autres, on n'en bavardait pas moins.

C'est ainsi que je sus par ma domestique, *à la fin de juin :* 1° que l'appartement au sujet duquel je venais de m'entendre avec le propriétaire était loué en secret, pour le terme d'octobre, à un de ses amis, M. Taingry, l'architecte qui avait fait poser la marquise; 2° que des personnes inconnues donnaient de l'argent à ma concierge pour savoir ce que je faisais, comment je vivais, qui je recevais.

Je fis venir cette femme. Elle m'assura que l'appartement n'était pas loué; mais elle avoua avoir reçu de l'argent de quelques personnes qui étaient effectivement venues prendre des renseignements sur moi.

Depuis la mort de mon père, c'est-à-dire depuis 1848, j'étais soumise à une étrange investigation.

Lorque j'étais rue Laval, on venait aussi s'informer de moi, et on inscrivait les réponses sur un registre. Les concierges m'en avaient parlé et s'en étonnaient.

Vivant de la manière la plus honorable, n'ayant rien à cacher, personne ne pouvant se plaindre de moi, il m'était indifférent d'être surveillée. J'attribuais ce fait à la curiosité qui s'attache aux artistes un peu connus, ou à quelques parents désireux de savoir à quoi s'en tenir sur le compte du professeur qu'ils voulaient donner à leurs enfants.

Je me préoccupai donc peu de cet incident, et je l'avais déjà oublié lorsque, vers le milieu du mois d'août, un étranger se présenta chez moi. Il refusa de se nommer, voulant me rendre service, sans pour cela être compromis.

Il m'avertit qu'on mendiait pour moi; que j'étais espionnée; que mes concierges étaient soudoyés pour me perdre. Il me dit qu'on allait m'enfermer comme *folle*, me changer de *nom*, me dire *morte*, et que je disparaîtrais à jamais dans une maison d'aliénés, si je ne prenais pas immédiatement la précaution de me munir de tous les actes et papiers établissant mon nom civil, ma possession d'état, ma position sociale, artistique, pécuniaire; qu'on faisait courir le bruit *que je n'étais pas Mlle Rouy,* et qu'on me croyait en possession de papiers et de secrets concernant une *importante succession* provenant de mon *parrain,* sur lequel il me donna quelques détails.

Il mit sous mes yeux une série de déclarations, de versions, d'histoires de substitutions, tendant à embrouiller ma filiation et mon identité, et il ajouta que mes frères, Louis-Ulysse et Télémaque, qu'on avait dits morts, étaient, l'un à Buénos-Ayres sous le nom de

Mitre, l'autre à Valparaiso sous celui de French; que Télémaque passait là pour le fils de Georges French, interprète traducteur juré, qui avait traduit, signé et paraphé nos actes milanais (*ne varietur*) en 1833, et d'une Marie Chevalier, qui joue un rôle occulte dans cette affaire.

Il m'engagea, pour régulariser ma position, à demander à mon frère les papiers de mes père et mère et les miens, en lui annonçant que je voulais me marier, mais de ne faire cette démarche qu'après avoir réuni et mis en sûreté toutes les pièces établissant mon individualité.

Il me remit cinq actes sous seing privé, dont les uns me concernaient et d'autres m'étaient étrangers; il y joignit les papiers pouvant faire de moi Charlotte Johnson et une somme de 20,000 fr. destinée à me permettre de vivre et de poursuivre mon affaire, si j'étais remise en liberté alors qu'on m'aurait dépouillée de tout ce que je possédais, et si la justice consentait à s'occuper de ma séquestration.

Je ne suis pas facile à effrayer; je ne me frappe pas l'imagination. Cependant ce singulier avertissement coïncidait avec ceux de la baronne del Lago, avec l'argent donné à mes concierges, avec plusieurs remarques que j'avais faites moi-même. Je dus convenir qu'il pouvait y avoir quelque chose de vrai dans le danger, peut-être exagéré, mais prochain, dont on me parlait, et je crus devoir suivre, sans perdre de temps, le conseil qu'on m'avait donné de mettre ordre à mes affaires, de réunir mes papiers, de les avoir prêts à emporter ou à produire en cas de malheur.

Je me hâtais, car les choses se compliquaient.

Je recevais presque journellement des lettres qui m'étaient adressées ainsi : « A Madame la comtesse de Moulalme-Petrucci, artiste Hersilie Rouy. — A Madame la comtesse Hersilie Rouy, de Moulalme-Petrucci. — Madame veuve baronne del Lago, dite Hersilie Rouy. — Madame Joseph, chez Madame Rouy, etc. »

Des marchandises non payées m'étaient aussi adressées de même.

Il était évident qu'on voulait rendre ma position équivoque et douteuse dans cette maison où j'étais nouvellement entrée, où on était venu s'informer de moi dès mon arrivée, peut-être afin de savoir si j'étais entourée de façon à être sérieusement protégée et secourue.

J'avais ouvert les lettres, qui étaient insignifiantes, non signées, parlaient de places plus ou moins acceptables.

J'avais refusé de recevoir les marchandises.

C'était d'autant plus inquiétant pour moi que j'appris que les fils de mon frère (dont l'un était mon beau-frère) venaient clandestinement chez mes concierges, y disaient que je ne leur étais pas parente et ne me nommais pas Rouy; que les noms de Moulalme-Petrucci se rapportaient aux renseignements qu'on venait de me donner sur mon parrain, que je ne connaissais pas du tout, ayant quitté l'Italie pour n'y plus retourner dès 1815 ; enfin que Mme del Lago était la personne qui avait fait de la musique sous mon nom et m'avait donné les premiers avertissements.

J'avais toujours mené une vie très-laborieuse et très-occupée ; mes affections s'étaient concentrées sur ma famille que je ne voyais plus. La seule amie à laquelle j'aurais pu me confier avait quitté la France ; la famille Benoît d'Azy, en qui j'avais toute confiance, était à la campagne ; je n'avais autour de moi que des connaissances du monde, que je ne voyais presque que l'hiver, et auxquelles de telles révélations auraient pu paraître au moins déraisonnables ou exagérées. La prudence, dans une telle situation, me recommandait d'autant plus le silence, que je n'avais, sérieusement, aucune plainte à formuler.

Une quinzaine de jours auparavant, j'avais eu un autre sujet de préoccupation.

Ma jeune bonne travaillait dans la salle à manger, donnant sur la cour, et c'étaient des conversations à n'en plus finir. Un soir, l'ayant sonnée à plusieurs reprises sans qu'elle parût, j'allai dans la salle à manger et n'y trouvai personne. Je fermai la fenêtre et revins à mon piano, attendant le retour de la jeune vagabonde, qui entrait ordinairement chez moi à dix heures pour faire ma couverture.

Trouvant la fenêtre close, force lui fut de sonner.

Elle voulut entrer dans des explications que je remis tranquillement au lendemain. Après son ménage fait, je lui donnai son compte, en lui payant ses huit jours, afin qu'elle partît à l'instant, n'ayant pas la moindre envie d'être exposée à recevoir, la nuit, des hôtes inconnus, par le chemin que prenait cette petite imprudente.

Les concierges étant dans la maison depuis longtemps, entourés de tout une famille qui, quoique peu attentionnée, paraissait respectable, j'eus l'idée d'engager provisoirement la femme Nicolle à mon service.

Au bout de peu de temps, cette femme fut prise de frayeurs étranges ; elle savait que, comme tout le monde alors, je m'occupais de spiritisme. Si une porte ou une fenêtre mal fermée s'ouvrait par le vent, elle s'écriait que le diable était chez moi. Ma cuisine ne me servait plus, puisque cette femme préparait mes repas chez elle ; j'en avais fait une salle de bain. Lorsqu'elle y entra et vit la baignoire, une table et une banquette recouvertes de housses blanches, elle prit ces meubles pour des cercueils ; je lui fis voir ce que c'était, et elle se calma. Mais étant entrée ensuite dans un petit cabinet noir où étaient deux boîtes à violon, elle se sauva en criant : « Des cercueils partout ! »

Ces frayeurs, réelles ou supposées, me mirent en défiance. J'en eus bientôt d'autres sujets.

Mme Mélanie Valdor, chez laquelle j'allais en soirée, me pria une fois de reconduire dans ma voiture deux dames de ses amies qui habitaient la même rue que moi.

Ces dames étaient Mme Lefébure et sa fille, artiste peintre, pour laquelle Mme Mélanie Valdor, qui était très-bien au ministère de l'intérieur, avait obtenu des secours et des commandes. Elles habitaient effectivement 17 ou 19, rue Laval, et moi 23.

Mme Lefébure vint me remercier, puis revint de loin en loin et me pria de lui confier des billets de concert, des albums, de la musique, des portraits, me demandant une remise; elle se mit, en retour, à mon service pour faire quelques commissions et mes recouvrements, accapara ce qui lui fut remis et ne revint plus.

C'était, comme je l'appris plus tard, une personne très-intelligente et très-adroite, qui faisait flèche de tout bois, se faufilait partout sous prétexte de bonnes œuvres, avait les poches pleines de billets de loteries (qui ne se tiraient jamais), vendait du vin, quêtait pour les pauvres honteux, se chargeait de mariages, se mêlait d'affaires de famille, ne reculant devant rien, étant toujours prête à donner un conseil ou un coup de main, etc.

N'ayant plus de ses nouvelles depuis mon déménagement, j'allai chez elle la prier de régler notre compte, en ne me donnant que de petites sommes à la fois, si cela la gênait de faire autrement.

Elle me dit alors, avec un certain embarras, qu'elle était passée chez moi et que, ne me trouvant pas, elle avait remis de l'argent pour moi à mes concierges.

Ces gens sout'nrent que c'était pour eux personnellement. Il s'ensuivit, entre eux et Mme Lefébure, une correspondance que les portiers me laissèrent, en refusant de rendre l'argent.

Elle leur avait donné 30 fr. en trois fois.

J'appris ainsi, à ma grande surprise, qu'elle était en relations avec la loge, y venait en mon absence, à mon insu, puisque, sur trois fois qu'elle avait donné de l'argent, les concierges ne m'avaient pas dit une seule fois l'avoir vue.

Je mis les lettres de Mme Lefébure avec mes papiers.

Pourquoi se cachait-elle de moi? Pourquoi mes neveux venaient-ils me renier chez mes concierges? S'ils avaient quelque chose à me dire, pourquoi n'entraient-ils pas chez moi?

J'allai donc directement chez ma sœur, Mme Jean Rouy, dont le mari était directeur de l'usine de schiste d'Autun, alors très-florissante.

Ma sœur n'y était pas.

D'autre part, on ne m'avait pas remis ma quittance du 15 juillet. Je l'avais réclamée deux fois, et ma concierge m'avait répondu « que le propriétaire étant absent et n'ayant pas laissé les quittances avant son départ, il fallait attendre son retour. »

En sorte que je ne savais même pas, quoiqu'ayant pris des arrangements avec M. Grenard, sous quel nom était restée ma location, reprise par moi au comte de

Cambis pour la fin de son bail; ce qui, avec le bruit qui courait que mon logement était loué à un autre pour le terme d'octobre, ne laissait pas que de me préoccuper.

Cependant, je ne pouvais rester ainsi.

J'écrivis donc à un homme d'affaires, M. Malcot, que j'avais vu chez M. le docteur Lombard, qui eut la bonté de lui faire parvenir ma lettre. Je lui parlai spécialement de Mme Lefébure.

Il vint aussitôt. J'étais absente. Il m'écrivit et me conseilla de ne parler qu'avec une grande prudence, d'abord parce que tout cela était étrange, ensuite parce que, pour porter des plaintes aussi graves contre quelqu'un, il fallait des preuves écrites ou un commencement d'exécution.

Je lui répondis que je mettais toutes les lettres de cette personne, ainsi que les autres papiers, à sa disposition, et que je l'attendrais le samedi 9 septembre, toutes pièces en main. Je joignis sa lettre à mes autres papiers concernant cette affaire.

Lasse des comédies jouées par Mme Nicolle qui, outre les 20 fr. que je lui donnais par mois pour mon service, l'anse du panier qui sautait énormément, mon charbon qui servait à sa cuisine sous prétexte de la mienne, mon pain de la veille qu'elle prenait, disant qu'il était trop dur pour moi, profitait encore de ma clé pour fouiller dans mes tiroirs et me voler, je jugeai à propos de la remercier. Cette mesure ne fit le compte de personne, et on ne devait pas tarder à se venger.

Un matin, pendant que j'étais au fond de l'appartement, occupée à ma toilette, je fus attirée dans l'antichambre par les aboiements frénétiques de ma petite chienne Coquette, que je ne pouvais faire taire, quoiqu'on n'eût pas sonné.

On crochetait ma porte !

J'ouvris en hâte et me trouvai en face du commissaire de police, du concierge et d'un serrurier.

On venait dresser *procès-verbal de ma mort* et de celle de ma petite chienne.

Nous restâmes tous stupéfaits.

Le serrurier s'en alla en riant, et M. le commissaire me dit que le concierge était venu le prévenir que je n'avais pas paru depuis deux ou trois jours ; que tout était fermé chez moi et que je devais m'être suicidée après avoir tué ma petite chienne, puisqu'on n'entendait aucun bruit. Il me croyait si bien morte qu'il n'avait même pas eu l'idée de sonner.

J'expliquai, à mon tour, à M. le commissaire que, n'ayant plus besoin des services de la concierge, j'emportais ma clé en sortant ; que j'emmenais toujours ma petite chienne avec moi, et qu'habitant au rez-de-chaussée, je fermais mes persiennes et même mes fenêtres avant de partir ; qu'ayant beaucoup à faire, je sortais depuis trois jours dès le matin, dînais en ville et ne rentrais le soir qu'un peu tard ; que pourtant, chaque fois, je demandais s'il y avait quelque chose pour moi et que, notamment la veille, je m'étais adressée aux enfants, qui tenaient la loge ce soir-là.

Il m'exprima très-poliment ses regrets de m'avoir dérangée d'une manière aussi désagréable, gronda le concierge de ne pas mieux savoir ce qui se passait et s'en alla.

Les Nicolle me firent leurs excuses, tout en profitant de cet éclat pour me perdre.

Ils s'adressèrent pour cela à Mlle de Grozelier, dame de charité de Saint-Augustin, notre paroisse, qui vint justement ce jour-là, au sujet d'une place d'institutrice qu'elle m'avait proposée quelques jours avant. Ils lui dirent qu'on ne pouvait me voir; que j'étais devenue folle furieuse, l'épouvantèrent et finirent par la prier d'écrire à mon frère, dont ils lui donnèrent l'adresse, bien que je ne leur eusse pas parlé de ma famille que je ne voyais plus depuis six ans. Ils étaient donc renseignés par d'autres.

Sans réfléchir que c'était au commissaire de police, qui sortait de chez moi; au propriétaire, qui était aussi responsable de la sécurité de sa maison, ou aux personnes qui me voyaient journellement, à prendre cette initiative, cette dame, qui m'était tout à fait étrangère, écrivit à mon frère, le 30 août 1854, pour lui dire que ma situation était fort dangereuse et le prier de s'en occuper. C'est cette dame elle-même qui, en 1873, a donné ces renseignements.

Comme on le pense bien, j'avais été assez impressionnée par l'aventure du commissaire, bien que j'ignorasse le parti que mes concierges en avaient tiré. Je commençai à croire sérieusement aux dangers qui m'avaient été annoncés, et je pris aussitôt les précautions indiquées.

Je fis trois paquets de mes papiers.

Je mis les actes civils, lettres et documents de famille, articles de journaux établissant mon nom, ma filiation, ma possession d'état, la position de mon père et la mienne, dans une paire de poches ne me quittant pas le jour, et que je mettais la nuit sous mon oreiller. Il s'y trouvait, en outre, deux reconnaissances du Mont-de-Piété qui m'avaient été données en nantissement par Mme Lefébure et une somme de 1,100 fr., dont 600 fr. en deux billets à ordre, et un billet de 500 fr. caché dans la doublure d'un petit portefeuille algérien qui me servait de porte-monnaie et contenait ostensiblement 2 fr. 50 ; plus l'inventaire de mon mobilier et de mes effets.

Tous mes papiers d'affaires, factures acquittées, lettres, comptes de leçons, de musique, d'albums, de billets de concert formaient le second paquet, placé au fond d'un petit panier à ouvrage qui se trouvait toujours posé à ma portée en cas d'alerte et qui contenait aussi quelques billets de banque.

Je fis un troisième paquet du reste des 20,000 fr. remis par l'inconnu, des papiers Johnson et des actes sous seing privé, que je mis dans le même panier ; par dessus ces papiers étaient un sac de sucre cassé et des objets de toilette roulés dans une serviette, comme pour aller au bain..

J'étais donc prête à tout événement, et il n'était que temps, comme on va le voir.

J'écrivis alors à mon frère qu'étant dans l'intention de me marier, je le priais de me faire tenir les papiers de mes père et mère, qui étaient restés chez lui avec le testament et tous les papiers qu'il avait emportés de Picpus.

La réponse ne se fit pas attendre.

CHAPITRE III

Mon enlèvement et mon entrée à Charenton.

Le 8 septembre 1854, un homme décoré, accompagné d'un portefaix qui resta dans l'antichambre, se présenta chez moi vers midi.

Il entra au salon, mais ne voulut pas s'asseoir et me dit qu'il venait de la part de M. Claude-Daniel Rouy, mon frère et son ami, qui désirait une conciliation et qui, ayant entendu dire que j'étais souffrante, l'envoyait me proposer d'aller passer quelques jours dans sa maison de campagne, en le chargeant de m'y amener. Il ajouta que sa voiture était à la porte.

Je remerciai cet inconnu qui, sans se nommer, sans avoir la moindre lettre d'introduction, croyait que j'allais accepter cette proposition, passablement extraordinaire, et je refusai en lui disant que non seulement je n'avais pas pour habitude de sortir avec des étrangers, mais encore que j'étais beaucoup trop occupée pour me déranger à propos d'une offre aussi inattendue; que mon frère pouvait m'écrire ou m'envoyer un de ses fils.

Il rougit de colère, me dit qu'il était le baron de Kinkelin, et que si je ne voulais pas le suivre de bon gré, je le suivrais de force....

Étant avertie du malheur qui devait m'arriver, sachant que toute protestation serait inutile et même fâcheuse, ne voulant faire ni bruit, ni esclandre, de peur de donner prise à une accusation de folie, j'en pris immédiatement mon parti.

Je me hâtai donc de fermer mes fenêtres.... Le portefaix voulut m'aider ; il accrocha un des stores de mousseline avec l'espagnolette et le déchira.

M. de Kinkelin piétinait derrière nous. Il paraissait pressé et voulait m'emmener tête nue et comme j'étais.

Je n'eus que juste le temps de mettre un vieux chapeau qui me tomba sous la main, de m'envelopper dans un châle, de placer ma chère petite chienne sous mon bras et d'emporter le petit panier qui contenait mes papiers.

Je voulus aller, au fond de l'appartement, fermer mon bureau, où se trouvaient 500 fr. en or, et prendre la clé d'une grande caisse où étaient ma correspondance, mon argenterie, des effets de prix ; mais M. le baron s'y opposa. Je fus obligée d'y renoncer pour l'empêcher de porter la main sur moi.

Lorsque nous fûmes sortis, je fermai ma porte, et je mis ma clé dans ma poche.

Il n'y avait personne dans la loge des concie[rges], porte de la rue était ouverte. Le coupé attendait; [nous] montâmes aussi tranquillement que pour faire u[ne pro]menade d'agrément. Le portefaix y monta av[ec nous] et s'assit sur le strapontin.

C'est ainsi que j'ai, pour toujours, quitté mon [domi]cile, laissant derrière moi tout ce qui pouvait m[e rap]peler mes affections, les souvenirs précieux de [ceux] qui m'avaient élevée, ces mille riens qui tienn[ent au] cœur, qui peuplent la solitude, vous rappellen[t les] absents ou les morts.... sont pour vous une par[tie de] vous-même, par l'habitude de les voir, et vous rend[ent le] foyer domestique si cher.

Pendant quelques instants le silence fut gard[é de] part et d'autre; puis M. le baron de Kinkelin m[e de]manda tout à coup :

— Vous êtes mademoiselle Rouy?

Il était bien temps !...

— Vous le dites.

— Mais on dit autre chose: êtes-vous fille du m[ême] père que M. Rouy?

Je le regardai fixement sans répondre. Cet homm[e,] selon moi, dépassait tout ce qu'il était possible à m[on] indignation d'exprimer, et je ne trouvais pas de parol[es] pour formuler ce que je pensais.

Ainsi donc, il ne savait ni mon nom, ni ma filiatio[n,] ni mes relations de famille, et, sans s'assurer de m[on] identité, il commençait par m'enlever, sans me ri[en]

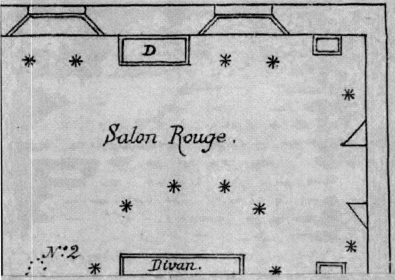

demander, quitte à se renseigner par moi-même, en route !

Voyant que je me taisais, il reprit :

— Vous croyez aux tables tournantes?

— Certainement.

— Je n'y crois pas; c'est une *flouerie*.

— Une flouerie?.... Est-ce donc pour me conduire chez le juge d'instruction que vous m'enlevez de vive force, monsieur ?

— Chez le juge d'instruction ?

— Sans doute ; une *flouerie* est une escroquerie, une tromperie, et tout délit ressort du juge d'instruction.... Comment donc, si les tables ne tournent pas, y a-t-il des personnes que ce phénomène rend folles ?

Il me regarda avec une certaine hésitation, puis me dit :

— Veuillez remettre votre clé à M. le commissaire de police.

— Où est-il ?

Il m'indiqua son portefaix.

— Monsieur n'est pas le commissaire de police.

— C'est son adjoint.

— Non pas ; je le connais.

— Son porte-note.

— Dites donc votre commissionnaire, monsieur, et n'en parlons plus.

— On a besoin de votre clé pour vous déménager; veuillez me la remettre, car votre appartement est loué pour octobre, et les concierges vont enlever vos meubles immédiatement.

— On n'enlèvera rien du tout, monsieur, car l'appartement est à moi jusqu'en janvier ; je n'ai ni donné ni reçu congé, et nul n'a le droit d'entrer chez moi ni de toucher à ce qui m'appartient sans ma permission. Cet appartement ne peut donc avoir été loué à mon insu.

Tout à coup, la voiture s'arrêta.... Nous étions à Conflans.

Grand fut mon étonnement, je l'avoue. On m'avait bien avertie que j'irais à Charenton, mais on ne m'avait par parlé de Conflans.

Or, il y avait alors au couvent de Conflans une petite fille de six ans qui y avait été placée par Mgr Léon Sibour, évêque de Tripoli, que Mme Barat, supérieure générale et fondatrice de l'ordre du Sacré-Cœur, avait adoptée, dont Mlle de Joubert, cousine de la famille Benoît d'Azy, et moi, étions chargées. Je devais même être la marraine de cet enfant ; mais des circonstances imprévues l'avaient fait baptiser à mon insu.

Dès que je vis où nous étions, je fis un mouvement pour me lever, en remerciant M. le baron de m'avoir préparé une semblable surprise, car j'allais très-rarement à Conflans.

Il sauta vivement de la voiture et alla parler au cocher qui, ne comprenant pas bien, fit le tour du couvent et s'arrêta à la porte de la cour.

— Vous avez bien raison, monsieur, lui dis-je; cette entrée est préférable, et si vous le permettez, je vous présenterai à ces dames.

Il devint pourpre de colère, sauta d'un trait jusqu'au cocher, auquel il parla avec une violence extrême, et qui comprit enfin où il fallait aller.

— Allons, dis-je à M. de Kinkelin quand il fut remonté, le pauvre homme a eu de la peine à comprendre qu'il fallait passer la barrière de Charenton.

Après un moment de silence, il me dit :

— Votre prophétie est fausse, car nous venons de passer la barrière de Bercy.

— Oui, mais pour fermer sur moi la porte de Charenton.

— Ah! vous savez que vous allez à Charenton? Hé bien! vous verrez qu'on saura bien vous y garder!

— Je n'ai rien à craindre, monsieur, car je n'ai rien fait de mal, et si, sachant ce qui allait m'arriver, je suis rentrée au lieu de fuir, c'est que j'ai foi en l'honneur et en la justice des hommes auxquels je vais avoir affaire.

— *Vous sortiez donc ?* me dit-il avec stupéfaction.

— Comment ! dis-je à mon tour, fort surprise; comment, si je sortais? Mais journellement, et c'est un hasard que vous m'ayez trouvée. Qui ferait mes affaires, si je restais chez moi les bras croisés ?

Notre étonnement réciproque est facile à expliquer.

M. de Kinkelin ne savait de moi que ce qu'on lui avait raconté de ma prétendue séquestration ; et, moi, malgré la visite inattendue du commissaire de police, venant peu de jours auparavant constater mon décès imaginaire, je n'avais pas supposé un instant que, sortant toute la journée, on pût me dire enfermée et m'enlever sous ce prétexte.

D'ailleurs, M. le baron ne m'interrogeait ni par bienveillance, ni dans le but d'être juste. Sa parole était brusque, dure ; il semblait fort ennuyé et fort en colère de perdre son temps à remplir une besogne pareille ; il ne me questionnait que pour faire quelque chose en route.

Le peu de mots que j'ai rapportés plus haut montre que c'était un parti pris, puisqu'il m'a signifié qu'*on me garderait...* et qu'il m'a enjoint de « donner ma clé » au simulacre de commissaire de police qui l'accompagnait, et qui semblait aussi affligé que confus du rôle qu'on lui faisait jouer.

La voiture s'arrêta devant un établissement au haut duquel un grand drapeau flottait au vent.

Nous étions arrivés.

Je fus conduite dans l'intérieur, je ne sais ni par qui, ni comment, à travers des chemins dont je n'ai gardé aucun souvenir, tant l'émotion m'a envahie quand j'ai entendu la porte de la rue se fermer sur moi, et que je n'ai plus eu besoin de toute mon énergie pour paraître calme et pour répondre à propos à cet *inconnu*, qui, sans m'avoir jamais ni vue ni interrogée, disposait de mon sort à son gré.

Cet état, du reste, n'a duré que le temps du trajet.

Dès que je me suis arrêtée et trouvée dans un quartier clos de toutes parts, le sentiment de ma position m'est revenu ; j'ai pu regarder autour de moi et me rendre compte de l'endroit où on m'avait menée.

On avait pris la précaution d'aller faire une visite à M*me* la supérieure pour la prévenir de mon arrivée, la mettre au courant de ce qu'il était indispensable de faire savoir à MM. les docteurs et administrateurs.

Introduite, dès mon arrivée, dans une division propre et tranquille, dite *de convalescence*, je fus interrogée le lendemain matin par M. le docteur Calmeil, entouré de toute son imposante suite d'internes et de religieuses.

J'appris alors que M. le baron de Kinkelin était le docteur Pelletan, que je savais être le médecin et l'ami de mon frère et de sa famille.

J'étais accusée de spiritisme et de monomanie religieuse, avec hallucination, etc., etc., dont M. le docteur trouva si peu de traces qu'il s'écria « *qu'il était impossible qu'on m'eût amenée pour cela.* » Mais quand je lui eus dit qu'on devait s'introduire chez moi, y fouiller, prendre ma correspondance, et que je l'eus mis au courant des avertissements qu'on m'avait donnés, dont une partie était déjà accomplie, puisque j'étais enfermée ; quand je l'eus prié de vouloir bien faire *constater mon identité, mon nom, et examiner* pour octobre, et les concierges vont enlever vos meubles immédiatement.

— On n'enlèvera rien du tout, monsieur, car l'appartement est à moi jusqu'en janvier ; je n'ai ni donné ni reçu congé, et nul n'a le droit d'entrer chez moi ni de toucher à ce qui m'appartient sans ma permission. Cet appartement ne peut donc avoir été loué à mon insu.

Tout à coup, la voiture s'arrêta.... Nous étions à Conflans.

Grand fut mon étonnement, je l'avoue. On m'avait bien avertie que j'irais à Charenton, mais on ne m'avait par parlé de Conflans.

Or, il y avait alors au couvent de Conflans une petite fille de six ans qui y avait été placée par M⁼ Léon Sibour, évêque de Tripoli, que Mme Barat, supérieure générale et fondatrice de l'ordre du Sacré-Cœur, avait adoptée, dont Mlle de Joubert, cousine de la famille Benoît d'Azy, et moi, étions chargées. Je devais même être la marraine de cet enfant ; mais des circonstances imprévues l'avaient fait baptiser à mon insu.

Dès que je vis où nous étions, je fis un mouvement pour me lever, en remerciant M. le baron de m'avoir préparé une semblable surprise, car j'allais très-rarement à Conflans.

Il sauta vivement de la voiture et alla parler au cocher qui, ne comprenant pas bien, fit le tour du couvent et s'arrêta à la porte de la cour.

— Vous avez bien raison, monsieur, lui dis-je; cette entrée est préférable, et si vous le permettez, je vous présenterai à ces dames.

Il devint pourpre de colère, sauta d'un trait jusqu'au cocher, auquel il parla avec une violence extrême, et qui comprit enfin où il fallait aller.

— Allons, dis-je à M. de Kinkelin quand il fut remonté, le pauvre homme a eu de la peine à comprendre qu'il fallait passer la barrière de Charenton.

Après un moment de silence, il me dit :

— Votre prophétie est fausse, car nous venons de passer la barrière de Bercy.

— Oui, mais pour fermer sur moi la porte de Charenton.

— Ah! vous savez que vous allez à Charenton? Hé bien! vous verrez qu'on saura bien vous y garder!

— Je n'ai rien à craindre, monsieur, car je n'ai rien fait de mal, et si, sachant ce qui allait m'arriver, je suis rentrée au lieu de fuir, c'est que j'ai foi en l'honneur et en la justice des hommes auxquels je vais avoir affaire.

— *Vous sortiez donc?* me dit-il avec stupéfaction.

— Comment! dis-je à mon tour, fort surprise; comment, si je sortais? Mais journellement, et c'est un hasard que vous m'ayez trouvée. Qui ferait mes affaires, si je restais chez moi les bras croisés?

Notre étonnement réciproque est facile à expliquer.

Je compris enfin, d'après *ces soins énergiques*, que je devais *passer* pour malade, et je le devenais en effet de corps et d'esprit, car, n'étant pas de nature à me laisser malmener, je commençais à me révolter et à me plaindre hautement, quand cet état de choses, qui avait duré quinze jours, changea pour faire place aux égards et aux attentions. On me prescrivit un régime alimentaire exceptionnel; on me donna une chambre particulière; je pus aller d'une division dans l'autre et rester une heure ou deux par jour au piano, dans un cabinet séparé.

J'étais devenue nécessaire à l'administration. Mlle Langlois, la musicienne, était tombée subitement malade, et je l'avais remplacée avec une grande complaisance, pour ne pas priver les pauvres pensionnaires de leurs réunions musicales du dimanche et des répétitions qui avaient lieu en semaine.

Était-ce là l'unique raison de ce changement?

Je ne le crois pas. Les documents produits par l'enquête constatent que l'administration était à ce moment fort embarrassée de la façon irrégulière dont j'avais été placée et que j'ignorais encore; on voulait éviter que j'eusse d'autres motifs de me plaindre.

Des pensionnaires me répétèrent avoir entendu dire « qu'on avait apporté quelques effets pour moi à Mme la supérieure, à laquelle on avait dit en même temps que tout était saisi chez moi; qu'on allait faire vendre et probablement me passer à la Salpêtrière, si on ne pouvait continuer à payer ma pension ; qu'enfin ces Messieurs étaient tourmentés au sujet de mes papiers. »

Je ne compris rien à ce qu'elles me disaient. Puisqu'on avait entre les mains tous les papiers que j'avais si soigneusement réunis, de l'argent, etc., que fallait-il de plus ?

D'un autre côté, qui pouvait faire vendre chez moi ? Pourquoi ? Je ne devais rien à personne. Ce qu'on me disait là était faux, impossible.

Ne pouvant questionner Mme la supérieure sans compromettre celles qui m'avaient fait ces communications, et pensant qu'on m'en parlerait si c'était vrai, je résolus d'attendre les événements sans rien dire.

Les papiers, divisés en deux paquets et cachés dans mon petit panier, ne m'avaient pas été enlevés, et voici comment.

Il est d'usage de fouiller les malades à leur entrée, afin de prendre note de ce qu'elles possèdent. Les papiers, valeurs, argent, bijoux, sont portés au bureau ou rendus à la famille.

Pour éviter toute scène de violence, on visite les vêtements après le coucher ou à l'heure du bain. J'ignorais cette circonstance et ne compris pas pourquoi, lorsque je me rendis au bain, mes compagnes me conseillèrent de cacher mon petit panier. Pourtant je le plaçai derrière la baignoire avec mes poches dessus, et mis tous mes vêtements sur une chaise. A peine fus-je dans l'eau, qu'on emporta cette chaise pour fouiller et inventorier mes effets, et je m'applaudis d'avoir pris les précautions qui m'avaient été conseillées. Quand je rentrai dans la division, on crut mes poches et mon panier visités, et on ne s'en occupa plus.

J'ai dit en quelles circonstances la sœur Saint-Sauveur s'empara des papiers contenus dans mes poches.

Le 22 septembre, je reçus la visite de l'inconnu qui s'était présenté chez moi peu avant mon enlèvement. Il me dit avoir pris le titre de docteur et le nom de Chevalier pour parvenir jusqu'à moi, parce qu'on ne pouvait refuser à un médecin de voir une malade.

Il m'engagea à lui rendre les papiers, qui pouvaient m'être pris ou ne serviraient qu'à compliquer l'affaire, et l'argent, qu'on emploierait à payer ma captivité pendant vingt ans et à me dépouiller de ma possession d'état et de mon nom connu, au lieu de me servir à obtenir justice. Il valait mieux aller à la Salpêtrière, où un employé était chargé spécialement de s'occuper des affaires des malades, et là, si j'étais interrogée, dire ce qui m'avait été dit, en priant ceux qui voudraient bien me prendre sous leur protection de faire examiner mes papiers, et de voir si la confusion qu'on s'efforçait d'établir sur mon état civil ne datait pas de mesures prises en 1814.

Il me dit que si j'avais besoin des papiers et de l'argent que je lui restituais, je n'aurais qu'à m'adresser à M. Athanase Coquerel, pasteur protestant, à Paris, ami de M. et Mlle Johnson, mais de ne le faire que quand j'aurais trouvé des protecteurs et recouvré mes papiers Rouy, parce que l'important était de savoir *pourquoi* ce nom était mis en doute, et pourquoi il y avait eu une substitution et une séquestration.

L'existence de ce docteur Chevalier est prouvée par une lettre de lui, du 7 novembre 1854, priant le directeur de Charenton de suspendre mon transfert à la Salpêtrière, et par une lettre de Mme Isabelle Chaplin, qui se dit belle-mère de ce docteur et déclare le lendemain avoir été abusée par des promesses erronées, les personnes disposées à payer ma pension ayant renoncé à le faire.

Je connaissais les dames Chaplin depuis 1838, et j'affirme que le 8 septembre, jour de mon enlèvement, Mlle Chaplin n'était pas mariée, qu'il n'en était même pas question. Il m'est donc difficile d'admettre qu'un mois après Mme Chaplin eût pour gendre un docteur Chevalier, qui donne son adresse 7, rue Marbœuf, alors que l'almanach Firmin-Didot de 1854 ne contient le nom d'aucun Chevalier dans la liste des médecins et officiers de santé.

J'ai rendu à ce mystérieux docteur les papiers Johnson, les actes sous seing privé et 17,500 fr. sur l'argent que j'en avais reçu.

Une lettre de mon neveu Henri à son père, communiquée par ce dernier, prouve que les inconnus qui s'occupaient de moi n'existaient pas seulement dans mon imagination.

Paris, 9 novembre 1854.

.... Il est venu samedi 6 novembre, le soir, me voir à la *Presse* un monsieur dont je n'ai pu saisir le nom. Dans la conversation qu'il a eue avec moi, sa voix était très-basse et très-difficile à entendre. Ce monsieur, dans tous les cas, m'a demandé si j'étais le frère de Mlle Hersilie Rouy.

Le docteur Chevalier avait écrit le 7 pour suspendre mon transfert.

Sa belle-mère, Mme Chaplin, écrit le 8 pour le presser.

Un visiteur inconnu va le 9 à la *Presse* révéler à la famille Rouy qu'il connaît mon nom véritable et ma parenté, alors que j'ai été enfermée sous le nom de Chevalier, de parents inconnus.....

Il y avait hâte de me faire quitter Charenton.

CHAPITRE IV

Qui a fait agir le docteur Pelletan.

On remarquera sans doute que ce qui s'est passé jusqu'ici met en jeu tout une série d'inconnus, m'avertissant, me faisant des offres diverses, pour aboutir enfin à l'enlèvement et à la séquestration annoncés.

La façon dont j'ai agi prouve bien que j'avais reçu une règle de conduite, sans quoi je fusse restée obscure, ignorée, après la mort de mon père comme auparavant. Au lieu d'une artiste dont on parlait, je n'aurais été qu'une pauvre petite maîtresse de piano, dont personne ne se serait souvenu après quatorze années de disparition.

Grâce à la notoriété que j'avais acquise, j'ai pu invoquer de nombreux et honorables témoignages; j'ai pu éclairer l'enquête, à laquelle je dois de pouvoir reconstituer à peu près le passé.

Il y a des personnes qui soutiennent que les visites de la *dame noire*, de l'inconnu qui m'a remis des papiers et de l'argent, sont un rêve de mon imagination.

Je demande à toute personne raisonnable si un rêve, une *folie raisonnante*, comme disent MM. les aliénistes, peut faire deviner ce qui se passe, ce qui s'est passé, faire prendre les précautions que j'ai prises et que les événements ont si bien justifiées.

Quand le pseudo-docteur Chevalier est venu m'avertir de l'imminence de la catastrophe à moi annoncée depuis 1840, il me dit : « Que vous le veuilliez ou non, les choses seront ; et si vous ne faites pas tout ce que je vous dis, vous êtes perdue. Mettez donc la raison et le droit de votre côté. Folle ou non folle, vous allez passer pour l'être. Une fois séquestrée, tout est contre vous, à moins de rencontrer des gens intègres sur votre route. Or, sachez-le bien, vous êtes perdue également si vous redevenez libre sans avoir prouvé que vous n'avez jamais été folle et que vous êtes la victime d'un crime. »

C'est cette conviction qui m'a fait refuser à diverses reprises un certificat de guérison me livrant, sans défense et sans ressource, à des ennemis cachés dont j'avais éprouvé la puissance.

Le baron de Kinkelin avait pris le nom de mon frère comme prétexte pour m'enlever de chez moi ; mais j'ignorais absolument alors que M. Claude-Daniel Rouy eût trempé en quelque chose dans cette infamie. Nous ne nous voyions plus ; les affaires de la succession de mon père étaient réglées depuis longtemps; nous n'avions aucun intérêt commun; rien qui pût faire de moi un sujet de haine ou d'embarras.

C'est lui-même qui affirme sa participation à ce crime dans un mémoire, diffamatoire pour moi et qui est loin d'être justificatif pour lui, qu'il a adressé à M. Tailhand, mon rapporteur à la Chambre des députés.

La minutieuse enquête faite successivement par les deux rapporteurs de ma pétition, MM. Tailhand et d'Aboville, a fait connaître les agissements étranges auxquels j'ai dû ma séquestration.

Voici d'abord un passage du mémoire de M. Rouy :

Ville-d'Avray, le 2 octobre 1872.

Toutes relations étaient entre nous irrévocablement rompues, et ne m'en occupant plus, je la perdis de vue. Je fus donc fort surpris en recevant à la *Presse*, dont j'étais l'administrateur, la visite d'une dame, la comtesse de R..., venant tâcher de renouer ces relations. Elle envoya quelque temps après une autre dame à M. Émile de Girardin, pour solliciter son influence sur moi. Je venais de subir une douloureuse opération, et j'étais par suite, alité dans ce moment même à Ville-d'Avray. Ce fut donc à mon fils, gérant de la *Presse*, que M. de Girardin adressa la note qui suit :

« Mᵐᵉ Lefébure, dont je vous envoie le billet, est venue me
« faire part de la situation extrême dans laquelle est tombée
« votre tante; Mˡˡᵉ Hersilie Rouy, il parait qu'elle est folle ; elle
« n'est plus nourrie que par son concierge, sans lequel elle
« mourrait de faim.

« Mᵐᵉ Lefébure m'a dit avoir fait une démarche près de votre
« père. Je lui ai répondu que je ne pouvais intervenir dans une
« affaire de famille, que je ferais part seulement de la démarche

« qu'elle avait faite près de moi. En tout cas, il me semble que
« M. Pelletan étant médecin de la Salpêtrière, il y aurait lieu de
« voir avec lui ce qu'il y aurait de mieux à faire pour votre mal-
« heureuse tante, si on la transporte à la Salpêtrière. »

Voilà *le premier fil attaché.*

Le docteur Pelletan rédigeait les articles de médecine dans le journal la *Presse;* il était l'ami et le médecin de mon frère et de ses enfants.

Voici le billet de Mme Lefébure à M. de Girardin :

« Monsieur,

« En sortant hier de la bienveillante audience que vous avez
« bien voulu me donner, je me suis aperçue que j'avais oublié de
« vous donner l'adresse de Mlle Rouy, que son frère ne doit pas
« connaître, puisqu'elle a changé de quartier depuis quelques
« mois ; je vous l'envoie au bas de son portrait, et je vous prie,
« Monsieur, si quelques résultats arrivaient pour elle par votre
« puissante intervention, de vouloir bien les faire connaître à
« Mme la comtesse de R..., qui s'intéresse beaucoup à Mlle Rouy,
« et a fait auprès de son frère la démarche remplie de bonté
« et de bienveillance dont je vous ai parlé.
                                « J. Lefébure. »

Je ferai remarquer que, dans cette lettre, Mme Lefébure ne parle nullement de folie ni de me faire enfermer, mais de me venir en aide d'une façon quelconque.

On m'avait bien avertie qu'on *mendiait en mon nom.*

Le passage suivant d'une lettre de Mme de R... à

M. d'Aboville prouve combien cette dame était loin de se douter de la trame à laquelle on cherchait à mêler son nom :

25 décembre 1875.

.... Une dame, Mme Lefébure, que j'avais rencontrée chez Mlle Rouy, étant venue me parler de l'état de gêne et de souffrance où se trouvait cette dernière, nous eûmes l'idée de faire une souscription pour elle parmi ses nombreux amis, et d'en parler tout d'abord à son frère ; nous allâmes donc à la *Presse*. Dès les premiers mots, M. Rouy, assez disgracieux, eut l'air de ne point connaître sa sœur, et nous partîmes irritées de ses mauvais sentiments, etc.

Ctesse de R...

M. de R... fils avait écrit à M. Le Normant des Varannes, le 5 janvier 1869 :

Complètement étrangère aux circonstances qui ont précédé et accompagné la réclusion de Mlle Rouy à Charenton, ma mère ignorait même qu'elle y eût été placée sous un autre nom.

Je reprends la suite du mémoire de mon frère :

Mme Henri Hayet, ancienne connaissance d'Hersilie, qui ne l'avait pas vue depuis trois ou quatre ans, a reçu lundi (28 août) un rouleau de trois romances d'Hersilie, avec son portrait, quelques vers au bas, et dans une enveloppe un dé d'or, ancien cadeau qu'elle lui renvoyait.

Surprise de cet envoi, ayant une sorte de pressentiment, cette dame est allée le soir même rue Laval, puis rue de Penthièvre, 19, où demeure actuellement Hersilie. Elle a sonné, elle a frappé, et n'a obtenu aucune réponse. Hersilie, à ce que lui a dit le concierge, est enfermée chez elle, calfeutrée, toutes portes et fenêtres fermées depuis dimanche, c'est-à-dire qu'au moment de la visite de Mme Hayet, il y avait déjà vingt-quatre heures. Cette dame, très-inquiète, est allée à la *Presse*, puis est venue ici le même soir, à dix heures, pour me prévenir. Le concierge de la rue de Penthièvre lui a dit qu'il craignait qu'Hersilie ne fût folle.

Le fait de la restitution est exact. C'est moi-même qui ai déposé ces objets chez son concierge, et j'avais pour agir ainsi des raisons que Mme Hayet connaissait bien. J'étais tout bonnement allée dîner en ville pendant qu'elle carillonnait chez moi.

Puis il m'écrit encore que M. Audiat, le médecin d'Hersilie, est venu lui-même le prévenir qu'elle était dangereusement folle, et qu'il fallait y prendre garde.

Enfin, sous l'entête : « Diocèse de Paris, paroisse de Saint-Augustin, » je reçois la lettre dont, cette fois, copie entière, datée du 30 août 1854 :

« Monsieur,

« Étant à la recherche d'une institutrice pour une famille très-
« recommandable, M. le curé de Saint-Augustin, à qui j'avais
« demandé conseil, me donna l'adresse de Mlle Rouy, 19, rue de
« Penthièvre. J'ai été douloureusement affectée de trouver cette
« demoiselle dans un état d'aliénation complet. Le matin même,
« la police avait dû ouvrir la porte de force, parce qu'elle n'avait
« pas paru depuis plusieurs jours, et que l'on craignait quelque
« malheur. J'ai cru, Monsieur, que je devais vous instruire de ce
« fait, pour que vous puissiez prendre des mesures pour Mademoi-
« selle votre sœur, dont la position est on ne peut plus alarmante ;
« le propriétaire craint quelque accident, et les concierges m'ont
« priée en grâce de vous exposer leur difficile position vis-à-vis

« de Mlle Rouy, pour laquelle ils ont beaucoup d'égards et de
« considération, mais avec laquelle ils ne sont pas en sûreté
« dans les conditions actuelles.
« Recevez, etc.

Signé : « C. de GROZELIER. »

Comment cette dame, qui était venue m'offrir une place d'institutrice, qui semblait extrêmement convenable et bienveillante, avait-elle pu, en sortant de chez moi, m'ayant vue elle-même, appeler mon frère à prendre des mesures, sur la prière instante de *mes concierges ?* C'était inconcevable. — J'ignorais qu'elle fût venue une seconde fois pour me voir.

J'en reçus l'explication suivante de Mlle de Grozelier elle-même, à laquelle M. Le Normant des Varannes, chargé par l'administration des Hospices d'Orléans de faire une enquête sur ma situation, écrivit pour lui demander quel avait été au juste son rôle dans cette affaire, et lui apprendre les désastreuses conséquences de son intervention :

Paris, 11 février 1873.

Monsieur le Receveur,

Effectivement, dans le courant d'août 1854, j'ai été priée par une famille amie de procurer une institutrice pour une jeune fille. Je m'adressai pour cela à un vénérable ecclésiastique, alors curé de la paroisse de Saint-Augustin, que j'habitais, et qui avait toute ma confiance. Il voulut bien m'indiquer Mlle Rouy, qu'il ne connaissait pas personnellement, mais qui lui avait été recommandée.

Je me présentai chez cette demoiselle, que me reçut fort bien et rien dans cette visite n'a pu me donner la pensée que son esprit ne fût pas parfaitement sain. Je ne puis dire le temps qu'a duré notre entretien, probablement celui de lui adresser quelques questions qui intéressaient la famille pour laquelle je traitais, de lui expliquer les conditions. Un point seulement n'avait pas été suffisamment éclairci ; je lui promis d'écrire et de lui rapporter la réponse.

Elle était seule chez elle, et je ne vis personne autre dans la maison. Mais après environ une semaine, quand je revins, je trouvai qu'elle venait d'être séquestrée chez elle ; on me dit que la police était venue le matin même et que personne ne pouvait la voir.

Le concierge et sa femme me firent part de ce malheur avec une grande émotion. Je les voyais pour la première et la dernière fois ; je ne leur ai parlé que dans cette circonstance. Ils me parurent porter un grand intérêt à cette demoiselle, et finirent par me prier avec instance d'avertir le frère de Mlle Rouy, dont ils me donnèrent l'adresse.

J'y consentis, dans la seule pensée d'attirer la sollicitude d'un frère pour sa sœur dans une circonstance aussi pénible ; mon but a été, en cela, de faire acte de charité chrétienne, moi qui étais complètement étrangère à cela, comme vous le dites fort bien.

Jamais il ne m'a été accusé réception de cette lettre, et j'en entends parler pour la première fois hier, 10 février 1873 ; et à ce sujet, permettez-moi de vous exprimer plus que mon étonnement, ma stupéfaction.

Comment ! en plein XIXe siècle, dans un pays civilisé, où il y a une police, des tribunaux, une magistrature, on peut accomplir un acte aussi grave qu'une séquestration sur le simple avertissement d'une personne inconnue !

Mais cela, personne ne voudra jamais le croire ! Quoi ! la police saisie de cette lettre, de mon nom, de mon adresse, n'est pas venue à moi pour plus ample informé ? à moi, qui n'ai jamais quitté le quartier de la Pépinière, et que l'on eût trouvée mille fois disposée à dire tout ce qui pouvait être utile à cette demoiselle, dont le malheur m'avait vivement émue !

Il y a certainement là-dessous une œuvre d'iniquité que vous découvrirez, je l'espère ; quant à moi, j'ai dit sur cette affaire tout ce qu'il m'est possible de dire.

Veuillez agréer, Monsieur, etc.

Signé : C. DE GROZELIER.

Malgré la stupéfaction de Mlle de Grozelier, c'est pourtant bien ainsi que les choses se sont passées. Ma famille, qui a reçu sa lettre, n'est pas venue me voir, et mon enlèvement s'est effectué sans que cette prétendue folie ait été constatée par personne.

M. Rouy, pour justifier son intervention dans ma séquestration, invoque les déclarations :

1° Du commissaire de police ;
2° Du propriétaire, M. Grenard ;
3° Des locataires ;
4° De Mlle de Grozelier ;
5° De Mme la comtesse de R*** ;
6° De M. le docteur Audiat, mon médecin ;
7° De Mme Lefébure ;
8° De Mme Hayet ;
9° Des concierges.

1° Le commissaire de police a fait chez moi la démarche que j'ai racontée chap. II, et ni lui, ni aucune autorité quelconque, n'est intervenu pour me séquestrer, ainsi que le constate une lettre du Ministre de l'intérieur au directeur de Charenton, en date du 25 février 1869, qu'on trouvera chap. XIV.

2° Le propriétaire est mort ; M. Rouy déclare *brûlée* par mégarde la lettre qu'il prétendait en avoir reçue. La famille de M. Grenard n'a jamais entendu dire qu'il y eût une folle, dangereuse ou non, rue de Penthièvre.

3° Les locataires, dont quatre ont été retrouvés et interrogés, n'ont rien vu, rien entendu, ne se sont jamais plaints. L'une d'elles, la gouvernante de M. Grenard, demeurait au-dessus de moi, à l'entresol.

4° Mlle de Grozelier, dont on a vu les lettres, a écrit sur le rapport des concierges.

5° Mme la comtesse de R..., à qui l'on a dit que j'étais dans la gêne, ne s'occupe que de me réconcilier avec mon frère et de me venir en aide pécuniairement.

6° M. Le docteur Audiat, interrogé en 1873 par M. Le Normant des Varannes, lui a dit n'avoir été pour rien dans ma séquestration et n'en avoir eu connaissance que longtemps après qu'elle était accomplie.

M. Rouy déclare également brûlée ou perdue la lettre de son fils lui faisant part de la visite du docteur Audiat.

7° Mme Lefébure, d'accord avec mes concierges, court chez tout le monde ; mais la lettre qu'on cite d'elle ne parle pas de folie.

8° Mme Hayet, pour ne pas m'avoir trouvée chez moi le soir, quand elle sait que je suis allée chez elle dans la journée, en conclut, sur la foi de mes concierges, que je suis folle et fait la démarche que l'on sait.

9º Les concierges renseignent tout le monde, mettent chacun en avant, et M. de Girardin seul prend sur lui de conseiller de m'envoyer à la Salpêtrière, en indiquant le médecin qui pourrait s'en charger.

Tout s'est donc passé entre la loge des concierges de la maison que j'habitais et les bureaux de la *Presse*.

Il ne faut que quatre jours d'activité pour mener tout à point. Du 26 au 30 août, tout est *bâclé*, la famille appelée, grâce à des portiers bien stylés... et de ce moment je puis aller, venir, rester, sortir, rentrer, jeûner ou manger ; nul ne s'en occupe, sinon pour me dire séquestrée chez moi.

CHAPITRE V

Charenton : placement, enregistrement, transfert.

M. le docteur Pelletan écrit à M. C.-D. Rouy la lettre suivante, sans date, mais contenant un certificat daté du 6 septembre 1854 :

Mon cher Monsieur,

Obligé de partir à l'instant pour aller voir une malade loin de Paris, je vous envoie le certificat que j'ai fait pour faire entrer Mademoiselle votre sœur dans une maison de santé.

J'ai été voir, après ma visite chez elle, le commissaire de police, qui aurait bien consenti à l'envoyer à la Salpêtrière, mais les formalités en sont tellement répugnantes, que j'ai hésité à prendre sur moi cette résolution.

Ainsi elle devrait être, si on suit ce mode, mise en voiture cellulaire et envoyée à la Préfecture de police. Elle y passerait plusieurs heures et même la nuit en cellule, et serait de là transportée de la même manière, après avoir passé une visite publique à la Salpêtrière.

Je crois que, pour votre nom si connu et pour votre famille, aussi bien que par humanité, il vaudrait mieux la faire transporter à Charenton avec le certificat ci-joint.

Là, on paierait 50 fr. pour le premier mois, ce qui donnerait le temps de solliciter une demi-bourse.

Je vous engage à ne pas tarder de prendre cette détermination, car il y a urgence sous tous les rapports.

PELLETAN DE KINKELIN.

Je mets en regard de cette lettre le passage de la déposition faite par le docteur Pelletan au commissaire de police chargé de l'enquête ministérielle de 1869 :

> Autrefois, par mes relations avec le journal la *Presse*, je connaissais M. Rouy, qui en était le gérant, et c'est ainsi qu'un jour de l'année 1854, il me fit part du triste état où se trouvait la demoiselle Hersilie, alors domiciliée rue de Penthièvre, dont les allures étranges avaient, paraît-il, inspiré des inquiétudes pour leur sécurité à tous les locataires de la maison, à tel point que le propriétaire était venu le prier de prendre à l'égard de cette demoiselle une mesure de précaution pour elle et pour les autres.
>
> J'allai donc pour la voir ; mais n'ayant pu obtenir aucune réponse, j'allai trouver le commissaire de police dont le bureau était dans le voisinage ; la demoiselle Rouy n'avait pas paru depuis deux jours.
>
> Nous fûmes obligés de faire ouvrir la porte, et nous trouvâmes la demoiselle Hersilie en état d'extase dans une chambre tendue de noir, ayant au fond une sorte d'autel et des flambeaux dans lesquels brûlaient des bougies qui éclairaient de petites boîtes ayant l'apparence de cercueils.
>
> Nous vîmes bientôt, à l'incohérence de ses discours, qu'elle ne jouissait pas de sa raison, et à la demande même du commissaire de police, qui me fit assister d'un de ses employés, je la conduisis à la maison de Charenton, dans ma propre voiture, en lui disant que je la menais auprès d'une de ses amies, religieuse à Conflans, qu'elle manifestait le désir d'aller voir.

Le commissaire de police, M. Stropé, était mort lors

de l'enquête ; mais ses registres ne portent aucune trace de cette fantasmagorie, dont il eût dû dresser procès-verbal.

Le lecteur est assez éclairé par ce qui précède pour faire lui-même justice de cette accumulation de mensonges et n'en retenir qu'une chose : c'est que, de son aveu même, le docteur Pelletan ne m'a vue que le jour où il m'a enlevée.

Jamais, avant 1869, il n'avait été question de cercueils, sinon dans les frayeurs de la femme Nicolle.

Cependant M. Pelletan ayant rendu compte à mon frère de la façon dont il avait accompli sa mission, il devait être aisé de voir si les deux déclarations concordaient.

Il écrit, le 9 septembre 1854, à M. Henri Rouy :

Mon cher Monsieur,

J'écris à votre père pour lui dire que tout est terminé : j'ai accompli hier la mission dont il m'avait chargé. Pour les détails, vous pouvez briser le cachet.

Si vous le voyez demain, veuillez lui remettre tout ce que je vous envoie pour lui. Je viendrai lundi chez vous savoir le résultat de ce qu'il aura décidé.

Tout à vous.

PELLETAN DE K...

Je voudrais bien savoir ce que M. Pelletan a fait remettre à M. Rouy. Est-ce ma correspondance, ma montre, mes bijoux, mon argenterie? Il m'avait demandé ma clé ; je la lui avais refusée net. Mais on s'en est passé. *On est entré immédiatement chez moi*, et on m'a dévalisée. Qui? Peut-être un peu tout le monde, comme on le verra plus loin.

Je ferai remarquer que toutes les lettres échangées à mon sujet sont sans date avant mon enlèvement, et régulièrement datées après.

J'emprunte à une lettre de M. le vicomte d'Aboville les renseignements sur la lettre de détails du docteur Pelletan :

La lettre de détails adressée à M. Rouy manque au dossier. J'en demande copie à M. Rouy le 28 décembre 1875.

M. C.-D. Rouy me répond le 30 qu'il a de nouveau compulsé tous ses papiers, sans y trouver cette lettre ; qu'il l'a sans doute brûlée par inadvertance, il y a environ trois mois, avec deux ou trois cents autres.

Vte D'ABOVILLE.

Singulière inadvertance!. Le 23 décembre 1868 M. Rouy écrivait à M. le receveur des hospices d'Orléans qu'il gardait soigneusement tout ce qui concernait Mlle *Chevalier*, et qu'il avait inscrit sur ce dossier, comme recommandation à ses héritiers : « *Aucune pièce de ce fatras ne doit être anéantie,* » et il en brûle lui-même une telle quantité, qu'elle le laisse sans aucune preuve de ma folie qu'un certificat dont il ne veut pas se servir !

S'il avait effectué lui-même le placement, il aurait dû se nommer. C'est pour éviter cela que le docteur Pelletan a pris sur lui de me conduire en personne.

A notre arrivée à Charenton, il est entré au bureau et a remis le certificat suivant :

Je, soussigné, médecin de Lariboisière, chevalier de la Légion-d'Honneur, certifie que Mlle Hersilie Rouy, demeurant rue de Penthièvre, 19, est atteinte d'une monomanie aiguë avec hallucinations.

Cette affection la rendant dangereuse pour elle-même et pour les personnes qui l'entourent, exige son admission immédiate dans un établissement spécial.

En foi de quoi j'ai signé la présente attestation.

Signé : Bon PELLETAN DE KINKELIN

Paris, 8 septembre 1854.

Je fus inscrite au registre matricule, sans autre pièce à l'appui que ce certificat : « *Chevalier.... Hersilie, 19, rue de Penthièvre,* » rien de plus.

Comme il n'arrivait aucun renseignement du dehors, M. Verjean, l'un des internes, est venu me demander mon nom, mon âge et ma profession, que je lui dis. Vers la fin de septembre, un autre interne, M. Laisseraye, me demanda mon lieu de naissance et mes prénoms.

Comme il se trouvait un blanc entre *Chevalier* et *Hersilie*, on y intercala *Rouy;* mes deux prénoms complémentaires, *Camille-Joséphine*, suivirent celui d'Hersilie, au lieu de le précéder, et on remplit les indications, restées en blanc dans le bulletin imprimé, suivant ce que j'avais dicté aux internes. Pourquoi n'y a-t-on pas inscrit également les noms de mon père et de ma mère que j'avais donnés comme le reste ?

Voici donc la teneur exacte de mon enregistrement à Charenton :

Mlle Chevalier-Rouy, Hersilie-Camille-Joséphine, née à Milan (Italie), âgée de quarante ans, célibataire, fille de . . . . . . et de. . . . . .
Profession : maîtresse de piano.
Domiciliée à Paris, rue de Penthièvre, 19.

Trois semaines après mon entrée, le docteur Pelletan écrit au directeur de Charenton :

J'ai fait placer le 10 de ce mois, dans la maison impériale de Charenton, Mlle Hersilie Rouy, pour laquelle je demande une bourse gratuite. Comme le mois va finir et qu'on pourrait l'évacuer sur la Salpêtrière faute de paiement du mois prochain, j'ai l'honneur de vous prévenir que je suis chargé par les personnes qui s'intéressent à cette malade de vous payer le mois prochain.

Cette lettre n'avait pour but que d'établir officiellement ma qualité d'indigente sans famille.

On m'avait envoyé de chez moi, du 25 au 28 septembre, un peu de linge et quelques effets de rebut jupes sans corsage, caracos du matin en étoffes d'été avec lesquels il m'était impossible de me présente nulle part au mois de novembre, si l'on m'eût remis en liberté, et m'obligeant à demeurer toute la journé dans une tenue négligée qui m'attira un blâme d docteur.

On avait joint à cet envoi une pièce de jaconas av

laquelle on me fit faire une robe de chambre, malgré mes protestations. J'ai cependant profité de cette malheureuse robe pour la mettre sous mes jupes et me couvrir un peu mieux, car je souffrais beaucoup du froid et m'en plaignis au docteur Calmeil, qui fit écrire le 24 octobre au docteur Pelletan :

Permettez-moi, Monsieur, de la manière la plus pressante, de vous prier de faire connaître à qui de droit que la privation de vêtements chauds est on ne peut plus nuisible à la santé de la malade, et qu'il y a urgence à en effectuer l'envoi. Mlle Hersilie prétend avoir chez elle des vêtements et du linge plus qu'il ne lui en faut, etc.

Le Directeur de Charenton,
Signé : Bouë.

Le docteur Pelletan répondait le 27 :

J'ai fait part à qui de droit (?) de la réclamation que vous m'avez faite pour les vêtements d'hiver de Mlle Hersilie ; je n'ai pas encore reçu leur réponse.... Je crois que leurs moyens ne leur permettront pas de payer sa pension.... et qu'il n'y aura pas lieu pour l'administration de donner suite à cette demande. Je viens vous prier, dans ce cas, de la diriger sur la Salpêtrière, dans le service de mon ami Falret.

Il priait toutefois le directeur d'attendre une nouvelle lettre de lui.

Le 30 octobre, le docteur Pelletan écrivait au directeur de Charenton pour confirmer le refus de paiement et mon transfert à la Salpêtrière, « *dans le service de mon ami, le docteur Falret, auquel j'irai la recommander.* »

Ma pension était payée jusqu'au 1er novembre ; j'aurais donc dû être envoyée à la Salpêtrière à cette époque.

Mais Mme Lafitte, passant par Paris à son retour d'Angleterre, et ayant su que j'étais à Charenton, s'y présenta pour me voir. On lui refusa ma vue ; mais on lui dit sans doute dans quel dénûment je m'y trouvais, car elle paya un mois de pension et m'envoya une robe de chambre en drap anglais doublée de finette.

Mme Lafitte étant repartie pour Londres, et personne ne payant plus, M. le directeur de Charenton adressa au préfet de police une demande de transfert à la Salpêtrière, suivant que le docteur Pelletan l'en avait prié, « *pour la demoiselle Chevalier-Rouy (Hersilie-Camille-Joséphine), admise à Charenton à titre de placement volontaire, n'ayant, à ce qu'il paraît, ni famille, ni parents, et complètement dénuée de ressources.* »

L'ordre de translation, sollicité le 11, arriva le 30 novembre de la préfecture de police.

Sauf le retard dû à la généreuse intervention de Mme Lafitte, les choses s'étaient bien passées ainsi qu'il en avait été convenu entre M. Pelletan et ses mandataires.

M. Pelletan écrivait à M. Rouy, dans une lettre sans date, communiquée par ce dernier à mon rapporteur, et qui me paraît avoir été écrite en octobre :

L'administration de la Salpêtrière recherche la famille légale des malades qu'elle reçoit, et lorsqu'elle les trouve en position de payer les journées, elle l'exige ; mais dans ce cas, vous n'avez pas paru : moi seul ai été mis en avant.

J'ai payé jusqu'ici à Charenton ; je ne le veux plus. Voici ce que je répondrai à l'administration, si elle veut me relancer, et tout sera dit.

La *famille légale*, ce sont les ascendants ou descendants du malade ; les collatéraux ne doivent rien, et le docteur Pelletan devait le savoir mieux que personne. Mais en recherchant ma famille légale, on aurait trouvé ma famille réelle, et c'est ce qu'il ne fallait pas, pour pouvoir me dire *Chevalier, de parents inconnus*, et me faire passer sous ce nom aux indigentes.

Sous ce rapport, Charenton était précieux, car, ainsi que le dit encore le même docteur Pelletan, dans une note adressée à Ville-d'Avray, et datée du 1er *août* 1854, surchargé de *septembre* :

Un certificat d'un médecin connu, constatant l'état mental de la malade, suffit pour faire mener à Charenton la personne qu'il faut soigner.

1er août (septembre) 1854.

Et mon neveu Henri écrivait à son père, toujours sans date, mais la veille ou l'avant-veille de mon enlèvement :

Le mieux, à son idée (il s'agit du docteur Pelletan), et quoi qu'on en décide, serait d'envoyer Hersilie à Charenton, de payer le premier mois, soit 50 fr. S'il ne te convient pas de continuer le paiement, elle serait transportée d'office à la Salpêtrière, sans aucune formalité dégradante.

Ce serait donc, au besoin, un moyen de la faire entrer à la Salpêtrière sans ces formalités premières.

Les formalités dégradantes sont celles précisément qui ont lieu dans le transfert d'établissement à établissement, transport en voiture cellulaire, etc., tandis que de chez moi on m'eût conduite en fiacre à la Salpêtrière ; mais on voit assez, par les lettres que je viens de citer, quelles sont celles de ces formalités qu'il importait à la famille Rouy d'éviter.

A cette époque précisément, l'administration de Charenton se trouvait dans l'embarras à mon sujet, m'ayant acceptée d'une façon irrégulière, sans autre pièce que le certificat du médecin effectuant le placement, et on était aussi désireux de me dire *guérie* pour me renvoyer, qu'on avait été pressé de me dire folle pour me recevoir.

On me fit proposer la place de musicienne, si je voulais accepter un certificat de guérison mettant chacun à couvert.

On disait que tout avait été saisi, vendu chez moi, et que je n'avais plus rien au monde ; cette détresse devait me rendre de facile composition.

Ne pouvant accepter d'avoir été folle, de me reconnaître guérie, et par conséquent d'abandonner toute poursuite ; croyant mon argent et mes papiers au bureau; sachant que je trouverais à la Salpêtrière un agent spécialement chargé des affaires des malades; ayant pris d'autre part la précaution de cacher une somme de 900 fr. en billets de banque dans une petite bottine d'étoffe claire qui ne me quittait pas et dont j'avais fait un sac à ouvrage, je fus presque contente de me voir transférée dans cette maison.

CHAPITRE VI

De Charenton à la Salpêtrière. — La Préfecture de police.

Aussitôt l'ordre de mon transfert arrivé à Charenton, le 30 novembre, après le déjeûner, on me fit descendre dans la cour, où se trouvait une voiture cellulaire dans laquelle on me fit monter.

Une religieuse, que je n'avais vue qu'une seule fois, m'a accompagnée jusque-là et m'a souhaité bon voyage et bon courage.

J'aurais été excessivement saisie, si mes pauvres compagnes ne m'avaient pas fait connaître le véhicule qui devait me conduire à la Salpêtrière.

Depuis quelques jours, je ne faisais plus un pas sans avoir mon *double châle* sur mes épaules et mon petit panier à mon bras, en prévision de mon départ.

On sait que ce petit panier ne renfermait plus que mes *papiers d'affaires* et les notes de ce qui m'était dû pour leçons, musique, etc. J'avais aussi une petite corbeille chinoise dans ce panier. Cette corbeille contenait quelques bijoux en or massif et m'avait été remise avec le linge qu'on m'avait envoyé à la fin de septembre.

J'étais inquiète de tout cela, parce qu'on m'avait dit qu'on prenait absolument tout ce que les malades avaient, et que le désordre était extrême dans cette maison de santé du pauvre et de l'abandonné.

En arrivant à la préfecture de police, on m'a introduite dans un horrible cabanon dont les murs étaient outrageusement couverts d'ordures.

A une certaine hauteur se trouvait une lucarne bardée de fer, au-dessous de laquelle se dressait un énorme tuyau sans couvercle, destiné aux usages particuliers.

C'était nauséabond. Le mobilier se composait de deux paillasses aussi dégoûtantes que les murs, et sur ces paillasses étaient tamponnées deux couvertures de laine grise.

La porte de ce logis n'avait pas de serrure ; elle se fermait au moyen de deux gros verrous placés dehors.

En entrant dans ce repaire, j'y trouvai, à ma grande surprise, Mme R..., une gentille petite femme qui avait été ma compagne à Charenton pendant un mois, et qui s'y était prise d'une sorte d'adoration pour moi.

Aussitôt qu'elle me vit, elle s'exclama, s'indigna, comprenant fort bien, à son avis, qu'on pût la conduire à la Salpêtrière, mais moi! moi!! Et à cette idée, la pauvre petite fondit en larmes, tant la chose lui parut abominable, inouïe, etc., etc....

Je ne savais plus que faire pour la consoler... *de mes malheurs*, et je pris, pour atteindre ce but, un petit air indifférent sur mon sort, qui, je l'assure, n'était pas vrai du tout, car j'avoue que le cabanon me faisait voir les choses en laid, et même en très-laid.

Cette jeune femme, après avoir dit tout ce que l'indignation pouvait lui suggérer, finit par se calmer un peu en ne me voyant pas trop chagrine, et elle me raconta que c'était la seconde fois qu'elle passait par la préfecture de police, parce qu'elle était pauvre, avait de fréquentes rechutes; que sa maladie durait assez longtemps, et que son mari aurait été obligé de payer ou de faire des démarches extrêmement pénibles s'il ne l'avait placée pour un mois à Charenton, qui, n'étant plus payé, la transférait comme indigente à la Salpêtrière, ne gardant les gens que tant qu'il y avait de l'argent pour eux.

Je ne savais pas encore comment on s'était arrangé à mon sujet; mais j'avais vu plusieurs personnes à Charenton à qui semblable chose était arrivée, et qui me l'avaient racontée, comme étant un moyen très-commode de se faire soigner pour rien.

On m'avait bien dit qu'on était moins bien à la Salpêtrière qu'à Charenton; que l'argenterie était remplacée par l'étain, mais aussi... *on ne payait pas !*

Il y avait environ une heure que nous étions là toutes deux, quand on nous amena une épileptique fort méchante, à ce qu'il paraît, car la malheureuse était souillée de bave, de boue, et camisolée au cadenas..... Sitôt arrivée, elle fut prise d'un accès, tomba, et je n'eus que le temps de mettre une des couvertures sous sa tête pour l'empêcher de se la casser contre le bois du lit et la pierre.....

A cette épileptique succédèrent deux idiotes à ne pas prendre avec des pincettes..... Le gardien les *annonça* par leur nom, tout haut.

Une fois tout ce personnel installé, on nous apporta à chacune une jatte de bouillon... (gras à en allumer un lampion), un gros morceau de bœuf et un plus gros morceau de pain ; enfin, de quoi ne pas nous laisser mourir de faim, j'en réponds, le tout dans des écuelles de bois, avec des cuillères pareilles.

Je fis mon repas, et ma pauvre compagne, sur ma prière, suivit mon exemple... Puis, voyant que les idiotes ne regardaient que dans le vague, je me mis en devoir de les faire manger, ce qu'elles firent aussi machinalement qu'elles regardaient.

Comme j'étais occupée à cette besogne, on tira brusquement les verrous, et la porte s'ouvrit toute grande.

Deux hommes s'arrêtèrent sur le seuil.

L'un, qui semblait le chef, paraissait avoir une quarantaine d'années. Il avait un extérieur distingué, un air intelligent, entendu, bienveillant et sévère à la fois ; l'autre était un magnifique jeune homme aux cheveux châtains, qui regardait par dessus l'épaule de son chef.

— Que faites-vous donc? me dit-il, assez surpris de me voir avec la cuillère de bois à la main.

— Vous le voyez, je fais manger l'une, et je tâche de consoler l'autre. A quoi bon se désoler quand on ne peut changer son sort?

— Il paraît que vous êtes philosophe. Quel est votre nom?

— Hersilie Rouy.

Il regarda une liasse de papiers qu'il tenait à la main, fit : « Oh! oh! » et referma brusquement ces papiers.

Puis, s'adressant à ma compagne, il lui demanda son nom, et quand il le sut, il compulsa de nouveau son petit dossier et dit à son suivant :

« Il n'y a qu'à mettre le pied sur la pédale pour celle-ci ; quant à l'autre !... » Il fit un geste qui disait : « Ce n'est pas facile. »

Il jeta un regard autour de lui, sortit, et la porte se referma sur nous.

Quel était le beau jeune homme qui accompagnait M. le docteur? Était-ce un élève de ce grand maître de la science, ou par hasard le *commissaire de police* dont le *procès-verbal* est *mentionné* dans *l'arrêté,* mais dont il n'existe pas trace ? — Je le demande au lecteur, qui en sait là-dessus tout autant que moi. — Toujours est-il que la visite était faite, notre sort décidé.....

Voici les pièces moyennant lesquelles je suis devenue pensionnaire du département de la Seine, sous la responsabilité de son préfet :

Certificat du docteur Calmeil appuyant la demande de transfert :

> Nous, soussigné, etc., certifions que Mlle Chevalier-Rouy est atteinte de délire partiel ; qu'elle peut encore soutenir, dans certains moments, une conversation à moitié suivie, mais qu'elle est le reste du temps en proie aux idées les plus fausses, aux conceptions les plus déraisonnables ; qu'elle s'abandonne aux actions les plus extravagantes ; qu'il y aurait du danger à l'abandonner à l'entraînement de sa folie ; qu'il est à désirer qu'elle soit maintenue séquestrée.
>
> 11 novembre 1854.
>
> *Signé :* CALMEIL.

Note du médecin préposé à la visite des aliénés.

Paris, 30 novembre 1854.

> Je, soussigné, etc., déclare que la nommée Rouy-Chevalier, sortant de Charenton, où elle est en traitement depuis septembre 1854, est atteinte de délire partiel, actes incohérents, manque de direction dans sa conduite, forme chronique constatée par le docteur Calmeil, *et réclamant plus long examen.*
>
> *Signé :* LASÈGUE.

N'est-il pas effrayant de voir comment se font les certificats qui décident, cependant, du sort et de la liberté des gens *contre* lesquels ils sont dressés ?

Ainsi donc, voilà le docteur Lasègue, qui a pourtant un air de supériorité, d'incontestable intelligence, de franchise et de bienveillance presque joviale... Il me trouve secourant, consolant, nourrissant mes compagnes... et il m'accuse d'*actes incohérents !*

Il ne m'a vue qu'une minute ou deux, ne m'a dit que ce que j'ai rapporté plus haut, et il me condamne sur la foi du docteur Calmeil, qui m'a condamnée sur la foi d'un médecin ne m'ayant jamais vue, lequel m'a enlevée, par complaisance, sur la foi d'autrui !

Il est vrai que M. le docteur Lasègue ajoute que mon état *réclame un plus long examen.....* Qu'on lui donne alors à lui-même les moyens et le temps de s'assurer personnellement de cet état, avant de prendre sur lui la responsabilité d'une séquestration aussi terrible, qui détruit tout une existence humaine !

Que signifie son certificat, après tout ? Témoigne-t-il de ce qu'il a vu lui-même ?

Non, certes !..... Et c'est pourtant sur sa signature que l'arrêté suivant a été pris :

1re DIVISION.

5e BUREAU.

1re Section.

N° 35,018.

Placement d'office.

ALIÉNÉS.

AMPLIATION.

CHEVALIER-ROUY.

PRÉFECTURE DE POLICE.

Paris, le *30 novembre 1854*.

Nous, préfet de police,

Vu l'article 18 de la loi du 30 juin 1838 ;

Considérant que la N°° *Hersilie-Camille-Joséphine Chevalier-Rouy, maîtresse de piano, âgée de 40 ans, née à Milan, demeurant rue de Penthièvre, n° 19, sortant de la maison de Charenton, où elle ne pouvait plus payer la pension*, est dans un état d'aliénation mentale qui compromet l'ordre public ou la sûreté des personnes, ainsi qu'il est constaté par un procès-verbal du *commissaire de police de la section du Palais-de-Justice*,

Et certifié par MM. les docteurs *Calmeil* et *Lasègue*,

Avons arrêté et arrêtons ce qui suit :

M. le directeur de l'*hospice de la vieillesse (femmes)* recevra du porteur du présent et placera dans ledit établissement :

Ladite Chevalier-Rouy,

pour y être traitée de la maladie dont elle est atteinte, laquelle s'est manifestée par des actes extravagants.

Le Préfet de police,
Signé : PIÉTRI.

Pour ampliation,
Le Secrétaire général,
Signé : (illisible).

Tout ce qui n'est pas en italiques est imprimé sur le certificat. L'appréciation médicale est donc la même pour tous.

Nous restâmes enfermées dans le cabanon jusqu'à quatre heures. Alors on nous fit monter de nouveau dans la voiture cellulaire, et nous arrivâmes, *toutes à reculons*, à la Salpêtrière.

J'étais à bout de forces, ayant été obligée de me tenir accroupie, les coudes sur la banquette, parce qu'il m'est impossible d'aller à reculons, et je me demande encore pourquoi on fait subir cette douleur inutile à de pauvres gens qui ne peuvent rien voir, puisqu'on y est absolument dans une boîte ?....

On nous fit entrer dans une pièce où étaient deux individus assis chacun devant un bureau, et trois ou quatre gardiennes qui riaient avec eux.

Mme R... fut à peine entrée qu'elle disparut, celui qui nous conduisait ayant remis ses papiers en arrivant, et une des gardiennes l'ayant *reconnue*.

Ce mot demande une explication ; la voici :

Il y a plusieurs sections et plusieurs médecins à la Salpêtrière.

Chaque section est un asile complet, tout à fait étranger à la section voisine.

Chaque médecin a son service particulier.

Quand une malade a été dans un service, elle rentre dans ce même service, de droit.

On ne peut la changer de section que sur la demande, soit de la malade, soit du médecin, et avec l'autorisation du directeur, sur un ordre du bureau, absolument comme si on la changeait de département ou d'asile.

L'épileptique fut envoyée je ne sais où.

Restaient les deux idiotes, aussi sales, aussi abruties l'une que l'autre.

Grand était l'embarras des employés chargés de leur assigner un gîte, car il fallait au moins savoir leur nom pour les inscrire. Aucune des deux ne répondait à l'appel.

Alors on leur appliqua les noms au hasard, et justement on se trompa. On voulut envoyer l'une sous le nom de l'autre.

Le surveillant de la préfecture de police, en les faisant entrer dans le cabanon, les ayant annoncées à haute voix, j'avais retenu les noms et les figures auxquelles ils s'adaptaient.

Je m'empressai donc de rectifier l'erreur commise, erreur qui, sans doute, n'aurait été d'aucune importance pour ces pauvres femmes, mais qui pourtant n'en aurait pas moins été une substitution de personnes faite officiellement, et aurait pu avoir des conséquences graves pour les familles.

Il ne restait plus que moi.

On prit mes papiers, et on m'inscrivit; puis, en donnant ma carte à la gardienne, on lui dit :

— Mlle CHEVALIER, section Trélat.

Je regardai autour de moi, sans bouger de ma chaise, ne me doutant pas que c'était *moi* qui étais Mlle CHEVALIER.

« Venez-vous, mademoiselle CHEVALIER ? me répéta la domestique.

— Qui donc ? Ce n'est pas moi, sans doute ; je suis Mlle ROUY, et non CHEVALIER.

— Allons, bon ! fit le chef de bureau.

— Venez tout de même, me dit la fille.

— Allez, mademoiselle CHEVALIER-ROUY, me dit notre conducteur.

— Mais je ne suis pas Mlle CHEVALIER ; il y a erreur.

— Vous expliquerez cela à M. le docteur et à l'employé qui ira vous interroger ; nous ne pouvons vous donner que le nom sous lequel on vous amène, » conclut le chef de bureau.

Ils se regardèrent les uns les autres ; mais M. Constant (le conducteur) leur fit un signe qui voulait dire : « Il y a quelque chose. »

J'avais protesté, et comme je ne pouvais faire plus, je suivis la gardienne, qui n'eut, bien entendu, rien de plus pressé que de raconter les choses.

Comme, au résumé, j'avais deux noms, les unes m'appelèrent Chevalier, les autres Rouy, et depuis ce moment ces deux malheureux noms, qui n'étaient pas plus justifiés l'un que l'autre pour l'administration, furent un sujet de réclamations, de discussions, de doute qui embrouilla si bien tout le monde, qu'on finit par ne plus savoir du tout qui je pouvais être, ni quel était mon vrai nom.

Ce que je dis là doit certainement paraître tout à fait invraisemblable et imaginaire, car enfin nous étions à Paris ; je ne tombais pas des nues. La seule chose à faire était de m'interroger, d'aller où j'indiquais prendre des renseignements, des preuves et des témoins..... Malheureusement, là comme à Charenton, on ne tient aucun compte de ce que disent les recluses.

Quinze jours ou trois semaines après mon arrivée, il vint bien un jeune homme me demander « qui j'étais. » Je lui dis que l'administration avait mes papiers. Je croyais qu'ils m'avaient suivie, et c'est par cet employé que j'appris qu'ils étaient restés à Charenton.

Je le priai donc de les y aller réclamer.

Le fit-il? Je n'en sais rien, car je n'entendis plus parler de lui du tout, tant que je restai dans le service du docteur Trélat.

La loi (avec laquelle il y a des accommodements), exige que le médecin qui reçoit les malades à Paris, dans un établissement public ou privé, envoie au préfet de police son certificat immédiat dans les vingt-quatre heures, et un autre quinze jours plus tard.

Les voici tous les deux :

CERTIFICAT IMMÉDIAT.

1er décembre 1854.

Je, soussigné, médecin, chef de service à l'asile de la Salpêtrière, certifie que la nommée Chevalier-Rouy, âgée de quarante ans, profession de maîtresse de piano, née à Milan, département de (Italie), entrée le 30 novembre 1854, au traitement des aliénées,

Est affectée de délire partiel.

Signé : Trélat.

Comme on le voit, M. Trélat n'a fait que prendre un mot, *délire partiel*, sur le certificat du docteur Calmeil pour constater mon entrée.

Son certificat de quinzaine ajoute :

Est affectée de délire multiforme en voie de démence ; en cet état, est dangereuse pour elle-même et pour les autres.

Signé : Trélat.

Le 6 décembre, M. le directeur de Charenton avisait M. le docteur Pelletan de mon transfert à la Salpêtrière, *faute de garantie de paiement*.

Enfin, on y était parvenu ; c'était entendu, fini : j'étais *installée, pour le reste de ma vie, comme pensionnaire indigente du département de la Seine, dans les maisons de l'État,* « d'où on ne sortait jamais, (d'après ce que mon frère m'avait dit en 1848), où on ne manquait de rien, l'administration fournissant le nécessaire ; où nul n'allait vous voir, défense étant faite de pénétrer dans l'intérieur et de déranger les malades quand on n'était pas de la famille. »

CHAPITRE VII

La Salpêtrière. — Première mise en liberté. — Mon arrestation.

Malheureusement, ce n'était pas, comme on l'avait cru, dans la section de M. le docteur Falret, où je devais être *si bien recommandée*, que j'avais été placée, M. le directeur de Charenton ayant omis de le demander.

M. le docteur Trélat n'ayant aucun renseignement sur moi, aucun papier me concernant, personne ne venant me voir, trouva au bout de trois mois que je n'étais pas à ma place chez lui, et ne pouvant me renvoyer, faute de savoir à qui s'adresser, se décida à me passer à la deuxième section, dite des *Grandes Loges,* au service de son collègue, M. Métivié, où j'entrai le 4 mars 1855.

Dès le premier jour, M. le docteur Métivié, avec lequel j'eus immédiatement une explication, me déclara qu'on ne gardait pas aux aliénés une personne dans mon état, et me dit qu'il allait signer ma sortie.

Je le priai de n'en rien faire avant de m'avoir fait

rendre les papiers et l'argent que j'avais à Charenton, et mes papiers d'affaires qu'on m'avait pris et gardés au bureau à mon arrivée à la Salpêtrière.

M. le docteur Métivié fut fort étonné lorsque je lui dis qu'il n'y avait sur mon compte aucun papier administratif, aucun répondant, ni renseignement officiel; il voulut avoir le cœur net de cette affaire et savoir le *nom réel* et l'*individualité* d'une malade bien élevée, quoique n'ayant ni tenants ni aboutissants.

Il alla donc en parler sérieusement au bureau. On lui remit mes papiers d'affaires, que le bon docteur m'apporta lui-même le lendemain. Mais dans quel état! On les avait fouillés, chiffonnés, mis en désordre, au point de n'y rien reconnaître.

Il me fallut deux jours pour débrouiller ce paquet et montrer au docteur ébahi vingt-cinq lettres convenables et intactes. Je les gardai, en attendant le résultat des démarches de l'employé de l'administration.

Elles furent loin d'être satisfaisantes.

On lui répondit à Charenton que je n'avais *de l'argent, des papiers civils et de famille que dans mon imagination malade;* que je ne pouvais savoir qui j'étais, puisque nul ne le savait, l'administration elle-même n'ayant aucune pièce, et le docteur Pelletan, baron de Kinkelin, ne m'ayant placée *à ses frais* que parce que *je n'avais ni parents, ni famille, ni répondant*, et que ma triste position lui avait fait pitié, ainsi qu'à plusieurs personnes charitables.

Rien n'était plus décourageant qu'une réponse semblable.

On comprit cependant qu'à quarante ans, il était impossible de ne pas avoir une individualité quelconque et des meubles, au moins pour coucher chez soi.

L'employé avait pris la chose à cœur. Il alla chez M. Rouy, qui l'envoya promener en lui disant « qu'il ne savait ce qu'on lui demandait, ni de quels papiers on voulait parler. » Il alla chez des musiciens qui, fort étonnés d'être questionnés sur ma filiation et mes affaires, s'amusèrent à le faire courir de l'un chez l'autre; enfin chez le docteur Pelletan, auquel il dit que j'allais porter plainte et réclamer ma sortie que le docteur Métivié désirait signer, le défaut de domicile seul s'opposant à ma mise en liberté.

M. le docteur Pelletan accourut à la Salpêtrière après l'heure de la visite, s'adressa à Mlle Belœuf, la surveillante en chef, qui me l'amena à l'infirmerie, où j'étais depuis mon arrivée.

Mlle Belœuf, femme aussi supérieure que bienfaisante, m'avait reçue avec la plus grande sympathie; me trouvant faible et épuisée, elle avait pour moi d'affectueuses attentions.

M. le baron qui, en m'enlevant sans me connaître, ne m'avait même pas regardée, à ce qu'il paraît, fut très-étonné en trouvant en moi une femme du monde le recevant avec dignité et sachant s'exprimer de façon à ne lui laisser aucun doute sur ses intentions ni sur son état mental.

Il se confondit alors en excuses, avoua son imprudence et déclara à Mlle Belœuf qu'il n'était pas venu constater mon état par lui-même. Il s'était contenté d'écouter les rapports de ceux qui n'étaient renseignés que par les délégués des concierges, et, sans entrer chez moi, s'était également adressé à ceux-ci, afin d'obtenir de plus amples explications.

Il déplora ce qu'il appela *son étourderie*, promit de tout réparer, mit sa bourse à ma disposition, me pria de ne pas porter plainte, d'attendre son retour, me demanda pardon, etc.

Je promis d'attendre quelques jours; je refusai avec hauteur l'offre de sa bourse, en lui faisant savoir toutes les bontés de Mlle Belœuf pour moi et en lui déclarant simplement « qu'en fait de réparation, je ne réclamais rien, que mon domicile et son contenu. »

Mon domicile et son contenu!!!...

C'est seulement alors qu'il comprit, je crois, la portée de *son étourderie*, car il resta un moment silencieux et interdit; puis il partit en me tendant la main et en me promettant de se hâter de tout arranger pour le mieux.

Je ne lui donnai pas la main; mais je l'assurai que j'étais prête à concilier si chacun y mettait du sien, de façon à ce que je puisse reprendre ma vie artistique, laborieuse et mondaine, sans faire aucun scandale d'une *absence de quelques mois,* facilement explicable du moment où je rentrais chez moi comme si je revenais d'un simple voyage.

J'ignorais alors absolument comment les choses s'étaient passées. Je ne pouvais croire, malgré ce qu'on m'avait dit, qu'on avait pu vendre ce que je possédais, sans que j'eusse été ni informée de ce fait, ni même interrogée par personne; et comme M. Pelletan évita de citer un autre nom que celui des concierges, j'étais persuadé qu'il n'existait réellement qu'un malentendu fâcheux, mais réparable.

M. le baron de Kinkelin, tout au contraire, sachant que j'étais complètement dépouillée, comprenait toute la gravité de la situation et de la *responsabilité* qui pesait sur lui, car rien de tout cela ne serait arrivé sans sa complaisance, sans son certificat, ses conseils, ses démarches personnelles.

C'est donc sur lui, sur lui seul, que tout le poids de cette triste affaire devait retomber.

Ce n'était plus pour être agréable aux autres qu'il me devenait adverse; son propre intérêt lui ordonnait de se sauvegarder avant tout.

Il courut raconter le cas à M. le directeur de l'assistance publique, lui faire comprendre l'affreux scandale qui résulterait d'une réclamation de ce genre, faite contre l'administration, contre des personnages aussi connus que les médecins qui m'avaient gardée, que M. Rouy, qui l'avait chargé de me placer à Charenton.

M. le directeur, épouvanté, défendit à son commis de s'occuper de moi, en parla à M. Basse, alors directeur à la Salpêtrière. Il fut entendu que, si je sortais de là, j'en sortirais avec un *certificat de guérison*, sous la *seule responsabilité du médecin*, sans que l'administration me vînt en aide sous aucun prétexte, car cela aurait eu l'air de convenir d'un tort.

Le pauvre jeune commis, qui y avait mis tout son zèle, vint me dire cela lui-même, n'y comprenant rien, parce qu'il avait été chargé d'autres affaires à peu près pareilles qui s'étaient arrangées du consentement de chaque partie.

Quelques jours après, on me fit savoir du bureau que la somme de 15 fr. y avait été déposée de la part de M™ *la baronne de Kinkelin*.

On n'entendit plus parler du docteur Pelletan, et l'administration resta dans une ignorance d'autant plus profonde de mon nom et de mon identité, qu'il avait répété ce qu'il avait dit à Charenton, affirmé qu'il n'avait agi qu'à la demande de personnes *très-haut placées*, qui me portaient un vif intérêt et qui ne voulaient pas être nommées; que je n'avais absolument aucune ressource; que ma folie était des plus caractérisées, etc.

Ceci s'accordant avec le désir de l'administration d'étouffer cette affaire, on donna raison au docteur Pelletan, et les bureaux ne s'occupèrent plus de moi.

Cependant, ce qui venait de se passer attira l'attention sur moi.

Le besoin qu'on semblait avoir de me faire disparaître, tout en disant me porter intérêt ; le soin qu'on mettait à taire mon identité, à ne procurer aucun papier, aucun renseignement ; le silence de l'administration chargée de ma tutelle ; la manière dont j'avais été élevée ; une certaine ressemblance qu'on me trouvait avec Mme la duchesse de Berry ; le nom de Chevalier, se rapportant à celui d'une femme qui, m'avait-on dit, était accouchée aux Tuileries le 29 septembre 1820, rappelèrent les bruits répandus depuis cette époque sur la naissance du duc de Bordeaux, et firent dire que je pourrais bien être la fille de la princesse.

Chacun fit son commentaire.

Cela devint d'autant plus sérieux qu'on était en pleines négociations pour amener la fusion des deux branches des Bourbons, et qu'on savait que la Salpêtrière servait souvent d'oubliette pour engloutir des victimes, sous prétexte d'aliénation mentale.

Je réclamais mon nom, réparation, justice.

M. le docteur, consterné, me fit comprendre qu'il ne pouvait me rendre libre que par un *certificat de guérison*, et, en l'absence de tout moyen d'existence, puisque je n'avais plus rien, m'offrit de rester dans sa section, où on tâcherait de rendre mon sort le plus doux qu'on pourrait.

Était-ce possible ? Être dépouillée de tout ce que

j'avais et accepter la séquestration, la dégradation intellectuelle, la perte de tous mes droits civils ?... Vivre au milieu de pauvres insensées, dans le centre le plus misérable, le plus énervant, le plus effroyable.... alors que, dans toute la force de l'âge, du talent, de l'intelligence, je pouvais reprendre ma place avec d'autant plus de succès, qu'un scandale pareil devait émouvoir la foule, faire courir à mes concerts, mettre toute la presse en émoi, me procurer des dommages-intérêts considérables ?

Non, certes !... Mais que faire ?

Le pauvre docteur ne pouvait que ce qu'il offrait. Mes lettres ne partaient pas, et le chef de bureau m'avait assuré que la justice, si elle intervenait, se bornerait à me faire mettre à la porte, sans s'occuper autrement de mes affaires, des ennemis qui pourraient me faire enfermer de nouveau, ni de savoir où j'irais, sans papiers, sans argent, sans domicile et sans protection.

Les mois s'écoulaient, et je commençais à désespérer, tout en sentant croître mon indignation et ma résolution d'en finir par un coup d'éclat.

Sur ces entrefaites, des ouvriers vinrent travailler dans la section.

J'eus l'idée de frapper leur imagination en me servant du mystère qui m'entourait et de la ressemblance qu'on me trouvait avec la duchesse de Berry.

J'avais vu tant de procès de vrais ou faux *Louis XVII*

impressionner la foule, que j'eus fci en moi-même pour la remuer à mon tour et pour arriver, au moins, à faire un peu de bruit.

J'écrivis donc à ces ouvriers en les priant de se charger de lettres pour la justice, la préfecture de police et quelques journalistes.

Ces lettres disaient :

« Qu'une inconnue était arbitrairement séquestrée à la Salpêtrière ; qu'il était impossible de se procurer aucuns papiers la concernant ; que c'était la fille de la duchesse de Berry, à laquelle on avait substitué un garçon, etc. »

Les ouvriers connaissaient cette histoire. Ils prirent feu. Je leur remis un mot pour aller chercher quelques portraits de moi et des romances chez un marchand de musique. Cela leur donna confiance ; ils firent ma commission, m'écrivirent, en parlèrent, vinrent me saluer à l'infirmerie pendant une courte absence de l'infirmière.

L'effet ne se fit pas attendre ; mais il fut autre que celui que j'en espérais avant ces démonstrations inattendues.

Les visites furent interdites ; on me déclara *archifolle ;* et, au lieu de me rendre les papiers, les effets, l'argent que j'avais à Charenton... comme tout cela avait causé un assez grand mouvement, on me mit *en cellule, ainsi que les malades qui me servaient,* afin de couper court à tout rapport extérieur.

L'ouvrage des ouvriers fut interrompu. Aucune sorte de papier ne put plus pénétrer dans la section. On fouillait les malades, le service, jusqu'aux parents des malades. On enlevait le papier qui recouvrait le chocolat...., etc.

C'était un véritable état de siége.

Mais ces mesures rigoureuses ne firent qu'aggraver les choses.

La section fut de plus en plus agitée. Le quartier des frénétiques, où on m'avait placée, n'était séparé du quartier général que par une grille donnant sur une grande allée où on ne se promenait jamais, les folles furieuses faisant peur et pitié. Mais dès que je fus là, les malades s'y précipitèrent, surtout aux heures de récréation; toute la largeur de la grille fut obstruée par des femmes m'appelant, voulant au moins m'apercevoir à travers les barreaux de ma cellule. On employait les imbéciles, qui trouvaient assez d'esprit pour faire la commission, à me porter des fruits, des douceurs, et même du papier et des billets écrits au crayon, pendant que les gardiennes mangeaient ou avaient le dos tourné. Ces malheureuses femmes étaient sur les dents. Jamais encore chose pareille ne leur était arrivée, et, ne sachant plus que faire pour éloigner la foule encombrant la grille, elles montaient la garde avec leur balai de bouleau sur l'épaule, de façon à en présenter la verge à la figure de celle qui avançait la tête. Cela aurait fait rire, si cette séquestration n'avait été atroce et l'indignation trop grande. C'est ainsi que j'appris que le dehors se remuait et qu'on voulait m'enlever la nuit par la buanderie. J'étais désolée. Ce n'était pas en cachette et par force que la liberté pouvait m'être rendue.

M. le docteur Métivié était parti en vacances après avoir donné ses ordres. Voilà comment il trouva les têtes montées à son retour. Il comprit qu'il ne pouvait plus me garder et me signifia que ma place était à *Cayenne*, mais non dans un asile d'aliénés. Puisque j'avais des gens prenant fait et cause pour moi à Paris, je n'avais qu'à aller les trouver. Sur ce, il signa ma sortie dans les termes suivants :

11 octobre 1855.

Je, soussigné, chef de service de service de l'asile de la Salpêtrière, certifie que la nommée Chevalier-Rouy, âgée de quarante ans, profession de maîtresse de piano, née à Milan (Italie), entrée le 30 novembre 1854 au traitement des aliénés, est calme, régulière, peut travailler, et que, quoiqu'elle conserve encore quelques aberrations, j'estime qu'elle peut sortir de l'asile pour essai.

Signé : Métivié.

L'arrêté du préfet de police, pris en vertu de cet étrange certificat, disait :

M. le directeur de l'hospice de la Vieillesse (femmes) laissera immédiatement sortir ladite Chevalier-Rouy, et *nous informera du jour* où cette sortie aura lieu.

Le Préfet de police : *Signé :* Piétri.

C'est le 19 octobre que l'arrêté du préfet de police fut envoyé, bien que daté du 11.

Dès que cette pièce indispensable fut arrivée, on ferma les portes pour empêcher les malades de m'entourer, et je sortis de ma cellule aux agitées, escortée de deux surveillantes qui me conduisirent au bureau, où on devait me rendre mes bijoux et mes papiers d'affaires. Mais il s'y éleva une discussion. D'abord, il manquait aux bijoux une petite chaîne de Venise munie d'un fermoir émaillé, et deux boutons d'oreilles pareils au fermoir ; de plus, il fallait *signer* sur le registre la réception des bijoux.

— Signer ?
— Oui.
— Et quel nom ?
— Parbleu ! le vôtre : Chevalier.
— Je ne suis pas Chevalier et ne signerai pas un faux.
— Vous n'aurez rien sans signer. Voyons, finissons.

Je pris la plume et fis ✶. Mais ma main fut arrêtée par le bureaucrate, qui s'écria : « Vous abîmez mon registre ! » me le ferma au nez et remit le panier aux bijoux dans le tiroir.

Restaient mes papiers, comme je l'ai dit. M. le docteur Métivié me les avait fait rendre. Depuis l'affaire des ouvriers, on me les avait repris, croyant y trouver quelque chose relatif à mon nom, à mon identité, etc.

Mais, comme on le sait, mes papiers de famille étaient restés à Charenton. Ceux que M. le docteur Métivié m'avait fait rendre ne contenaient que des avis de réception d'albums, de billets de concerts, la note des sommes me restant dues sur leur placement, etc.

Ces lettres-là étaient donc fort importantes pour moi, car elles mettaient de l'argent comptant à ma disposition, donnaient le nom et l'adresse des personnes qui s'intéressaient à moi, pouvaient renseigner sur mon compte et peut-être me venir en aide dans ma détresse.

Messieurs du bureau me dirent ne pas les avoir vues depuis qu'ils me les avaient renvoyées. Le docteur Métivié, qui n'habitait pas la Salpêtrière, ne devait venir que le lendemain matin, si bien qu'on me fit monter dans un fiacre qu'on accompagna jusqu'à « la porte des Champs, » et on la referma derrière moi...

Voilà exactement comment les choses se sont passées et comment cette version : « *fille de la duchesse de Berry,* » se trouve d'un bout à l'autre dans les rapports et certificats de MM. les docteurs, inspecteurs généraux, hauts fonctionnaires ministériels, qui, *sans savoir à quel propos est venue cette filiation retentissante,* en ont fait leur grand cheval de bataille, parce qu'*elle fait effet;* comme moi, de mon côté, je me suis servie de cette légende invraisemblable dans le même but.

J'étais dans la position la plus difficile. Je n'avais plus rien au monde, pas d'amis : les pauvres et les fous font peur. D'ailleurs, à cette époque, toutes mes connaissances étaient à la campagne. Je ne savais donc où aller.

On était bien venu à l'appel que j'avais fait par les ouvriers ; mais la porte avait été fermée à tous, et je ne savais qui avait cherché à me voir. Je ne pouvais même pas aller m'en informer à ceux qui m'avaient servie, la moindre imprudence pouvant leur faire perdre leur ouvrage, les compromettre gravement, et moi ne voulant pas, bien entendu, donner suite à cette aventure.

On m'avait mise à la porte dans l'accoutrement que j'avais le matin du 30 novembre 1854, lorsqu'on m'avait emmenée de Charenton, c'est-à-dire en robe de chambre à manches ouvertes, garnies de dentelles et de rubans cerise, tête nue, en pantoufles. Je n'avais ni argent, ni domicile, ni papiers..... Il était six heures du soir.

Je me fis conduire directement à la préfecture de police.

J'allai, en arrivant, droit au bureau du préfet. Il n'y était plus.

Son secrétaire m'adressa au chef du bureau des aliénés. C'était alors M. Leroy.

Il m'envoya au commissaire de police du Palais-de-Justice.

Je déclarai à ce magistrat que je sortais de la Salpêtrière ; que je n'avais ni papiers, ni argent, ni domielle. Je le pris à témoin de la tenue dans laquelle on m'avait renvoyée et qui ne me permettait même pas de me présenter nulle part. Je lui dis que je me nommais HERSILIE ROUY. Je lui donnai tous les renseignements désirables pour qu'il pût s'informer des faits, s'assurer de mes relations, de mon nom, de ma famille, et le priai de m'accorder l'hospitalité jusqu'à ce qu'on m'eût, au moins, rendu les papiers, les effets et l'argent que j'avais à Charenton et à la Salpêtrière.

C'est escortée par trois sergents de ville, qui m'ont fait traverser toute la préfecture de police sous leur garde et qui ont été fort bienveillants pour moi, que je suis arrivée sans encombre jusqu'au bureau de M. le commissaire, au Palais-de-Justice.

Quand il fut sur le point de rédiger son procès-verbal, le brigadier lui dit (de lui-même ou par ordre de M. Leroy?...) :

— On ne peut pourtant pas mettre madame avec *les autres*.

Les autres, c'est-à-dire au dépôt de la préfecture de police ; on sait.... ou on devine en quelle compagnie.

Sur cette observation, M. le commissaire rédigea la note suivante :

Le 19 octobre 1855, une femme disant se nommer Hersilie Rouy, ne paraissant pas jouir de ses facultés mentales, s'est présentée à mon bureau, en se disant « sans asile, sans ressources, sans nom. »

Après avoir porté le mot que M. le commissaire de police remit aux agents qui m'accompagnaient dans deux ou trois autres bureaux, j'obtins enfin, grâce à la mention : « ne paraît pas jouir de ses facultés, » la faveur d'un cabanon, où je pus être seule.

Le lendemain, 20 octobre, M. le docteur Lasègue vint m'y voir, et je lui dis ma position avec la même franchise qu'au commissaire de police. Il en parut touché et me sembla très-désireux de m'aider ; cependant les moyens de le faire lui manquaient.

Il n'y avait pas d'argent pour me mettre à la maison Dubois. Souffrante comme je l'étais, ayant des transpirations qui exigeaient un changement fréquent de linge, il m'était impossible de coucher pendant plusieurs nuits, sans draps, sur une paillasse malpropre.

Il monta donc voir au bureau ce qui pourrait être fait pour me procurer un gîte provisoire, sinon définitif.

Les résultats négatifs de sa démarche furent constatés par la note ci-après :

La nommée ROUY, quarante-un ans, sortant de la Salpêtrière. Arrêtée en état de vagabondage. — Lettres délirantes. Impossibilité de trouver un domicile (sortie le 19 octobre).
Signé : LASÈGUE.

« *Arrêtée !* dit le docteur, *arrêtée en état de vagabondage !* »

Effectivement, si une femme, dans mon accoutrement, *à pied*, sans papiers, sans argent, sans domicile, avait été *trouvée* dans la rue, ne sachant que devenir, il est certain qu'on l'aurait *arrêtée*.

Mais loin de là. J'étais arrivée *en voiture bien fermée*, que j'avais payée moi-même de mon dernier argent. J'avais fait personnellement toutes les démarches nécessaires pour prendre la préfecture de police à témoin de la malveillance dont l'administration avait fait preuve envers moi en me renvoyant dans le plus complet dénûment, dans une tenue impossible, après avoir refusé de me faire rendre ce que j'avais apporté en entrant... J'avais déclaré ces faits au docteur, comptant sur sa bienveillance, plaçant moi-même mon sort entre ses mains..... Et voilà la note qu'il donnait !

Ce n'est pas tout ; il avait ajouté : « *Lettres délirantes !* »

Assurément, je n'avais pas écrit dans le fiacre ; si je l'avais fait, j'aurais jeté mes lettres à la poste, et je ne les aurais pas portées à la préfecture. C'est donc d'après celles qu'il a trouvées au bureau (lettres dont les ouvriers étaient chargés au mois de juillet, c'est-à-dire *trois mois avant ma sortie*) que le docteur Lasègue certifiait au mois d'octobre, de façon à me faire séquestrer de nouveau, n'ayant aucun fait récent à citer.

Lettres délirantes !..... Et pourquoi délirantes ?

Est-ce que c'est parce qu'elles rappelaient une substitution dont tout le monde parlait depuis trente-cinq ans?

Du moment où un peuple intelligent se fait l'écho d'une semblable légende, on doit s'attendre à voir, tôt ou tard, surgir la femme légendaire, que cette femme soit réellement la victime immolée au repos de l'État, ou une aventurière voulant exploiter la crédulité publique.

Que sont, après tout, ces lettres dont on se fait une arme contre moi? Un appel à l'autorité responsable, une manière de lui faire comprendre *le danger d'une négligence administrative* livrant les établissements publics à des commentaires compromettants en *recélant une étrangère inconnue,* n'ayant pour *tout état civil* qu'un *enregistrement officiel fantaisiste,* sous deux noms, dont pas une pièce ne constate la régularité.

Qu'avais-je donc fait pour être enfermée comme aliénée?

J'avais eu foi en l'honneur des fonctionnaires chargés de maintenir l'ordre et la paix. Je m'étais adressée, dans une position aussi difficile pour une femme accoutumée aux convenances et au respect de soi-même, au commissaire de police, au médecin, au lieu d'en appeler aux partis qui m'auraient tendu les bras..... et on m'enfermait comme folle!

En aurait-on fait plus, si au lieu d'agir avec tant de prudence et de modération, j'avais été courir de côté et

7.

d'autre, trouver les ouvriers, *réclamer des millions et ma royale filiation ?*.....

Il est effrayant de penser que la liberté individuelle est livrée à la merci de semblables certificats en plein Paris, en plein XIX° siècle !

L'arrêté du préfet de police me renvoyant à la Salpêtrière était conçu dans les mêmes termes que le premier :

La demoiselle Hersilie-Camille-Joséphine Chevalier-Rouy, étant dans un état d'aliénation mentale qui compromet l'ordre public ou la sûreté des personnes, ainsi qu'il est constaté par un procès-verbal du *commissaire de police de la section du Palais-de-Justice*,

Et certifié par M. le docteur Lasègue,

Rentrerait dans ledit établissement pour y être traitée de la maladie dont elle est atteinte, laquelle s'est manifestée par *des actes extravagants*.

CHAPITRE VIII

Ma rentrée à la Salpêtrière. — Premier transfert en province. — L'asile de Fains.

Lorsqu'une folle rentre dans un asile, l'usage ou les réglements veulent qu'on la réintègre dans le service du médecin qui a signé sa sortie. Cependant, à mon arrivée, le bureau m'envoya à *Rambuteau;* mais on refusa de m'y recevoir. Il en fut de même aux *Incurables*. On ne voulait de moi nulle part. Force fut donc de me renvoyer où j'avais droit d'entrer, c'est-à-dire aux *Grandes Loges*.

Cela ne fit pas du tout l'affaire du docteur Métivié. C'était un bon, honnête et excellent homme, juste et désireux de rendre service, mais extrèmement vif, pétulant et occupé. Il ne m'avait jamais trouvé aucun délire; avant mon renvoi, nous avions souvent causé de spiritisme, de magnétisme, dont lui-même s'occupait au point de vue scientifique. Il me soutenait, avec toute la vivacité de sa bonne nature, qu'il était *impossible* qu'on m'eût dite folle à propos de spiritisme.

— Alors, pourquoi?

— Mais vous n'êtes pas folle! Ce sont des *affaires*; d'ailleurs il n'est pas admissible qu'une famille posée comme la famille Rouy ait agi ainsi.... Il faut une raison....

Je croyais alors, comme lui, ma famille abusée sur mon compte et n'ayant pris qu'une part très-indirecte à ce qui s'était passé. Je racontai au bon docteur tout ce que je savais, les avertissements reçus, les précautions prises, ce que contenaient mes trois paquets de papiers; enfin je lui parlai des actes sous seing privé.

Il comprit là une seule chose : c'est que les bruits qui avaient couru sur la substitution d'Henri V pouvaient être fondés.... et me voici devenue *fille légitime des rois de France!*

Ce que c'est que d'être Chevalier, de parents inconnus, d'avoir été élevée par la famille Rouy qui vous ôte son nom, et d'être enfermée dans un asile sans être folle! On sait le parti que j'avais tiré de cette illustre parenté. Quand le docteur Métivié m'avait jetée dans la rue, je lui avais prédit que je rentrerais à l'asile, à moins que je ne rencontrasse des protecteurs inespérés chez les agents de l'autorité auxquels j'allais m'adresser, et je lui tenais parole. Partie le vendredi, je rentrais aux grandes loges le samedi, à quatre heures après midi.

Dès qu'on me sut de retour, les malades voulurent me voir; l'agitation fut extrême. On ferma et on garda les portes; on mit en cellule les plus turbulentes; mais on ne put empêcher le dimanche ce qu'on avait empêché la veille. Les malades appelées au parloir passaient devant la *réception* (on appelle ainsi l'endroit où couchent les arrivantes et où j'étais provisoirement); elles entraient bon gré, mal gré, m'apportant des friandises et du papier pour écrire.

Ceci n'était pas fait pour être agréable au docteur; aussi lorsqu'il arriva, le lundi matin, fut-il furieux.

Il ne voulait pas me parler; mais comme je le saluai amicalement, il ne put se contenir et me reprocha vivement ma conduite, en me disant « qu'il n'avait pas à s'occuper de savoir si j'étais Chevalier ou Bourbon, Rouy ou Capet; que ce n'était pas du tout du ressort médical; qu'il y avait des tribunaux pour les questions civiles, et que je pouvais bien être le diable en personne, sans qu'il ait à s'en occuper; que je n'étais qu'une entêtée, voulant tout bouleverser; qu'il ne pouvait plus contenir sa section depuis que j'y étais; qu'il ne pouvait pas non plus me garder en cellule et qu'il allait me mettre de nouveau à la porte. »

— Envoyez-moi à Rambuteau.

— Je ne fais pas de semblables cadeaux à mes confrères.

— Que voulez-vous donc que je devienne? Où voulez-vous que j'aille? Je ne puis pas rester sur une borne!

— Allez chez vos ouvriers.

— Non, monsieur le docteur, non! C'est *chez vous* que j'irai.

— Chez moi ?

— Oui, monsieur, il me faut un répondant sérieux, un homme pouvant attester que je suis une victime et non une aventurière, et depuis huit mois que je suis entre vos mains (je n'avais été libre que vingt-quatre heures), vous savez à quoi vous en tenir, aussi bien sur ma raison que sur mes réclamations, que sur le mauvais vouloir de l'administration et de la justice, qui ne s'occupe pas des aliénés.

Ce que je disais là était la vérité. Je serais allée d'autant plus chez le docteur Métivié qu'il était à la tête d'une grande maison d'aliénés à Ivry ; que c'était un honnête homme et qu'il aurait eu pitié de moi, une fois que j'aurais été placée sous sa seule protection et responsabilité.

Il me savait femme à faire ce que je disais.

Je ne pouvais rester aux Grandes Loges, c'était certain.

Il me passa d'autorité à Rambuteau, et justifia mon maintien à l'asile par la note médicale suivante :

Monomanie ambitieuse ; se dit Capet, née de la duchesse de Berry, au lieu et place du duc de Bordeaux, qui lui a été substitué au moment de sa naissance. — Elle réclame le trône de France.

Je fus reçue à Rambuteau par M. le docteur Trélat,

faisant l'intérim de M. le docteur Falret, chef de ce service, l'ami auquel le docteur Pelletan m'avait recommandée.

M. le docteur Trélat me reprocha ma rentrée, semblant fort étonné que j'eusse été me plaindre à la préfecture de police.

Je ne pus m'empêcher de lui répondre avec une certaine vivacité, car, en vérité, je ne puis encore m'expliquer comment des hommes sérieux pouvaient traiter une position comme celle où je me trouvais avec une semblable légèreté.

Dès que M. le docteur Falret fut de retour, il me déclara qu'il ne s'occuperait en aucune façon de mes affaires, qui ne le regardaient pas; que je pouvais en charger mes amis et connaissances, et qu'il me garderait tant que je ne serais pas *réclamée*, la leçon que je venais de donner à son confrère lui faisant savoir à quoi on s'exposait en me remettant en liberté.

J'étais donc positivement prisonnière.

J'écrivis à la justice; — à Charenton, pour avoir mes papiers et mes effets. — Personne ne répondit. L'administration me resta toujours adverse, et les mois s'écoulèrent sans amener aucun changement.

Je finis par m'irriter d'autant plus que le docteur Falret était parfaitement bon pour moi, me traitait en enfant gâté auquel tout est permis, et qu'il m'était impossible de rester fâchée contre lui, car il était bienfaisant et généreux pour tous et pour toutes.

Je mis donc des ouvriers de nouveau en mouvement.

L'administration donna ordre de me mettre *aux Chalets.*

C'est le quartier des agitées. — Il est séparé des autres par un grand mur; douze petits chalets y tiennent lieu de cellules, car on ne garde là que les furieuses qu'on est obligé d'*isoler.*

La section entière fut agitée, et cette agitation amena des conséquences auxquelles on n'avait pas songé.

Les malades m'aimaient. C'était leur bonheur de me voir, et on était obligé de garder la porte de *la réception* où j'étais restée depuis ma rentrée, c'est-à-dire depuis dix mois. Quand elles me surent aux Chalets, elles se firent punir pour y être envoyées; de cette façon, la punition devenait une récompense, et on ne pouvait plus venir à bout de personne.

Il fallut prendre un parti. Je m'entendis avec M. Blondel, l'interne; il fit comprendre que c'était d'abord un véritable crime de me tenir dans un endroit semblable; ensuite qu'on s'y prenait fort mal en privant les malades de me voir. Le meilleur moyen de les calmer était de promettre à celles qui seraient bien sages de les laisser venir m'apporter quelque chose et causer avec moi.

On essaya, et on s'en trouva bien immédiatement.

De son côté, M. le docteur Falret, que je ne voulais plus voir, demanda mon passage dans une autre maison.

Tout est relatif dans le monde, et la femme la plus ordinaire dans un certain cercle de société passera pour remarquable dans un cercle inférieur.

Combien plus vif est ce contraste quand une femme bien élevée, accoutumée au meilleur monde, ayant de l'instruction, un talent d'artiste, tombe parmi de pauvres insensées indigentes !

Elle est d'abord leur point de mire, l'objet de leur haine, est traitée d'aristocrate ; puis, si elle se montre bienveillante, si une supériorité réelle la place au-dessus de l'envie, elle devient pour ces esprits faibles et malades un être supérieur, ayant pris les haillons de la misère pour porter secours et consolation aux affligés, une sorte de fétiche qu'on adorerait volontiers.

Ce rôle m'a été dévolu partout, et je l'ai accepté. Je pouvais le remplir en arrêtant par ma seule présence les actes de violence auxquels se livrait le service, trop souvent grossier et brutal, car on savait que je les ferais connaître aux chefs. Ceux-ci étaient attirés à moi par la supériorité évidente que j'avais sur mon entourage, tenaient compte de ce que je leur disais et me traitaient avec égard.

Mon transfert à Fains donna un exemple de la singulière fascination que j'exerçais sur les gens de condition inférieure.

Conduite à la gare avec plusieurs autres malades que leur départ mettait au désespoir, et qu'on avait camisolées, ma présence produisait une immense sensation, aussi bien sur les sergents de ville, qui maintenaient la foule curieuse se pressant autour de nous, que sur cette foule elle-même, qui m'accueillit par un murmure de compassion.

J'avais la tenue avec laquelle j'avais fait mon expédition à la préfecture de police; Mᵐᵉ Latour, notre aimable surveillante, m'avait seulement prêté une fanchon de mousseline, grâce à laquelle je n'étais plus *tête nue*.

Chacun voulait s'approcher de moi, me parler, tant la pitié était grande.

Malgré la résolution de ma nature assez énergique, j'étais émue, et ma pâleur naturelle en était augmentée. Je me soutenais à peine; il fallut placer près de moi une gardienne qui me donna le bras.

Les hommes d'équipe du chemin de fer éprouvèrent la même impression, et tandis que notre conducteur, M. Pécheux, faisait entrer les malades agitées dans les wagons qui leur avaient été réservés, un surveillant en chef du chemin de fer s'élança à ma rencontre et me dit :

— Vous ne pouvez pas entrer là, madame; c'est trop affreux! Venez!

Il me conduisit vivement dans un wagon occupé par des voyageurs; ils firent un accueil des plus sympathique à la pauvre folle qui attirait en ce moment tous les regards.

Léonie, ma gardienne, n'eut que le temps de se précipiter dans ce wagon qui allait se fermer.... Sans sa promptitude, je crois qu'on m'aurait déguisée et cachée parmi les voyageuses.

Au moment où le convoi allait partir, les hommes d'équipe, leur chef en tête, vinrent avec émotion me dire adieu, au revoir, me souhaiter un bon voyage, un heureux retour; toutes les mains se tendirent vers moi.

Je passai par la portière les deux miennes à ces braves gens, qui me les serrèrent tour à tour, à la grande stupéfaction de M. Pécheux et de M. Basse, directeur de la Salpêtrière, qui m'avaient perdue de vue dans tout le mouvement que leur avaient donné les agitées.

Je restai penchée à la fenêtre tant que je pus voir mes nouveaux amis, auxquels je fis signe de la main pour la dernière fois, avant de regarder Léonie, qui me dit en riant :

— Il n'y a pas à dire, ils y passeront tous, jusqu'aux gendarmes!

J'arrivai à Fains malade, brisée, et fus immédiatement conduite à l'infirmerie, où une jeune sœur me fit fête, charmée de trouver au milieu de ce convoi de frénétiques une petite Parisienne lui réjouissant la vue.

J'avais quarante-deux ans, tous les inconvénients de l'âge critique aggravés par les émotions incessantes d'une maison de folles; des sueurs nocturnes m'épuisaient.

J'étais au lit le lendemain matin, lors de la visite de M. le docteur Auzouy, auquel je dis mon état, le priant de me prescrire un régime alimentaire fortifiant et de me faire donner du linge pour me changer.

Surpris de l'arrivée comme aliénée indigente d'une personne paraissant avoir reçu une éducation distinguée, il interrogea la gardienne qui m'avait amenée.

Cette fille lui dit « que j'étais la séduction incarnée; que je leur avais donné plus de peine à moi seule que toute la section; raconta mes exploits de la Salpêtrière, ce qui s'était passé au chemin de fer, et prédit à Fains tous les tracas dont Paris avait enfin le bonheur d'être délivré. »

Le docteur, épouvanté, déclara que je ne séduirais personne à Fains, me fit enlever tous mes *charmes* (c'est ainsi qu'il appelait mes effets). La supérieure défendit aux jeunes sœurs de m'approcher, et le docteur me dit en pleine salle :

— Vous allez être séparée de façon à ne voir que Mme la supérieure et moi; et ce n'est pas *moi* que vous séduirez !

J'ai donc été mise au *secret le plus absolu* dans une petite chambre de pensionnaire et ma fenêtre cadenassée, dès les premiers jours de mon entrée à Fains, presque sans interruption jusqu'à celui de ma sortie de l'asile, c'est-à-dire pendant *quatorze mois*.

Huit jours après, cependant, le docteur avait permis d'ouvrir ma fenêtre, m'avait rendu mes effets, cherchait à m'être agréable, tout en me tenant strictement enfermée. Mais il s'occupait beaucoup de moi, de mes affaires.... J'étais sa captive; il était méridional ; j'eus peur.... Je saisis l'occasion de cette période de bienveillance pour lui écrire et lui demander, dans l'intérêt de la tranquillité générale, de signer ma sortie, sans chercher à débrouiller ce chaos. Cette lettre le mit hors de lui; il me fit aussitôt enlever encre et papier; sa fureur, son agitation étaient inconcevables.

J'eus la nuit suivante une transpiration si abondante que je dus quitter mon linge mouillé. N'en ayant pas d'autre à ma disposition, je me couvris de deux jupons, d'une écharpe de laine et d'un châle qu'on m'avait laissés. Quand l'infirmière m'apporta mon déjeûner, je lui remis mon linge hors de service, qu'elle porta à la sœur d'office pour en avoir de rechange.

Malheureusement, la supérieure, Mme C..., qui dès mon arrivée m'avait été hostile et avait monté le docteur contre moi, était aussi vive, aussi emportée que lui. Voyant cette fille ma chemise à la main, elle courut dire à M. Auzouy que j'étais sans chemise dans ma chambre, ce qui lui fit penser que j'étais nue et me conduisais sans doute scandaleusement.

J'étais bien, par le fait, sans chemise, tout en étant fort décemment couverte, et déjeûnais tranquillement, quand la porte s'ouvrit avec violence. M. le docteur entra comme une bombe avec la supérieure, et, sans rien examiner, la sœur d'office et deux infirmières sautèrent sur moi, m'arrachèrent mon châle et mon tricot, me mirent nue jusqu'à la ceinture devant le docteur et me garottèrent dans la camisole de force, en moins de temps que je n'en mets à décrire cette scène, qui pouvait me rendre folle de saisissement.

On s'empara de mes effets, des petites bottines d'étoffe qu'on m'avait déjà prises une fois, et que la domestique m'avait rendues en secret. On mit tout en pièces; on coupa ma pauvre robe de chambre; on en arracha les garnitures et les dentelles, pour me punir, disait-on, de mon orgueil et de ma coquetterie. On jeta au feu ce qui semblait trop beau pour une indigente, même une petite tabatière d'écaille contenant de la poudre de quinquina. Mes bottines eurent le même sort, quoique j'eusse immédiatement déclaré les 900 fr. qu'elles contenaient.... Mes 900 fr. furent flambés !

Le lendemain, à la visite, je demandai froidement du papier pour écrire aux ministres. Le docteur, effrayé des conséquences que pouvait avoir la scène du 13 octobre, courut dire au directeur que je voulais le poursuivre en « attentat à la pudeur. » M. Barroux vint me voir aussitôt; il me parla avec douceur et bienveillance, et me fit donner ce que je demandais.

Comme ce n'était pas le docteur Auzouy qui avait porté la main sur moi, mais une religieuse et deux servantes, sous les yeux de Mme la supérieure et les siens ; qu'on l'avait poussé à cette violence par de faux rapports, je me bornai à raconter la scène, sans en jeter sur lui toute la gravité.

Cependant, aussitôt mes lettres parvenues à la préfecture, M. Chadenay, préfet de la Meuse, fit accompagner et surveiller la visite par un de ses employés. Cela n'a duré que trois jours, et naturellement, pendant ces trois jours, M. le docteur Auzouy a été fort convenable.

Quelques jours plus tard, M. le préfet est venu lui-même me voir, et je lui ai raconté la scène du 13 octobre, en lui montrant que je n'avais plus rien qu'un jupon et une petite écharpe en tricot de laine, ce qui était insuffisant, aussi bien pour me lever que pour la saison qui s'avançait.

M. le préfet fit des observations, et le châle qui m'avait été arraché de dessus les épaules me fut rendu. Le reste fut jugé inutile, puisque je ne bougeais pas de ma chambre et pouvais, à la rigueur, rester au lit.

Ce n'est qu'après la visite du procureur impérial qu'on me rendit ma malheureuse robe, toute décousue et déchirée.

Pourtant, trois jours avant sa venue, ne voulant sans doute pas me laisser paraître devant lui en chemise dans mon lit, on m'envoya un petit caraco. Depuis le départ de mes lettres, on m'entourait de soins. J'en fus touchée ; je crus au repentir, et lorsque M. le procureur impérial vint pour recevoir ma plainte, je l'abandonnai, me bornant à lui exposer les faits, à demander mon passage dans une autre maison et à réclamer mes papiers de Charenton.

M. Leroy, le substitut, les fit demander par le juge de paix de Saint-Maurice.

On répondit à la justice ce qu'on avait répondu à l'administration de la Seine : qu'il n'y avait rien à moi dans cette maison.

Je m'adressai alors à M. l'abbé Raulx, aumônier de Fains, en le priant d'écrire lui-même et directement à Mme la supérieure. Il le fit avec une grande obligeance, après s'en être entendu avec le directeur. Mme la supérieure lui répondit, courrier par courrier, qu'elle avait *retrouvé les papiers au secrétariat,* (où il est prouvé qu'on ne les avait jamais eus), et qu'elle mettait *ce fatras,* ainsi que mes effets, à sa disposition, s'il voulait bien les envoyer chercher en remboursant 7 ou 8 fr. qui restaient dus.

Cette lettre fit sensation. Mais on ne donna aucune suite à cette affaire, parce que le docteur Auzouy, étant allé à Paris, y reçut tout à point des offres d'argent faites en ma faveur par un *père anonyme,* voulant me procurer un peu de bien-être, un piano, de la musique, etc.

Exaspérée par ces faux renseignements venant du dehors compliquer encore le mystère qui m'entourait, je refusai ces offres et réclamai mon acte de naissance, en déclarant énergiquement que M. l'astronome Charles

Rouy, mon père, était mort à Paris en 1848, c'est-à-dire depuis neuf ans, ce que M. Auzouy prit pour folie et consigna dans son rapport en ces termes :

« *Elle se prend enfin pour la fille de je ne sais quel M. Rouy!* »

Chaque fois que je voulais insister sur ce point et réclamer mes papiers civils et de famille, il me disait « que je racontais toujours la même chose et qu'il fallait *varier.* »

Je le fis de grand cœur, et de façon à ce qu'on ne pût m'accuser d'avoir une idée fixe.

Pourquoi n'aurais-je pas raconté les versions les plus contradictoires, alors qu'on me disait folle de me croire la fille de M. Rouy, et qu'on m'imposait un père inconnu? Je fis éclat de tout ce qui avait été débité sur mon compte, de ce qui m'avait été dit, montré, révélé, des divers noms qui m'avaient été attribués, sans oublier celui de *fille de la duchesse de Berry,* qui depuis l'affaire des ouvriers revenait comme un glas. C'était un délire complet, d'autant plus dangereux et incurable que je parlais comme une personne ayant toute sa raison, et parfois m'accusais moi-même.

Pourquoi ne me serais-je pas dite criminelle, en effet, puisqu'on me persécutait innocente, et qu'on refusait de s'assurer de mon honorabilité et de mes antécédents? Les criminels ne sont-ils pas plus protégés que les fous, puisqu'on leur permet de produire leurs preuves, leurs témoins à décharge, de se défendre, de se justifier, qu'on leur donne un avocat?

Et comment me traitait-on? Je passai tout l'hiver *sans feu et sans lumière*, n'ayant pour me préserver du froid que ma robe en lambeaux et le petit caraco dont j'ai parlé! Au printemps, on me mit dans une chambre plus grande, située juste au-dessus du calorifère de la cuisine, qui était allumé de six heures du matin à six heures du soir. Cette chambre était de plus en plein midi, et je n'en sortais jamais.... Je ne sais comment je n'y suis pas morte.

Tout à coup, ma porte fut ouverte, ma fenêtre déchaînée, et je pus me promener dans le corridor, qui était fermé à clé aux deux extrémités.

J'appris bientôt que je devais le bonheur de pouvoir prendre un peu d'exercice solitaire à l'approche de M. l'inspecteur général, le docteur Ferrus, qu'on redoutait excessivement.

Aussi tout fut-il mis en ordre, la maison nettoyée sans perdre de temps, car il arrivait souvent inopinément et dans le moment où on le croyait dirigé sur un autre département.

Je me tins donc pour avertie, et je me préparai à lui soumettre ma position.

Mais M. le docteur Ferrus, qui songeait à prendre sa retraite, était accompagné de M. le docteur Constans, nouvellement nommé inspecteur général, qui faisait sa première tournée sous l'égide de ce grand maître.

Dès qu'on apprit cette circonstance à l'asile, on s'arrangea de façon à éloigner le docteur Ferrus du quartier où je me trouvais.

M. le directeur le mena voir les constructions nouvelles, la buanderie, le jardin, etc., tandis que M. le docteur Auzouy, s'emparant du docteur Constans, le prévenait contre moi, tout en lui parlant de la manière exceptionnelle dont j'étais placée dans une *chambre de pensionnaire*, et me l'amenait, en riant, dans cette chambre *dont la porte était grande ouverte*.

Mes plaintes sur la rigueur de ma séquestration produisirent le plus fâcheux effet, puisque ma porte n'était pas fermée, et je fus regardée comme une ingrate et une folle bien orgueilleuse, car, au lieu d'être reconnaissante envers *un père qui, tout en gardant l'anonyme*, voulait adoucir mon sort, je repoussais ses offres en me disant « *fille d'on ne savait quel M. Rouy, mort en 1848!* »

M. le docteur Constans fit part de tout ceci à M. le docteur Ferrus.

Depuis ce moment, qui a décidé de ses impressions, M. le docteur Constans est resté le meilleur ami de M. le docteur Auzouy et m'a toujours été contraire, ne pouvant se donner tort en reconnaissant que son premier rapport avait été fait trop légèrement.

Il va sans dire que ma porte fut refermée dès le soir même.

M. Chadenay ayant eu son changement, le baron Rogniat lui succéda.

Mme la baronne Rogniat, qui était non seulement une femme très-supérieure, mais encore très-bienfaisante, voulut visiter l'asile des aliénés et y arriva un dimanche, en l'absence du médecin et du directeur.

C'est Mme Barroux, la femme de ce dernier, qui lui fit les honneurs de la maison, lui ouvrant toutes les portes, *même la mienne*.

Mme la préfette fut bien étonnée en trouvant une malade enfermée de la sorte et en me reconnaissant pour m'avoir rencontrée à Paris chez plusieurs de ses amies, entre autres chez Mme la comtesse de Rotalier et chez Mme la comtesse de Valory, princesse Rusticelli.

Elle prit ma cause à cœur; quand elle sut tout ce que j'avais souffert, tout ce que j'étais exposée à souffrir, elle me donna sa parole de me sauver en faisant changer le médecin. Mais un médecin aliéniste est tout-puissant et ne se change pas comme cela.

Celui-ci s'empressa de la *consigner*, sous prétexte que la présence de qui que ce soit m'agitait. Et ma captivité redevint plus étroite que jamais.

Le directeur lui-même osait à peine venir me parler. Excepté lui, la supérieure et une vieille domestique, personne ne pouvait pénétrer auprès de moi que le médecin.

M. Barroux, indigné, m'apporta un jour de l'encre

et du papier, me priant de faire porter ma plainte plutôt sur la supérieure que sur le médecin, parce que, faite en ce sens, elle n'irait qu'à la préfecture, tandis qu'une plainte contre le docteur allait au ministère et pourrait le mettre, comme directeur, dans une fâcheuse position.

Je n'avais pas à hésiter, pas à choisir. Il me fallait, avant tout, conserver un protecteur et me mettre à l'abri de violences qui toutes, je dois le reconnaître, provenaient de la supérieure, et j'écrivis dans le sens qu'il m'indiquait.

M. le directeur porta ma lettre au préfet. On demanda le changement de la supérieure.

L'ordre de Saint-Vincent-de-Paul refusa et menaça de reprendre ses quatorze sœurs, si on insistait.

Le préfet tint bon, et des sœurs de Saint-Charles vinrent remplacer celles de Saint-Vincent-de-Paul.

Mais le docteur Auzouy resta toujours le même, se livrant à des emportements un jour, m'en demandant pardon le lendemain. Porté par son cœur et ses bons sentiments à m'être bienveillant et secourable, et par la terreur que lui inspirait ma plume à me tenir cachée à tous les yeux, il m'envoyait sa femme et sa fille, et défendait à toute créature humaine de me voir. Désireux de faire le bien et faisant le mal, ses plus cruelles extravagances me faisaient pitié et me trouvaient prête à lui pardonner, pourvu que je fusse loin de lui.

Ne pouvant comprendre par quel moyen j'avais écrit

au baron Regniat, on poussait les fouilles jusqu'à emporter mes jupons, à peigner mes cheveux bouclés, à écarter les bouffettes de mes pantoufles, afin de s'assurer qu'un bec de plume ou un bout de crayon n'y était pas caché.

Les malades, qui me voyaient de leur petite cour, m'avaient prise en amitié et avaient eu pitié de moi. Elles me donnaient des chiffons de papier, en les attachant à un fil que je faisais descendre par ma fenêtre ; d'autres m'en glissaient sous la porte en passant dans le corridor. Je collais ces morceaux ensemble ; à défaut d'encre, j'avais mon sang. Une malade nommée Renard, qui sortait quelquefois, mettait mes lettres à la poste. Elle fut surprise, et le docteur lui fit donner la douche. J'étais désolée et le lui dis.

— Ne vous tourmentez pas, me dit-elle ; c'était pour vous : je ne l'ai pas sentie. Avez-vous d'autres lettres ? Je suis prête.

On mit fin à ce beau dévoûment en murant ma fenêtre, c'est-à-dire qu'on y fit placer une *hotte en bois*, ne permettant à la lumière de pénétrer que par le haut, ne me laissant apercevoir qu'un coin du ciel et rendant ma prison impénétrable à tous les regards.

Cet excès de précaution m'a précisément amené des sauveurs.

Des ouvriers qui travaillaient non loin de là, curieux de savoir ce qui était si bien caché et séquestré, montèrent à l'échelle à quatre heures du matin, et, dans l'horreur que leur causa cette monstrueuse détention, me passèrent de quoi écrire et firent partir mes lettres.

En même temps M. Barroux, révolté de ces rigueurs, mais impuissant devant l'autorité du docteur, avait eu la bonté d'en prévenir Mme Rogniat et de me l'amener, pour la rendre témoin de ce crime étrange. Elle en fut indignée, en parla à son mari et intervint personnellement pour me faire obtenir mon changement de maison par ordre ministériel.

> Mlle Rouy — écrivait M. le baron Rogniat au Ministre de l'intérieur — se plaint de subir une double séquestration depuis que le médecin a fait placer une hotte en bois qui lui masque complètement la vue; c'est pour elle une véritable cause d'exaspération qui, ajoutée aux souvenirs irritants de la scène du 13 octobre (celle où ma robe de chambre avait été déchirée), lui occasionne des crises nerveuses auxquelles elle finira par succomber.

Et plus tard M. Tailhand appréciait ainsi le rôle du docteur Auzouy :

> Nous avons trouvé dans les pièces du dossier du ministère le compte-rendu de cette scène où cet homme de l'art a joué un rôle regrettable, et qui a laissé dans notre esprit cette impression que le médecin s'était montré beaucoup moins raisonnable que sa cliente.

Ma hotte fut enlevée. Mme Rogniat vint me voir à diverses reprises, m'amena sa fille et une de ses amies.

Enfin elle vint elle-même m'annoncer que ma demande m'était accordée ; que le nom de l'asile était resté en blanc ; que le jour de mon départ était à ma disposition ; mais elle m'engagea, avec toute son aimable bienveillance, à attendre à Fains, sous sa protection, le changement du docteur Auzouy, qui avait été demandé.

Comme on ne change pas un médecin aussi facilement qu'une malade, je pouvais attendre ce bonheur trop longtemps. Je priai donc Mme la préfette de m'envoyer au plus vite à Maréville, où l'asile était également tenu par des sœurs de Saint-Charles auxquelles je serais recommandée. Malgré toute la reconnaissance qu'elle m'inspirait, elle était impuissante à me protéger contre une omnipotence qui ne souffrait aucun contrôle.

Lorsque le docteur connut cette décision, il fut atterré.

Il demanda trois jours pour me rendre libre, promettant de tout arranger de façon à me faire rentrer dans mes droits ; mais l'ordre de mon départ étant arrivé dès le lendemain matin, M. Barroux, directeur de l'asile, remit la lettre par laquelle Mme la supérieure de Charenton mettait mes papiers à la disposition de M. l'aumônier entre les mains de sœur Arsine, supérieure de l'asile de Fains, et me confia à elle.

J'avais sur moi quelques lettres que je voulais mettre moi-même à la poste.

La bonne sœur ne s'en doutait pas ; aussi était-elle

sans défiance et m'accompagna-t-elle bien tranquillement. Sur notre chemin se trouvait justement la boîte aux lettres. Je fis semblant d'avoir quelque chose à arranger à ma chaussure; puis, me relevant subitement, je jetai mes lettres dans la boîte avant que la pauvre sœur, toute surprise, ait eu le temps de m'arrêter. Elle s'écria :

— Que faites-vous, mademoiselle ?

— N'ayez pas peur, ma chère sœur ; je ne fais rien de mal.

Nous arrivâmes le soir même à Nancy.

CHAPITRE IX

Deuxième transfert en province. — Asile de Maréville.

M. le baron Rogniat avait sollicité de M. le Ministre de l'intérieur mon transfert, en le motivant ainsi :

La *demoiselle* HERSILIE étant très-excitée contre le médecin de l'asile de Fains, il y a lieu pour la calmer de la diriger sur l'asile de Maréville.

Le préfet de la Seine écrivit, le 28 octobre 1857, au directeur de l'Assistance publique :

Par dépêche du 7 courant, M. le Préfet de la Meuse exprime le désir que l'aliénée CHEVALIER-ROUY, placée à l'asile de Fains, au compte de mon département, soit dirigée sur celui de Maréville. Cette mesure étant dictée dans l'intérêt de la malade, j'y donne mon consentement.

Le Préfet de la Seine,
HAUSSMANN.

Ces pièces officielles ne m'ont été communiquées que par mes rapporteurs et après ma mise en liberté. Je les place à leur ordre chronologique pour la clarté de mon récit.

Je ferai remarquer ici que M. le préfet de la Meuse, n'osant me donner le nom sous lequel j'avais toujours été connue à Paris et ne voulant pas m'en attribuer un autre, me nomme la demoiselle HERSILIE ; que le baron Haüssmann m'appelle, selon mon enregistrement, l'aliénée *Chevalier-Rouy*, et que les bureaux appliquent sans hésiter ces désignations si diverses à la même personne, et sans qu'aucun de ces fonctionnaires éprouve le besoin de savoir au juste comment je me nomme et qui je suis.

Le docteur Auzouy ne vivait pas sans ma pensée. Il avait trop de torts envers moi pour ne pas me craindre. Le désir de me revoir, l'inquiétude de me savoir entre les mains d'hommes qui, peut-être, auraient foi en mes paroles, troublaient sa vie.

Quinze jours après mon transfert à Maréville, il y arriva porteur d'une lettre qui avait été adressée à l'administration de Fains. Elle était évidemment écrite par un maître d'écriture ou un écrivain public ayant une très-belle main, et signée J.-P. FRANÇOIS, rue Laffitte.

Le docteur Auzouy accompagna la visite, et par conséquent tout le personnel médical de la maison : les docteurs Mérier, médecin en chef ; Léon Reber, adjoint ; Khun, Minel, Baille, internes ; les sœurs Émilienne et Marie, se sont trouvés témoins de notre entrevue.

— Connaissez-vous ce nom et cette écriture ? me demanda-t-on en me remettant la lettre.

— Non, et vous pouvez tous voir, messieurs, que ce n'est pas une écriture courante, mais un *modèle*..... Encore un anonyme !

— Lisez tout haut.

— Volontiers.

M. J.-P. François, s'adressant à l'administration en termes fort convenables, lui disait qu'il m'était complètement étranger et inconnu ; qu'il m'avait rencontrée dans le monde, y avait appris à m'estimer ; qu'il avait suivi tous mes concerts et était l'un de mes plus grands admirateurs ; qu'ayant appris le malheur qui m'avait frappée il désirait venir à mon secours, afin que l'artiste ayant tenu un rang aussi honorable dans le monde ne s'aperçût pas de sa chute ; qu'il mettait à la disposition de l'administration tout l'argent nécessaire pour que j'aie un piano, de la musique, une chambre, du feu, etc., et *surtout* de l'argent de poche pour satisfaire toutes mes fantaisies.

— Vous devez connaître cette personne ? me dit M. Auzouy en reprenant la lettre.

— Non.

— Vous avez jeté des lettres à la poste durant votre voyage ; c'est peut-être une réponse ?

— Je ne le crois pas.

— Qui est-ce donc ?

— Je l'ignore ; je suis entourée de mystères..

— Voulez-vous accepter les offres qu'on vous fait ?

— Y pensez-vous, monsieur ? Pourquoi tous ces anonymes ? Pourquoi s'adresser à des administrations publiques sous un pseudonyme ? Quel mystère est cela, et quel rôle jouez-vous dans le drame de ma misérable vie ?

— Vous refusez alors ?

— Certes !

Quelques jours après, le bon et gentil docteur Léon Reber me fit observer que j'avais tort de refuser de si bonnes choses ; que ce M. J.-P. François était fort convenable ; qu'il ne demandait rien ; que c'était même délicat à lui de taire son nom, pour ne pas m'imposer une reconnaissance pénible dans ma position, et m'engagea à lui répondre.

La lettre ne m'était pas adressée, et je n'y devais aucune réponse. Pourtant j'écrivis :

« Qu'étant entourée de soins et d'égards par M. le directeur et par MM. les docteurs, je le remerciais des offres qu'il avait bien voulu faire à mon sujet, et que je réservais sa bonne volonté et sa bienveillante proposition pour le jour où peut-être, contre mon espérance, j'aurais besoin d'y recourir. »

On prétendit que ce M. François devait être mon père, et, malgré mes protestations, je fus donc....

Mlle François !

Ceci s'étant passé, comme tout le reste, publiquement, dans des établissements publics... s'étonnera-t-on

9

encore que, dans mon indignation, j'aie signé, pour protester contre de semblables faits, les noms de fantaisie les plus excentriques, dans l'espoir d'attirer enfin l'attention de la justice ?

Toutes les discussions qui survenaient entre les administrations et moi roulaient sur mon nom, sur mon identité, sur ma filiation ; et, comme on le voit, je ne manquais pas plus de pères que de mères..... Je n'avais pas même l'embarras du choix, chacun m'en fournissant à sa guise.

Dès mon arrivée à Maréville, mes réclamations commencèrent. Aucune réponse n'y étant faite et ne voulant pas accepter le père François, j'écrivis à M. le docteur Emile Renaudin, directeur de cette maison, une lettre signée : L'Anté-Christ.

Aussitôt M. le docteur, accompagné de M. Tapin, l'économe, arriva près de moi.

Tous deux étaient grands, gros, forts.

J'étais blonde, pâle, frêle, délicate, toute bouclée.....

— Nous venons vous prier de ne pas signer vos lettres d'un nom si effroyable.

— Je ne demande pas mieux que de vous être agréable, messieurs, et je signerai *mon nom* aussitôt que j'aurai les papiers m'octroyant *légalement un nom à moi ;* veuillez être assez bons pour me les procurer, et je cesserai, du jour où je les aurai, de signer ce nom qui vous épouvante.

— Mais en attendant ?

— En attendant, messieurs, j'aurai la douleur de vous déplaire, et je signerai : l'Anté-Christ.

— Oh ! non, nous vous en prions ! Vous ne savez pas combien cela effraie !

— Dites à ceux qui ont peur de venir me voir, et on sera rassuré.

— Oui ! mais ceux qui ne vous verront pas et qui verront votre signature sont capables d'en devenir fous de terreur.

— Alors, vite, donnez-moi mes papiers, et je signerai mon nom.

— Je vous en prie !

— Voyons donc, messieurs, c'est pour rire que deux hommes comme vous viennent *prier* une pauvre petite femme comme moi, qui suis au lit, sans force...

— Pour rire ? Nous sommes des hommes sérieux, responsables de la tranquillité de la maison, et c'est au nom de cette responsabilité que nous vous le demandons.

— Mais ! je signe l'Anté-Christ comme je signerais Polichinelle ! pour protester contre un désordre qui brise mon existence.

— Signez Polichinelle.

— C'est *vous*, monsieur le directeur, qui me demandez de signer... Polichinelle ? Hé bien, soit ! je signerai Polichinelle.

MM. Renaudin et Tapin s'en allèrent fort contents

d'avoir obtenu une si grande victoire, sans comprendre combien ce mot de Polichinelle, signé sur leur demande, les condamnait, alors que les règlements et la loi exigent que l'identité et le nom des personnes enfermées soient établis.

Je fus donc pendant cinq ans Mme POLICHINELLE. Personne ne me connaissait sous un autre nom. Les malades aimaient leur dame Polichinelle, appelaient Polichinelle à leur secours, lorsqu'elles étaient menacées ou qu'elles voyaient faire une mauvaise action.

On sautait par dessus les palissades pour voir Polichinelle. On criait : « Vive Polichinelle ! »

Eh bien ! ce nom de Polichinelle, sous lequel j'ai été l'idole de mes pauvres compagnes, je me suis prise à l'aimer, et je me plais à l'écrire ; car, bien que je sois accusée de *folie vaniteuse*, *d'idées de grandeur*..... ce nom de marionnette, le plus petit de tous ceux qu'on m'a donnés, m'a appris que j'étais aimée des pauvres, des affligées, des abandonnées, non pas pour mon nom, mais pour moi-même.

Quelques mois après mon arrivée, les docteurs Mérier et Léon Reber furent changés et remplacés par les docteurs Teilleux et... Auzouy !

J'écrivis au ministère pour demander qu'on m'envoyât dans une autre maison. En attendant, et pour me soustraire aux persécutions du docteur Auzouy, le directeur obtint du préfet l'autorisation de modifier l'organisation du service médical. Au lieu de laisser les deux docteurs s'occuper concurremment des malades des deux sexes, on sépara le service, et le docteur Auzouy fut chargé de celui des hommes, avec défense expresse de pénétrer dans le quartier des femmes.

J'étais donc préservée de ce côté ; mais le nom de Polichinelle devait m'être fatal, et l'ignorance où l'on était sur mon état civil m'attirer d'autres méprises cruelles, mon transfert m'ayant été refusé.

J'avais été, dès mon arrivée, placée au pensionnat, et, quoique indigente, on m'en donnait le régime. J'occupais un lit à l'infirmerie, et j'y étais entourée de soins et de gracieusetés. Mais on ne me donnait pas mes papiers.

Au mois de novembre 1860, en l'absence du médecin des femmes, en congé, M. le docteur Renaud du Motey, médecin des hommes, faisait l'intérim. Il dit aux internes : « Faites partir toutes les lettres, excepté celles où on se plaindra de la maison. »

Une malade de première classe ayant été battue par sa bonne, l'écrivit à son mari. MM. les internes déchirèrent *sept fois* ses lettres. Elle me le fit savoir à l'infirmerie des indigentes, en m'appelant à son secours.

J'écrivis à son mari et au procureur impérial.

M. le procureur impérial, selon l'aimable coutume de ces magistrats, envoya ma lettre à l'administration, qui la remit au docteur X... à son retour. Celui-ci ne trouva rien de mieux que de me déclarer que j'étais « fort dangereuse » et de me faire passer aux *gâteuses*.

Nous étions en pleine discussion sur mes noms et surnoms. Cette discussion avait commencé aussitôt ma séquestration. Ayant été enfermée sous prétexte religieux et spirite, j'avais refusé un certificat de guérison que la supérieure de Charenton me suppliait d'accepter. Guérison de quoi ?... *De la voix de Dieu*, parlant à ma conscience comme à celle de tous les hommes.

C'est alors que j'avais déclaré que je signerais l'Anté-Christ, c'est-à-dire celle qui croit en un ordre de choses existant *avant le Christ*, et par conséquent *en la voix de Dieu*, principe fondamental de toutes les religions ; et je mettais ce nom en avant quand j'étais poussée à bout.

Cette explication n'avait pas plus été admise à Maréville qu'à Charenton. MM. les docteurs, sans s'informer des raisons qui avaient amené ce mot, m'ont accusée d'orgueil, d'ambition ; on m'a cité des prophéties, l'Apocalypse, etc. J'ai fini par m'impatienter ; j'ai tout accepté, et j'ai fait de cela un *petit volume de choix* dont on voulut tirer parti en 1869 pour m'accabler.

Ces feuilles étaient placées dans une enveloppe cachetée que j'avais mise, avec d'autres petits papiers moins intéressants, dans une malle fermée à clé qu'on m'avait donnée à l'asile.

Après m'avoir passée aux gâteuses, le docteur X...

prit ma clé, ouvrit ma malle, s'empara de mes papiers et refusa de me les rendre. Cependant il ne s'impressionnait pas de mes grands mots ; il riait avec moi « *des bêtises* » qui faisaient si belle peur aux autres, et pour lesquelles il trouvait cependant urgent de me séquestrer.

On verra dans le chapitre xxi comment fut respectée par les docteurs cette enveloppe scellée sur laquelle j'avais écrit : *Secret de ma confession*, lequel ne relevait pas, il me semble, de la médecine aliéniste.

Je trouve cependant, dans l'ouvrage publié sur les aliénés par le docteur Achille Foville, la phrase suivante :

On a prétendu qu'une fois séquestrés, à tort ou à raison, les aliénés sont victimes de l'arbitraire du médecin ; que l'indiscrétion de celui-ci va jusqu'à lire leurs lettres.

Ces accusations sont, hélas ! trop justifiées par ces deux faits.

Ne pouvant conserver le traitement de pensionnaire, alors que j'étais indigente, et faire la guerre à ceux dont je recevais les bienfaits, je déclarai ne plus vouloir rien accepter, et en sortant des gâteuses je réclamai impérieusement mon droit de rentrer aux indigentes. J'y fus placée dans une chambre attenante à l'infirmerie, de sorte qu'ayant le régime alimentaire des malades, je ne m'y trouvais pas trop mal, si tant est qu'on puisse ne pas être affreusement mal aux folles.

La maison fut, un beau jour de cette année 1860, dans un tohu-bohu général : on allait, on venait, on était sens dessus dessous..... on levait les bras, on chuchotait.

M. le docteur Gérard de Cayeux, inspecteur général des aliénés de la Seine, venait d'arriver comme une bombe, sans en prévenir, et la maison n'était pas en tenue ! Elle n'était ni nettoyée à fond, ni pavoisée ! Elle ! si montée sur le respect dû aux puissances, si pourvue de tout ce qu'il fallait pour recevoir avec pompe les autorités la visitant !

Et encore notez bien que M. l'inspecteur général était l'ami intime, le bras droit, l'oracle de M. le baron Haussmann ; qu'il était le fondateur de l'asile d'Auxerre, cité comme un modèle ; que M. le baron Haussmann, devenu préfet de la Seine, avait emmené son inséparable à Paris, où il lui avait confié la charge de l'asile de Sainte-Anne, tandis qu'il transformait, de son côté, ce vieux Paris, que nul ne peut plus reconnaître.

Et on sait que S. M. l'empereur Napoléon III ne pouvait vivre sans son baron, toujours flanqué de son docteur.

Et voilà Maréville pris au dépourvu !

Quelle affaire ! presque quelle honte !

Maréville est à une assez grande distance de Nancy,

surtout pour une inspection, on
 — Obligé !... c'est-à-dire qu'on
toucher, car tout y est organisé de façon
           les visiteurs.
      Gérard de Cayeux, connaissant la mé-
          de tout ce qui n'était pas aligné,
        passé ? Toujours est-il qu'on ne le
      vieux quartiers, ni à l'infirmerie, qui
      la peine d'être vue. Il fit peut-être bon-
      présence aux pensionnaires : je n'en sais
      simplement qu'il resta enfermé pen-
      jours consécutifs dans la salle du conseil,
      assis devant une immense table
      d'un tapis vert, entouré de MM. les doc-
      quatre internes, des surveillants et de la

      passait à son tour ; il en examinait le
      interrogeait. Il tenait surtout à savoir si on
      de la maison, du régime, etc....
      y mettait le temps, car à la fin du troi-
      je n'avais pas encore été appelée ; et pour-
      au département de la Seine.
      mon tour arriva. On m'avait gardée pour la
      Il était déjà tard ; M. l'inspecteur avait
      beaucoup à faire et devait partir le soir

      Renand du Motey, médecin des hom-
      avait rien à voir dans le service des femmes,

2.

n'en avait pas moins assisté à toutes les séances. Fatigué, il s'en allait et était déjà au bas du perron quand, m'apercevant, il remonta en hâte, rentra dans la salle pour m'annoncer et alla reprendre sa place.

Il était au haut de la table, dont M. Gérard de Cayeux occupait le centre, ayant en face de lui le docteur Achille Foville, médecin du service des femmes, dont on compulsait les dossiers.

A mon entrée, M. l'inspecteur général ne parut pas m'apercevoir ; il continua la lecture qui l'absorbait, et je restai bien cinq ou six minutes à attendre avant qu'il ne me vit. Il me regarda alors avec surprise, et dit en baissant de nouveau la tête sur son manuscrit :

— Continuez.....

Continuer quoi ?... Nous attendîmes encore. Enfin, n'entendant rien, il leva la tête et regarda en face de lui.

La place était vide. M. le docteur en chef du service des femmes avait disparu.

— Eh bien ! dit M. l'inspecteur, où est donc le docteur Foville ?

Chacun se regarda. M. l'inspecteur tourna la tête et entrevit son jeune élève englouti derrière les rideaux de damas vert d'une des fenêtres.

— Que faites-vous donc là ? Ayez l'obligeance d'interroger madame.

Je dois dire, pour la compréhension de cette petite scène, que M. le docteur Achille Foville, depuis l'escarmouche que j'ai racontée et qu'il avait eue avec moi dès les premiers jours de son arrivée, me redoutait passablement, et M. le docteur Auzouy lui en avait tant dit sur mon compte qu'il avait trouvé prudent, depuis ce moment, de ne plus me voir et de fuir à mon approche. Il espérait donc me laisser aux prises avec M. le docteur Gérard de Cayeux, et rester, derrière le rideau, spectateur invisible de ce qui allait se passer.

A un ordre aussi précis, il fallait obéir. Reprenant place, il ouvrit mon dossier ; puis, trouvant la lettre de la supérieure de Charenton, que je réclamais vainement depuis longtemps, la lut, s'étonna, allait peut-être en référer à l'arbitre de la destinée des *Parisiennes* (comme on nous appelait), quand M. l'inspecteur, ayant lu ce qu'il tenait, me dit :

— Qui est votre père ? Qui vous a élevée ?

— Je suis fille de l'astronome Charles Rouy, et je ne l'ai jamais quitté.

— Pourquoi vous a-t-on enfermée ?

— Je n'en sais rien ; on a dit que c'était pour s'emparer de papiers concernant mon parrain.

— Qui est-il donc ?

— Le comte Petrucci.

M. l'inspecteur général se retourna gravement du côté de M. l'interne Pellevoisin, qui lui servait de secrétaire, et lui dit :

— Inscrivez que madame refuse de répondre.

— Comment! je refuse de répondre? dis-je avec stupéfaction ; je viens de vous dire, monsieur, que le comte Petrucci était mon parrain.

— Inscrivez qu'elle est *fille* du comte Petrucci. »

On commençait à rire ; mais je ne riais pas, et je regardais tout le monde en ouvrant de grands yeux, me demandant si je devenais folle, si j'entendais de travers.

M. l'inspecteur, irrité de ce silence et de la gaîté dont il s'apercevait, répéta :

— Inscrivez donc qu'elle refuse de répondre.

L'interne Pellevoisin me dit alors, de sa voix ordinaire, d'un bout de la table à l'autre :

— Parlez plus haut, car il a l'oreille un peu dure.

— Un peu! Vous auriez bien dû m'en avertir plus tôt !

Puis, rapprochant mon fauteuil de celui de M. l'inspecteur et me penchant vers lui, je lui dis presque à l'oreille et un peu haut:

— Pardon, monsieur; le comte Petrucci n'est pas mon père : c'est mon parrain.

Il se recula vivement d'un air effaré, en regardant tout le monde, pour savoir si j'étais dangereuse sans doute, et me dit:

— Pourquoi donc me parlez-vous si haut et si près ?

— Parce que vous êtes sourd, monsieur.

— Mais non, mais non, dit-il d'un air ahuri et en regardant de nouveau toute la tablée, qui était partie d'un grand éclat de rire et que la contenance de M. l'inspecteur amusait beaucoup.

— Mais si, monsieur ; voici une demi-heure que je réponds, tant à vous qu'à M. le docteur Foville, et vous faites inscrire que je refuse de répondre. Voici des années que je me débats contre un tas de pères qu'on me trouve de tous côtés, et vous en faites adjoindre un nouveau ; puis c'est sur mon compte qu'on met tout ce qu'on ne comprend ou n'entend pas ; aussi je ne vous parlerai plus que dans l'oreille.

— Voyons ! voyons ! j'avoue que j'étais distrait. Je suis un peu fatigué ; écrivez-moi, et ne nous fâchons pas. Je sais que vous avez des plaintes à faire. On m'enverra directement ce que vous m'adresserez.

Sur ce, nous nous sommes séparés dans les meilleurs termes. Il est parti deux heures plus tard, et je lui ai écrit, comme je m'y étais engagée.

Je n'ai jamais eu de réponse.

J'allais de temps en temps faire de petites visites aux dames pensionnaires, et alors je me mettais au piano. J'y allai un dimanche à deux heures. Ces dames refusèrent d'aller à vêpres, préférant rester avec moi. Voyant que cela contrariait sœur Émilienne, surveillante en chef du pensionnat, je mis mon chapeau de jardin en disant que j'irais aussi à vêpres. Toutes me suivirent.

J'arrivai le dimanche suivant un peu plus tard, pensant les trouver toutes parties. Elles ne l'étaient pas encore, mais étaient prêtes. Dès que je parus, on ne voulut plus bouger, et la sœur, furieuse, s'élança, ferma le piano à clé, en me disant qu'on n'en jouait pas pendant les offices.

Je fus blessée de son procédé et ne voulus plus retourner au pensionnat, qui fut dans la désolation.

Sur ces entrefaites, un nouveau changement amena à l'asile le docteur Verron.

En général les pauvres malades aiment, craignent ou désirent un changement quelconque; car, ainsi que j'en ai fait la triste expérience, MM. les docteurs sont peu de la même opinion, et souvent l'un trouve fort sensé ce que son confrère trouvait fort insensé.

Cependant, chose inouïe, les malades du pensionnat, au lieu de songer à elles, n'eurent qu'une pensée : Mme Polichinelle.

Elles complotèrent donc une demande collective pour obtenir du nouveau médecin que, pour sa bienvenue, il décidât Mme Polichinelle à venir les voir.

— Madame Polichinelle?

— Oui, monsieur, Mme Polichinelle, qui ne veut plus venir, alors que nous l'aimons tant!

Il s'en fut et demanda au directeur, au docteur et aux internes ce qu'était cette dame.... Polichinelle?

— On ne sait pas au juste; les uns disent une chose, les autres une autre : des pères inconnus, des parents non avoués; somme toute, une femme charmante qui fait tourner la tête à tout le monde et met tout à l'envers, comme vous voyez.

— Où est-elle?
— Aux indigentes.
— Ah!

J'étais aux indigentes, en effet, dans une petite chambre; on m'y avait rendu le peu de vêtements que j'avais, et en outre donné des effets de succession, les réglements de Maréville tâchant d'adoucir le sort des malades, de les encourager et de relever la maison par une tenue soignée. J'étais donc convenablement vêtue et bien coiffée, avec mes cheveux bouclés tout autour de ma tête. M. le docteur Verron en fut frappé.

— C'est vous qui êtes madame Polichinelle?
— Oui, monsieur.
— On vous désire au pensionnat.
— Ces dames sont bien aimables.
— Vous allez y aller.
— C'est un ordre?
— Oui.
— Alors, monsieur le docteur, vous me permettrez de refuser.
— En quelle qualité madame est-elle ici?
— Indigente de la Seine.
— Et c'est une indigente qui refuse les dames pensionnaires? Madame ira leur faire de la musique immédiatement.

— Non, monsieur.

— Non? Alors, on va retirer à madame ses vêtements, sa chambre, son régime et la passer dans un ouvroir.

— Je suis malade, monsieur; comme telle j'ai droit à l'infirmerie.

— Je suis le médecin, et je ne vous trouve pas malade; ou vous irez au pensionnat, ou on vous mettra à l'ouvroir.

— Alors j'irai à l'ouvroir, monsieur.

— Orgueilleuse!

— L'orgueil est la fortune du pauvre, monsieur le docteur, et le pauvre a le droit de ne pas servir de jouet au riche.

— Et si on vous en prie?

— Alors, monsieur, ce sera différent. Le pauvre, alors qu'il est riche de sa supériorité, peut en faire l'aumône aux riches qui l'implorent.

Le docteur Verron se retourna, stupéfait, vers la supérieure et lui dit :

— Que les portes soient ouvertes à madame.

— Vous faites bien, monsieur, car je suis une terrible ennemie pour ceux qui me persécutent et qui croient me dominer.

— Je ne vous crains pas.

— Vous êtes le maître, c'est vrai ; mais vous ignorez peut-être la force du petit et du faible.

— Oh !... je viendrai bien à bout de vous.

... et je pense que la paix doit régner ...

... Il faut dire que M. le docteur Ver...
...ante-cinq ans, était extrêmement ma...
... effroyablement, et son teint livide, ses
..., son œil hagard, prouvaient com-
... que, que son courage et la nécessité
...ation lui faisaient vaincre, attaquait son
... sentait des hallucinations.
... de ma chambre, il déclara qu'il me re-
... j'étais une femme mariée à un sieur
... bonne musicienne, ayant roulé sur l'or,
... charmes ; ayant été, douze ans aupara-
...ресse de son ami, le docteur Reboul-
...de Caballeros ; menant un très-grand
... maison à la ville, maison à la campagne,
... ayant donné à Auteuil l'hospitalité, une
...tait arrivé avec son ami, etc.
...prendre l'indignation éprouvée par moi
... protestai. Il soutint que c'était vrai. Je ré-
...piers. Le directeur s'en mêla, et tout alla
... de mal en pis que M. le docteur Verron,
...cieux souvenir de cette dame Chevalier
... il me prenait, et espérant toujours re-
... une femme facile, très-flattée de ses
... ses prévenances, se dépêchait de faire
... venir s'installer chez moi. Cela ne pouvait
... J'étais indignée d'être une Chevalier.

— Non, monsieur.

— Non? Alors, on va retirer à madame ses vêtements, sa chambre, son régime et la passer dans un ouvroir.

— Je suis malade, monsieur; comme telle j'ai droit à l'infirmerie.

— Je suis le médecin, et je ne vous trouve pas malade; ou vous irez au pensionnat, ou on vous mettra à l'ouvroir.

— Alors j'irai à l'ouvroir, monsieur.

— Orgueilleuse!

— L'orgueil est la fortune du pauvre, monsieur le docteur, et le pauvre a le droit de ne pas servir de jouet au riche.

— Et si on vous en prie?

— Alors, monsieur, ce sera différent. Le pauvre, alors qu'il est riche de sa supériorité, peut en faire l'aumône aux riches qui l'implorent.

Le docteur Verron se retourna, stupéfait, vers la supérieure et lui dit :

— Que les portes soient ouvertes à madame.

— Vous faites bien, monsieur, car je suis une terrible ennemie pour ceux qui me persécutent et qui croient me dominer.

— Je ne vous crains pas.

— Vous êtes le maître, c'est vrai ; mais vous ignorez peut-être la force du petit et du faible.

— Oh !... je viendrai bien à bout de vous.

— Je ne crois pas, et je pense que la paix doit régner entre nous.

Ceci l'avait ému. Il faut dire que M. le docteur Verron, âgé de quarante-cinq ans, était extrêmement malade. Il souffrait effroyablement, et son teint livide, ses cheveux desséchés, son œil hagard, prouvaient combien le mal physique, que son courage et la nécessité de garder sa position lui faisaient vaincre, attaquait son cerveau et lui donnait des hallucinations.

En sortant de ma chambre, il déclara qu'il me reconnaissait; que j'étais une femme mariée à un sieur *Chevalier*, bonne musicienne, ayant roulé sur l'or, grâce à mes charmes; ayant été, douze ans auparavant, la maîtresse de son ami, le docteur Reboul-Richebraque de Caballeros; menant un très-grand train; ayant maison à la ville, maison à la campagne, voiture; lui ayant donné à Auteuil l'hospitalité, une nuit qu'il y était arrivé avec son ami, etc.

On doit comprendre l'indignation éprouvée par moi à ce récit. Je protestai. Il soutint que c'était vrai. Je réclamai mes papiers. Le directeur s'en mêla, et tout alla d'autant plus de mal en pis que M. le docteur Verron, gardant un gracieux souvenir de cette dame Chevalier pour laquelle il me prenait, et espérant toujours retrouver en moi une femme facile, très-flattée de ses attentions et de ses prévenances, se dépêchait de faire sa visite pour venir s'installer chez moi. Cela ne pouvait que fort mal finir. J'étais indignée d'être une Chevalier.

fois-ci, les lettres inondèrent! Je n'avais pas d'encre, mais j'avais du sang!

Sur ces entrefaites, on annonça la visite de M. le docteur Parchappe, inspecteur général des aliénés.

Toute la maison, nettoyée du haut en bas, est en liesse; les malades ont leurs habits de fête; des fleurs sont placées dans l'ouvroir, et un orchestre, accompagné de chœurs, doit célébrer la bienvenue de M. l'inspecteur, protecteur et ancien professeur du docteur Verron, qui lui fait les honneurs de Maréville.

Après avoir été conduit dans tout ce bel établissement, M. Parchappe arriva dans le superbe bâtiment des gâteuses, au-dessus duquel j'étais enfermée. Tout en faisant fête à son ancien maître, le docteur Verron se gardait bien de lui parler de sa recluse.

Mais M. Lherbon de Lussats, le directeur, n'avait pas les mêmes motifs de se taire, et M. l'inspecteur désira me voir.

On vint me chercher. J'avais une grosse fièvre, une de ces fièvres nerveuses auxquelles j'étais si sujette, et qui se terminaient toujours par une sueur excessive.

Impossible de me sortir du lit en cet état.

En sa qualité d'inspecteur général, M. le docteur Parchappe aurait dû monter voir lui-même le *donjon* où on me faisait jouer le rôle d'une de ces héroïnes légendaires des contes de fées et des romans de chevalerie, et l'état dans lequel était ma santé.

Il n'en fit rien et me donna rendez-vous, pour le lendemain, dans le parloir des sœurs.

Je m'y rendis accompagnée de la sœur d'office, qui seule avait la clé de la chambre où j'étais renfermée jour et nuit.

M. l'inspecteur ne se trouva pas au rendez-vous.

La sœur vint me reprendre; mais comme l'établissement est immense, que les quartiers sont séparés par des jardins, et que par conséquent on a un petit voyage à faire pour aller de l'un à l'autre, elle passa par la communauté et me laissa deux ou trois minutes au parloir, où il n'y avait qu'une personne attendant sa sœur, et la portière.

— Est-ce bien vous? me dit celle-ci... Oh! que pourrions-nous faire pour vous servir?

— Me parlez-vous de bon cœur?

— Croyez-le bien.

— Je voudrais faire parvenir à M. l'inspecteur quelques lettres que je comptais lui remettre si je l'avais vu.

— Donnez-les-moi. En ma qualité de portière, c'est moi qui fais les commissions à l'administration; je puis donc les mettre immédiatement dans sa chambre même.

Je ne connaissais nullement cette fille; mais toutes me connaissaient, et plusieurs des infirmières avaient été révoltées en apprenant les agissements de M. le docteur Verron envers moi.

— Non, monsieur.

— Non? Alors, on va retirer à madame ses vêtements, sa chambre, son régime et la passer dans un ouvroir.

— Je suis malade, monsieur; comme telle j'ai droit à l'infirmerie.

— Je suis le médecin, et je ne vous trouve pas malade; ou vous irez au pensionnat, ou on vous mettra à l'ouvroir.

— Alors j'irai à l'ouvroir, monsieur.

— Orgueilleuse!

— L'orgueil est la fortune du pauvre, monsieur le docteur, et le pauvre a le droit de ne pas servir de jouet au riche.

— Et si on vous en prie?

— Alors, monsieur, ce sera différent. Le pauvre, alors qu'il est riche de sa supériorité, peut en faire l'aumône aux riches qui l'implorent.

Le docteur Verron se retourna, stupéfait, vers la supérieure et lui dit :

— Que les portes soient ouvertes à madame.

— Vous faites bien, monsieur, car je suis une terrible ennemie pour ceux qui me persécutent et qui croient me dominer.

— Je ne vous crains pas.

— Vous êtes le maître, c'est vrai ; mais vous ignorez peut-être la force du petit et du faible.

— Oh!... je viendrai bien à bout de vous.

— Je ne crois pas, et je pense que la paix doit régner entre nous.

Ceci l'avait ému. Il faut dire que M. le docteur Verron, âgé de quarante-cinq ans, était extrêmement malade. Il souffrait effroyablement, et son teint livide, ses cheveux desséchés, son œil hagard, prouvaient combien le mal physique, que son courage et la nécessité de garder sa position lui faisaient vaincre, attaquait son cerveau et lui donnait des hallucinations.

En sortant de ma chambre, il déclara qu'il me reconnaissait; que j'étais une femme mariée à un sieur *Chevalier*, bonne musicienne, ayant roulé sur l'or, grâce à mes charmes; ayant été, douze ans auparavant, la maîtresse de son ami, le docteur Reboul-Richebraque de Caballeros; menant un très-grand train; ayant maison à la ville, maison à la campagne, voiture; lui ayant donné à Auteuil l'hospitalité, une nuit qu'il y était arrivé avec son ami, etc.

On doit comprendre l'indignation éprouvée par moi à ce récit. Je protestai. Il soutint que c'était vrai. Je réclamai mes papiers. Le directeur s'en mêla, et tout alla d'autant plus de mal en pis que M. le docteur Verron, gardant un gracieux souvenir de cette dame Chevalier pour laquelle il me prenait, et espérant toujours retrouver en moi une femme facile, très-flattée de ses attentions et de ses prévenances, se dépêchait de faire sa visite pour venir s'installer chez moi. Cela ne pouvait que fort mal finir. J'étais indignée d'être une Chevalier.

A Sa Majesté l'Impératrice Eugénie.

Asile de Maréville, près Nancy (Meurthe), 27 mai 1862.
De mon donjon.

Madame,

Avant d'en appeler à la noblesse française, avant que d'instruire une famille infortunée du sort de l'une de ses enfants plus malheureuse encore que sa malheureuse famille, c'est à vous, à l'Empereur, votre auguste époux, que je m'adresse, Madame, et j'ose espérer, pour moi comme pour tous, que ce ne sera pas en vain.

Après l'assassinat du duc de Berry, la duchesse, sa femme, mit au monde un fils et une fille.

Il n'est pas nécessaire, Madame, de vous rappeler la position de la famille royale en ce moment, pour que vous compreniez la nécessité absolue de sacrifier la pauvre fille au repos de la France.

Elle fut donc enlevée du palais des rois et soustraite à la vue de la nation.

Cependant on avait vu *emporter* un enfant, et le secret n'en put être si bien gardé que le bruit d'une substitution ne prit la place de la triste vérité.

Cette enfant fut embarquée au Hâvre, pour la Russie, fut remise entre les mains du grand-maître de la police à Saint-Pétersbourg, et après avoir passé quelques années enfouie dans une campagne aux environs de Moscou, elle fut renvoyée en France avec une famille richement rémunérée.

Elle passait alors pour un membre de cette famille faisant partie de la bourgeoisie, et par conséquent ne pouvait attirer sur elle l'attention générale.

Malheureusement, *par une complication de circonstances,* l'aisance procurée à cette famille fit bientôt place à la gêne, et comme elle ne connaissait pas les parents de l'enfant.... la pauvre petite subit toutes les cruelles vicissitudes de ses parents improvisés, à l'insu de sa royale famille.

CHAP. IX. — ASILE DE MARÉVILLE.

Car *c'est en Russie* qu'on a remis l'enfant au sieur Charles Rouy, qui s'est engagé à la faire passer pour sa fille, et ce Français, en acceptant, ainsi que sa femme, ce dépôt fragile, crut obliger une grande dame russe ou portugaise.

Bientôt même, la croyant pour toujours abandonnée, et sans autres parents et amis que ceux que sa destinée lui avait donnés, il la regarde comme sienne.

Cependant l'enfant grandissait. Madame; sa ressemblance frappante avec la duchesse de Berry étonnait tout le monde, et rappelait malgré soi le souvenir des bruits fâcheux qui avaient circulé lors de sa naissance.

Sans la position honorable de la famille Rouy, sans *deux frères et une sœur du même père*, sans *l'éloignement surtout de l'astronome* au moment où ces événements s'étaient accomplis, on aurait eu des doutes…

Bientôt on fit *disparaître*, l'un après l'autre, les deux frères de la jeune fille; on maria sa sœur avec une reconnaissance d'enfant naturel, pour ne pas produire l'acte de naissance.

…. Et lorsque l'astronome, seul protecteur de la jeune abandonnée, fut mort, n'osant pas proposer à celle qui était involontairement entrée dans sa famille de quitter le nom qu'elle avait reçu de *celui* qui l'avait élevée avec tendresse, on l'enleva; on la fit disparaître dans une de ces bastilles qui ont survécu au régime déchu; on l'enferma dans un asile d'aliénation mentale, en jetant à ceux qui en sont chargés le nom de *Chevalier, de parents inconnus*.

Instruite de son sort et de sa naissance par celui qui l'avait emmenée hors de France et qui avait suivi sa destinée, l'infortunée prit les magistrats français de la venir entendre, de vouloir bien examiner ce qui la concernait, de la prendre sous leur protection et de lui donner un nom la mettant à l'abri de tout danger.

On traita ses réclamations de rêve d'orgueil, de folie ambitieuse; on la jeta dans les lieux les plus infects, les plus bruyants, les plus horribles; on la priva de nourriture, de vêtements; on la traîna dans des bouges, dans des cachots, dans des donjons ; on l'appela indigente avec mépris ; on lui fit épuiser toutes les privations, toutes les douleurs, la privant même de linge pour se changer dans des sueurs glaciales et nerveuses, d'autant plus douloureuses que le froid est plus vif et qu'elle passe dans ce donjon son hiver sans feu et sans lumière.

Ne pouvant résister, dans l'état où elle est, à tant de cruautés, elle vous supplie, Madame, de lui venir en aide, en adoucissant son sort et en priant S. M. l'Empereur de donner des ordres à son sujet.

Elle n'a pas demandé à naître ! Le malheur de sa naissance ne peut lui être reproché comme un crime, et elle espère, Madame, que votre bonté lui épargnera la douleur d'en appeler à ceux qui l'ont reniée... peut-être même en la croyant morte-né...

Inconnue elle a vécu, inconnue elle voudrait finir, si votre impériale bienveillance voulait la sauver d'en appeler à la publicité.

Daignez, Madame, agréer mes profonds respects.

HERSILIE,
Sœur du roi Henri V.

Le docteur Léon Reber m'ayant appris, en 1857, qu'on me tenait enfermée *parce que j'étais sœur du roi Henri V*, j'avais juré de m'en venger, et je lui tenais parole en me servant de cette nouvelle version, comme je m'étais servie à la Salpêtrière des suppositions du docteur Métivié, basées sur la ressemblance qu'il me trouvait avec la duchesse de Berry et les bruits de substitution qui avaient couru. Mes lettres aux ouvriers m'avaient valu ma mise en liberté comme *guérie*, bien que déclarées *délirantes* ; il ne m'avait manqué que les moyens d'en profiter. Je n'avais plus qu'une chance de sortir de cet asile où on m'ensevelissait dans le silence le plus profond : c'était de faire parler de moi au dehors, fût-ce par des excentricités. Qui sait si ma lettre, qui certainement est parvenue à son adresse, ne serait pas remise à Sa Majesté à cause même de la bizarrerie de son contenu ? On la disait légitimiste ; cette façon de remettre en cause l'accouchement si discuté de la duchesse de Berry devait piquer sa curiosité. Elle voudrait peut-être savoir qui était cette pauvre folle implorant son secours..... et la moindre enquête m'eût sauvée. Mais il n'en devait pas être ainsi, et j'étais encore loin du port.

M. le directeur était fort embarrassé de son rôle et de sa responsabilité. Son intervention en ma faveur près de M. l'inspecteur général ayant eu un si triste dénoûment, il m'amena M. le premier président de la cour impériale de Nancy, qui n'eut pas peur de monter si haut, et qui lui recommanda de parler de tout cela au préfet, alors M. de Saint-Paul.

Mais il n'aurait probablement pas pris cette initiative, si je ne lui avais fait parvenir une lettre pour ce magistrat, qui, dès qu'il sut ce qui m'était arrivé, donna l'ordre immédiat de m'ouvrir la porte et de me faire sortir de ce quartier, qui n'était pas le mien.

Il fit, en outre, *donner du papier à tous les malades*, avec ordre de lui faire parvenir *toutes les réclamations*.

Je fus donc ramenée dans ma petite chambre, auprès de l'infirmerie, et il n'était que temps, car, depuis *onze* mois que j'étais enfermée, j'étais tombée très-malade, ayant été privée de feu, de vêtements pendant un hiver si glacial que ma fenêtre était restée gelée, sans pouvoir être ouverte, pendant deux mois consécutifs.

C'est vers ce temps que M. le docteur Parchappe revint faire une visite dans cet établissement où il avait été si bien reçu.

M. le directeur s'empressa de me faire savoir que la tournée se ferait à l'infirmerie le lendemain, afin que je pusse donner directement à M. l'inspecteur ce que j'avais à lui remettre.

Je me tins prête, et lorsque la visite passa devant ma chambre je l'ouvris, saluai M. Parchappe et lui remis une simple lettre.

M. le directeur s'empressa de lui rappeler la promesse qu'il avait faite l'année d'avant de s'occuper de moi, et M. l'inspecteur lui dit :

— C'est donc madame qui a *refusé* de me voir?

— Au contraire, monsieur le docteur, je le désirais vivement ; mais la première fois j'étais terrassée par la fièvre, et le lendemain vous m'avez oubliée, quoique m'ayant donné rendez-vous ; de plus, je m'étais fait l'honneur de vous écrire, et je n'ai reçu réponse à aucune de mes lettres.

— C'était donc vous?

— Oui, dit le directeur.

Ce fut tout.

M. l'inspecteur général emporta ma lettre dont je

n'eus aucune nouvelle, en sorte que je ne sais pas s'il l'a lue ou s'il l'a de nouveau remise à son cher élève.

Le lendemain matin, à la visite, M. le docteur Verron me dit d'un air très-satisfait que « l'impression produite m'avait été très-favorable. »

C'est tout ce que j'ai retiré de cette tentative, qui me fut aussi infructueuse que toutes les autres.

Je me demande à quoi servent les inspections.

Celle que j'ai faite pendant ma longue captivité, en écrivant avec mon sang quand l'encre m'était enlevée, a été faite à mes dépens. Je n'en ai retiré que douleur et animosité. Mais je puis affirmer que j'ai entendu plus de plaintes que MM. les hauts dignitaires qui sont chargés de les recueillir, et que j'ai porté au cœur de mes pauvres compagnes plus d'espoir, de consolation, que tous les médecins spécialistes ensemble.

J'en ai guéri.... Et je dois dire que j'ai trouvé à Maréville une sainte fille qui en a guéri de son côté, et solidairement avec moi, par ses bonnes paroles et ses soins, plus que ne l'ont fait ces grands maîtres avec leurs douches et leurs camisoles, qui sont pourtant indispensables dans certains cas, non comme moyen de guérir ceux à qui on les applique, mais pour préserver les autres de leurs violences.

J'étais tombée malade de la poitrine par suite du froid dont j'avais souffert dans mon donjon.

Le docteur Verron étant devenu trop malade pour continuer son service, fut mis à la retraite, et le docteur Renaud du Motey fit encore une fois l'intérim du service des femmes.

Il se trouvait alors à Maréville une sœur nommée Liduvine, qui, désignée avec quelques autres pour un asile d'aliénés à Rome, venait y faire son stage, selon l'usage de l'ordre de Saint-Charles, où les sœurs ne sont pas chargées sans préparation de ces fonctions délicates.

C'était une femme intelligente et bonne, et elle fit ce que je réclamais inutilement depuis tant d'années de mes docteurs et de l'administration. Elle chargea une sœur de son ordre, en ce moment à Paris, d'aller réclamer mes papiers *à la supérieure* de Charenton.

Comme la réponse tardait beaucoup, j'écrivis à la famille Benoît d'Azy, si parfaitement bonne pour moi et qui me croyait morte depuis longtemps; car, ainsi qu'on le verra plus tard, ma mort avait été annoncée, peu de temps après mon enlèvement, à tous mes amis et connaissances.

M. Benoît d'Azy eut la bonté de me répondre :

Azy, 12 septembre 1862.

M. Cochin (1) s'est occupé de réclamer vos papiers ; ils vous seront rendus par une sœur que la supérieure de Charenton a chargée de vous les remettre, etc.

Comptez toujours sur notre affectueux souvenir,

(1) Gendre de M. Benoît d'Azy,

Les papiers arrivèrent en effet ; ils furent examinés avec moi par la sœur Liduvine et le docteur Renaud du Motey, et l'on reconnut enfin que j'étais bien Mlle Hersilie Rouy, fille de l'astronome Charles Rouy, ainsi que je l'avais déclaré.

Mais il manquait beaucoup de choses à cet envoi, et j'écrivis pour les réclamer à la supérieure de Charenton. Voici la liste de ce qu'on m'a rendu et de ce qu'on a gardé :

Restitué en 1862.

Mon acte de naissance.
Celui de mon frère Télémaque.
Traduction légalisée de ces actes.
Traduction autographe de M. Charles Rouy.
Lettres de famille.
Papiers concernant une pensionnaire du Sacré-Cœur.
Passeport de M. Rouy.
Liste de souscription à Milan pour son mécanisme astronomique.
Inventaire de ce qu'avait emporté M. Rouy à Sainte-Périne.
Articles de journaux concernant mes matinées musicales et mes concerts.

Non restitué.

Inventaire des meubles, bijoux, linge, effets, valeurs, etc., qui se trouvaient dans mon appartement, 19, rue de Penthièvre.
Deux reconnaissances du Mont-de-Piété, remises par un tiers.
Huit lettres fermées et scellées de cinq cachets.
Factures acquittées.
Nombreuses lettres de famille et d'affaires, notamment celles d'une dame Lefébure.
Deux billets à ordre, d'ensemble 600 fr., payables à Paris, le 19 mars 1855.
Un porte-feuille algérien en velours rouge brodé de paillettes d'or, contenant un billet de 500 fr. dans la doublure intérieure et 2 fr. 45 dans la poche.

Je n'ai jamais reçu de réponse de Mme la supérieure ; l'argent et tous les papiers indiqués comme manquant ont été bien définitivement perdus pour moi.

Le docteur Renaud du Motey et la sœur Liduvine examinèrent avec moi les pièces, plus que suffisantes pour prouver qui j'étais et quelles étaient mes relations de famille et de société. Mais nulle suite n'y fut donnée, soit parce que le docteur jugea superflu de s'engager dans une affaire fort épineuse concernant une aliénée étrangère au département, soit parce que je lui signalai les diverses irrégularités de ces actes, en sollicitant l'examen des magistrats.

Et je restai Chevalier-Rouy, de parents inconnus comme devant, malgré les nombreuses lettres de mon père, de mon frère et de mes sœurs, et les articles de journaux constatant ma notoriété artistique.

A cette époque expirait le traité passé entre la ville de Paris et l'asile de Maréville pour le placement des aliénés indigents. Ce traité n'ayant pas été renouvelé, on dut verser dans d'autres asiles départementaux les malades de la Seine.

— Oh ! Polichinelle, Polichinelle ! qu'allons-nous devenir lorsque vous ne serez plus là pour nous protéger et plaider notre cause ? — disaient les pauvres malades, le jour où elles ont appris que j'allais être transférée ailleurs.

Je n'étais pas non plus sans inquiétude sur ce qu'il m'adviendrait de ce changement, et surtout sur ce qu'on pourrait faire des papiers recouvrés avec tant de peine. Je fis sortir de l'asile et mettre en dépôt chez un digne curé du voisinage tout ce qui m'avait été renvoyé de Charenton, et je remis à un interne qui s'était montré constamment bienveillant pour moi, M. Octave L'huillier, les lettres de la supérieure de Charenton, de M. Benoit d'Azy, de Mme de Saint-Maur, etc., qui prouvaient le renvoi de ces papiers sur ma réclamation. M. le docteur Lhuillier, auquel je suis heureuse de témoigner publiquement ma reconnaissance, et qui est aujourd'hui établi à Paris, 25, boulevard du Temple, me rendit ces lettres après ma mise en liberté.

M. le docteur Renaud du Motey fit choix pour moi d'Auxerre, comme étant l'un des plus jolis asiles de France, et M. le directeur de Maréville, M. Lherbon de Lussa's, m'y conduisit lui-même avec plusieurs autres indigentes.

Il joignit aux bons offices qu'il m'avait déjà rendus celui de raconter tout ce qui me concernait au directeur d'Auxerre, de façon à lui bien persuader que s'il avait en mains une femme fort mystérieuse, fort dangereuse peut-être à un certain point de vue, du moins **n'était-ce pas une folle.**

CHAPITRE X

Asile d'Auxerre.

J'arrivai à Auxerre le 3 décembre 1862.

Cet asile est en effet un des mieux organisés de France. Tout y brille, tout y est coquet, bien aéré; partout des galeries à colonnes : on reconnaît que le baron Haussmann a passé par là. Les jardins n'ont pas de murs, mais un saut de loup caché par des buissons de roses, permettant à la vue de s'étendre jusqu'à un lointain horizon, amélioration due au docteur Poret, sous la direction duquel j'allais me trouver.

J'arrivais avec un certificat du docteur Renaud du Motey, ainsi conçu :

Mlle Chevallier-Rouy, Camille-Joséphine-Hersilie, est atteinte de manie chronique. Idées de grandeurs. Se dit fille de la duchesse de Berry; renie sa famille.

Et laquelle, puisqu'on disait que je n'en avais point? On voudra bien remarquer que le docteur Renaud de

Motey était un de ceux que j'avais le plus tourmentés au sujet de mon nom ; qu'il était présent lorsque sœur Liduvine m'avait remis mes papiers ; qu'il les avait compulsés avec elle et moi ; qu'il s'était assuré que j'avais bien droit au nom de Rouy, le seul que j'eusse jamais réclamé. Mais c'est ainsi qu'on certifiait à tort et à travers, pour motiver le maintien de ma séquestration.

On m'avait placée dans une petite chambre à trois lits où couchait une gardienne ; j'avais du pain blanc, un régime succulent et abondant. La surveillante de la section, M⁽ᵐᵉ⁾ Paris, était âgée de quarante-cinq à cinquante ans, comme son amie, M⁽ˡˡᵉ⁾ Brévelet, la surveillante générale, qui venait la voir tous les soirs et dont la conversation m'était fort agréable.

Il n'y avait pas huit jours que j'étais installée, quand M. le docteur Poret me fit venir dans son cabinet et me proposa, de la part de l'administration, d'entrer au pensionnat, d'y avoir une chambre, le droit au piano, à la bibliothèque, un meilleur régime et les plus grands soins, ma santé nécessitant un repos complet.

Il ajoutait qu'au bout de trois ou quatre mois, c'est-à-dire dans les beaux jours, je sortirais *guérie*, et serais bien recommandée et protégée, mais que c'était *à la condition du silence le plus absolu sur tout ce que je verrais et sur le service*.

Rien qui ne fût à voir et à dire ne s'était passé depuis mon arrivée. Je répondis au docteur que je me trouvait fort bien comme j'étais ; que je ne pouvais pas prendre le moindre engagement au sujet de mon *silence*, mais que je pouvais affirmer que je n'avais et n'aurais rien à écrire, si les choses étaient toujours de même.

Quant à la question de sortir *guérie* au bout de trois mois, c'est donc que pendant trois mois il me certifierait aliénée ?

— Sans aucun doute ; je ne puis vous garder qu'à ce prix, et vous n'êtes pas en état de courir les rues de Paris en hiver. D'ailleurs, folle ou non folle, vous passez pour l'être tant que vous êtes ici, et, avec la grande quantité de certificats faits sur votre compte, un de plus ou de moins ne fera pas grand'chose.

C'était juste, et j'étais trop souffrante pour discuter.

A Auxerre le service est purement laïque, très-complet ; chaque section a une surveillante en chef, une surveillante en sous-ordre et deux gardiennes. Tout ce personnel est en général fort jeune ; le docteur a pour principe que la jeunesse apporte plus de douceur et de gaîté dans ses rapports avec les malades, dont on cherche à rendre le sort aussi supportable que possible ; aussi les indigentes, tout en recevant de la maison le vestiaire complet, si cela leur est nécessaire, ont le droit de garder et de porter leurs effets. C'est un point énorme ; j'ai vu de tels désespoirs, de si grandes douleurs, de si désespérantes violences à cause des vêtements, qu'il faut mettre ceci en grande considération.

surtout pour les personnes qui, ayant tenu un certain rang dans le monde, se trouvent d'autant plus malheureuses d'être contraintes à revêtir le costume des indigentes.

Quoiqu'on ait soin, là comme à Maréville, de placer les personnes convenables dans un quartier à part, elles se trouvent encore parfois fort mal entourées.

On sort tous les dimanches et même dans la semaine avec une permission; le régime alimentaire est bon. On cherche à distraire et à occuper les malades ; le travail n'est pas imposé; chacune s'occupe à peu près comme elle peut ou comme elle veut. Il y a même une salle de musique, construite comme une salle de concert, avec estrade, gradins, etc.

Mais comme il n'y a pas de médaille sans revers, voici le revers.

Une petite servante de dix-neuf ans, nommée Louise, jolie comme un bijou et plus ambitieuse encore que jolie, était gardienne du quartier où j'étais; elle n'eut pas de paix ni de trêve qu'elle n'eût obtenu la place de Mme Paris, la surveillante, que le docteur Poret plaça dans un autre service.

Quand cette enfant, qu'on mettait à la tête d'un quartier de quarante-cinq à cinquante femmes, à laquelle on donnait en sous-ordre deux autres jolies filles de seize à dix-huit ans, vit qu'elle n'avait qu'un mot à dire au docteur pour tout régler à sa fantaisie, pour faire mettre au bain de punition de pauvres mères de famille, l'ayant ennuyée ou réveillée accidentellement, elle ne garda plus aucune mesure, et en moins de six semaines tout fut sens dessus dessous.

Les malades ont la permission de garder leurs effets; une planche est disposée à la tête de chaque lit pour cela. Louise s'empara de tout ce qui lui plaisait, et, avec *le consentement* qu'aucune de ces pauvres femmes n'aurait osé lui refuser, de peur de s'en faire une ennemie terrible, elle porta tour à tour les robes, les vêtements, les châles des malades, se fit broder et confectionner par elles une foule de choses, etc.

Ce n'était qu'un long éclat de rire entre ces trois jeunes filles et une demi-douzaine de jeunes pensionnaires; chacune à son tour faisait le guet pour prévenir, par un signal convenu, de l'arrivée d'un chef, car M. le docteur ne plaisantait pas, et si on le voyait paraître, vite chacune était à son poste, un ouvrage à la main et une épingle en guise d'aiguille, si l'aiguille manquait, car on savait qu'il n'y viendrait pas voir.

Il passait, enchanté de son service... et à peine la porte était-elle fermée que les jeux et les rires, les coquetteries avec les internes, les gardiens, reprenaient de plus belle.

Jamais encore, nulle part, je n'avais vu chose pareille!

Des enfants! des filles sans éducation, sans expérience, à peine sorties d'apprentissage, être placées à la tête d'un service important de femmes malades et malheureuses, sans aucun contrôle sérieux!...

Quand Louise prenait quelqu'un en antipathie, elle la tuait, littéralement. Elle l'attachait à un banc, la frappait à coups de quenouille, la *fouettait* en plein dortoir; puis le lendemain, à la visite, la disait « *agitée,* » et le médecin en chef achevait par la douche, les bains, le *confessionnal* (1), ce qu'elle avait commencé, de sa propre autorité, et bien entendu sans le dire.

J'ai vu là la désespérance dans toute son horrible intensité; nul recours n'était possible contre le service, un seul homme, à la fois médecin en chef et directeur, étant maître absolu de ce même service et des malades qui, naturellement, sont sacrifiées, la difficulté de recruter le personnel faisant compter avec lui.

J'en parlai à Mlle Brévelet, qui me répondit:

— Qu'y faire? N'a-t-il pas changé Mme Paris pour elle?

Je réclamai simplement mon changement de maison.

M. Husson refusa par la lettre suivante :

(1) Un vrai confessionnal quant à la forme, un peu plus étroit afin de forcer à rester debout. Les pieds posent sur un plancher à jour, et du haut de ce confessionnal tombe de l'eau en averse, déluge ou torrent, qu'on fait durer à volonté. — Il paraît que c'est plus terrible que les douches, car j'ai vu des malades *recommencer* après la douche, jamais après la *confession*.

Paris, le 10 avril 1863.

Monsieur le directeur,

Le 14 mars dernier, vous m'avez entretenu des réclamations que ne cesse de vous adresser la nommée Chevalier-Rouy, pensionnaire de mon département dans votre asile, à l'effet d'être tranférée dans un établissement desservi par des sœurs ou réintégrée à la Salpêtrière. Pendant son séjour à la Salpêtrière, cette aliénée a été pour les médecins, les surveillantes et les filles de service une cause incessante de difficultés, à tel point que, sur les instances du médecin auquel elle avait été confiée en dernier lieu, je la fis diriger sur l'asile de Fains. Dans ce nouveau placement, la malade ne tarda pas à élever contre tout ce qui l'entourait les mêmes plaintes qu'à la Salpêtrière; elle sollicita bientôt son envoi à Maréville, écrivit à ce sujet à M. le Ministre de l'intérieur, et obtint ainsi sa translation dans cet établissement. Là, ses conceptions délirantes reprirent le même cours: le régime alimentaire y était détestable, l'air fatal et sa vie en danger, si l'on ne l'envoyait promptement dans l'asile de Saint-Yon, à Rouen, où elle trouverait, disait-elle, des soins intelligents et des amis dévoués qui ne la laisseraient manquer de rien.

En présence de ces plaintes et de ces fantaisies, je crus devoir laisser l'aliénée Chevalier-Rouy à Maréville, d'où elle est sortie pour les causes que vous connaissez, pour être transférée dans votre établissement.

Par ces détails vous reconnaîtrez vous-même, sans aucun doute, qu'un nouveau déplacement serait inefficace à procurer à cette infortunée les adoucissements qu'elle en espère.

J'ajouterai que cette malheureuse femme est dans une profonde erreur en s'imaginant qu'elle a conservé à Paris certains parents ou amis qui seraient disposés à lui donner une assistance quelconque.

Agréez, Monsieur le directeur, etc.

Pour le Sénateur, préfet de la Seine, et par délégation,
Le Directeur de l'Assistance publique,
Signé : Husson.

Cette lettre constate non seulement qu'on me reproche uniquement des plaintes contre mon entourage, ma position et le service, mais encore *elle affirme de nouveau que je n'ai parents et amis que dans mon imagination malade.*

Qu'il nous soit permis de faire observer, écrit à ce sujet M. Tailhand, que ce n'était pas Mlle Rouy qui était sur ce point *dans une erreur profonde*; des lettres de M. le comte Benoît d'Azy, de Mme de Saint-Maur, d'autres encore existant au dossier, notamment un billet de M. Laurency Rouy, chef de division aux Haras, son cousin, démontrent que l'erreur était absolument du côté de l'Assistance publique.

Je fus donc obligée de me résigner à rester dans ce milieu peu édifiant.

Ce fut bien pis quand il arriva des ouvriers pour nettoyer la maison du haut en bas, ce qui avait lieu tous les dix ans. Le scandale devient tel que les malades se révoltent; elles en appellent à moi, en me disant que je dois en informer le docteur.

— Ayez patience, leur dis-je; ce n'est que l'affaire de quelques jours; je ne puis rien. J'en ai parlé à Mlle Brévelet, qui n'ose rien dire. Le docteur Poret est directeur et médecin en chef; il peut faire maison nette en faveur de cette enfant qui le trompe, et mettre sous la douche qui bon lui semble.

— Eh bien! si vous ne parlez pas, nous parlerons nous-mêmes. Nous sommes d'honnêtes femmes, on doit nous respecter; des malades, on doit nous soigner, et non nous battre et nous fouetter ; des indigentes, on doit nous vêtir, et non permettre à nos domestiques de s'emparer de nos effets.... Nous n'osons plus tourner la tête ; c'est une honte !

— J'ai fait une partie de ces observations à M. le directeur, lui représentant que des sœurs empêcheraient ces désordres ; il m'a montré l'arrêté du Ministre défendant dans cet asile les ordres religieux. Patience, croyez-moi.

Elles ne voulurent pas m'écouter, et l'une d'elles prit la parole le lendemain pour faire savoir à M. Poret ce qui se passait.

La pauvre femme ! On la ramena du bain presque sans connaissance, tant la douche ou la confession avait été rude, et cette petite effrontée de Louise passait et repassait devant elle en riant, frappant du talon, chantant, la regardant sous le nez, en l'engageant à user de son influence pour sauver l'établissement !

Cette fois, je pris la plume.

Je suis raide quand j'écris sous l'impulsion de l'indignation.

Je commençais par remercier M. Poret des soins qu'il me donnait ; je lui dis qu'il était indignement trompé, et que tout ce que la pauvre femme qu'il venait de martyriser lui avait dit était même au-dessous de la vérité ; que si de tels faits étaient connus au dehors, on ferait de cet *inconséquent enfantillage* un véritable scandale départemental ; que si je n'avais rien dit jusqu'alors, c'est que je pensais que les travaux terminés dans notre quartier, cela ne se renouvellerait pas, et que je me serais encore abstenue sans son imprudente vivacité à se porter garant d'une fille qu'il ne connaissait pas, et à sévir sans enquête préalable.

L'effet de cette lettre sur M. Poret fut terrible.

Il en oublia son air compassé et arriva près de mon lit, non pour me remercier de le renseigner, mais pour me déclarer qu'il allait me renvoyer ; qu'il ne me gardait que par compassion, par pitié, puisqu'il était impossible de me prendre pour folle, et que je n'avais pas droit de rester dans un asile ; que j'avais assurément *quelque chose à cacher* pour refuser la liberté avec une telle persévérance ; un but à poursuivre, pour *m'acharner contre le service*.

— Comment l'entendez-vous, monsieur ?

— Comme je vous le dis.

— Moi, quelque chose à cacher ? Veuillez me faire donner de quoi écrire, et M. le procureur impérial saura avant une heure pourquoi et comment je suis forcée de rester ici ou là.

J'écrivis à M. le procureur impérial, et ma lettre lui fut remise aussitôt.

Je lui dénonçais ma position.

J'étais sous un *faux nom*. On avait changé ma filiation pour faire de moi une femme sans tenants ni aboutissants, née à Milan, de *parents inconnus*. On m'avait dépouillée, ruinée, et les papiers que j'avais portés à Charenton m'y avaient été pris. Ma *mort* avait été annoncée, et je n'étais plus *entre les mains de l'État* qu'une aventurière dont l'État était naturellement responsable, n'ayant aucun papier ni renseignement me concernant.

Je signai : *ladite Chevalier-Rouy.*

M. le procureur impérial fut très-surpris.

Depuis quatre mois que j'étais à Auxerre, personne ne lui avait parlé de ma situation extraordinaire, et jamais affaire semblable ne s'était présentée depuis qu'il était magistrat.

Peu de jours après, je reçus la réponse du procureur qui, s'en étant entendu avec le préfet, avait décidé que mes discussions avec la Seine ne regardaient pas l'Yonne.

Le préfet signifiait en même temps au directeur que c'était une horrible affaire, et qu'à moins que je ne fusse *folle à lier*, il ne voulait me garder sous aucun prétexte.

M. le directeur vint me dire ce résultat, en me déclarant que je m'en irais, bon gré, mal gré ; que tout cela commençait à faire du bruit et qu'il fallait en finir ; que si je refusais, on allait me montrer de *certaines cellules* où je ne serais pas troublée et ne troublerais pas.

— Alors c'est un crime prémédité que vous allez commettre ?

— Allez-vous-en.

— Je n'ai plus rien au monde.

— Vous avez cent francs. On vous conduira à l'administration de la Seine, et, du reste, si vous avez quelques réclamations à faire, l'avoué de l'administration est à votre service.

Je le vis; mais M. l'avoué ne s'occupait que de titres, de propriétés, et non de réclamations reposant sur des *on dit* et dont il faudrait aller chercher les documents jusqu'à Paris, où il valait mieux, de toutes façons, aller moi-même.

On me fit voir les cellules dont on m'avait menacée... Elles sont effroyables.

Il y en a cinq ou six. Elles sont carrées, un peu plus longues que le lit en bois (lit de gâteuse) qu'elles contiennent. Un fauteuil percé est placé à côté. C'est tout le mobilier. Lit et fauteuil sont scellés au mur. Une cour, de la même largeur que la cellule et deux fois plus longue, en dépend. Elle est entourée de hauts murs, en sorte que la recluse ne peut absolument rien voir, ni être vue par personne. Elle ne peut qu'entendre les cris de frénétique souffrance, de fureur indicible de ses malheureuses voisines. Rien n'est plus affreux.

Deux de ces cellules sont disposées de façon à attacher la femme sur le lit et sur le fauteuil, et à y faire à volonté l'obscurité la plus complète.... Il y a de quoi rendre furieuse la personne la plus douce et la plus calme.... de quoi pousser au suicide.

Je n'ai pas ici à examiner l'effet qui peut être produit sur les malades par ces différents systèmes de répression ; je fais seulement remarquer que M. le docteur Poret, qui était certainement un brave homme, m'a menacée de m'y faire enfermer, et je dois ajouter que c'est généralement contre les personnes qui ont leur raison et savent se défendre ou se plaindre qu'on emploie ces terribles moyens pour les dompter.

Ce n'est pas le seul côté triste et caché de cette maison, en apparence si bien tenue.

Je suis allée un jour visiter le pensionnat, que j'étais curieuse de connaître, après l'avoir refusé. On m'y a fait monter voir une malade gâteuse et agitée... La pauvre femme !

Dans les autres établissements que j'ai vus, les gâteuses ont au moins une paillasse. On change de paille ou de paillot, quand la paille est mouillée ; on est chaudement couverte, et en général la paille n'est que sous le siége ; la tête, le dos, les reins, les pieds, sont sur un matelas coupé.

A Auxerre, au pensionnat.... rien ! rien ! rien !

On est couché sur un lit en fer. Une sangle, un bassin dessous, une couverture qui, n'étant pas bordée, puisqu'il n'y a qu'une sangle, va, vient, selon le mouvement de la malheureuse créature, qui grelotte jour et nuit sur cette sorte de hamac.

Je n'ai vu cela qu'à Auxerre. C'est horrible.

Si on économise ainsi paille, draps et peine pour les

pensionnaires, on doit faire moins encore (si c'est possible) pour les indigentes.

Mais revenons à ce qui me concerne. Le docteur Poret, au lieu de me faire fouiller, de se livrer contre moi à d'horribles violences, comme ses prédécesseurs, se contenta de me menacer. J'étais pourtant à sa discrétion absolue. Le pouvoir du médecin devient terrible lorsqu'étant en même temps directeur, il l'exerce sans contrôle, se laisse tromper ou ferme les yeux. Dans les maisons plus importantes, où ce pouvoir est divisé, le médecin a la direction des malades, le directeur celui du service, mais avec un certain droit de contrôle réciproque. S'il y a parfois conflit, ce ne peut être qu'au profit des malades. Ces deux pouvoirs sont indispensables : *indispensables*. Que serais-je devenue à Fains, à Maréville, sans l'intervention du directeur qui avait prévenu le préfet ? J'y serais morte sans doute, cachée à tous les yeux ; — ce qui eût épargné bien des ennuis à l'administration.

Sur ces entrefaites, M. Piroux, médecin adjoint de l'asile, ayant été à Nancy, en rapporta 100 fr. que M. le comte de Lambel avait déposés chez M. Vagnet, éditeur, pour mettre à ma disposition personnelle.

Sitôt que M. le directeur eut cet argent, il me dit que j'avais suffisamment pour aller à Paris ; que je n'avais pas besoin « *d'un carrosse à deux chevaux* » pour sortir d'un asile.

Il me fallut donc en prendre mon parti et comprendre que je n'obtiendrais rien à Auxerre. On m'accorda pourtant quelques jours de répit pour me soigner.

Le 15 juin 1863, M. le directeur Poret annonçait en ces termes mon renvoi à M. Husson :

> Quelque mal fondées que soient les plaintes de cette aliénée, elles finiraient néanmoins par faire un tort considérable dans l'opinion publique au pensionnat, qui est une des principales ressources de l'asile.

Le 26 juin, il faisait signer ma sortie au préfet de l'Yonne, en lui envoyant un *certificat de guérison*.

Je crois devoir citer, à propos de cette sortie, le passage d'une lettre de M. le directeur de Charenton à M. le directeur de l'administration départementale et communale au ministère de l'intérieur, passage relevé par M. le président Tailhand dans son enquête, en 1872 :

> .... Ce que vous ignorez peut-être, c'est qu'elle est sortie d'Auxerre en vertu d'un certificat de guérison du docteur Poret. Pourquoi M. Poret l'a-t-il déclarée guérie? C'est parce qu'il n'y pouvait plus tenir et voulait à tout prix se débarrasser d'elle.
> La voilà libre enfin. Elle retourne à Paris et va chez M. Husson. M. Husson lui donne 200 fr. (1). Elle va dans un hôtel garni.
> Quelque temps après, on la retrouve à Orléans, dans le service du docteur Payen.
> Comment se fait-il qu'elle soit là? Elle a dû faire une étape avant d'y arriver ; selon toute vraisemblance, elle a passé par

(1) *Trente francs*, et non deux cents, dont dix pour m'envoyer à l'ouvroir de Vaugirard.

la Préfecture de police. Il serait intéressant de savoir dans quelles circonstances et à la demande de qui, après avoir été si bien guérie par le docteur Poret, elle a été de nouveau séquestrée dans une maison d'aliénés....

Ce qu'il y a de curieux, c'est que M. le directeur de Charenton, qui écrit des lettres si familières à M. le directeur général, *n'est autre que M. Barroux*, ex-directeur de Fains, qui s'était constitué mon zélé protecteur contre les agissements du docteur Auzouy, avait amené, comme on sait, Mme la préfette chez moi, *en secret*, et avait écrit en 1857 au ministère, au sujet de ma fenêtre, bouchée avec une hotte en bois par l'ordre du médecin.

Toujours est-il que mon départ fut décidé, comme il le dit, parce qu'on voulait se débarrasser de moi à tout prix, et que si j'étais restée pacifiquement sans rien dire, sans faire savoir aux chefs immédiats et responsables *ce qu'ils devaient savoir*, on m'aurait très-précieusement gardée.

Donc on me renvoyait *guérie*, parce que ma *folie* était de plus en plus insupportable, et qu'il devenait urgent de mettre fin à mes plaintes et à mes rapports.

J'ajoute que je suis heureuse de pouvoir produire ces pièces, car on ne me croirait pas si je le disais moi-même.

Enfin, tout est bien réglé, convenu, arrangé, et je suis prête à partir dès le lendemain matin, quand survient une difficulté inattendue.

Il y avait à la caisse cent et quelques francs m'appartenant. On me les apporte. Je les prends ; je les empoche, et je remercie.

Mais ce n'est pas tout. Il faut signer la réception.

— Signer ?

— Sans doute.

— Mais quel nom voulez-vous que je signe, puisque je n'ai pas de personnalité authentique ?

— Signez Chevalier-Rouy.

— Ce n'est pas mon nom.

— Qu'est-ce que cela fait, puisque c'est lui sous lequel vous êtes enregistrée ?

— Ce serait faire un faux, et je ne le puis pas.

— C'est par méchanceté que vous refusez.

Je prends mon parti, et je dis :

— Donnez ; ce n'est vraiment pas la peine de se mal quitter, quand on peut tout concilier avec deux petits mots.

Je prends la plume, et je signe sur le registre :

Ladite Chevalier-Rouy.

C'était fait. Il n'y avait plus à y revenir.

Je ne puis dire l'effet produit par ces deux mots, qui sauvaient la situation et constataient ma protestation.

Le lendemain matin, M{le} Brévelet, la surveillante générale, étant chargée de m'accompagner avec une gardienne, l'omnibus du chemin de fer venait nous prendre avant le lever général. On avait eu pour moi mille aimables attentions ; j'emportais des provisions pour trois jours au moins et deux bouteilles de vin fin.

Durant tout le cours de mon séjour dans cet établissement, les choses se sont passées envers moi avec ce même calme, cette même bienveillance tranquille.

Un seul incident a troublé, pendant deux heures, cette quiétude. Mlle Louise redoutait mes écrits. Elle a vu que j'avais du papier; la peur l'a prise; elle a profité de ce que j'étais en bas pour grimper dans ma chambre, briser le cadenas de ma malle, y fouiller, et n'y trouvant rien, de peur d'être prise sur le fait, s'est sauvée, laissant tout sens dessus dessous dans ma chambre.

Je m'en suis plainte au docteur. On a mis la chose sur le compte d'une malade; le docteur m'a fait rendre un bon cadenas, et Louise en a été pour sa peine. Elle n'avait que dix-neuf ans, la pauvrette! Sans cela, elle aurait su que ce n'est pas *sous clé*, dans un asile, qu'on *cache* ce qu'on veut soustraire aux perquisitions.

CHAPITRE XI

L'hôtel Saint-Michel. — La Préfecture de police.

Mes deux surveillantes me conduisirent, aussitôt notre arrivée à Paris, à l'Assistance publique. Elles devaient me remettre entre les mains de M. le directeur et en tirer reçu de ma personne. Mesure assez bizarre, soit dit en passant, et plus arbitraire que légale; mais on avait peur que je ne restasse à Auxerre et que je n'y soulevasse une certaine émotion.

Pendant que Mlle Brévelet était descendue pour parler à M. Husson, j'étais restée dans le cabinet du sous-chef de la division des aliénés. Je renonce à dire l'effet que produisit mon arrivée: une bête féroce, la foudre, le diable et ses cornes n'en auraient pas produit davantage; tous les employés y entraient tour à tour pour voir cette malencontreuse curiosité.

Mlle Brévelet remonta avec *dix francs* que le directeur lui avait donnés pour me conduire à l'ouvroir de Vaugirard, où ces dix francs me donneraient le droit de rester vingt jours, moyennant que je paierais le surplus de ma dépense par mon travail à l'aiguille. On aurait bien voulu me claquemurer avec mon consentement, car autrement il fallait un prétexte... qu'on ne fut pas longtemps à trouver.

Je refusai d'aller à Vaugirard; c'était trop loin pour que je pusse m'occuper de mes affaires. J'avais reçu, comme je l'ai dit, à Maréville, une partie des papiers qu'on m'avait soustraits à Charenton; je priai l'administration de me faire rendre le reste.

— Allez au ministère; Charenton en dépend.

— Puisque c'est vous qui vous êtes mêlés de moi, qui avez renseigné, couru partout, c'est à vous à réparer le tort que vous m'avez fait par vos fausses démarches.

— Non.

Je m'en fus mécontente, avec trente francs qu'on me donna; Mlle Brévelet et la gardienne me conduisirent à l'hôtel Saint-Michel, quai Saint-Michel, n° 1, et ne me quittèrent que quand tous les arrangements furent pris avec mes hôtesses, MM{lles} Moufflette.

J'y suis arrivée avec ma petite malle, sur laquelle était le nom de *Joséphine Chevalier*, et j'ai été inscrite à l'hôtel sous ce nom, avec la qualification de *voyageuse*. On m'a demandé mes papiers; j'ai dû dire que je n'en avais pas, et on a bien voulu me garder sans cela.

Cette position équivoque étant très-dangereuse, je crus devoir la soumettre à l'administration de la Seine et la prier de répondre de moi, ce qu'elle refusa.

J'écrivis à M. le préfet de la Seine pour lui demander une audience. On ne répondit pas.

J'allai au parquet. On me dit d'écrire.

Je fis plusieurs courses pour retrouver d'anciennes connaissances. Personne n'était à Paris à la fin de juin.

J'écrivis une lettre indignée au baron de Kinkelin (docteur Pelletan), pour lui dire la situation dans laquelle j'étais, grâce à lui.

J'allai chez M. le comte Benoît d'Azy et chez son gendre, M. Augustin Cochin. Ils étaient à la campagne. Je leur écrivis.

La chambre que j'habitais me coûtait 3 fr. par jour, sans la nourriture. Ma bourse se vidait. Sans papiers, sous un nom qui n'était pas le mien, vêtue de vieux effets de succession des asiles, je ne pouvais me présenter nulle part pour chercher une occupation quelconque, avec le titre de *folle guérie*.

D'ailleurs, je n'y pensais guère. Je voulais d'abord qu'on me rendît ce qu'on m'avait pris, ne voulant pas être reconnue ou même soupçonnée à Paris avant d'y être remise sur un pied convenable.

Vêtue aussi simplement que je l'étais, on ne se gênait pas pour parler devant moi, et j'entendis en quatre ou cinq jours un tel concert de plaintes sur le gouvernement, sur les impôts, que j'en fus stupéfaite. Ce qui m'étonnait surtout, c'était le peu de précautions qu'on prenait et les paroles menaçantes qui étaient dans toutes les bouches.

— Ah ! si nous avions quelqu'un à notre tête ! disait-on.

Une fois, voulant aller voir Notre-Dame, je tournais le coin du quai, lorsque je vis venir devant moi une pauvre femme en haillons, pâle, maigre, se soutenant à peine. Au moment de mettre le pied sur le trottoir, elle chancela et serait tombée si, m'élançant vers elle, je ne l'eusse soutenue. Passant son bras sous le mien, je m'informai de ce qu'elle avait ; j'appris qu'ayant quitté l'Hôtel-Dieu depuis huit jours, n'ayant pas de quoi se soigner ni se nourrir et se sentant mal, elle allait au *Parvis* prier le médecin de la reprendre.

— Eh bien ! dis-je, je vais vous y conduire.

Et en même temps, je tirai 2 fr. de ma poche.

Je fus à l'instant accostée par un homme en blouse, car cette petite scène avait attiré du monde. Il mit une poignée de sous dans la main de la pauvresse, en regardant autour de lui d'un air farouche ; puis, prenant le bras de cette femme et le retirant du mien, il me dit d'une voix concentrée :

— Éloignez-vous, madame ; votre bonté pour cette pauvre femme pourrait lui être fatale, et au lieu de la recevoir au Parvis ou à l'hôpital, on vous l'ôterait pour la conduire à la Préfecture, de là au dépôt.... car on arrête le pauvre ici ; on n'a pas le droit de le secourir. On chasse de l'hôpital ceux qui en ont besoin ; mais on sait bien y garder *qui on veut*.... Éloignez-vous, madame ; on ne fera pas attention à nous.

Et il ajouta en s'approchant de moi :

— Si nous avions quelqu'un à notre tête!

Cet homme me connaissait-il? Était-ce un des ouvriers qui m'avaient vue à la Salpêtrière?

On se sépara, et chacun donna quelque chose à la pauvre femme, que cet homme conduisait en la soutenant.

Cette scène m'avait saisie ; je restai là, immobile, pensive. En si peu de temps avoir entendu tant de choses, alors que je ne disais rien! Qu'aurait-ce donc été, si j'avais dit que depuis neuf ans on me traînait d'asile en asile, de département en département, faisant des hôpitaux autant de Bastilles, où le certificat de complaisance signé par un médecin était une lettre de cachet à la disposition du premier venu?

Cette occasion si désirée, ce chef, ne pouvait-ce pas être moi? Qu'avait-il fallu à Rome? Une Lucrèce, une Virginie.

Je rentrai à l'hôtel sans dire un mot. Je voulais rester inoffensive, tenter d'attirer l'attention de l'autorité que je croyais abusée, et que j'avais trouvée si secourable et si bienveillante en 1857, à Fains, en la personne de M. le baron et de Mme la baronne Rogniat.

J'écrivis donc à Mme la baronne Haussmann, préfette de la Seine, pour M. le préfet.

Mais ma lettre, au lieu d'être humble et de réclamer secours et protection, se ressentit du mécontentement général dont j'avais été témoin depuis mon arrivée à

Paris, et de mon mécontentement personnel en voyant toutes les portes se fermer devant moi, qui avais cependant des droits incontestables à faire valoir.

Cet écrit fut donc un emporte-pièce. Le voici dans toute son audace :

A Madame la Préfette de la Seine.

Paris, 3 juillet 1863.

Madame la Préfette,

La police ne sait rien de ce qui se passe. Elle ignore, ainsi que les administrations, *qui* elle a sous la main ; elle ne s'occupe de constater ni le nom, ni l'identité des personnes qu'on transfère de département en département, sur un arrêté de M. le Préfet de la Seine et sous sa responsabilité.

Voilà neuf ans qu'on me fait forcément jouer, à visage découvert, sous la garde des autorités civiles et judiciaires, le rôle du Masque de Fer dans les maisons de l'État.

Entrée en France sous le nom de Charlotte Johnson, j'ai épousé sous ce nom le baron del Lago, attaché à l'ambassade d'Autriche. — Je me suis mariée sous ce nom au comte Pierre Petrucci. — J'ai été artiste sous le nom d'Hersilie Rouy. — On me promène officiellement de province en province sous celui de Joséphine Chevalier (1).

Ce que j'ai vu de désordre est horrible.

La souffrance du pauvre — que j'ai partagée — est affreuse.

On fait de vos asiles d'aliénés des cavernes de voleurs où on dévalise les gens.... de vos maisons de santé, des abattoirs et des oubliettes où les malades sont livrés aux insultes, aux coups, aux violences d'un service brutal et grossier ; où la terreur règne ;

---

(1) Ces personnalités m'ont été attribuées par les uns et par les autres, d'après les ressemblances qu'on me trouvait. On m'en a donné plus de dix. Je n'en cite pas la moitié.

où on peut enfermer ceux qui se plaignent dans d'obscures cellules, dans des donjons, murer leurs fenêtres... torturer et tuer par le garrot ou par la douche, en disant :

« Je réprime, et je soigne. »

Le peuple est mécontent ; il est prêt à se soulever dès qu'il aura quelqu'un à sa tête, et quand il saura que les médecins font des certificats de complaisance servant de lettres de cachet pour engloutir ceux qu'on craint ou qui gênent dans vos maisons secrètes.

Il fera sauter vos nouvelles Bastilles.

Et je signai, comme ma lettre à l'Impératrice, HERSILIE, *sœur du roi Henri V*.

Si mes lettres raisonnables et polies restaient sans réponse, il n'en fut pas de même de celle-ci.

Je l'avais portée moi-même vers midi. A deux ou trois heures, un jeune homme, fort convenable, se présentait chez moi et me pria de le suivre à la Préfecture de police, où M. le préfet désirait me parler.

Je compris que c'était une arrestation. Je fermai mon bureau, ma porte, dont je donnai la clé à mon hôtesse, et j'acceptai le bras de ce jeune homme, pour ne pas attirer l'attention.

Nous arrivâmes à la Préfecture, où un autre agent me conduisit dans le cabinet du docteur Lasègue, qui me demanda ce qui m'amenait.

— Je crois que c'est une lettre que j'ai écrite à Mme la préfette.

Il se redressa.

— Comment! c'est vous qui avez écrit cette lettre

qui a bouleversé MM. les préfets? On vient de me l'apporter; mais je n'ai pas encore eu le temps de la lire. Que contient-elle donc?

Je le lui dis.

— Oh! oh! sœur du roi Henri V! Mais c'est le drapeau blanc aux quatre coins de Paris! Et vous avez parlé de cela à l'hôtel et en ville?

— On ne raconte pas de telles choses dans un hôtel garni, et si j'en avais parlé à quelqu'un, je n'aurais pas écrit à Mme la préfette pour l'avertir de ce qui se passait. J'aurais, au contraire, laissé parler et agir les autres, demandé mes comptes de tutelle administrative, réclamé mes papiers, mon argent, des dommages-intérêts.... En écrivant, mon intention était de concilier.

— Un peu rudement.

— J'étais en colère.

— Allons! *ce n'est qu'un coup de tête;* on ne peut pas vous garder enfermée pour cela. Donnez vos explications; écrivez une lettre polie, et on vous rendra vos papiers et votre liberté.

— Ma liberté! Je suis donc prisonnière?

— J'ai des *ordres précis* à votre sujet.

— Ah!....

J'écrivis séance tenante la lettre d'excuses qu'il me demandait.

Je fus conduite dans un cabanon par un agent accompagné d'une femme venant voir si j'avais sur moi quelque instrument dangereux ou des valeurs.

Je remis à l'agent ma bourse, qui contenait encore 100 fr.

Une demi-heure après, j'arrivais à la Salpêtrière en voiture cellulaire.

Voici la note médicale à laquelle j'ai dû cinq années de séquestration :

La nommée Chevalier, âgée de cinquante ans, traitée dans divers asiles, arrivée à Paris depuis quelques jours.
Lettre délirante avec menaces au préfet de la Seine.
État de manie raisonnante.
Signé : LASÈGUE.

Un simple arrêté de M. le préfet de police accompagnait cette note, faite *par ordre*.

Je suis arrivée à la Salpêtrière le 3 juillet 1863. Le mot *rechute* a suffi pour m'y faire garder.

J'étais parvenue jusque-là à maintenir le nom de Rouy à la suite de celui de Chevalier. Je ne suis plus que Chevalier sur la note du docteur Lasègue. Mon véritable nom a définitivement disparu.

Ce système pour se débarrasser des gens n'est-il pas admirablement simple et primitif? Messieurs les préfets ne sont pas contents de la donneuse d'avis; elle a une *manie de raisonner* et de *renseigner* fort *dangereuse !*.... Ils la suppriment avec quatre lignes d'un médecin à eux... et.... tout est dit!

Lors de l'enquête ministérielle de 1869, on trouve dans le rapport de M. Jullet, commissaire aux délégations judiciaires, cette singulière mention au sujet de mon renvoi à la Salpêtrière :

> Le commissaire de police, établissant l'état d'exaltation de la nommée *Hersilie* et son refus de répondre à aucune de ses questions...

Hersilie ! mais c'est *Joséphine Chevalier* qui a été arrêtée à l'hôtel Saint-Michel et amenée à la Salpêtrière, qui de là a été transférée à Orléans et en est sortie sous ce nom.

De plus, elle ne demandait qu'à s'expliquer.

N'est-ce pas curieux ? Voilà comme l'autorité est renseignée !

Je n'ai vu aucun commissaire de police, et M. Jullet n'a pu produire de procès-verbal ; ce mot *Hersilie* le prouve.

La lettre de menaces n'a jamais été montrée, sans doute parce qu'on ne la trouvait pas *assez délirante* pour motiver la mesure de rigueur prise contre moi, ce qui faisait dire à M. Tailhand :

> Il est impossible d'apprécier le caractère des injures ou des menaces auxquelles Mlle Rouy se serait laissée entraîner, ce fait n'ayant pas été consigné dans un procès-verbal régulier.

Comme *inconnue*, logée dans un hôtel garni sous un nom qu'aucuns papiers ne pouvaient justifier, j'avais droit à aller en police correctionnelle, et c'était à quoi je voulais arriver pour m'expliquer. On a eu peur. On a caché ma lettre, et on m'a dite folle.

Voici, du reste, sur l'illégalité de ma réintégration à la Salpêtrière, l'opinion de mon second rapporteur, dont la compétence en matière judiciaire ne peut être mise en doute (1) :

Dans le cours de sa séquestration déjà si longue, personne n'avait eu la pensée de requérir l'interdiction de M⁽ˡˡᵉ⁾ Rouy. Sortie de l'asile d'Auxerre en vertu d'une autorisation régulière, elle était rentrée dans toute l'intégrité de ses droits civils ; elle ne pouvait donc être responsable des faits qui lui étaient imputés *que devant les tribunaux*, si elle avait la conscience du délit qu'elle aurait commis ; ou devant l'*autorité administrative*, si ces mêmes faits étaient de nature à compromettre l'ordre public ou la sécurité des personnes (art. 13 de la loi du 30 juin).

On a cru pouvoir décliner la première juridiction, et M. le préfet de police a pensé qu'il y avait lieu d'agir d'office. Assurément sa compétence était indéniable à ce point de vue absolu ; mais dans cette hypothèse même, il y avait nécessité de considérer l'internement auquel on soumettait M⁽ˡˡᵉ⁾ Rouy comme étant un *nouveau placement*, et il fallait, dès lors, remplir toutes les formalités exigées par la loi. Une séquestration antérieure ne peut pas, en effet, avoir pour conséquence d'assimiler l'ancien aliéné qui a obtenu sa libération définitive au malade échappé d'un asile, et de donner à un fonctionnaire quelconque le droit de l'avoir perpétuellement sous la main.

C'est cependant ainsi que M⁽ˡˡᵉ⁾ Rouy a été traitée.

L'explication en est bien simple : si l'on a sans cesse usé d'arbitraire avec moi, c'est que, pas plus lors de mon premier internement qu'à mes deux rentrées, je n'étais assez folle pour qu'on pût m'enfermer régulièrement.

(1) M. Tailhand était président de la cour d'appel de Nîmes.

Pendant qu'on expédiait si lestement mon affaire à la Préfecture de police, voici ce que le docteur Pelletan écrivait à M. C.-D. Rouy :

2 juillet 1863.

Votre sœur Hersilie Rouy est sortie ou s'est échappée de la maison de santé où elle était, et est à présent à Paris, sous le nom de *Joséphine Chevalier*.

Elle demeure quai Saint-Michel.

Depuis quatre jours, elle m'inonde de lettres plus déraisonnables les unes que les autres.

Du même, à M. Henry Rouy :

7 juillet 1863.

Cher Monsieur,

Veuillez faire savoir à votre père, auquel je n'écris pas, ayant oublié son adresse, que j'ai vu le directeur de l'Assistance publique. Il est parfaitement édifié sur la folie de Mlle Hersilie Rouy.

Il n'est donc pas besoin d'accumuler des preuves dans ce sens.

Je crois qu'il va la faire reprendre pour la réintégrer à la Salpêtrière, et *donner une semonce au directeur qui l'a fait sortir*.

J'ai reçu son historique, de ladite demoiselle, et je transmettrai cette pièce à M. Husson.

Bien à vous.

Signé : Bon PELLETAN DE K...

Tout commentaire est inutile, je crois.

CHAPITRE XII

Asile d'Orléans. — Première partie.

Les visites médicales de la Salpêtrière sont toujours fort suivies ; ma rentrée y avait fait grand bruit ; on se succédait pour me voir ; aussi, au bout de cinq semaines, étais-je envoyée à Orléans avec un convoi de malades.

J'étais placée d'office, sur un simple ordre de police non motivé, sur un avis médical ambigu, inscrite sous le nom de Chevalier, sans aucuns papiers à l'appui. On ne savait donc ni pourquoi j'étais enfermée, ni quelle était mon individualité.

Le certificat de transfert délivré par le docteur Falret disait bien : « *se croit fille de la duchesse de Berry.* » Mais comme je n'en disais rien, qu'on n'avait aucune pièce me concernant, cette mention ne faisait qu'établir l'ignorance où l'on était de ma filiation, de mon identité, que constater la négligence de l'administration de la Seine, qui m'envoyait en province sans documents, comme elle m'avait reçue de la Préfecture de police.

M. le docteur Payen, médecin en chef du quartier d'aliénés, devait, d'après la loi, consigner au registre matricule le certificat de son collègue de la Salpêtrière, et naturellement sa première note médicale, d'accord avec ce certificat, ne pouvait être que conditionnelle. Il mit donc :

M¹¹ᵉ Chevalier *serait* affectée d'aliénation mentale, avec idées de grandeurs, de hautes positions. — *Position exceptionnelle.*

Ces derniers mots montrent déjà qu'il était sur ses gardes.

Après m'avoir étudiée pendant quinze jours, avoir souvent causé, discuté même avec moi, il adressa à M. le préfet du Loiret le certificat suivant :

La demoiselle Chevalier n'ayant présenté depuis son admission, aucun trouble dans ses facultés intellectuelles, aucune incohérence dans ses idées qui ne se rattachent qu'au besoin pressant de recouvrer sa liberté, nous ne saurions l'admettre comme aliénée qu'autant qu'une série de symptômes ou de documents précis sur ses antécédents viendraient confirmer une affection mentale pont nous ne trouvons aucun signe caractéristique.

Orléans, 12 septembre 1863.

Signé : Dʳ PAYEN.

D'après la loi, je devais être mise en liberté du moment où pendant quinze jours d'examen on n'avait reconnu en moi aucun signe d'aliénation mentale. Tous les médecins aliénistes sont d'accord que ce temps est suffisant pour établir leur opinion sur un malade qu'ils étudient.

On n'avait donc pas le droit de me faire attendre *séquestrée* l'arrivée de renseignements qui, réglementairement, devaient être joints à la pièce d'entrée; je devais *sortir immédiatement*, et non rester à la merci de ce que pourraient dire des gens intéressés à ma perte.

Le docteur Payen m'avait dit avoir adressé à l'administration de la Seine, sous pli spécial, un double de son certificat.

Sitôt que je sus que la Seine devenait l'arbitre de mon sort, je compris qu'une nouvelle lutte allait commencer, et je pris l'avance en adressant à M. le préfet du Loiret une lettre où je le priais de signer ma sortie.

J'étais dans mon droit, car, ainsi que l'écrivait plus tard mon rapporteur, M. le président Tailhand :

Aux termes de la loi du 30 juin 1838, M. le préfet du Loiret aurait dû prescrire la mise en liberté immédiate de cette pensionnaire.

M. le préfet écrivit à Paris.

Le 13 octobre 1863, il reçut une longue lettre de M. le directeur de l'administration de la Seine énumérant les difficultés qui étaient survenues partout à cause de moi et de mes plaintes, mais ne mentionnant aucun acte qui pût motiver une séquestration (1).

Cependant M. le docteur Payen, au lieu de me renvoyer au plus vite après ce document qui ne spécifiait rien, me reprocha *de porter le trouble en tous lieux*, me déclara net qu'il me garderait pour rendre service à ses confrères, et qu'il avait chargé M. le préposé responsable de me donner connaissance de ce dont j'étais accusée, en me prévenant que je ne *bouleverserais rien à Orléans* ; que cet asile n'était qu'une succursale de la Salpêtrière, obéissant aux mêmes chefs, et qu'il ne pouvait plus rien pour moi.

Comme je me trouvais fort mal à l'asile d'Orléans, infiniment plus mal que partout ailleurs, grâce au service intérieur, j'étais résolue à ne rien y réclamer que ma sortie, afin de le quitter plus tôt et à tout risque, et j'avais été sur le point de l'obtenir.

Dès que je sus qu'on était résolu à me garder, j'écrivis à M. le procureur impérial, plaçant ma liberté individuelle, arbitrairement atteinte, sous sa protection. Cette fois j'étais bien la victime des agissements du Loiret ; il n'y avait plus à me dire de m'adresser à la Seine.

On va voir comment les choses se sont organisées, compliquées ; comment je suis restée dans cette ville,

(1) Cette lettre est au dossier de la Préfecture du Loiret, ainsi que la mienne, et l'on trouvera aux archives toutes les pièce officielles en ma possession.

misère; a été livrée aux outrages, aux coups, aux violences d'un service grossier..... par des médecins chargés de rendre au monde un esprit égaré, par des magistrats chargés de protéger la liberté individuelle, d'assurer l'exécution de la loi !

PREMIÈRE DIVISION. — INDIGENTES (1).

A mon arrivée, j'avais été placée, avec deux ou trois autres, aux indigentes de la première division, c'est-à-

(1) Partout où elle a passé, Mlle Rouy a beaucoup écrit; elle tenait note chaque jour, autant qu'elle le pouvait, des menus faits qui se passaient autour d'elle.

« Si je n'avais pas pu écrire, disait-elle, épancher ainsi le
« trop plein de mon cœur et l'indignation dont il bouillonnait
« souvent, je serais morte ou devenue folle. »

Partout aussi on cherchait et on brûlait soigneusement ses écrits, rarement à la louange, hélas ! de ceux qui la gardaient. Elle en était généralement dépouillée chaque fois qu'elle changeait d'asile ou de quartier.

Une partie de son journal de l'asile d'Orléans a pu être conservée par elle ; il était écrit sur une masse de petits fragments de papiers de toutes sortes et de toutes couleurs, parfois avec de l'encre, avec de la suie délayée, avec un liquide roussâtre qui n'était autre que du sang. Nous donnons la photographie de ces tristes témoins de ses douleurs, tels qu'ils se sont présentés en dénouant le vieux mouchoir à carreaux dans lequel ils étaient renfermés et qui les a protégés sans doute, car on les aura pris pour un paquet de chiffons.

Mlle Rouy a rédigé cette partie de ses mémoires sur ces notes prises au jour le jour; c'est ce qui donne, plus qu'à tout le reste,

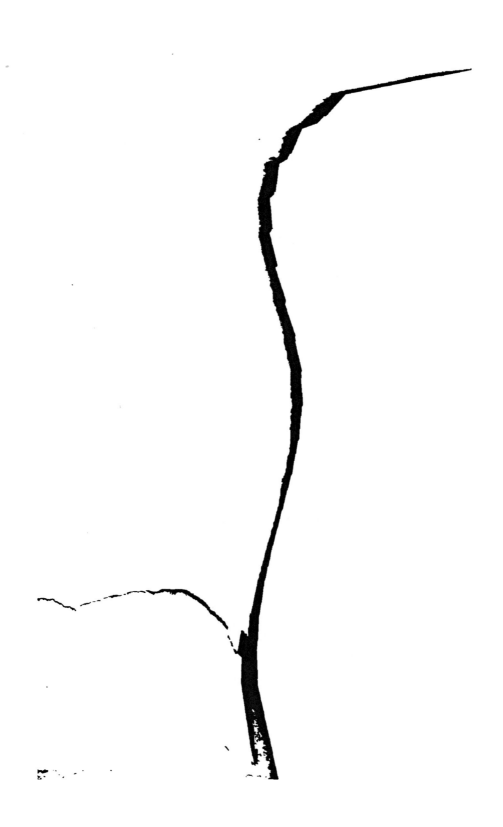

dire dans le quartier le plus convenable, où on nous offrit, au coin d'une des tables du chauffoir, dans de la vaisselle à couleur douteuse, une sorte de salmigondis peu appétissant et un verre d'eau rougie à faire grincer les dents.

Épuisée, je sortis de cette salle commune, et me trouvant partout que des bancs de bois ou des tabourets, je me mis au pied d'un arbre, dans la cour, et m'endormis aussitôt.

Cela fut l'objet d'un rapport fulminant le lendemain matin, et pour toute bienvenue M. le docteur me menaça de la douche.

Cette menace fut relevée par moi avec indignation. J'expliquai ma faiblesse, ma fatigue, ma position, et protestai avec énergie contre l'envoi dans une maison aussi peu hospitalière.

Ces explications me ramenèrent le docteur, qui s'étonna de me voir en pareille compagnie et me promit d'écrire.

On vient de voir quel en fut le résultat.

Ma manière d'être était trop en disproportion avec mon entourage pour ne pas gêner le service ; mais

un caractère saisissant, poignant, vécu, à ce récit des souffrances d'une femme intelligente, bien élevée, distinguée, rabaissée à un tel point, plongée dans un si dégradant, si répugnant milieu, où elle était maintenue par ordre supérieur, et d'où elle est enfin sortie, grâce à l'intervention des administrateurs de l'hospice.

(*Note de l'éditeur.*)

comme il paraissait impossible qu'on me gardât, on patienta jusqu'au jour où, à la stupéfaction générale, M. le docteur Payen déclara que *Paris réclamait ma séquestration*, et que des *lettres particulières* l'avaient averti que *je bouleversais tous les établissements*.

La sœur, épouvantée, eut beau le prier de ne pas prendre cette responsabilité, de ne pas compromettre son service pour complaire à des étrangers ; tout fut inutile : M. le docteur répondit qu'il fallait bien que quelqu'un se sacrifiât pour tous.

Et je restai.

Il ne m'en dit rien ; mais du jour où il reçut cet ordre, au lieu de passer près de moi et de me dire un petit mot tous les jours, il changea d'itinéraire et m'évita de son mieux.

Je ne me tins pas pour satisfaite et l'attendis au passage :

— Vous me fuyez donc ?

Il fouilla dans le portefeuille qu'il portait toujours sous son bras et me dit, tête baissée :

— Signez-vous toujours l'Étoile-d'Or ?

— Mais certainement ! et encore Polichinelle, Coquette, la Sylphide, l'Anté-Christ, Sathan, le Diable, etc., etc. Il n'y a *aucune loi* qui défende les pseudonymes, surtout quand on est officiellement une *anonyme*.

— On m'écrit de jolies choses, de Paris, sur votre compte !

— Ah !

— Oui. Vous bouleversez, révolutionnez, semez le trouble et la discorde partout.

— Et vous avez envie d'en tâter ?

— Oh ! vous ne bouleverserez rien ici !

— Il ne faut pas dire : « Fontaine, je ne boirai pas de ton eau. »

— Je vous en réponds bien, et je me dévoue au salut de mes confrères.

— C'est beau de votre part. Est-ce à la requête du docteur Trélat, qui vous a si bien renseigné, que vous vous sacrifiez ?

— C'est mon ami.

— Je vous en fais mon compliment ; mais je vous engage à juger par vous-même, à voir par vos yeux et à ne pas faire du don quichottisme sur la foi d'autrui ; vous prendriez ainsi des ailes de moulin pour des géants, et vous pourfendriez des ombres pour tomber à plat. Ai-je donc l'air d'une révolutionnaire ?

Il haussa les épaules, et je lui tournai le dos.

Il s'en alla en boitant de ses petits pieds fourrés dans des souliers fendus, parce que ses cors lui faisaient mal, et en renfonçant sa grosse tête dans sa petite redingote râpée. Il était en tout si pareil au roi Louis XI, qu'on aurait dit son portrait ambulant. Rien n'y manquait, que les médailles de plomb sur le bonnet crasseux. Son clignement d'œil dénotait une certaine malice ; mais sa figure au repos avait un cachet d'imbécillité. Du reste, il était si âgé... le pauvre homme (1) !

C'est alors que je compris la terrible puissance du dossier et de ces renseignements venus de Paris sur mon compte. On savait qu'à cause de moi on avait déplacé des médecins, changé l'ordre de sœurs desservant l'asile de Fains. J'inspirais une terreur profonde.

Le service n'avait pas plus envie de me garder que la sœur; mais on ne savait comment faire, car je ne disais rien à personne, tout en faisant mes remarques. Une conspiration s'organisa, et à force de répéter à la sœur : « Si vous n'étiez pas si bonne, Mlle Chevalier irait dans un autre quartier; elle aurait à faire à sœur X... ou Z... » on finit par me faire prendre en grippe par celle-ci, qui chercha à se garantir contre les méchancetés dont on me croyait capable.

Elle me fit venir au chauffoir, me fit enlever plume et encre, mes écritures la tourmentant ; trouva bientôt que ma présence excitait l'insubordination des malades, et un jour, étant de mauvaise humeur contre son ordinaire, querella tout le monde.

---

(1) Le docteur Payen avait été un homme d'une intelligence et d'un esprit remarquables. Sous sa direction et celle de la sœur Clémentine, le quartier d'aliénés de l'asile d'Orléans avait été, à sa création, un quartier modèle... Mais il y mourut gâteux, et aurait dû dans ses dernières années y être pensionnaire, et non médecin en chef. On n'osa pas le mettre à la retraite. Pourquoi ? (*Note de l'éditeur.*)

L'ancienne cuisinière d'une marchande à la halle, qui brodait en ce moment une magnifique nappe d'autel, furieuse d'être aussi prise à partie, lui rapporta son ouvrage en déclarant ne pas vouloir travailler pour rien et être grondée par dessus le marché. La sœur m'accusa de cette révolte inattendue, nous fit mettre toutes deux au bain le lendemain matin, et demanda mon changement de quartier au docteur, qui l'accorda.

Il faisait si froid ce jour-là que les bains ne chauffaient pas, et on en commanda deux exprès pour nous. J'avais la grippe ; je pouvais en mourir. J'en fis l'observation, mais la sœur ne voulut rien entendre.

Les méchantes filles du service firent le bain à peine tiède, de sorte qu'il était froid au bout d'une heure, et quand on vint pour nous en retirer, nous étions bleues et ne pouvions plus remuer les membres. Elles n'avaient apporté qu'un drap ; elles sortirent d'abord Charlotte D. de l'eau, l'essuyèrent, me jetèrent ce drap tout mouillé et se mirent à la vêtir, me laissant me tirer d'affaire comme je pourrais. Elle grelottait si fort que ce fut long, et je me dépêchai tellement que, quoique sans aide, je fus prête en même temps qu'elle, et déjouai leur petit complot, qui était de me *pousser* dans un quartier nouveau à moitié nue.

En sortant de ce bain, en effet, j'entrai à la troisième division.

Le docteur me gronda d'être venue au bain; quand il sut que c'était *par ordre,* il s'en alla en faisant ses réflexions et des grimaces.

TROISIÈME DIVISION. — AGITÉES.

Catherine de Médicis a dit : « Diviser pour régner. »
L'administration des hospices d'Orléans a dit : « Réunir pour obéir. »

Dans tous les asiles, j'ai vu que les services étaient séparés, et qu'il était expressément défendu aux domestiques de se visiter même dans les sections.

A Orléans, c'est tout le contraire.

Tout ce qu'il est possible d'imaginer pour détacher les infirmières de leurs malades, pour les dédommager de l'ennui qu'elles en ont, a été mis en œuvre. Elles sortent ensemble tous les dimanches, accompagnées, comme des enfants, par les sœurs, tandis que les malades restent enfermées ; et tous les soirs, une fois l'ouvrage plié et le dîner fini, on fait coucher les prisonnières dans un dortoir bien fermé et on les y laisse faire toutes leurs volontés, tandis que le service de tous les quartiers se réunit en veillée sous la garde d'une sœur. Il en résulte que causant entre elles de ce qui se passe dans toutes les divisions, elles se tiennent toutes ; chacune épouse les querelles de ses compagnes, et si une malade est prise en grippe dans un quartier, elle ne gagne rien à en changer. La rancune de la gardienne qui lui en veut la suit partout, ainsi que la réputation, bonne ou mauvaise, qu'elle s'est faite.

Il n'y a pas d'internes. Le médecin en chef fait tous les matins sa visite, seul. C'est lui qui fait *le cahier*, compulse la correspondance, écoute les malades, qui, du reste, ne lui disent pas grand'chose : *le service y met bon ordre*. Le médecin adjoint, le docteur Lepage, bon vieillard de quatre-vingts ans, ne venait que le soir, visiter les infirmeries. Et tant hommes que femmes, l'asile contenait près de *six cents* malades.

Quant aux sœurs, comme il faut qu'une bonne sœur sache tout faire, on les passe alternativement de la cuisine à la buanderie, à la pharmacie, à la lingerie, à l'infirmerie et aux aliénés ; elles y arrivent avec un apprentissage à faire. Ce sont les domestiques qui se chargent de les mettre au courant, et s'y prennent assez adroitement pour ne les laisser voir que par leurs yeux.

Mme la supérieure avait voulu essayer de faire circuler le service, de même que les sœurs. Mais *les anciennes* déclarèrent qu'elles s'en iraient plutôt ; qu'il fallait connaître le caractère, les habitudes, la maladie des folles qu'on gardait, si on ne voulait pas être exposée à des dangers réels en s'y prenant mal. Devant cette menace de grève, on baissa pavillon.

Je devais donner cette explication pour qu'on pût se

rendre compte de la lutte que j'ai eue à soutenir contre une ligue générale dont le but, avoué tout haut, était de me réduire et de me dompter à tout prix.

Après le déjeuner, je m'assis au chauffoir. Julie, la domestique, me dit brutalement :

— LA CHEVALIER, allez-vous-en d'ici ; on n'y garde pas une espèce de votre sorte, et votre place est au rebut.

On pense bien que je n'avais pas à répondre. Je m'en allai *au rebut*, trouvant ce rebut pareil en toutes choses à la société de choix.

J'attendis là ce qui devait arriver, et je n'attendis pas longtemps.

Mon indifférence et mon silence furent pris pour de la crainte. Je fus poussée, insultée, malmenée, sans que je puisse encore aujourd'hui me rendre compte des prétextes motivant une semblable conduite, car j'accédais à tout ce qu'on voulait, sans souffler mot. Si je faisais la moindre observation, on me poussait dehors en m'appelant *fumier, pourriture, traineuse d'hôpitaux, coureuse de foires, fille de mauvaise vie, enfant trouvé, venant on ne sait d'où, ni de qui,* etc. On me fit jeter des pierres par les pauvres femmes qui, en démence complète, ne savaient ce qu'elles faisaient, me frappaient à coups de sabot, m'égratignaient, me crachaient à la figure..... et je ne pouvais fuir, étant enfermée avec elles dans le même dortoir la nuit et les trouvant partout le jour.

Je m'étais réfugiée au haut de la galerie. Les domestiques vinrent attacher les plus grandes agitées près de moi..... Je voulus réclamer près de la sœur. Julie me prit au collet par derrière, me terrassa en me retirant mon siége. Mon sabot tomba ; je le ramassai en me relevant ; mais les trois servantes se ruèrent sur moi en apportant la camisole de force, et criant que je voulais leur jeter mon sabot à la tête. La sœur arrivait, ne sachant ce qui se passait ; j'ôtai vivement un petit châle que j'avais sur les épaules et le lui mis entre les mains.....

— Il ne fallait pas le recevoir, cria Julie ; la camisole est large et ne *l'étouffera pas assez !*

La sœur vint elle-même me la retirer au bout d'une heure et me rendre mon châle.

— C'est parce que j'ai voulu vous parler qu'on m'a traitée ainsi, lui dis-je ; n'est-ce pas une honte ?

Elle baissa la tête et s'en alla sans répondre, car elle n'aurait pas osé intervenir et me défendre.

C'étaient des taquineries de toutes sortes. On me prit une tasse dans laquelle je faisais chauffer de l'eau sur le poêle. Si j'en voulais prendre à la fontaine ou dans le seau pour faire ma toilette, les domestiques accouraient, fermaient le robinet et me jetaient le seau à pleine volée dans les jambes.

Tous les matins, à cinq heures, on nous poussait par la gelée, l'hiver, sous la galerie dans la cour, et nous y attendions en grelottant que ces demoiselles nous y servent notre déjeuner, qui consistait en quelques noix où du fromage.

Un jour, on me donna *quatre noix ;* je fis la remarque que l'une était vide et l'autre gâtée. La servante me prit les bras par derrière en disant qu'il y avait trop longtemps que je n'avais été *secouée*, et me conduisit en cellule en faisant taper mes coudes l'un contre l'autre.

On m'avait enlevé l'encre et le papier qui m'avaient été rendus en changeant de quartier. Je ne pouvais donc pas écrire, et on faisait cercle autour du docteur quand il passait, pour que je ne pusse pas lui parler ; ce dont, du reste, je n'étais pas tentée, car il m'inspirait aversion et mépris.

Je finis par me procurer, de ci, de là, des rognures de papier, telles que marges de journaux, de livres, cornets à tabac. Je les collai ensemble ou je les cousis au bout les uns des autres, puis j'écrivis avec mon sang au préposé responsable, en lui racontant tout ce qui précède ; j'ajoutais que les nuits étaient encore plus cruelles que les jours ; que livrées à elles-mêmes, les énergumènes qui peuplaient le dortoir sautaient, dansaient, chantaient, criaient, renversaient et transvidaient les seaux infects servant aux besoins communs..... que, prise de sueurs, j'étais obligée de me lever toute mouillée ; qu'on m'avait refusé du linge pour me changer et qu'on m'avait menacée de me retirer ma couverture si je réclamais de nouveau, cela en plein mois de février ; qu'il était impossible de dormir dans un dortoir pareil, plus infect encore que froid, et où on ne pouvait ouvrir une fenêtre, même à la demande générale, Julie m'ayant menacée de la camisole si je donnais satisfaction à cette réclamation. Je terminais en disant que je n'étais pas dans un asile, mais dans un abattoir, et qu'il m'avait fallu venir à Orléans pour voir et souffrir chose pareille.

Lors de la visite, je remis ce chiffon de papier au docteur, à la grande surprise du service, qui ne pensait pas à mon sang et qui ne m'avait pas vue écrire, et je lui demandai de me faire donner du papier pour écrire à l'*Empereur responsable,* puisque les ministres fermaient les yeux.

Il m'en fit donner !

Pendant quatre jours, la sœur et les trois gardiennes l'attendirent dans le corridor pour l'empêcher d'entrer et de recevoir mes lettres ; mais cela ne pouvait durer longtemps, et elles finirent par lui demander *un bain pour moi :* c'était le seul moyen d'avoir mes écrits. Il faisait si froid que les fontaines ne coulaient pas et que les bains étaient fermés ; cependant on en commanda un. J'en fus informée par une malade.

Mon parti fut bientôt pris. Je plaçai mes lettres entre deux tranches de pain ; je déchirai la guenille de cotonnade rouge que j'avais sur le cou ; j'attachai le pain avec, et je fis sauter le tout sur le chemin de ronde des anciens remparts.

La terreur produite par cet acte fut extrême. On s'élança sur moi ; on me mit la camisole ; on courut au dehors ; mais la missive avait été ramassée (1).

Vers deux heures, la sœur vint me retirer la camisole. Du bain, il n'en fut plus question ; à quoi aurait-il servi ?

— Permettrez-vous au docteur d'entrer faire son service, lui demandai-je, maintenant que le ministre aura ma lettre sans qu'elle passe par ses mains ?

Le docteur passa. Je ne lui dis rien.

Il me restait du papier. J'écrivis une lettre fort vive à M. le procureur impérial. Il vint aussitôt.

Au lieu de me faire appeler au parloir, comme c'est l'habitude, il pénétra tout seul jusqu'à moi, et tout haut, devant le service, rangé respectueusement sur deux lignes, devant les malades curieusement groupées autour de nous, il me dit :

Qu'il n'avait pas à intervenir dans les décisions prises par les administrations ; qu'il n'avait pas à me faire donner du papier, ni à empêcher le service de me l'arracher, si lesdites administrations ne donnaient pas d'ordres à ce sujet.

Après cette majestueuse harangue, M. le procureur impérial sortit roide, comme il était entré, sans daigner me saluer.

(1) J'ai su depuis que celui qui l'avait trouvée n'avait pas cru devoir porter à son adresse cette lettre d'une folle. Il en est malheureusement ainsi pour tout ce qui sort d'un asile d'aliénés.

Était-ce bien la peine de venir lui-même pour me dire cela et ne pas m'interroger ?

De cet *ultimatum* il résulta naturellement un redoublement de grossièreté et de provocations de la part du service.

Mes plaintes en devinrent de plus en plus énergiques.

Un fait ajouta la goutte d'eau au vase déjà trop plein.

Une malade, Mme L..., ayant obtenu la permission d'écrire une lettre, fut enfermée dans le grand chauffoir qui était séparé de celui d'entrée, où je me tenais, par l'arcade du poêle.

Elle me demanda de sa place l'orthographe d'un mot, et je m'approchais du poêle pour la lui dire, quand les gardiennes vinrent à moi avec fureur. Julie me prit par le collet de ma robe, me poussa devant elle. Mon sabot tomba ; elle le ramassa, me conduisit ainsi, en me soulevant, jusqu'à une cellule où elle m'enferma en me jetant mon sabot à la tête et en me disant :

— *Nous vous attendions là !*

Malgré l'antipathie que m'inspirait le docteur (qui ricanait quand ces filles, qui l'appelaient « *vieux chiffon mou,* » lui racontaient comment elles me traitaient et le silence que je gardais), j'aurais cru manquer à mon devoir et me mettre moi-même dans mon tort en lui laissant plus longtemps ignorer ce qui se passait. Je lui racontai donc, le lendemain matin, la scène de la veille en lui disant que ces sortes d'infamies se passaient journellement, et que j'avais le droit de me placer sous une protection quelconque, en dehors de lui, puisque ces actes le faisaient rire au lieu de l'indigner.

Il m'accusa d'exagération. J'appelai Mme L..., qui raconta la chose presque dans les mêmes termes.

Il en fut saisi, en parla à M. le préposé, écrivit de nouveau à Paris.

Cette fois, les domestiques, surprises de voir que j'avais été parler au docteur avec le même air tranquille et sérieux dont je leur parlais à elles-mêmes, osèrent d'autant moins s'en prendre à moi que le docteur avait paru mécontent ; mais elles s'en prirent à Mme L..., et, sous prétexte que cette dame, étant libre, ne travaillait pas assez, elles l'attachèrent sur une chaise à une des colonnes de la galerie, assez près d'elles pour qu'elle ne pût parler à personne sans être entendue.

Cela se fit si tranquillement que je ne m'en aperçus pas ; mais voyant Mme L... assise roide, sans bouger et si loin de sa place ordinaire, je finis par aller à elle.

— Ne m'approchez pas, me dit-elle en me voyant venir ; ne m'approchez pas : on me ferait pis !

— Quoi donc ?

— Je suis attachée.

— Horreur !

CHAP. XII. — ASILE D'ORLÉANS.   229

« Cela durait depuis huit jours, et je ne m'en étais pas doutée ! Cela prouve combien la grande terreur inspirée aux malades par les gardiennes rend la surveillance difficile, puisque moi, sans cesse en éveil et ne les quittant pas, j'ai pu être huit jours sans m'apercevoir d'une pareille chose.

— J'écrivis immédiatement au préposé ; je remis le lendemain ma lettre au docteur en la lui recommandant, sans dire un mot de plus. Deux heures après, la sœur et Julie furent appelées au bureau.....

Mme L... fut détachée et laissée parfaitement tranquille et libre.....

Huit jours après, la sœur fut changée.....

Je la regrettai. Cette sœur, que les malades appelaient *la sœur à la figure bête*, l'était réellement à force de bonté et de faiblesse. Son premier mouvement était bienveillant et affectueux ; elle se retenait immédiatement sous le regard du service et lui obéissait au doigt et à l'œil ; mais si elle n'osait pas le contredire, défendre un acte malfaisant, elle cherchait à réparer au plus vite le mal que sa présence passive avait permis, et venait défaire ce qui avait été fait. Ainsi, par deux fois, dès qu'elle a cru pouvoir l'oser, elle m'a ôté la camisole ; elle a ouvert la porte des cellules quand elle a su que j'étais enfermée, et elle aurait été excellente pour moi si on ne l'en avait empêchée. Je lui ai vu faire manger des idiotes et des agitées, les soigner avec une angélique douceur et une compassion infinie.

Je crois faire mon devoir en rendant justice à une pauvre femme qui serait impardonnable si, ayant une autorité réelle, elle avait été l'instigateur des affreux traitements qu'on m'a fait subir sous sa responsabilité, et qu'elle a ignorés en grande partie, car c'est en son absence que les domestiques se sont évertuées à m'accabler d'injures.

Elle fut remplacée par une petite sœur pointue, auprès de laquelle Julie était un ange de paix et de modération.

Cette fille, qu'on avait laissée dans le service, ayant appris aux *veillées* que Paris s'était déchargé de moi sur Orléans, s'était promis de m'anéantir et de me soumettre. Elle s'était donc, ainsi que ses compagnes, acharnée contre moi ; mais, à part cela, quand on ne lui disait rien, quand elle avait affaire surtout à des imbéciles ou à des femmes tout à fait perdues, elle ne faisait que les maintenir, et sa présence suffisait. Sa force herculéenne la rendait précieuse dans un quartier comme celui-là ; dès qu'on la voyait paraître avec sa haute taille, ses épaules carrées, sa face colorée, sa tête baissée comme un taureau qui présente les cornes, tout rentrait dans le silence ; les plus furibondes tremblaient, car elle soulevait une femme comme une plume et la retournait comme une omelette, sans dire un mot.

La petite sœur n'était pas de même. Comme la plupart des petites femmes, elle était impérieuse, rageuse,

...rosière, dominatrice, et dès son
...arrivée, il y eut tapage, cris, punitions...
...ettes, camisoles, jet d'eau à la...
...rendit plus...
...immédiatement, et cela avec juste...
...ouvait petite fille de l'hôpital, nommée...
...on ne savait que faire et qu'on avait...
...mestique dans le quartier.
...éfrontée abusait — et elle faisait bien...
...de l'autorité que les règlements accordent
...dans cette administration. Elle frap-
...mettait la camisole aux autres et cher-
...moyens de m'être désagréable, soit en...
...boire dans un gobelet cassé et sale, soit...
...un morceau de pain déjà entamé par...
...en faisant à chacune des malades les...
...possibles dans une maison où les domes-
...droit, sans permission ni contrôle, de
...heureuses prisonnières à merci.
...mit à la porte et en cela mérita un bon

...ce qu'on n'osait plus se jeter sur moi
...comme un chien, pour attirer l'attention,
...la manière dont la vaisselle était lavée
...rison.
...tait propre arrivait, au lieu d'en profiter
...les verres et les écuelles en les débar-
...bord de ce qui y restait et qu'on devait

verser dans un seau spécial, Julie jetait tous ces restants dans l'eau propre et y faisait barboter notre vaisselle, sous prétexte que *c'était meilleur pour les porcs*..... Les torchons qui essuyaient cette saleté étaient ensuite étendus sur les bancs et sur les chaises, où allaient s'asseoir les femmes qui s'oubliaient sous elles.....

On comprend que, dans cet état de choses, on ne mangeait qu'avec la plus extrême répugnance, et qu'on ne pouvait souvent pas mettre ses lèvres sur ce qui n'était que la bourbe du rebut.

La soupe était trempée avec des morceaux de pain tripotés par des femmes qui les laissaient sur la table, après les avoir grignotés et cassés avec des mains pleines d'ordures.

M*me* L... et moi en emportions le plus possible pour le jeter par dessus le mur ou dans les latrines, afin de pouvoir manger un peu moins à contre-cœur. Un jour, elle m'appela et me fit voir dans la cuisine des domestiques — qui, elles, mangeaient proprement et lavaient leur vaisselle à part ; — elle me fit voir, dis-je, la fille Marianne, les deux bras nus, qui remuait à pleines mains notre salade dans un bidon où elle venait de mettre un filet de vinaigre et *de l'eau* pour assaisonnement.

C'était notre seul plat. Nous ne pûmes le manger, et nous en fûmes réduites à notre pain sec.

La sœur fit récurer la vaisselle et défendit la saleté

habituelle. Elle me fit donner un gobelet et m'apporta elle-même des fruits achetés avec l'argent que j'avais au bureau. Quand elle arrivait, elle criait, d'un bout à l'autre de la galerie :

— *Hé ! vous, là-bas, dont je ne sais pas le nom !*

J'allais prendre les fruits, dont je donnais bonne part à Mme L..., qui, de son côté, me donnait tous ses cornets de papier à tabac...

A propos de tabac, qu'on me pardonne si je dis encore un des dégoûts que j'ai eus dans ce quartier. Le tabac s'achète ; on n'en donne qu'une certaine quantité par jour. Celles qui trouvent qu'elles n'en ont pas assez *grattent leur mouchoir*... et remettent *ce tabac-là* avec l'autre, dans leur tabatière.....

Mais, dira-t-on, la sœur était charmante pour vous ! Oh ! certainement ! Elle m'a fait voir ses fleurs, sa petite chapelle, et ne m'a rien dit de désagréable ; elle me portait même mes lettres ; mais, avant de les remettre, elle commençait par en prendre connaissance, ce dont je me doutais très-bien. Cependant je dois dire, à sa louange et à la mienne, que nous n'étions si bonnes amies *qu'en attendant*, et en sachant parfaitement que nous étions incapables de nous accorder.

Nous savions que le docteur avait écrit à Paris.

La sœur espérait un exeat. Je savais la réponse d'avance, et je me demandais ce qui adviendrait alors.

Comme je m'y attendais, M. Husson, le directeur de

l'Assistance publique, répondit le 25 juin 1864, comme il avait répondu le 13 octobre 1863 à M. le préfet, à peu près dans les mêmes termes, toujours en répétant ce qu'il avait écrit au directeur de l'asile d'Auxerre, et M. le docteur Payen, *pressé de mettre sa responsabilité à couvert*, eut la singulière idée d'enregistrer sur le livre matricule de l'asile :

Juin 1864. — Malgré tout mon désir de me débarrasser de Mlle Chevalier, une lettre du directeur de l'Assistance publique de Paris confirme de nouveau sa séquestration comme indispensable.

Il est très-heureux pour moi qu'une telle note ait été *réglementairement enregistrée* sur un livre d'hôpital, car, sans cette *naïveté* de la part du docteur, personne n'aurait jamais pu croire que, de Paris, le directeur de l'administration pouvait commander les *certificats de situation* du médecin d'un asile éloigné.

Une semblable injonction, écrit encore M. Tailhand à ce sujet, semblera probablement excessive et irrégulière. La loi a confié aux médecins de l'asile où l'aliéné est détenu, et aux fonctionnaires préposés par elle pour surveiller cet établissement, le droit de maintenir la séquestration ou de la faire cesser, suivant l'état du malade. Comment expliquer et justifier l'intervention d'un fonctionnaire éloigné, dépourvu de toute espèce de juridiction sur l'asile, et cependant imposant sa volonté à ceux qui ont reçu de la loi le devoir de ne prendre conseil de personne que de leur propre jugement ?

Toujours est-il que M. le préposé fut chargé de me

faire voir la réponse et qu'il vînt lui-même, avec une grande pancarte à la main, pour me prouver toute la bonne volonté du médecin.

C'est, comme pour M. le procureur impérial, entre deux files de femmes que M. le préposé passa. Le service, respectueux, se tint debout tout le temps et ne permit à aucune malade de troubler le tête-à-tête qui avait lieu au bout de la galerie.

Mon indignation fut extrême. Je n'étais pas une malade, mais *la prisonnière du bon plaisir des fonctionnaires publics*. Je n'étais pas une femme qu'on cherchait à guérir ni mentalement, ni physiquement, car on cherchait tous les moyens de m'abrutir, de me rendre perverse et malade.

Que faire ? M. le préposé était découragé. Je l'aurais été aussi, si je n'avais pas eu une porte de derrière, c'est-à-dire mes anciennes connaissances de Paris, aussi bien dans la presse que dans le monde, connaissances auxquelles je ne voulais rien demander dans la position où j'étais, mais qui néanmoins seraient, à toute extrémité, une planche de salut pour moi. J'en étais à l'extrémité. Tout devait m'être permis pour sortir du cloaque où je me trouvais plongée.

De son côté, la sœur ne se souciait pas de m'avoir dans son office à perpétuité.....

J'écrivis donc à Paris, et elle porta mes lettres au bureau. Mais avant la réponse à ces lettres, une circonstance lui permit de se débarrasser de moi.

verser dans un seau spécial, Julie jetait tous ces restants dans l'eau propre et y faisait barboter notre vaisselle, sous prétexte que *c'était meilleur pour les porcs*..... Les torchons qui essuyaient cette saleté étaient ensuite étendus sur les bancs et sur les chaises, où allaient s'asseoir les femmes qui s'oubliaient sous elles.....

On comprend que, dans cet état de choses, on ne mangeait qu'avec la plus extrême répugnance, et qu'on ne pouvait souvent pas mettre ses lèvres sur ce qui n'était que la bourbe du rebut.

La soupe était trempée avec des morceaux de pain tripotés par des femmes qui les laissaient sur la table, après les avoir grignotés et cassés avec des mains pleines d'ordures.

Mme L... et moi en emportions le plus possible pour le jeter par dessus le mur ou dans les latrines, afin de pouvoir manger un peu moins à contre-cœur. Un jour, elle m'appela et me fit voir dans la cuisine des domestiques — qui, elles, mangeaient proprement et lavaient leur vaisselle à part ; — elle me fit voir, dis-je, la fille Marianne, les deux bras nus, qui remuait à pleines mains notre salade dans un bidon où elle venait de mettre un filet de vinaigre et *de l'eau* pour assaisonnement.

C'était notre seul plat. Nous ne pûmes le manger, et nous en fûmes réduites à notre pain sec.

La sœur fit récurer la vaisselle et défendit la saleté

habituelle. Elle me fit donner un gobelet et m'apporta elle-même des fruits achetés avec l'argent que j'avais au bureau. Quand elle arrivait, elle criait, d'un bout à l'autre de la galerie :

— *Hé ! vous, là-bas, dont je ne sais pas le nom !*

J'allais prendre les fruits, dont je donnais bonne part à Mme L..., qui, de son côté, me donnait tous ses cornets de papier à tabac...

A propos de tabac, qu'on me pardonne si je dis encore un des dégoûts que j'ai eus dans ce quartier. Le tabac s'achète ; on n'en donne qu'une certaine quantité par jour. Celles qui trouvent qu'elles n'en ont pas assez *grattent leur mouchoir*... et remettent *ce tabac-là* avec l'autre, dans leur tabatière.....

Mais, dira-t-on, la sœur était charmante pour vous ! Oh ! certainement ! Elle m'a fait voir ses fleurs, sa petite chapelle, et ne m'a rien dit de désagréable ; elle me portait même mes lettres ; mais, avant de les remettre, elle commençait par en prendre connaissance, ce dont je me doutais très-bien. Cependant je dois dire, à sa louange et à la mienne, que nous n'étions si bonnes amies *qu'en attendant*, et en sachant parfaitement que nous étions incapables de nous accorder.

Nous savions que le docteur avait écrit à Paris.

La sœur espérait un exeat. Je savais la réponse d'avance, et je me demandais ce qui adviendrait alors.

Comme je m'y attendais, M. Husson, le directeur de

tues de simples blouses blanches, assez courtes, sans aucun vêtement qu'une chemise sous cette blouse. Elles étaient pieds nus. Une partie de ces pauvres femmes avaient des entraves ; toutes les autres avaient ce qu'on appelle des *bricoles,* c'est-à-dire une ceinture et des bracelets de cuir noir retenus ensemble par deux petites lanières, ne permettant aux mains d'aller que jusqu'à la bouche.

Selon que le bracelet est plus ou moins serré, le poignet peut être à l'aise ou coupé jusqu'au sang.

Elles étaient seules et ne faisaient aucun bruit.

Deux ou trois d'entre elles m'entourèrent et me firent savoir qu'elles étaient dans cet équipage, non parce qu'elles étaient agitées ou dangereuses, mais simplement parce qu'elles avaient répondu un peu vivement à Anne G., la servante maîtresse du quartier. Ces femmes s'exprimaient fort bien, beaucoup mieux qu'aucune de celles que je venais de quitter.

Cela m'aurait paru horrible si j'avais été à mon début dans les maisons d'aliénés ; mais, en dix ans, j'avais beaucoup vu, ayant parcouru non seulement plusieurs départements et plusieurs asiles, mais encore, comme à Orléans, plusieurs divisions, et ayant appris, par expérience, que les malades atteintes d'*accès furieux,* une fois leur *crise* passée, avaient toute la lucidité, toute la finesse d'esprit que n'avaient pas les autres, mais aussi que ces malades, *fort dangereuses,* leurs accès étant intermittents, inattendus, pouvaient, même dans leurs moments de calme, sauter sur vous ; qu'il fallait par conséquent des précautions, surtout si elles avaient contre vous de mauvais sentiments, qu'elles conservaient quelquefois toujours.

Nous reviendrons tout à l'heure sur ce sujet.

Je ne vis le personnel du quartier, ainsi que les malades de l'ouvroir, qu'au moment du dîner, qui se fit dans cette petite cour et qui fut servi par Anne G. Chacune emportait son écuelle et allait manger où bon lui semblait.

Anne me dit un mot piquant, auquel je répondis aussitôt ; au lieu de s'en fâcher, elle s'excusa, en m'avouant qu'on lui avait dit beaucoup de mal de moi et en me promettant de ne plus recommencer.

Je retrouvai là Charlotte (celle qui s'était révoltée au mois de janvier), et une autre malade qui s'était faite l'amie des domestiques et les influençait beaucoup. Elle me prit sous sa protection, me fit plusieurs gracieusetés, et dès le premier jour je compris que cette *section infernale*, ce *terrible Sanitas*, serait un oasis sur ma route douloureuse.

La vaisselle y était fort propre. C'était Anne G. qui la lavait elle-même. On me mit coucher dans un dortoir de huit lits, parfaitement tranquille, et où je pus enfin dormir et respirer. Somme toute, on m'avait rendu service en m'envoyant dans cette division dangereuse.

La sœur de ce quartier était une bonne jeune sœur

qui cherchait à être serviable à tout le monde, mais qui, comme toutes les autres, subissait l'influence du service.

Heureusement ce service était, pour le moment du moins, très-convenable. Il n'allait pas à la veillée avec les autres, ce quartier étant trop sujet à caution pour être laissé seul. Les domestiques se réunissaient, pour travailler ensemble jusqu'à neuf heures, dans l'ouvroir général qui avait vue sur tous les dortoirs.

Le danger n'était jamais bien grand, grâce aux précautions prises ; en pareil cas, il faut tout prévoir et être en force, avoir un matériel spécial.

Rien ne manquait au Sanitas : cellules avec liens, dortoirs de gâteuses, loges à paille ; aussi dortoir tranquille et deux ou trois belles cellules pour les pensionnaires.

La sœur en habitait une, et Mlle L. l'autre.

Les maladies intermittentes ont un caractère tout particulier. Les plus grandes forcenées sont parfois calmes du matin au soir, et le deviennent quelquefois spontanément au milieu d'un accès. On crierait au miracle, si un de ces calmes arrivait dans un endroit consacré. Cela peut être la guérison, après une souffrance extrême, comme cela peut n'être qu'un repos de quelque temps ; l'agitation, la fureur peuvent revenir avec la même rapidité, la même spontanéité, sans que rien le fasse prévoir.

Il n'en est pas ainsi de ce qu'on appelle *manie rai-*

sonnante. Il y a toujours un petit commencement ; on peut, — peut-être ! — prévenir le mal, rarement le guérir..... Ces pauvres êtres sont presque totalement en déroute, raisonnant avec eux-mêmes, à voix basse ou haute, sans interruption ; faisant des gestes, des grimaces ; querellant, chantonnant, énervant tout leur entourage par leurs chuchotements continuels, leurs paroles incohérentes et incessantes. De celles-là, il y en a partout considérablement.

Enfin, il y a encore les *idées fixes ;* et on pourrait, il me semble, les laisser libres, quand cette idée fixe ne porte le trouble nulle part. Cependant, je vais raconter le cas particulier de Mlle L., dont j'avais beaucoup entendu parler à la première division.

Mlle L. venait de Paris, comme moi. C'était une grande belle jeune femme de trente-cinq à quarante ans, les paraissant à peine, fille naturelle d'un M. L. Son grand-père paternel l'avait fait mettre en pension et l'aurait gardée, à condition que sa mère ne s'en occuperait pas. La mère, dans une idée de spéculation, la retira de pension, espérant que le grand-père donnerait de l'argent pour la reprendre ; mais ni lui ni le père n'ont plus voulu entendre parler de l'enfant depuis ce moment. La mère a continué sa vie déréglée, et la fille est entrée en apprentissage avec une demi-éducation.

Fort jolie, ayant chez sa mère un entourage d'hommes, la pauvre malheureuse a été entraînée jusque dans des maisons de passe, où elle a connu des officiers qui l'ont emmenée en Algérie. Là, elle s'en est donné à cœur joie, parcourant le pays à cheval, à la grande réjouissance des Arabes, qui la regardaient avec admiration, disait-elle.

De retour à Paris, elle y apprit la mort de son père et de son grand-père.

Le père s'était marié, avait eu plusieurs enfants. Ayant été reconnue par lui avant son mariage, la pauvre fille avait peut-être droit à une part d'héritage ; mais ce n'est pas cela qui lui tourna la tête. Elle se crut frustrée de l'héritage de son grand-père, qui, disait-elle, avait testé en sa faveur, et au lieu d'aller trouver avoué, avocat ou notaire, alla conter ses affaires aux officiers qui l'envoyèrent promener, et rossa d'importance un chef de bureau de la préfecture de police qui, au lieu d'écouter ses discours, lui dit qu'elle était belle et voulut l'embrasser.

L'agent rossé la fit enfermer. Son exaspération devint de la rage ; elle voulut *battre* médecin et internes à la Salpêtrière. On l'envoya à Orléans, où elle agita si bien les quartiers à propos de son testament, qu'on la passa au Sanitas, où je la trouvai *faisant ses prières avec ardeur, disant le chapelet*, donnant des leçons de lecture et d'écriture aux jeunes servantes, sans parler des bonnets de coton et des caleçons qu'elle confectionnait aux heures de travail.

Je lui fis compliment de sa dévotion. Elle me dit que

c'était *pour se faire bien venir*, m'engageant à en faire autant et à dire que j'appartenais à la police, pour me faire craindre et respecter.

Assurément tout cela était un amalgame de ruses plutôt que de folie, et sans les extravagances et les violences dont elle s'était rendue coupable envers les agents de la police, je pense qu'on n'aurait jamais eu l'idée de la dire folle. C'était plutôt une intrigante.

Je reviens à moi. On se trouvait fort embarrassé à mon sujet. Je ne pouvais ni rester dans la cour avec ces pauvres femmes, ni à l'ouvroir, parce que je n'étais pas de force à travailler toute la journée, et que d'ailleurs cela aurait gêné tout le monde. Il fallait pourtant me mettre quelque part et me mettre en sûreté. On eut l'idée de m'installer dans une petite cour où il n'y avait personne et qui donnait derrière les dortoirs. Je n'allais, comme les ouvrières et le service, qu'aux heures de repas dans la cour commune, afin de n'être pas exposée à une attaque imprévue.

Cependant, aucune de ces pauvres malades ne pensa à me rien faire pendant mon séjour au Sanitas. Au contraire, plusieurs me parlèrent, et ce fut *pour me remercier de ne pas les battre !*

— De ne pas vous battre ?

— Oui, car tout le monde nous bat ici, même Mlle L.

Je n'insistai pas, ne voulant pas me mêler, sans

y être absolument provoquée, de rien de ce qui se passait hors de ma vue, et puisqu'on m'avait mise *à part*, j'en profitai pour fermer les yeux sur ce que je ne pouvais pas faire changer.

Je vis une nommée Angélique, qui avait été à la *troisième* et qui avait, je dirais presque, toute sa rai-raison, sauf *la manie de contrarier*, en se cachant pour faire croire à sa fuite et se faire chercher. Manie vraiment bien folle, car elle en était la première victime, ces plaisanteries exaspérant le service. J'ai vu lui enfoncer la tête dans un baquet d'eau sans lui donner le moyen de respirer, lui serrer la camisole, la doucher, l'attacher; dès qu'elle en trouvait le moyen, elle recommençait et riait. Ce jour-là, elle avait les *bricoles*, et ses poignets étaient tellement serrés que les mains en étaient tuméfiées et la peau des bras coupée.

— Qu'avez-vous donc fait, malheureuse? lui demandai-je.

— Mais rien, me répondit-elle avec simplicité; c'est vous qui m'avez fait mettre les bricoles.

— Moi !

— Oui ; vous vous êtes plainte que j'avais parlé haut avant le lever et que cela vous avait éveillée.

— Oh ! ma pauvre Angélique ! s'il n'y avait que moi pour vous faire punir, vous ne le seriez jamais. Mais comment avez-vous oublié que la domestique couche à côté de nous et a pu vous entendre?

— C'est vrai, me répondit-elle naïvement ; mais comme je ne parlais que pour vous éveiller et vous contrarier, je n'ai pas pensé à elle.

Elle a eu l'air touché de ce que je lui ai dit que je ne la ferais jamais punir, et depuis ce moment, au lieu de chercher à m'être désagréable, elle m'a fait des avances et des politesses.

J'avais trois chaises dans la petite cour dont on me laissait la disposition, et on avait ouvert un dortoir pour que je pusse m'y retirer en cas de pluie. Je m'occupais à dessiner ou à découper pour les petites chapelles des sœurs ; je pouvais donc dormir, me reposer, lire et faire société deux fois par jour. Je jouissais d'un calme dont j'avais grand besoin. Mais il ne dura pas longtemps, et l'*avertissement* donné par l'administration de la Seine devait être vrai d'un bout à l'autre.

J'avais déjà *porté le trouble*, bien malgré moi, aussi bien à la première qu'à la troisième division ; il était dans ma destinée de le porter encore, avec *la discorde*, dans la quatrième et la cinquième.

Une grille seulement séparait ma petite cour de celle de l'infirmerie. Le service de ce quartier, sachant tout ce qui était advenu ailleurs à mon sujet, fut révolté de me voir installée juste en face, à même de faire mes odieux rapports sur ce qui s'y passait. Pour me forcer à m'en aller, on ne trouva rien de mieux que de me faire envoyer une grêle de pierres par les pauvres imbéciles qui sont là.

14.

La sœur de l'infirmerie fit ses plaintes, déclara qu'elle ne voulait pas voir sa section surveillée par la section voisine, et voilà deux camps en présence.

Comme c'était Anne G. qui m'avait fait assigner la cour et son dortoir, elle prit fait et cause pour moi, et tout ce tapage alla jusqu'à l'administration.

Le docteur commençait réellement à ne pas se féliciter de sa condescendance pour ses collègues de Paris et ne savait plus où me mettre, quand M. le préposé, à qui j'avais fait remettre des lettres après sa visite à la troisième, et qui les avait envoyées à tout hasard, reçut réponse à une qu'il avait écrite lui même, tout en croyant que toutes mes relations de famille et de société n'existaient que dans ma tête.

On offrait de l'argent pour que je fusse pensionnaire; mais M. le préposé ne voulait pas répondre avant d'être sûr que j'accepterais. Il me dit seulement que c'était un *inconnu*, qui ne voulait pas être nommé.

J'étais certainement bien malheureuse à l'asile d'Orléans; cependant je ne voulus rien prendre sur moi dans cette circonstance, et je lui dis qu'ayant agi sans me demander avis, la décision à prendre ne regardait que lui.

Il s'arrangea donc à son idée, et il fut convenu qu'un supplément serait payé pour me placer au pensionnat.

On m'annonça que je quitterais le Sanitas le 1ᵉʳ octobre, ce qui, je le crois, contenta tout le monde, car vraiment je gênais et j'étais fort mal, malgré le bon vouloir qu'on m'y témoignait, et bien que je n'aie pas eu une seule fois à me plaindre du service de ce quartier.

Anne G. me dit un jour qu'elle avait rencontré M. le docteur Lepage, médecin adjoint de l'asile, bon vieillard qui, ne venant jamais dans les quartiers, ne me connaissait que de réputation ; il lui avait adressé la parole pour la plaindre sincèrement de m'avoir dans son service.

— Mais pourquoi donc, monsieur le docteur ? lui avait-elle répondu ; Mlle Chevalier ne fait aucun mal, aucun bruit, et nous serions trop heureuses si nous n'avions que des malades semblables chez nous. Mesdames les domestiques des autres quartiers sont donc bien gâtées par les leurs, si elles en sont à dédaigner celle-là !

M. le docteur était tout interdit.

— Cependant, dit-il, elle trouble chez vous, puisque la sœur de l'infirmerie ne veut pas y rester à cause d'elle et qu'on vient de la nommer au pensionnat.

— C'est qu'elle écoute des mensonges au lieu de juger par elle-même.

En effet, n'ayant pu me faire renvoyer de la petite cour, la sœur de l'infirmerie avait demandé son changement et, preuve qu'on ne peut éviter sa destinée, venait d'être placée à la première division, huit jours avant la conclusion des arrangements avec le *bienfai-*

teur inconnu qui m'y faisait entrer de droit comme pensionnaire.

J'ai quitté le Sanitas après des adieux très-affectueux et suis allée revoir depuis, dans son service à l'hôpital général, la bonne jeune sœur que j'y avais connue.

Charlotte D. est partie pour Bonneval, près de Chartres.

Quant à Mlle L., elle s'est sauvée, fort heureusement pour elle, quatre ans plus tard, au moment où toutes les petites privautés qu'elle avait allaient lui être retirées.

Il paraît qu'après mon départ, celui de Charlotte et le changement de la sœur, elle s'était exaspérée, malgré la bonne amitié des domestiques, et s'en était prise, avec une autre malade, à l'administration, si bien qu'un des administrateurs étant venu au Sanitas, elles l'ont attendu à la porte, se sont élancées sur lui et l'ont renversé, autant de saisissement que de l'ébranlement donné à son gros corps. Elles voulaient le tuer.

On leur a mis la camisole; on les a enfermées en cellules; on devait leur donner la douche le lendemain... Mais le lendemain la belle Mlle L. n'y était plus, et on n'a jamais pu savoir comment elle était partie...

J'ai vu dernièrement dans les journaux qu'une récompense avait été accordée à Anne G. par le conseil municipal...???

CHAPITRE XIII

Asile d'Orléans. — Deuxième partie. — Le pensionnat.

On sera sans doute bien aise de savoir quel était cet *inconnu généreux* qui offrait pour moi un supplément de pension, « que, m'écrivait M. le préposé, Mlle Che-
« valier aurait tort de dédaigner ; l'inconnu n'est pour
« rien dans le fait de sa séquestration ; c'est pour lui
« un fait accompli qu'il cherche à rendre moins dou-
« loureux ; la dignité de Mlle Chevalier n'a pas à en
« souffrir, au contraire ; il est honorable pour elle
« d'avoir mérité l'intérêt de personnes bien posées. »

Ce personnage bien posé n'était autre que mon frère, M. Claude-Daniel Rouy, auquel M. le préposé, dans une pensée d'humanité, avait écrit pour lui demander de me venir au moins en aide, s'il ne voulait pas réclamer ma sortie, tout en lui laissant pressentir que cette sortie pourrait bien m'être accordée par le préfet du Loiret, et l'aurait déjà été par le médecin en chef sans l'intervention de M. le directeur de l'Assistance publique.

Je donne en entier la réponse de M. Rouy, qui avait été classée parmi les pièces de mon dossier à l'asile :

Ville-d'Avray, 13 août 1864.

Confidentielle.

Monsieur,

J'ai tardé quelque temps à vous répondre, parce que j'ai voulu, auparavant, communiquer votre lettre à M. le docteur baron Pelletan de Kinkelin qui, d'après la notoriété publique, les réclamations très-vives de son propriétaire et de ses propres amies, l'instance de son propre médecin, M. Audiat, et le concours du commissaire de police de son quartier, avait dû, pour éviter des malheurs, faire inscrire Mlle Hersilie parmi les aliénées.

Voici sa réponse, quant à la question de la sortie probable de la pauvre folle :

« Je n'hésite pas, dit-il, à déclarer que ce serait, pour elle
« d'abord, un véritable malheur, et pour toute votre famille une
« suite incessante des plus violentes tracasseries. Je m'étonne
« même que le médecin en chef de l'établissement puisse en
« avoir eu la pensée, car il doit être bien convaincu de l'état
« d'aliénation de cette pauvre femme. Il est certain, d'ailleurs,
« qu'ici M. le directeur général la ferait reprendre de nouveau,
« car dans sa dernière sortie, elle lui a donné des preuves de
« son aberration d'esprit tellement fortes, et j'ajouterai mena-
« çant de devenir dangereuses, qu'il n'a pas hésité, de lui même,
« à la faire réintégrer à la Salpêtrière.

« Ainsi donc, vous pouvez écrire à ce médecin dans ce sens,
« ou même lui envoyer ma lettre, en ayant soin toutefois de le
« prier de ne pas me nommer devant la pauvre folle, car j'ai été

« tellement tourmenté par ses divagations et ses récriminations,
« que je désirerais qu'elle n'eût pas de motifs pour se rappeler
« mon nom. »

En effet, elle ne parlait de rien moins que de nous assassiner tous, en commençant par lui, M. Pelletan.

J'ai cru devoir, Monsieur, commencer par vous dire quelle est l'opinion, ici, non seulement de M. le docteur Pelletan, mais aussi de M. le directeur général lui-même, et vous faire entrevoir quelle responsabilité pèserait sur un ordre de sortie.

Maintenant j'aborde un tout autre courant d'idées, celui d'apporter quelque soulagement à l'état de cette pauvre fille adultérine. Déjà ma femme et moi l'avons tenté à diverses reprises, même sous des noms empruntés, et la violence de son aberration est toujours venue à l'encontre de nos intentions charitables.

Ainsi donc, Monsieur, nous consentirions, mais à la *condition expresse du secret* envers elle, et avec les recommandations pareilles à celles du docteur Pelletan, à ajouter 260 fr. à l'allocation actuelle de 440 fr., pour monter sa pension d'une classe et entretenir le trousseau ; mais, je le répète, ce ne serait qu'à la condition du secret absolu, en disant, vous, Monsieur, à la pauvre folle que vous n'avez pas eu de réponse de moi, et puis plus tard, après quelque temps d'intervalle, que vous avez pu vous-même améliorer sa position.

Vous voyez, Monsieur, que je réponds à votre causerie et que je ne vois dans votre lettre, comme vous le dites, que la pensée d'adoucir une infortune et aucune idée de pression.

Recevez, etc.

Ch. Rouy.

On voit ici comment un docteur peut affirmer l'aliénation mentale persistante, et imposer le maintien dans les asiles d'une personne qu'il n'a pas vue depuis dix ans, et qui aurait bien pu être guérie si elle avait été folle. Mais comme je ne l'étais pas devenue, il était de plus en plus urgent de maintenir ma séquestration.

J'avais encore quatre ans de luttes à soutenir avant de la voir cesser.

Grâce au supplément que M. Claude-Daniel Rouy payait aux hospices d'Orléans comme *bienfaiteur* de Mlle CHEVALIER, car j'étais enregistrée sous ce nom seul, j'étais donc placée au pensionnat.

Mais je m'y trouvais presque aussi malheureuse que lorsque j'étais aux indigentes, quoique je fusse mieux nourrie, parce qu'il y a, pour celles-ci, des divisions spéciales où l'on classe chaque personne suivant sa catégorie, son calme ou son agitation, tandis qu'au pensionnat tout est pêle-mêle : les agitées, les gâteuses, les imbéciles avec les personnes tranquilles, sous prétexte qu'elles paient autant les unes que les autres.

J'étais obligée, pour fuir ce contact incessant, de me réfugier dans un coin où se trouvait une malade qui, dans ses moments de crise, vociférait les plus dégoûtantes obscénités. Elle était, à part cela, tout à fait inoffensive et même serviable.

Il y avait déjà treize mois que j'étais là, quand un nettoyage du haut en bas annonça la venue d'un inspecteur général dont le nom n'était pas encore connu dans les quartiers.

En effet, ce haut fonctionnaire vint, le 11 novembre 1865, en compagnie de M. le président Vilneau et du préposé responsable, qui me présenta à M. l'inspecteur, en lui disant :

« Voici Mlle Chevalier qui désire changer de maison.

— Ah ! Mais c'est Mlle Rouy !... J'ai demandé de vos nouvelles à Maréville de la part d'une personne qui s'intéresse beaucoup à vous, et on m'a dit que vous étiez à Auxerre. »

Je restai ébahie devant cet individu qui paraissait si bien me connaître, et que je ne me rappelais pas avoir vu. Il se nomma. Je fus assez mal apprise pour avouer à M. le docteur Constans que je ne l'aurais jamais reconnu, lui ayant vu des cheveux noirs en 1857, et, huit ans plus tard, ses cheveux étant devenus châtains.

Il prétendit que c'était l'âge. Et je voulus bien le croire.

— Comment et pourquoi êtes-vous donc venue d'Auxerre à Orléans ?

— On m'a renvoyée d'Auxerre, et j'ai écrit à Mme la baronne Haussmann une lettre un peu roide, signée : *Sœur du roi Henri V*.

— Ah ! oui, c'est vrai ; *vous vous croyez fille de la duchesse de Berry*.

— Ceci est une vieille histoire qui date de la Salpêtrière, où le docteur Métivié parlait de la *substitution d'un garçon à une fille*, tandis qu'à Maréville le docteur Reber a dit qu'on me tenait renfermée *parce que j'étais sœur du roi Henri V*, et je me suis servie de cette royale fraternité en 1863, comme je m'étais servie de ma royale filiation en 1855.

— Tout cela vient de vous?

— Non! Mais quand même cela serait? Quand même je me servirais de versions populaires pour attirer l'attention sur ma position équivoque, sur votre ignorance coupable, en quoi y aurait-il eu lieu de m'enfermer à propos d'affaires, de noms de famille, qui ne regardent que les tribunaux?

— Mais vous n'êtes contente nulle part.

— Seriez-vous content à ma place?

Il riait en me parlant; mais il cessa de rire à cette question.

— *Non, certes!* répondit-il en me tendant la main... Puis, se tournant vers M. le préposé, il lui demanda dans quelles conditions j'étais là.

— Un tiers est intervenu et paie un supplément qui la fait pensionnaire.

— Eh bien! dis-je en prenant la main qu'il me tendait, venez voir où je me réfugie dans ce pensionnat. — Et je le fis entrer dans le taudis dont j'ai parlé plus haut.

C'était un cabinet de toilette et de débarras où se trouvaient, sens dessus dessous, des seaux à vaisselle, des sabots, du bois, des cheveux, des essuie-mains, du fromage, etc., etc. Il fut indigné, ne comprenant pas comment l'Assistance publique de la Seine, qui avait tant de maisons à choisir, m'avait envoyée justement où elle savait que j'aurais le plus à me plaindre, et il me promit de me faire changer au plus tôt.

Je le remerciai de sa bonne volonté, lui disant que j'étais heureuse d'avoir rencontré chez MM. les administrateurs une protection et une bienveillance qui me manqueraient peut-être ailleurs, et que je ne demandais que justice et liberté, la douleur de la captivité étant partout la même.

Je n'en entendis plus parler et ne le revis plus, tant que je fus enfermée.

A la suite de la visite de M. le docteur Constans, je lui ai adressé, par M. Durangel, une lettre qu'on trouvera à mon dossier, car après ma mort tous les documents officiels me concernant seront déposés, par mon exécuteur testamentaire, aux archives du département du Loiret, et permettront à tous ceux qui voudront bien me lire de contrôler mes assertions.

Cette lettre démontre qu'il n'a été question entre nous que de mon nom, de ma filiation ; elle est la meilleure preuve que ma séquestration a eu lieu pour des causes qui ne regardaient ni les médecins, ni les inspecteurs généraux, ni les bureaux des aliénés, et que certainement elle n'aurait pas été maintenue s'il y avait au service des malades un *avocat d'office*, comme au service des prisonniers; ou un *tuteur* les protégeant et connaissant les lois.

Un avocat nous aurait immédiatement dit, aux uns et aux autres, qu'*une question légale et civile* dépendait des tribunaux ; et devant un homme de loi MM. les docteurs n'auraient pu se permettre de me séquestrer à propos de futilités. On aurait pris des mesures qui m'auraient rendue libre dès le lendemain de mon enlèvement, et j'aurais pu rentrer chez moi avant d'être tout à fait dépouillée.

M. le docteur Constans était donc, — et il l'est toujours, — ignorant de ce qui est légal ; il l'est de bonne foi et se croit, j'en suis sûre, *le droit* de décider du nom, de la légitimité, et d'après cela, de la liberté de ses semblables.

J'avais trouvé heureusement d'autres appuis.

Par un bonheur inespéré, M. le comte de Pibrac avait été nommé administrateur des hospices d'Orléans peu avant mon entrée au pensionnat, et M. Vilneau, président de chambre honoraire, le fut bientôt après.

Ces messieurs eurent la bonté de me remarquer, de parler de moi à leurs collègues, qui s'intéressèrent à ma situation et, après la visite du docteur Constans, ils attirèrent sur moi l'attention spéciale de M. Dureau, préfet du Loiret, et de M. le procureur général Grandperret, qui résolurent de me voir.

Ces deux hauts fonctionnaires vinrent ensemble aux hospices le 21 décembre 1865, et furent reçus par MM. Vilneau et Lesourd, administrateurs, qui les conduisirent directement au parloir des aliénés où je leur fus présentée. Ils me témoignèrent une bienveillance qui me mit immédiatement à l'aise et m'encouragea à leur dire tout ce qu'avait d'affreusement cruel une séquestration parmi les aliénées.

Ils étaient tellement ignorants de ce qui me concernait, que M. le procureur général se mit aussitôt à m'interroger sur..... l'*esprit frappeur !*

Ma surprise fut extrême.

J'avais été arrêtée, envoyée à la Salpêtrière et de là à Orléans, à la suite de ma lettre à la baronne Haussmann. Je n'y parlais nullement de spiritisme, mais du désordre administratif, de la façon dont on me faisait parcourir la France incognito, sans savoir qui j'étais, sous la responsabilité du préfet de la Seine ; enfin du mécontentement du peuple qui n'attendait qu'un chef.

J'avais signé : « Sœur du roi Henri V. » Mon certificat d'envoi portait : « *se croit fille de la duchesse de Berry et prête à monter sur le trône.* » Et après deux ans de séquestration dans l'asile de leur département dont ils avaient la haute surveillance, les chefs de la justice et de l'administration supérieure du Loiret venaient eux-mêmes m'interroger..... sur les tables tournantes !!!

Ils venaient sonder ma pensée, ma croyance, pour voir s'il y avait lieu de me détenir à perpétuité !... Étais-je donc devant de grands inquisiteurs ?

Je leur demandai alors avec une certaine vivacité s'ils n'avaient pas connaissance de cette lettre, unique cause de mon envoi à Orléans.

Ils n'en avaient pas entendu parler et ne savaient pas du tout pourquoi j'avais été enfermée ni ce qu'on me reprochait, sauf ce que leur avait écrit M. Husson.

Je leur dis que je savais qu'on me gardait par ordre, et demandai à M. le préfet comment un homme aussi supérieur qu'il semblait l'être pouvait briser l'avenir d'une femme, permettre d'attenter à sa liberté, sous prétexte « *qu'elle porte la tête haute, ne se trouve pas dans son centre, se plaint de la grossièreté du service et de son entourage; a la prétention de pouvoir vivre de son talent et de sa plume.* »

— Et comment savez-vous tout cela ?
— Parce que M. le docteur Payen a cru devoir s'excuser de sa condescendance en me faisant connaître sa réponse.....

Ces messieurs étaient confondus ! Évidemment ils ne s'attendaient pas à apprendre de telles choses.

Je priai M. le préfet de réclamer copie de ma lettre à Mme Haussmann, ne dissimulant pas ma surprise qu'on l'eût si bien cachée, et je répondis à M. le procureur général, qui me questionna alors sur ma famille :

Que j'étais fille légitime, d'un second lit, de M. l'astronome Charles Rouy; que j'avais été élevée à Paris, où se trouvait toute ma famille paternelle; que j'y avais toujours tenu une place des plus honorables dans la société, et que mon séjour aux aliénés, qui ne pouvait être justifié en aucune façon, était si douloureux, si énervant, que je ne savais pas comment ma raison y avait résisté.

Interrogée par lui sur le personnage qui payait un supplément pour ma pension, je dis ne pas le connaître, (c'était vrai alors ; je n'ai su qu'en 1868 que c'était mon frère), M. le préposé étant entré, à mon sujet, en correspondance avec des *inconnus*, et ce personnage ne voulant pas être nommé.

En me quittant, M. le préfet, qui me semblait fort ému de ces explications, me tendit spontanément la main en me donnant hautement et d'un air bien résolu, sa *parole d'honneur* qu'il allait immédiatement s'occuper de moi.

M. le procureur général, qui m'avait parlé avec mille précautions, comme s'il avait peur d'effaroucher une enfant ou de mettre une pauvre aliénée aux abois, fut moins expansif, et tout en m'assurant de sa *bienveillance*, ne me fit aucune promesse, se réservant de voir ce que les événements amèneraient.

Dès le lendemain je sus, par MM. les administrateurs pressés de me l'apprendre, que l'impression de ces hauts dignitaires m'avait été très-favorable, et qu'on allait enfin prendre des mesures aussitôt que M. le préfet serait de retour de Paris.

De retour de Paris ! C'était encore à Paris qu'on allait s'informer, demander permission !

Je désillusionnai ces messieurs en les assurant que c'était une partie perdue, la Seine ayant trop de torts envers moi pour ne pas chercher à m'enterrer vive.

M. le procureur général fit à la Chancellerie un rapport sur mon compte, le 17 mars 1866, seulement. Je lui avais adressé, ce jour-là même, une lettre résumant ma situation depuis que j'étais enfermée, et où je signais les différents noms qui m'avaient été attribués, en le mettant au défi de choisir entre eux, puisque ni préfets, ni magistrats n'avaient jamais *pu* ou *voulu* s'assurer de mon identité.

Sa prudente réserve lui permit de ne pas agir contre l'administration supérieure, qui voulait faire silence sur une affaire passablement compromettante pour tous. Peut-être, cependant, ce premier rapport m'était-il favorable, car il a disparu, comme disparaissaient généralement toutes les pièces qui appuyaient mes revendications. Ceci résulte d'une lettre du procureur général adressant au garde des sceaux, qui en avait fait la demande en 1875, copie des diverses correspondances échangées à mon sujet :

« *La minute du rapport de mon prédécesseur, en date du 17 mars, n'a pas été retrouvée,* » y est-il dit.

Mais il y avait eu un second rapport que nous donnons dans son entier :

COUR D'APPEL
D'ORLÉANS.

PARQUET
DU
PROCUREUR GÉNÉRAL

Direction des
affaires criminelles
et des grâces.

1er *Bureau.*

Réponse
au n° 7,503, A, 2.

Orléans, le 23 mai 1866.

Monsieur le Garde des sceaux,

Votre Excellence a bien voulu me communiquer la lettre ci-jointe par laquelle la nommée Chevalier se plaint d'être arbitrairement séquestrée dans l'asile d'aliénés d'Orléans.

La réclamante est la personne dont j'ai entretenu Votre Excellence dans mon rapport du 17 mars dernier. Nous l'avons interrogée, M. le Préfet du Loiret et moi, et tous deux avons acquis la conviction que son état mental justifie la mesure prise contre elle. Seulement, il nous a paru que la nommée Chevalier avait le sentiment très-douloureux de la vie en commun avec d'autres aliénés, et qu'il conviendrait de la placer dans des conditions meilleures de séquestration. M. le Préfet a fait, dans ce but, une démarche à Paris; mais elle est restée jusqu'à présent sans succès.

La réclamante, ainsi que j'ai eu l'honneur de l'écrire à Votre Excellence, demeurait à Paris, où elle exerçait la profession d'artiste musicienne; elle serait, dit-elle, sœur naturelle de M. Rouy, gérant du journal *La Presse*. Ce dernier paie en sa faveur une faible pension, dont il a refusé d'élever le chiffre.

Il m'est revenu que, postérieurement à la visite que nous avons faite, M. le Préfet et moi, à l'asile des aliénés, la nommée Chevalier a obtenu d'être conduite, je ne sais en vertu de quelle autorisation, devant Mgr l'Évêque d'Orléans, qui n'a pas cru, après un entretien avec elle, devoir s'occuper de sa situation.

Je suis avec respect...

Le Procureur général,
Signé : GRANDPERRET.

15.

On voit que ce rapport ne dit *rien du tout*. C'est le moyen de répondre sans mentir, et *la folie non spécifiée* est vraiment précieuse ; on n'a qu'à articuler ce mot pour tout régulariser.

Le fait de ma visite à M͏ͬ l'évêque d'Orléans, que M. le procureur général croit pouvoir avancer comme m'étant contraire, provient de l'extrême bonté dont M. le président Vilneau m'a donné tant de preuves.

Ayant parlé de moi à M͏ͬ Dupanloup, lui ayant dit que les familles Benoît d'Azy, Cochin, de Saint-Maur, s'intéressaient à moi, Monseigneur, qui les connaissait fort bien, dit qu'il me verrait avec plaisir.

J'ai donc eu l'honneur d'être conduite à l'Évêché, *grâce à une autorisation du conseil d'administration*.

M. Vilneau m'avait priée de ne rien réclamer de M͏ͬ Dupanloup, qui n'avait pas qualité pour me rendre libre. Il fut donc convenu que je ne lui parlerais que des personnes que nous connaissions et de mes chagrins.

Monseigneur avait du monde quand je suis arrivée ; il en venait derrière moi, et il a quitté le salon pour me donner quelques instants en particulier. Je n'ai pas voulu abuser de cette obligeance, et après l'avoir prié de vouloir bien être l'interprète de ma reconnaissance près des familles qui m'étaient restées bienveillantes et qui me venaient en aide, je l'ai quitté en lui exprimant ma profonde gratitude.

M͏ͬ Dupanloup n'a donc pas eu à s'occuper de ma position en 1866. Il ne m'a rien refusé, puisque je ne lui ai rien demandé. Mais quand il a été nommé à l'Assemblée nationale, il a eu la bonté de me recommander vivement, soit aux ministres pour me faire accorder des secours, soit aux rapporteurs de ma pétition.

Malgré l'insuccès de l'intervention de l'autorité judiciaire et civile, MM. les administrateurs continuèrent à me témoigner un intérêt peut-être encore augmenté par ce malheur persistant.

Sur ma prière, M. le comte de Pibrac se mit en correspondance avec M. le comte Benoît d'Azy et en apprit qu'il ne m'avait jamais connue que sous le nom d'HERSILIE ROUY, dont on lui avait fait *annoncer la mort*, ainsi qu'à toute sa famille que j'aimais beaucoup.

Mme Édouard de Saint-Maur, sa fille aînée, mon ancienne élève, ajouta un supplément de 200 fr. par an pour me faire avoir une chambre particulière ; on me donna une clé de cette chambre pour que je pusse, en m'y enfermant, me mettre à l'abri des invasions des pauvres aliénées dont j'étais entourée. Bientôt on ajouta à ce petit bien-être un piano qui, placé dans une chambre voisine, fut mis à ma disposition. On l'avait apporté pour une pensionnaire et on le remportait après son départ, lorsqu'en voyant passer dans la cour cet instrument, qui me rappelait une existence si différente de celle à laquelle je me voyais réduite, mon émotion fut si vive que de grosses larmes parurent dans mes yeux, sans que j'osasse rien dire. M. Lesourd les vit, en fut touché et ordonna de laisser le piano.

Entourée de tant de bienveillance, j'aurais dû trouver un peu de tranquillité, si on pouvait être tranquille avec des aliénées, et si le service ne s'était pas d'autant plus acharné contre moi que les égards dont j'étais l'objet l'irritaient ; ils n'étaient pas dus à une *indigente*, pensionnaire en chambre comme une *mendiante*, par la charité des uns et des autres.

Ma position était donc toujours très-douloureuse, et l'eût-elle été moins, aurais-je pu être heureuse sans la liberté, sans l'honneur ? heureuse sous la dégradation dont j'étais stigmatisée, dégradation qui me plaçait sous la surveillance de tous et de toutes, comme un être incapable et hors du bon sens le plus ordinaire ?

Il faut avoir passé par cette douleur pour en connaître toute l'amertume !

Je réclamais donc toujours, cherchant à ramener à moi M. le docteur Payen, qui s'était laissé influencer par les ordres venus de Paris, mais qui, m'ayant certifiée non aliénée à mon arrivée, n'ayant aucun acte de folie à me reprocher depuis que j'étais sous sa direction, aurait dû se joindre à mes protecteurs. Voici ce que je lui écrivis :

15 juillet 1867. Asile d'Orléans.

Monsieur le docteur,

Vous n'êtes pourtant pas méchant ! D'où vient donc, alors que je suis entourée de la bienveillance de tous ceux qui m'approchent, que *vous seul* me restiez contraire et arrêtiez le bon vouloir de tous par votre attestation de folie? Que vous ai-je *dit* d'insensé, docteur, qu'ai-je *fait* qui puisse mériter une aussi épouvantable séquestration. *Spécifiez.*

Vous ne me direz pas que vous me croyez comme MM^mes B..., T..., etc., en démence, lorsque je signe : *l'Étoile d'Or, Polichinelle, Sathan, l'Antéchrist, la Sylphide, La Sirène, La Saltimbanque,* etc., etc. Vous ne me direz pas *que je me crois tout cela*, ni que je me crois fille de la duchesse de Berry, sœur du roi Henri V, etc.

Non, docteur, non ! *vous savez fort bien* qu'en cela je n'ai pas la moindre divagation. Vous savez fort bien que je signe *la Sirène* parce que *vous* m'avez appelée ainsi ; *sœur du roi Henri V*, grâce au docteur Reber ; *fille de la duchesse de Berry*, parce que j'ai voulu mettre en évidence le dire des docteurs de la Salpêtrière ; puis ici *Joséphine Chevalier,* parce que je suis enregistrée ainsi ; de plus *Hersilie Rouy*, parce que j'ai publiquement porté ce nom et que vous avez, ici même, des papiers me l'octroyant. Donc, qu'on résume : je n'ai rien dit de moi-même et que je n'ai fait que répéter le dire de tous, aussi bien le *vôtre* que celui des autres.

En outre, tout cela se signe sur papier libre, au bas de lettres particulières, et vous savez aussi bien que moi que cela est permis.

Vous devez même vous rappeler une discussion survenue entre la sœur Placide et moi, discussion où vous m'avez donné raison. Voici la chose : la sœur Placide m'a dit : — Vous êtes folle de vous croire l'Antéchrist. — Je ne me *crois* pas, je me *dis ;* tout comme vous vous dites *la Providence* (1). — Vous signez Sathan ? — Oui, tout comme vous signez Placide, et comme la sœur Saint-Jean-de-la-Croix signe ce nom. — C'est le vôtre ? — Non. — Oui ! — Non.

Là dessus, docteur, vous lui avez dit : — Vous ne le signez pas sur un acte ? — Si fait, s'est écriée la sœur Placide ; j'ai le droit de le signer, et je n'ai plus d'autre nom.

---

(1) Les sœurs qui desservent l'hôpital d'Orléans portent le titre de *Sœurs de la Providence.*

Nous nous sommes regardés en riant, docteur, et j'ai ajouté en la saluant : — Vous joignez au moins votre nom de famille, car sans cela votre acte serait nul. Elle a rougi. J'ai dit encore : — Quant à moi, je ne signe point d'acte sans avoir de papiers en règle, et quant à l'Antéchrist, c'est ma profession de foi, comme vous la vôtre de vous dire chrétienne. — Vous avez approuvé, docteur.

Votre premier certificat a été fait *après* cette discussion. D'où vient donc que vous me dites folle maintenant? Qu'ai-je fait? Vous ne me parlez jamais de mes affaires ni de mon nom; je ne vous en parle pas non plus. Il n'est donc question entre nous que de ma santé, de vésicatoires, médecines, etc.; de réclamations au sujet de la nourriture, des soins, de la lumière, etc. Vous me donnez raison, puis vous m'accablez! Est-ce bien? Pourquoi cette prévention? Pourquoi vous êtes-vous fait une chimère de moi? Pourquoi avez-vous écouté la Seine et votre cher Trélat? Ne vous croyez-vous donc pas assez d'intelligence pour me juger vous-même et pour les renseigner, que vous vous adressez à eux? Vous m'avez dit qu'on m'accusait de bouleverser; qu'ai-je donc bouleversé ici? Les *cœurs* des honnêtes gens, docteur, ici comme là-bas, comme partout. Et c'est à mon honneur.

Voyons, revenez donc aux bons et vrais sentiments que vous aviez alors que vous agissiez par vous-même, sans être sous l'influence de mes ennemis et du service de la Providence.

Me voyez-vous agitée, en délire? Non! vous me trouvez toujours calme, vous recevant bien, causant de tout ce qu'on veut souffrant à mourir! Et vous me diffamez! vous dites qu'il faut que je me promène, que je me distraie; mais vous ne donnez aucun ordre à ce sujet, de sorte que, comme *la Providence* est si peu *providentielle* qu'il faut toujours que je me débatte contre elle, il s'en suit que la *Providence* ne se croit pas obligée de prendre par elle-même des mesures pour que je puisse circuler. Au contraire! car je vous ai déjà dit que les religieuses et les domestiques défendaient aux autres domestiques de me donner même des nouvelles de Mlle L., quand j'en demande. Oh ! docteur ! ouvrez donc les yeux, et vous verrez que je suis réellement une.... sirène !

P.-S. — La loi défend de supposer une folie pour perdre une créature humaine. Il faut des faits, un délire. Quel est le mien ? Spécifiez, et je m'expliquerai. La loi *défend les certificats de complaisance et punit la séquestration.*

Le docteur ne tint pas compte de ma lettre, bien entendu.

MM. les administrateurs ne furent pas rebutés par mes plaintes incessantes, et leur bienfaisante bonté les engagea à prier M. le docteur Lepage, médecin adjoint de l'asile, de s'occuper de moi.

La première chose que fit ce bon vieillard fut d'aller au plus pressé. Ne fallait-il pas savoir, avant tout, *qui était cette demoiselle Chevalier — ou Rouy — qui avait de ci, de là, deux noms qu'aucune pièce ne justifiait ; qui se donnait une filiation, tandis qu'il était officiellement constaté qu'elle n'avait ni tenants ni aboutissants ? Sur mes indications*, il fit donc venir de Milan des actes qui lui furent envoyés par l'officieuse intervention de Mgr l'Archevêque.

Ces actes, bien et dûment signés, contre-signés, légalisés, étaient l'extrait de baptême de mon frère, Jean-Charles-Télémaque, et le mien. Ils nous déclaraient nés de *Charles Rouy* et de *Henriette Chevalier, époux légitimes.*

Cette fois, ce n'étaient plus de vaines paroles, des racontars : *c'étaient des actes.*

M. le comte de Pibrac les fit traduire, les contresigna. L'administration, la préfecture, le parquet en furent instruits. Ce fut un saisissement.

M. le procureur impérial fit dire à M. le docteur Lepage d'aller le voir, lui demanda un rapport et *le pria de lui confier les actes, lettres, papiers*, etc..., car M. le docteur Lepage avait fait une véritable enquête de tous côtés. Il les remit et fit son rapport.

M. le procureur général ayant appris cette circonstance inattendue, voulut s'en occuper lui-même; il m'envoya M. Grattery, son substitut, pour m'assurer de sa bienveillance et pour m'interroger.

Il y avait alors *deux ans* que je l'avais prié d'être assez bon pour faire venir mes papiers et pour s'assurer de ma véracité, et les pièces que justice et préfecture devaient avoir ne m'étaient arrivées que par l'initiative particulière.... Mais enfin, il fallait se rendre à l'évidence, et je pouvais commencer à espérer de nouveau.... quand... M. le procureur général Grandperret fut subitement nommé à Paris.

Il emmena, comme chef de son cabinet, M. Grattery, qui devait venir me revoir, et tout en resta là.

M. le procureur impérial refusa de s'occuper de cette affaire, sous prétexte que M. le procureur général se l'étant réservée, j'appartenais de droit à son supérieur.

Il fallait donc attendre le successeur de M. Grandperret, lui donner le temps de s'installer, de prendre connaissance de toutes les affaires de son parquet, etc.

M. le docteur Lepage voulut alors reprendre son dossier, si péniblement formé, afin que je pusse l'adresser à M. le procureur général avec les explications nécessaires.

Actes, lettres, papiers, tout avait disparu du parquet !.... Aucune trace ne pouvait plus en être trouvée !

Je retombais ainsi sans preuves, sans aucune pièce à l'appui de mes paroles.

Un fait aussi grave, aussi extraordinaire, a besoin, pour être cru, d'être appuyé d'une autre autorité que la mienne.

Voici le passage d'une lettre de M. le docteur Lepage à M. le Normant des Varannes, receveur des hospices d'Orléans, qui affirme cette disparition :

Orléans, 12 février 1870.

.... Au cours de 1867, je fus appelé au parquet de M. le procureur impérial, pour donner des renseignements sur l'état mental de Mlle Rouy (alors Joséphine Chevalier) et sur le résultat des démarches que j'avais faites dans l'intérêt de son état civil.

Après avoir eu une longue conférence, ces messieurs me prièrent de leur adresser un rapport sur l'état mental de notre pensionnaire, et de leur confier tous les papiers que j'avais apportés, afin de les examiner à leur temps, me promettant de me les faire remettre lorsqu'ils en auraient pris une connaissance plus approfondie.

J'ai envoyé le rapport que l'on me demandait ; mais j'ai vainement attendu le retour des papiers et actes que j'avais laissés au parquet. Je m'y suis présenté plusieurs fois sans résultat....

Docteur LEPAGE père.

La fatalité qui s'attachait à moi et faisait disparaître tous les documents des dossiers administratifs et judiciaires; l'âge avancé du vénérable docteur qui donnait la crainte, si jamais on arrivait à s'occuper de mon affaire, d'être privée d'un témoignage si important, me fit, cinq ans plus tard, lui demander copie de son rapport. Il me l'envoya et ajouta au bas :

Je soussigné, docteur-médecin en second du quartier d'aliénés d'Orléans, reconnais que la lettre ci-dessus est la copie conforme et exacte de celle que j'ai écrite, le 20 octobre 1867, à M. le procureur impérial, qui m'avait prié d'envoyer un rapport à son parquet sur l'état mental de Mlle Hersilie Rouy, inscrite à l'asile d'Orléans sous les noms de Joséphine Chevalier, fille de.... et de....

J'atteste en outre, et le déclare hautement devant qui de droit, que cette demoiselle ne m'a jamais semblé atteinte d'aliénation mentale, comme l'ont prouvé d'ailleurs tous ses actes depuis qu'elle est sortie de l'asile, soit à Paris, où elle a séjourné quelque temps, soit à Orléans, où elle demeure encore maintenant, 5, rue de la Grille.

Orléans, 17 février 1872.

Docteur LEPAGE père.

Le 25 décembre 1867, nous eûmes la visite de M. le docteur Lunier, inspecteur général.

Il paraît qu'il était fort pressé et n'avait pas un instant à perdre, devant retourner Paris le soir même, en sorte que, sans s'apercevoir que MM. les administrateurs, n'ayant plus son âge ni sa force, pouvaient à peine le suivre, il les mena, toujours courant, à travers les quartiers, ne fit que jeter un coup d'œil dans les dortoirs et les chauffoirs, trouva qu'il fallait donner de petits bancs aux malades pour mettre sous leurs pieds au lieu de tabourets, puis il enfila les chambres des pensionnaires avec la même rapidité.

C'est ainsi qu'il entra dans ma chambre comme un tourbillon ; et voyant que je voulais lui parler, il me dit qu'il n'avait pas le temps, que *mon nom* suffirait, et il me le demanda.

Quand il sut que j'étais « Mlle *Chevalier,* » il me dit qu'il était précisément chargé de m'interroger et qu'il me ferait appeler ; et il s'empressa de faire la tournée des chambres vides.

Un moment après, je fus appelée au bureau. M. le docteur Lunier ferma un registre qu'il compulsait et me demanda « *comment il se faisait que j'étais fille de la duchesse de Berry.* »

Je répondis que M. le docteur Falret, médecin de la Salpêtrière, avait mis cela à tort sur son certificat, parce que je ne m'étais servie de cette filiation et de plusieurs autres que pour attirer l'attention sur l'ignorance où l'on était à mon sujet, et pour faire rechercher les papiers me conférant une origine régulière.

— Ah ! bien, je comprends, et je suis fixé sur votre état mental ; c'est tout ce qu'il me faut. Écrivez-moi les dates et l'historique de vos sorties, rentrées, transferts ; envoyez-moi cela dès ce soir, parce qu'il faut que mon rapport soit fait demain et envoyé au ministère. *Vous pouvez compter sur moi.*

Sur ce, il partit pour le chemin de fer. Je me hâtai de lui envoyer ce qu'il me demandait, convaincue que c'était peine perdue. Aussi ne fus-je pas surprise lorsque je reçus de lui la lettre suivante : je savais qu'on refuserait sortie ou transfert.

Paris, 5 février 1868.

Mademoiselle,

J'ai lu attentivement votre dossier et toutes les pièces que vous m'avez remises, et j'ai exprimé en toute sincérité à Son Ex. M. le Ministre de l'intérieur ce que je pensais de votre état mental et de l'opportunité de votre séjour dans un asile d'aliénés. Attendez donc patiemment la décision qui sera prise à votre égard, et surtout gardez-vous bien de toutes récriminations, de toutes menaces; elles seraient à la fois injustes et imprudentes. Toutes les personnes avec lesquelles j'ai parlé de vous vous portent un affectueux intérêt, et si elles ne font pas toujours ce que vous demandez, c'est que leur conscience leur commande de ne pas le faire.

Veuillez croire, Mademoiselle, à toute ma considération.

LUNIER,
Inspecteur général.

Quelle était au fond la pensée de M. le docteur Lunier en m'écrivant cette lettre énigmatique, que j'aurais interprétée dans le sens de mes espérances, si j'avais été moins expérimentée? Me croyait-il folle, comme il l'a affirmé depuis? Je laisse au lecteur à le décider.

CHAPITRE XIV

Asile d'Orléans. — Troisième partie. — L'arrivée de mes papiers.

« Aux petites causes les grands effets, » dit le proverbe.

En allant un jour à la chapelle, j'aperçus Mᵐᵉ le Normant des Varannes, femme du Receveur des hospices, et on me dit qu'elle était très-aimable et très-obligeante.

J'étais justement dans un grand embarras au sujet d'une robe qu'il fallait me faire à l'ouvroir; on n'avait pas de modèle, et les ouvrières du dehors ne pénétraient pas dans les quartiers.

J'écrivis donc un mot à cette dame, la priant d'être assez bonne pour me prêter un patron, et je remis ma lettre à MM. Vilneau et de Pibrac qui s'empressèrent de la lui porter, de me recommander à elle et de la prier de me venir voir.

Elle m'envoya aussitôt des journaux de modes, des illustrations, me procura sa couturière, entra en correspondance avec moi, vint me voir, me fit un peu de musique, et je pus m'assurer que j'avais eu le bonheur de m'adresser, non pas à une femme bonne et aimable comme tant d'autres, mais à une femme essentiellement supérieure, pleine de cœur, d'initiative, avec laquelle on pouvait parler sérieusement des choses les plus graves.

Je la priai d'être mon interprète près de quelques personnes à Paris. Elle le fit immédiatement.

M. le Receveur, de son côté, prit des renseignements sur mes indications, à la prière de MM. les administrateurs, heureux d'avoir trouvé, au moment le plus inattendu et à propos, de chiffons, de puissants auxiliaires, désireux de leur venir en aide dans leur œuvre de rédemption, de me rendre service et de pénétrer un aussi singulier mystère.

M. et Mme le Normant reçurent réponse à toutes leurs lettres. On s'étonnait de me savoir vivante, cachée sous un nom inconnu, car ma mort avait été annoncée partout.

Mon cousin germain, M. Laurency Rouy, chef de division des Haras, maison de l'Empereur, auquel j'écrivis dès que je fus sûre que mes lettres lui parviendraient, répondit aussitôt, le 10 juillet 1868, par un envoi d'argent, et en exprimant sa douloureuse surprise de me savoir vivante et malheureuse, car dix ans auparavant, une ancienne servante de mon frère était venue lui dire que j'étais morte, et il l'avait écrit à sa mère et à ses sœurs (ma tante et mes cousines).

Cela fit un effet énorme.

De l'administration, cette nouvelle surprenante arriva à la préfecture et au parquet.

C'était encore plus grave que les actes et papiers du pauvre bon docteur Lepage, et le 16 juillet 1868, M. le procureur général Tenaille d'Estais vint pour la première fois visiter l'asile. Après avoir fait le tour de la division des pensionnaires, il s'arrêta dans la chambre du piano qui me servait de salon.

Il était accompagné de M. le procureur impérial du Bodan et de M. le docteur Payen, qui lui faisait les honneurs de son service.

Il s'assit et m'interrogea longuement sur ma famille, sur mon cousin, sur ma position dans le monde.

Je lui donnai sur tous ces points les renseignements les plus détaillés, lui faisant comprendre toute l'horreur d'une séquestration durant depuis quatorze ans, séquestration m'ayant supprimée du monde, privée de mes droits civils, dépouillée de mon nom, de tout ce que je possédais; ayant brisé mon existence entière sans qu'on pût dire pourquoi.... et je portai plainte contre M. le docteur Payen, présent, qui se faisait le complice complaisant d'un crime aussi abominable.

M. le docteur se récria en disant qu'il faisait toutes mes volontés, toutes mes commissions, me prescrivant tout ce que je lui demandais.

— C'est vrai, dis-je; vous êtes un parfait commissionnaire, un assez bon maître d'hôtel, mais surtout un excellent geôlier. Aussi n'est-ce ni de votre complaisance, ni de vos soins *actuels* que je me plains; *c'est du crime que vous commettez depuis cinq ans en me séquestrant par ordre et par camaraderie.*

M. le procureur général parut très-touché, non pas de mon sort, mais de l'embarras de M. le docteur, qui se défendait en alléguant ses bons procédés *présents* et ses soins.

Nous nous séparâmes très-froidement. Je reconduisis ces messieurs jusqu'à la porte de ma chambre, que je fermai en leur faisant une profonde révérence; il était évident que je ne devais pas compter sur eux.

Cependant, M. et Mme le Normant continuaient leur enquête, encouragés par les résultats obtenus.

De plus en plus confiante en eux, je leur remis une lettre pour M. l'abbé X..., et peu de jours après, ce qui restait des papiers que j'avais portés à Charenton en 1854, arriva au pavillon des Hospices, chez mes nouveaux amis, le 20 août 1868.

Mme le Normant me les apporta aussitôt.

Je me hâtais de les étaler sur la table de la chambre du piano, afin de les relire et de les classer, quand je fus tirée de cette occupation par l'arrivée de M. le préfet, accompagné de M. Lesourd.

Il venait aussi me parler de ce cousin qui, au bout de quatorze ans, et contre toute attente, surgissait pour faire d'une pauvre fille abandonnée, de parents inconnus, la proche parente d'un dignitaire de l'Empire. C'était à n'y pas croire, à n'y rien comprendre, et surtout à rendre la situation de mes gardiens, — *incrédules*, mais *responsables*, — fort délicate, car ce cousin paraissait porter un vif intérêt à sa malheureuse cousine.

Je lui répétai alors à peu près ce que je lui avais dit le 21 décembre 1865, lors de sa visite avec M. Grandperret, et prenant sur la table où ils étaient épars nos actes de naissance, je les mis sous ses yeux, ainsi que des lettres de mon père et de ma belle-sœur, lettres et actes qui avaient échappé à la perte de tout le reste.

Il était atterré.

Il prit un petit carton sur lequel j'avais collé à la hâte, en 1854, quelques articles de journaux parlant de mes concerts et de mes matinées, et se tournant vers M. Lesourd, plus confondu encore que lui, il demanda comment ces papiers étaient entre mes mains et non à l'administration.

Je me hâtai de lui dire que Mme le Normant les avait reçus le matin même et que je les mettais en ordre, afin qu'on pût s'assurer que mes réclamations avaient toujours été fondées et qu'une grande et cruelle injustice avait été commise envers moi.

Il recommanda vivement à M. Lesourd de faire examiner ces pièces et de lui en rendre compte, puis.... il me parla de mes pseudonymes.

— Oh! monsieur le Préfet! allez-vous faire de noms de fantaisie, de sobriquets, une question d'aliénation?

Ce serait indigne de vous, et vous savez bien qu'on peut prendre et signer les pseudonymes les plus fantasques, les publier, pourvu qu'on ne prenne pas celui d'un autre anonyme; tandis qu'un changement de nom, un faux enregistrement sur des livres publics, inscrits pour anéantir une individualité, sont des crimes.

Il se tut.... Qu'aurait-il pu répondre?

Je lui fis voir ma chambrette, en remerciant l'administration de sa protection, et je reconduisis ces messieurs jusqu'à la porte de sortie.

M. le préfet me tendit encore la main, comme en 1865; mais, malgré tous ses efforts, sa physionomie expressive et bienveillante trahissait une sérieuse préoccupation, et M. Lesourd commençait à ne plus savoir au juste le rôle qu'il allait avoir à jouer en cette affaire. Je dois dire, à mon grand regret, qu'il était aussi faible de caractère que bienfaisant, et qu'il se laissait impressionner dans un sens ou dans l'autre avec une surprenante facilité : ce qui ne devait pas tarder malheureusement à me le rendre hostile.

Dès que mes papiers furent classés, j'allai les porter à Mme le Normant. Je lui dis tout ce qui était arrivé, la priant de ne pas se dessaisir du moindre petit papier et de les porter *elle-même* au conseil.

Ce qu'elle fit le 12 septembre 1868.

Cette communication jeta la commission administrative dans une grande perplexité. M. Vilneau l'en tira en déclarant que, devant des lettres et actes établissant ma possession d'état comme fille légitime de l'astronome Charles Rouy, il ne s'agissait pas de savoir si on avait ou non à me reprocher quelques excentricités.

« Nous n'avons pas comme administrateurs, dit-il, à examiner et à décider la question de sanité d'esprit, question qui rentre exclusivement dans les attributions du médecin ; mais nous avons le *droit* et le *devoir* de rechercher et de reconnaître l'individualité de ceux que nous tenons séquestrés. »

Ces messieurs en tombèrent d'accord et prièrent M. Vilneau, en sa qualité d'ancien magistrat, de se charger de faire un rapport au parquet du procureur général sur la suppression d'état et de personne dont ils venaient de reconnaître qu'ils se faisaient involontairement complices depuis cinq ans.

J'allais donc enfin, selon mon persistant désir, être placée sous la protection de la justice par l'administration elle-même, une enquête serait faite d'office.... je me prenais à espérer....

Il va sans dire qu'en cet état de choses, pouvant aller librement chez Mme le Normant, y dîner quelquefois, voir du monde, faire un peu de musique, lire, écrire à mon aise, m'enfermer pour éviter le contact des pauvres malades, je ne me trouvais plus malheureuse. L'espoir me soutenait et je ne demandais plus ma sortie.

Le réveil de ce beau rêve fut cruel.... J'aurais pourtant dû m'y attendre, ayant déjà l'expérience de la manière d'agir de MM. les docteurs.

La position de M. Payen, déjà assez gêné par mes relations avec MM. les administrateurs, devenait tout à fait embarrassante depuis qu'à leur prière M. et Mme le Normant s'étaient mêlés de moi.

La décision, prise par le conseil, de mettre cette affaire en justice acheva de lui ouvrir les yeux sur le triste rôle qu'il avait consenti à jouer..... Il ne pouvait plus ni me retirer la clé que l'administration m'avait donnée pour pouvoir rentrer à toute heure au quartier, ni m'empêcher de voir mes protecteurs ; toute la ville en aurait été révoltée.

Beaucoup de personnes m'avaient vue chez Mme le Normant, de l'aveu de MM. les administrateurs qui désiraient savoir comment je me conduirais en présence d'étrangers. Rien n'était plus comique que la surprise de ces personnes, qui venaient de causer ou de faire de la musique avec moi, quand on leur disait *en quelle qualité* je me trouvais là.

Le 19 octobre, M. le receveur des hospices ayant achevé le classement de mes pièces et le rapport officieux qu'il en adressait à l'administration, crut devoir, par égard pour ses collègues, MM. Payen et Boisbourdin, leur communiquer ce dossier. Le docteur en chef voulut à tout prix se sauver et sauver l'administration centrale aussi compromise que lui.

Deux jours après, il signa subitement, *traîtreuse-*

ment, un certificat de sortie, sans en dire un mot ni à MM. les administrateurs, ni à M. le Normant, ni à moi.

En voici la copie exacte :

Je soussigné, docteur en médecine de la Faculté de Paris, médecin en chef du quartier des aliénés de la ville d'Orléans, certifie que Mlle Chevalier (Camille-Joséphine-Hersilie), fille de.... et de.... née à Milan (Italie), le 14 avril 1814, domiciliée à Paris, célibataire, profession d'artiste musicienne, a été admise le 29 août 1863, par translation de l'asile de la Salpétrière en date dudit jour.

Cette malade, quels qu'aient été les antécédents maladifs en récidive d'aberration mentale qui ont provoqué sa séquestration motivée et successive dans divers asiles d'aliénés, est maintenant dans un état de calme relatif et d'apaisement qui me font croire qu'elle peut être mise en liberté.

La persistance de légères excentricités et de prétentions vaniteuses la laisse cependant inoffensive, et rien ne fait présumer qu'elle puisse être, soit par paroles, par écrits ou par actes, une cause de trouble et de danger.

Nous concluons donc à sa sortie de l'asile, pensant que la continuation de sa présence en semblable lieu aurait besoin d'être motivée par de nouvelles manifestations maladives, faites au sein de la société et en état de liberté.

Orléans, 21 octobre 1868.

PAYEN.

Cet acte d'autorité justifiait tout le monde.

J'avais été folle ; je ne l'étais plus, ou je *l'étais moins,* et je ne pouvais et devais être que très-reconnaissante des soins qui avaient amené ce résultat inespéré.

C'était atroce. Mais c'était le droit du docteur.

Ce certificat devait provoquer un arrêté de M. le préfet me mettant en quarante-huit heures dans la rue, sans domicile, sans argent, presque sans vêtements.

On profitait pour agir de ce que mes plus zélés protecteurs, MM. Vilneau et de Pibrac, étaient à la campagne.

Le bonheur voulut que, justement, ils fussent venus pour affaire à Orléans ce jour même, et trouvassent ce certificat au portefeuille..... Sans cette circonstance fortuite, j'étais irrévocablement perdue.

Déjà deux fois, j'avais été *mise à la porte* des asiles dans des conditions à peu près identiques, ainsi que je l'ai raconté.

La première fois par la Salpêtrière, en 1855, et j'avais été à la préfecture de police demander protection et hospitalité. On m'avait renvoyée à la Salpêtrière comme *vagabonde*.

La seconde fois, en 1863, j'avais écrit à Mme la préfette de la Seine ce qu'était ma position, et depuis cinq ans j'expiais cette témérité à l'asile d'Orléans, où on avait espéré que je resterais engloutie à jamais.

Si je rentrais une troisième fois, c'en était fait de moi ! Je serais considérée comme une folle incurable, incapable de se conduire et ne pouvant rester libre un seul jour. On savait que la Seine m'était adverse, que la justice et la préfecture du Loiret désiraient le silence. Malade et sans ressources, je serais bien forcée de me faire reprendre, et on ferait retomber tout le poids de cette *rechute* sur ceux qui me protégeaient, aussi bien que sur les aliénés, dont on rendrait la clôture plus rigoureuse, mon exemple démontrant que la vue et les conseils des personnes du dehors leur montaient la tête en les nourrissant de rêves impossibles.

Mais je n'étais pas de nature à me laisser écraser sans lutte. C'était donc la guerre, et la guerre à outrance.

M. le docteur Payen avait-il agi de lui-même ou encore par ordre ? C'est ce que j'ignore, même aujourd'hui. Mais il fallait savoir qui était pour moi ou contre moi dans la situation nouvelle qui m'était faite.

MM. Vilneau et de Pibrac convoquèrent immédiatement leurs collègues en séance extraordinaire ; elle fut présidée par M. Vignat, maire d'Orléans. Ils y mandèrent le docteur Payen, auquel ils représentèrent l'impuissance absolue où ils allaient se trouver, désormais, d'agir judiciairement en ma faveur ainsi qu'ils avaient résolu de le faire, et le prièrent de suspendre son certificat jusqu'à ce que le parquet, dont la rentrée allait avoir lieu dans quelques jours, eût statué sur la demande en rectification d'état civil que M. Vilneau allait présenter, au nom de la commission, à M. le procureur général.

M. le docteur Payen s'y refusa. *Mlle Chevalier* n'étant

plus assez aliénée pour être séquestrée, *sa conscience* s'opposait à ce qu'il la maintînt à l'asile.

L'administration se trouvait donc dans l'obligation d'envoyer le certificat à la préfecture. Le médecin étant absolument maître de ses appréciations, la lettre d'envoi était une simple mesure d'ordre.

M. le Normant des Varannes, prévoyant quel parti on pourrait vouloir tirer contre lui du rôle honorable et généreux qu'il avait joué dans cette affaire, demanda alors aux administrateurs de vouloir bien reconnaître, par une lettre inscrite au procès-verbal, qu'il avait agi sur leur demande.

— Un tel document serait très-dangereux ! dit à demi-voix le docteur Payen à l'un des administrateurs.

— Dangereux pour vous, docteur, c'est possible, riposta M. le Receveur ; mais devant votre antagonisme, c'est bien le moins que je me mette à couvert.

— Quant à moi, *je signerai cette pièce des deux mains*, répondit M. le maire.

On agita ensuite la question de savoir où l'on pourrait me placer provisoirement, lorsque l'arrêté du préfet m'aurait faite sans asile. Comme il ne semblait pas facile d'approprier immédiatement une chambre convenable à l'hôpital des vieillards, M. le Normant des Varannes offrit de me recevoir chez lui.

M. le maire l'en remercia et ajouta :

— Mais nous n'entendons pas, monsieur le Receveur,

que votre louable initiative vous devienne une charge. Je commence par vous dire que je mets ma bourse à votre disposition, et j'ajouterai, pensant qu'aucun de mes collègues ne me démentira, que la leur vous est également ouverte.

Cette offre généreuse fut ratifiée *à l'unanimité*, et la séance fut levée.

Le lendemain, j'écrivis aux Ministres de l'intérieur et de la justice la lettre suivante ; elle leur fut transmise officiellement par M. le maire, auquel M. Vilneau m'avait conseillé de la faire remettre :

Plainte portée par Mlle HERSILIE ROUY *contre le docteur* PAYEN, *médecin en chef du quartier des aliénés d'Orléans.*

Pensionnat de l'asile d'aliénés d'Orléans, 25 octobre 1868.

A Messieurs les Ministres de l'intérieur et de la justice.

Monsieur le Ministre,

Ayant été envoyée ici par l'administration de la Seine, le 29 août 1863, M. le docteur Payen m'ayant gardée *rigoureusement séquestrée* pendant cinq ans, puis m'ayant tout à coup *signé ma sortie*, le 22 courant ;

Ce brusque changement d'idée, tout spontané, inexplicable, *car rien n'est changé dans ma manière d'être*, me plongeant dans le plus grand embarras ;

Ma position étant trop douloureuse, trop étrange pour me permettre d'être livrée aux caprices des médecins, me disant *aliénée* ou *non aliénée*, à leur guise ;

Ne pouvant, ne voulant pas être *guérie* d'une démence, d'un égarement intellectuel, même provisoire, n'ayant jamais existé ; je vous prie, Monsieur le Ministre, de m'accorder une enquête sur les motifs ayant poussé M. le docteur Payen à me séquestrer pendant cinq ans, *comme ne pouvant être libre et sans surveillance,* et sur ceux l'ayant poussé, sans que personne lui demandât ma liberté, à signer ma sortie juste au moment où, grâce au dévoûment de Madame et de M. le Normant des Varannes, receveur des hospices d'Orléans, chargés par MM. les administrateurs, qui m'entourent de leur bienveillante protection, de s'occuper de moi, *mes affaires* allaient être examinées, *mon état civil régularisé.*

J'espère en votre justice et en votre bonté, Monsieur le Ministre, pour m'accorder cette enquête et pour me permettre de l'attendre aux aliénés ; libre, puisque le certificat de M. le docteur Payen me fait libre, ou sous la garde immédiate de M. le préfet du Loiret et de MM. les administrateurs.

Ma position maladive, équivoque, singulière, ne me permettant pas d'accepter l'hospitalité généreuse que M. et Mᵐᵉ Le Normant des Varannes, auxquels je dois tant déjà, m'offrent dans mon malheur, et qui ne pourrait être acceptée sans les gêner beaucoup ; c'est donc aux autorités du Loiret que je demande *hospitalité,* le médecin en chef me *chassant.*

J'attends l'honneur d'une réponse qui, je l'espère, me sera favorable.

Veuillez, Monsieur le Ministre, agréer l'hommage de mon profond respect.

L'artiste Hersilie Rouy.

Enregistrée officiellement et traînée d'asile en asile par l'administration de la Seine, sous le nom de *Joséphine* CHEVALIER, *de parents inconnus.*

Voici la copie de la lettre que M. le Normant reçut de l'administration ; c'était non seulement un aveu, mais un éloge de sa conduite :

Orléans, 26 octobre 1868.

Monsieur le Receveur,

Par vos démarches et vos bons soins, réunis à ceux de Mme le Normant, vous êtes parvenu à vous procurer les actes et papiers de famille qui sont d'un si grand intérêt pour Mlle Chevalier. Nous apprécions hautement, Monsieur, la nature des sentiments qui vous ont fait agir dans la circonstance, et au nom de l'intérêt et de la sollicitude que nous portons nous-mêmes à cette malheureuse personne, nous venons vous remercier du concours par vous apporté à cette œuvre essentiellement charitable.

Recevez, Monsieur, l'assurance de notre considération très-distinguée.

VILNEAU, RONCERAY, comte de PIBRAC, LEVEAU.

Le certificat de M. le docteur Payen avait été envoyé à la préfecture après la séance ; mais M. le procureur général et M. le préfet étaient absents, et le cas étant grave, on ne reçut aucune réponse pendant quelques jours. Je restai donc dans ma petite chambre du pensionnat, et M. le Normant profita de ce délai pour faire une nouvelle tentative amiable auprès du docteur Payen, à la prière de M. Vilneau ; elle fut inutile.

Ne recevant pas de réponse des ministères à ma plainte du 25 octobre, et la situation équivoque dans laquelle je me trouvais ne pouvant se prolonger, M. et Mme le Normant rédigèrent un mémoire résumant les faits, demandant une solution et l'adressèrent au Ministère de l'intérieur.

J'y joignis une demande formelle à l'autorité judiciaire de m'assigner elle-même un nom que je pusse porter sans contestation, le mien m'étant refusé par les Rouy, enlevé par les administrations, et les médecins prenant pour folie les noms de fantaisie ou les divers sobriquets qu'ils m'imposaient eux-mêmes.

Je continuais ainsi :

Des alibis s'étant produits, avant comme après ma séquestration ; des bruits de mort et de disparition s'étant répandus ; mon identité étant douteuse depuis 1849 ; le docteur Verron m'ayant prise à Maréville pour une *charmante*, du nom de *Chevalier*, ayant vécu de ses charmes...; moi ayant, dès mon entrée à Charenton, demandé une confrontation avec toutes les personnes ayant connu Hersilie Rouy et l'examen des papiers dont j'étais porteur ; les administrations m'ayant déclaré que je n'étais qu'un numéro d'ordre, dont le nom importait peu, la folie seule étant un objet d'examen dans les maisons spéciales...; qu'on réponde de moi, puisqu'en France, au XIX⁰ siècle, lorsqu'une créature humaine tombe entre les mains des préfets et sous la responsabilité immédiate de magistrats et de fonctionnaires publics, elle perd son nom, sa personnalité, ses droits civils, est mise hors la loi, n'est plus qu'un ballot de marchandises étiqueté, devant porter le numéro et le nom officiels.

Je ne démens rien de ce que j'ai écrit. Mais je n'ai aucun motif, après quinze années de lutte, de persécution, de démentis, de mépris, pour prendre sur moi la responsabilité d'un nom, d'une individualité dont chacun s'est fait un jeu, ni pour donner, après tant de douleurs, des explications que les plus hautes autorités m'ont signifié être inutiles.

J'attends un nouveau nom officiel.... Pourtant je crois avoir le droit d'*être* ce que j'ai toujours été partout avant mon enlèvement.... ou de prendre tous les noms qu'on m'a donnés dans les maisons de l'État.

HERSILIE, dite, etc., etc.

J'en fis une copie avec ce post-scriptum :

Ce 11 novembre 1868. Remis à M. et Mme le Normant des Varannes, chargés de moi par la bienveillance de MM. les administrateurs des hospices d'Orléans, afin qu'ils joignent ceci à mes autres lettres et déclarations, et que chacun puisse s'assurer que du premier au dernier jour, ma manière d'être, d'agir, de raisonner n'a pas changé. Et comme on me dit un démon, je signe :

LE DIABLE.

Ne sachant ce que j'allais devenir, j'ajoutai cette déclaration au dossier où étaient réunis tous mes papiers :

Je confie à M. et Mme le Normant des Varannes tout ce qui est relatif à mes affaires, et les prie de garder le tout sans le laisser sortir de leurs mains sous aucun prétexte, en quelque lieu que me conduise mon destin, alors même qu'on me dirait morte.

Ceci devient leur propriété, et à leurs enfants après eux, les priant d'en donner connaissance à qui de droit, afin que cela serve de témoignage à tous et à la postérité de ma reconnaissance envers eux, et aussi de celle que je voue en mon cœur à MM. les administrateurs des hospices, où je suis arrivée indigente de la Seine, n'ayant droit qu'à la *robe de toile bleue et aux sabots*, et qui me font sortir vêtue et protégée.

Je désire que les noms de M. le président Vilneau, de M. le comte du Faur de Pibrac, de MM. Lesourd, Ronceray, Leveau; de M. Vignat, maire de la ville d'Orléans, qui a si généreusement pris ma défense et qui a offert ses propres deniers pour me secourir, restent, avec le nom de le Normant des Varannes et du docteur Lepage père, un souvenir de générosité et de bienfaisance pour la ville d'Orléans.... où je suis arrivée dénuée de tout, méprisée, calomniée, abandonnée, et où j'ai trouvé, dans mon malheur et dans ma pauvreté, tant de nobles cœurs à qui Dieu tiendra compte de leur bonté.... car qui donne aux pauvres prête à

DIEU !

Comme on le voit par ces deux signatures des post-scriptum, *rien n'était changé dans ma manière d'être,* ainsi que je le disais dans ma plainte.

Je crus devoir adresser en même temps à M. Husson, qui était en réalité le véritable arbitre de mon sort, une lettre dont voici les principaux passages :

12 novembre 1868. Asile d'Orléans.

Monsieur le Directeur,

Depuis quelques jours vous devez avoir reçu, par la préfecture du Loiret, un certificat de M. Payen, médecin en chef de l'asile d'Orléans, pouvant servir de certificat de sortie.

Je m'abstiens en ce moment de le juger.

Je crois devoir vous avertir qu'il continue à vous plonger dans l'erreur et dans l'ignorance volontaire où vous vous obstinez à rester en demandant vous-même ma séquestration, et en *dictant votre opinion.* Les choses ne sont pas ici ce que vous avez pu les espérer.... Je suis arrivée à n'être plus cachée, et alors, Monsieur, l'effet produit partout s'est produit ici, mais plus vigoureusement encore.

.... Ce n'est qu'à votre administration, Monsieur le directeur, qu'au désordre qui y règne, qu'à la négligence, qu'au mauvais vouloir de vos employés, de ceux de la Salpêtrière, qu'aux renseignements mensongers qui vous ont été donnés sur mon compte, que je dois tous mes malheurs et mes longues et épouvantables pérégrinations dans vos immondes bastilles. A quel résultat avez-vous cru arriver avec une femme telle que moi ? A la tuer.... mais pas à la dominer, ni à la faire taire.

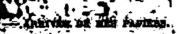

... M. Payen, tant qu'il a pu, m'a su...
...d'hui la rumeur publique ne le lui permet...
...eux, que je vous priais d'envoyer chercher chez...
...de Charenton, qui les a cachés, ainsi que des va...
...administration, sont arrivés ici. Douze autres actes...
...apocryphes. Tout ce que j'ai dit...
...trouvé être la plus effroyable vérité, après avoir...
...plus déplorable démence.
...dossier énorme ; et de tous côtés les mentions et...
...les plus honorables, les plus sympathiques m...
...je pense que vous ferez bien, Monsieur le directeur,...
...que vous-même des choses, car je veux vous...

...de M. le docteur Payen n'étant pas explicable...
... J'ai adressé aux Ministres de la justice et de...
...des pétitions pour demander une enquête.
...de mon arrestation à l'hôtel du quai Saint-Michel,...
...m'avez demandé, en riant et en vous frottant les...
...ce que je voulais ? »

...je veux 1° que l'administration s'entende avec la...
...la préfecture pour prendre d'office mon affaire en...
...rendue libre par autorité de justice et non par le...
...M. le docteur Payen, contre lequel je proteste ;
...administration me procure des moyens immédiats et...
...d'existence.

...qui vous est adressée directement par le pré...
...n'a pas eu réponse prompte et satisfaisante,...
...au souverain, aux chambres, à la presse.
...accusée de bouleverser. Vous auriez dû, avec...
...comprendre qu'une femme qui bouleverse les...
...n'est une folle, ni une imbécile.

...cette fois : *L'artiste Hermilie Reval.*

...à espérer que les ministres auront...
...enquête et me laisseraient en attendre les...

résultats, ainsi que je l'avais demandé, quand Mme le Normant des Varannes vint le 14 novembre, dès le matin, me chercher pour aller déjeuner chez elle. Ma sortie avait été signée le 11, et je l'ignorais. M. le préposé venait d'en avertir M. le Normant en lui disant qu'il comptait me laisser quelques jours pour trouver les moyens de m'installer ailleurs, mais que M. le procureur impérial *en personne* était venu, la veille au soir, donner l'ordre de me faire sortir immédiatement.

La sœur d'office était bouleversée. Jamais encore on n'avait vu la justice intervenir une fois la sortie signée. On se pressait de faire ma malle, de tout entasser ; on m'emmenait sans presque me donner le temps de m'habiller.....

C'est que les ordres étaient si rigoureux que M. le procureur général envoyait, avant midi, un sergent de ville pour les faire exécuter !

Ceux des administrateurs qu'on put rencontrer chez eux se réunirent aussitôt et prirent une délibération qui m'admettait comme pensionnaire libre à l'hôpital général, au prix de 800 fr. par an, et m'autorisait, en vertu de ma situation précaire, à en acquitter le prix mensuellement.

Cette délibération fut ratifiée par toute la commission à la séance du jeudi suivant, 19 novembre, et signée par MM. le comte de Pibrac, Ronceray, Vilneau, Leveau et Lesourd.

On m'arrangea, le plus commodément possible, une

grande chambre attenante à l'infirmerie des femmes, et chacun rivalisa pour moi d'empressement et de bienveillance.

Il me fallait vivre, tâcher de renouer quelques relations, me rappeler au souvenir des artistes que j'avais connus, qui me croyaient morte et qui, en présence d'une si grande infortune, allaient s'empresser, j'en étais sûre, de me venir en aide.

Nous rédigeâmes de concert, M. et M%me% le Normant et moi, un article aussi inoffensif que possible, annonçant ma triste situation, sans en accuser personne, et le propriétaire-gérant du *Journal des Débats*, leur cousin, l'inséra gratuitement dans le numéro du 3 décembre 1868. Le voici textuellement :

> Les amateurs de bonne musique n'ont sans doute pas oublié M%lle% Hersilie Rouÿ, l'excellente pianiste dont les matinées musicales et les concerts avaient un si brillant succès, il y a une quinzaine d'années. Cette artiste avait tout à coup disparu du monde parisien. Un concours de circonstances étranges l'avait fait passer pour folle, et on avait annoncé sa mort.
>
> Nous apprenons qu'elle vient d'être rendue à la liberté, après quatorze années de séjour dans les maisons d'aliénés, où elle était cachée sous le nom de *Joséphine Chevalier*.
>
> La justice est saisie de cette mystérieuse affaire, sur laquelle nous aurons occasion de revenir.

L'effet produit par ce *fait-divers* fut foudroyant... contre moi. Il réveilla des sympathies qui me furent fort utiles, mais irrita profondément ma famille et les bureaux sous la pression desquels l'administration, en l'absence de MM. Vilneau et de Pibrac, mes zélés protecteurs, révoqua la délibération du 19 novembre et décida que je quitterais le pensionnat de l'hôpital à l'expiration de mon mois.

Je ne pouvais plus compter pour vivre que sur la charité privée, l'assistance publique ayant refusé de me placer à l'hôpital général comme pensionnaire libre. J'étais pourtant si malade, si lasse d'une lutte disproportionnée et que tout semblait devoir rendre inutile, que j'y serais restée, si l'on avait voulu m'y accorder la pension de première classe, (à laquelle je venais de passer un mois,) un piano et 500 fr. par an pour ma toilette; et je l'avais fait savoir à M. Husson.

Je ne comprends pas que l'administration n'ait pas eu la conscience, la pitié, la prudence de me garder, de m'éviter la douleur de porter plainte contre cette épouvantable et longue détention.

Je comprends encore moins le refus que la justice d'Orléans a fait de s'occuper, autrement que pour presser ma mise à la rue, d'une affaire qui la regardait particulièrement, puisque les asiles d'aliénés sont placés sous sa garde. Dépouillée de tout ce que je possédais, j'avais au moins droit à sa bienveillante intervention, qui aurait pu amener une conciliation et me faire obtenir, même avant ma sortie de l'asile, une réparation convenable, me permettant de vivre tranquille, en évitant le bruit et le scandale qu'une semblable cause devait inévitablement produire.

M. et Mme le Normant m'avaient gardée pendant les trois jours de courses incessantes qu'ils avaient eues à faire avant de me trouver un pied-à-terre. Le 14 novembre 1868, je quittais l'hôpital général sous le nom de Joséphine Chevalier. J'entrais à l'hôtel du Loiret, le 17, sous celui d'Hersilie Rouy, pour continuer la vie d'épreuves sans fin à laquelle la toute-puissante volonté de Dieu m'a condamnée.

Mon frère avait écrit à M. le Normant en offrant de me continuer les 260 fr. de supplément qu'il payait annuellement pour moi, *à la condition que je ne quitterais pas Orléans*. Cette offre m'avait touchée, et dans la lettre où je l'en remerciais, je lui disais :

Dans quelle affreuse affaire sommes-nous donc plongés et que s'est-il passé autrefois?
M'avez-vous réellement crue folle? Est-ce bien vrai? La lettre que vous avez adressée à M. le Normant me le fait penser, et je me félicite d'avoir dit que vous étiez *abusés*.

Hélas! en réponse à celle-ci M. le Normant en recevait une autre pleine d'animosité où, après avoir réédité toutes les calomnies qui avaient servi à expliquer ma folie et ma séquestration, M. Rouy ajoutait :

Je pense que la folie religieuse et mystique, la plus dangereuse et la plus incurable de toutes, la possède encore tout entière. La responsabilité de ceux qui la laissent libre est donc grande, bien grande.

Je répondis à cette diatribe en refusant avec indignation le secours qu'il m'offrait.

Le 23 décembre, paraissait dans le journal des *Débats* la réfutation suivante de la note insérée vingt jours auparavant :

Nous avons récemment publié qu'une ancienne artiste avait saisi la justice d'une plainte en séquestration, sous un faux nom, dans une maison d'aliénés.

Nous avions été mal informés, et nos renseignements, puisés à source certaine, nous ont appris que cette personne s'appelle bien *Chevalier* et *non autrement*, et qu'aucune plainte ne pouvait être portée, attendu que l'état mental de cette personne avait nécessité d'urgence l'intervention du médecin et de l'autorité elle-même pour son admission dans une maison d'aliénés.

En même temps une lettre de M. le Normant, des *Débats*, nous avertissait que, menacé d'un procès, il avait cru devoir accepter l'insertion de cette note rectificative, qui me donnait droit de réponse par la même voie.

Les *Débats* du 29 insérèrent donc la lettre suivante :

Orléans, 27 décembre 1868.

Monsieur le Rédacteur,

Permettez-moi de rectifier, à mon tour, une profonde erreur commise dans votre numéro du 23 courant.

La source où vous avez puisé vos renseignements au sujet de celle que vous dites être Mlle Chevalier, ne vous en a fourni que de complètement inexacts.

Mlle Hersilie Rouy, élevée publiquement par M. l'astronome Charles Rouy comme sa fille légitime ; *Mlle Hersilie Rouy, qui a toujours porté le nom de Rouy et non pas d'autres*, est la propre sœur de Mlle *Dorothée-Jeanne-Marie Rouy*, qui a épousé, sous le nom de *Rouy*, et non pas sous celui de Chevalier, M. Jean-Claude-Laurent *Rouy*, fils de Claude-Daniel *Rouy*, chevalier de la Légion-d'Honneur, alors administrateur du journal *La Presse*, comme vous pouvez vous en assurer à la mairie du troisième arrondissement de Paris, à la date du 15 novembre 1845.

Mlle Hersilie Rouy a par devers elle tous les actes civils, religieux, etc., lui conférant le nom de Rouy et point d'autre ; et nul n'a le droit de toucher à ce nom et de lui en donner un autre, tant qu'un jugement n'en aura pas décidé.

Je n'aborderai pas ici, Monsieur, une question plus délicate et plus grave encore, concernant mon enlèvement et mon état mental ; une grande réserve m'est imposée en ce moment, et vous le comprendrez.

Seulement je dois vous dire que ce qui a précédé mon enlèvement et les faits qui lui ont servi de prétexte trouveront bientôt leur complète réfutation, comme aujourd'hui, dans un autre ordre, j'établis l'authenticité du nom qui pendant quinze ans m'a été enlevé, ayant été officiellement enregistrée sous celui de Joséphine Chevalier, fille de.... et de....

Je me suis fait un devoir de soumettre la question aux autorités.

Veuillez, Monsieur le rédacteur, avoir la bonté d'insérer, selon mon droit, cette rectification dans votre prochain numéro. J'en prends toute la responsabilité.

Recevez, je vous prie, monsieur, l'expression de ma haute considération.

Hersilie ROUŸ.

Cachée sous le nom officiel de Joséphine Chevalier.

J'eus soin, pour éviter toute contestation, de signer avec le tréma.

Le jour où paraissait, en termes relativement modérés, sa soi-disant rectification au *Journal des Débats*, M. Rouy déchargeait ainsi sa bile sur mes courageux amis :

Ville-d'Avray, 23 décembre 1868.

Monsieur le Normant,

Je n'ai pas l'honneur de connaître Mme le Normant; mais peu s'en est fallu que la justice ne fût saisie, non pas d'une plainte en séquestration qu'elle avait fait signaler par le *Journal des Débats*, mais d'une plainte, faite par moi, en calomnie et publication de fausses nouvelles, car, après la démarche faite par mon fils aîné, (je vis ici dans une retraite profonde), il a pu constater que l'article calomnieux provenait de Mme le Normant elle-même. Je le laisse tomber à plat comme il le mérite.

La seule réponse que je daigne y faire est celle-ci, que je transcris de l'enveloppe qui recouvre chez moi le dossier, car j'ai aussi un dossier, moi, de Mlle Joséphine Chevalier, fille adultérine de mon père, et dont la mère est morte le 6 octobre 1831 (1), cinq semaines avant la mienne, femme légitime, morte à son pays, le 11 novembre 1831, où elle s'était retirée.

Voici donc ce qu'on lit sur cette enveloppe de mon dossier :

« Correspondance et documents antérieurs à 1854, témoignant :

« 1° Du chagrin qu'elle a causé à son père, à sa sœur et à nous-même ;

« 2° De l'intérêt, du dévoûment que nous lui avons toujours témoigné ;

« 3° De l'ingratitude par laquelle elle y a toujours répondu (2). »

---

(1) Il y a là une erreur, répétée dans le mémoire à M. Tailhand : c'est le 6 octobre 1830 qu'est morte Henriette Chevalier.

(2) Je citerai à ce sujet deux seulement des nombreux témoi-

Et puis, souligné, comme recommandation à mes héritiers :

« *Aucune pièce de ce fatras ne doit être anéantie.* »

Ces pièces sont nombreuses, car j'ai depuis soixante ans la manie de tout conserver. Je ne vous citerai que celle-ci de son père, parmi toutes les autres qui proviennent de lui :

« Fille majeure et toujours injuste, puisque depuis plus de
« dix ans, les conseils d'un père qui a trop aimé ses enfants
« ont été, spécialement par toi, outrageusement dédaignés,
« Dieu, dont j'implore nuit et jour la clémence et la bénédic-
« tion pour vous et pour moi, semble m'ordonner de renoncer
« au nom si cher et si sacré de père, et t'enjoindre de ne plus
« profaner ce titre en le donnant à celui que tes nombreux ou-
« trages forcent enfin à y renoncer. — 18 avril 1841. »

Je laisse là toute citation sur la tournure qu'aurait pris l'examen de la question, et j'en aurais bien d'autres à dire.

Quant à la jeune personne dont elle s'est chargée, je n'en sais rien. Mais j'ai des lettres d'*elle-même*, où, dans les aveux, forcés par l'évidence, qu'elle me fait de sa maternité, elle m'écrit un jour « que jamais celui qui a souhaité la mort de son enfant,
« parce qu'il en craignait la charge, ne sera ni son mari, ni le
« père de cet enfant. J'ai appris trop tard qui j'ai aimé ! » Et le lendemain... Mais en voilà assez.

Vous devez bien penser, Monsieur, qu'après ses tentatives insensées contre moi, le silence du mépris est le seul qui me convienne envers elle.

Je regrette seulement que Mme le Normant y ait donné les

gnages recueillis par M. le Normant. « Je dois dire que nous avons toujours trouvé Mlle Hersilie Rouy digne de notre intérêt par sa bonne conduite et ses bons sentiments. Elle me disait un jour : « Si en travaillant je pouvais gagner cent mille francs,
« j'en doterais ma sœur, et je la marierais. » (Ctesse *Benoist d'Azy*.) — « Ce que je puis affirmer, c'est que je l'ai beaucoup connue, et que c'était une personne d'un généreux et courageux caractère. » (Mme *Ernestine de Saint-Maur*).

......, probablement, trop vivement aller à la
...... Monsieur, de vous présenter mes salutations.
G. ROUY.

...... impossible de comprendre pourquoi M. Rouy
...... le scandale et à publier les désordres
......, quels que fussent ou non mes droits au
...... que d'ailleurs, avec le tréma, je pouvais
...... comme mon nom d'artiste, puisque je le
...... ainsi du sien. A quel propos donc ces ca-
...... il essayait de me noircir, en réponse à un
...... journal où il n'était nullement question de ma
......

...... Normant répondit en ces termes :

Orléans, 25 décembre 1848.

Monsieur,

...... rien à l'irritation et aux menaces que vous
...... du *Journal des Débats*. En quoi vous touche-t-il ?
...... trouvez-vous calomnié, ou même seulement dé-
...... article qui ne parle que du talent de pianiste de
...... sa folie et de sa mort, vraies ou fausses ? Qu'est-ce
...... ou sa conduite privée ont à faire dans cette
...... expliquer votre acharnement contre une
...... femme, inoffensive, qui, remise enfin en liberté,
...... par quatorze années de séquestration, ne de-
...... et conciliation ?
...... cette maladroite tentative d'intimidation contre
...... contre moi, dont les bonnes intentions à l'égard
...... sont connues ? tentative qui peut vous compro-

mettre gravement, car elle trahit une grande appréhension de ce que la mise en liberté de votre sœur peut amener.

L'affaire de Mlle Hersilie est aussi embrouillée, aussi ténébreuse que possible ; nous ne souhaitons qu'une chose : la lumière, et nous l'avons demandée à tous, qu'elle se fasse pour elle ou contre elle, qui seule ne paraît pas la redouter. Mais il faudra, vous en conviendrez, d'autres preuves que *la suscription de votre dossier* pour lui retirer le nom d'Hersilie Rouy que lui confèrent :

1° Son acte de naissance, qui la dit fille de Charles Rouy ;

2° Son acte de baptême, qui la dit fille du même, de *légitime mariage ;*

3° Enfin le jugement du tribunal de la Seine du 29 octobre 1845, où elle n'est pas nommée, il est vrai, mais où il n'est fait mention d'aucun mariage antérieur de Charles Rouy.

Si Mlle Hersilie est fille adultérine, sa sœur cadette, Dorothée, l'est au même titre, puisqu'elle est née en 1818 et que ce n'est qu'en 1831, dites-vous, qu'est morte votre mère, Marie-Joseph Stévens, dont un acte de notoriété joint à votre acte de mariage, en 1815, constate l'absence sans nouvelles depuis 1798.

Mlle Hersilie Rouy a donc droit de porter le nom de son père, puisque c'est sous ce nom que Mlle Dorothée Rouy épouse un de vos fils, M. Jean-Claude-Laurent Rouy, en 1845 ; à moins qu'un second jugement, dont nous n'avons pas connaissance, ne soit venu de nouveau *rectifier des erreurs.*

Enfin, Monsieur, le bizarre passage que vous citez d'une lettre de M. votre père, du 18 avril 1841, s'il s'applique à Mlle Hersilie, est en désaccord complet avec les renseignements que nous avons recueillis sur son dévoûment filial et fraternel ; il n'articule aucun fait précis, il émane d'un homme qui peu d'années après meurt fou, et je puis lui opposer une série de lettres de Mme Désirée Rouy, votre épouse, dont la première est de 1842, qui témoignent de la vive affection, de l'estime complète qu'elle portait à Mlle Hersilie et des bons rapports qui existaient entre cette dernière et toute votre famille. Vous-même, Monsieur, avez été loger chez elle; par une lettre du 18 février 1843, Mᵐᵉ Désirée lui en adresse ses remerciments et les vôtres; et s'il y a, dans ces lettres, une appréciation sévère de la conduite d'une des deux sœurs, permettez-moi de vous le dire, ce n'est point à Mˡˡᵉ Hersilie qu'elle s'adresse.

Il y a dans l'histoire de votre famille, Monsieur, des faits dont vous n'êtes sans doute pas responsable, mais qu'il vous serait certainement pénible de voir mis au jour. J'ai horreur du scandale; pourquoi semblez-vous prendre à tâche de provoquer votre sœur à en faire, en la diffamant ainsi auprès des amis que son infortune lui a acquis?

Sachez-le bien, je ne me prêterai jamais, ni par peur, ni autrement, à me faire complice d'une injustice, ni à accabler une infortunée abandonnée par ceux qui devraient lui venir en aide, et qui n'a trouvé de secours que dans la sympathie que son malheur a excité chez des étrangers, au nombre desquels je m'honore de me trouver.

Recevez, Monsieur, mes sincères salutations.

E. LE NORMANT DES VARANNES.

M. Rouy ne fit aucune réponse à cette lettre, pas plus qu'à celle que j'avais fait publier dans les *Débats*, et je portai désormais sans contestation mon nom de Rouy.

Sitôt qu'on apprit au ministère que je n'étais pas une inconnue, née à Milan de parents inconnus, mais que j'appartenais à une famille très-honorablement placée dans le monde, que j'avais la possession d'état incontestable du nom d'Hersilie Rouy, que j'étais reconnue et avouée par un parent haut fonctionnaire, on s'émut, et on demanda mon acte de naissance. Il en résultait que j'avais été frauduleusement introduite à Charenton, où l'on avait fait pour me cacher des *faux en écriture publique* et de fausses déclarations, faux maintenus pendant quatorze ans par la Préfecture de police, les administrations et même le parquet d'Orléans, qui avaient fait disparaître tous les papiers me concernant.

A plusieurs reprises, M. le préfet du Loiret avait demandé, soit au préfet de la Seine, soit au ministère, des renseignements sur mon état civil, *sans en pouvoir obtenir*. Aujourd'hui le ministère en *demandait* à son tour, et malgré la venue de mes papiers, en 1867 et 1868, les témoignages nombreux recueillis à ce sujet, on persistait encore *officiellement* à ignorer qui j'étais !

Seulement, du jour où M. le docteur Payen avait su que j'étais cousine d'un chef de division aux Haras, il avait trouvé que j'allais beaucoup mieux ; ce mieux s'est accentué après la visite de M. le préfet.... et il m'a trouvée guérie, quand MM. les administrateurs ont décidé d'en référer à la justice.

N'est-ce pas assez horrible?

J'avais à Orléans des partisans nombreux et quelques détracteurs ; on s'y occupait beaucoup de moi ; tous les journaux de la localité en avaient parlé, et tous dans un sens favorable. On s'étonnait de voir la justice indifférente à une semblable affaire, qu'elle devait, pensait-on, trancher dans un sens ou dans l'autre, les faits étant trop graves pour qu'on pût simplement les laisser tomber.

Le 31 janvier 1869, l'*Impartial du Loiret* disait,

dans le long et sympathique article qu'il me consacrait :

Si Mlle Hersilie Rouy a mérité son sort, qu'on le prouve publiquement. Si elle est victime d'une déplorable erreur ou d'une odieuse persécution, qu'on lui rende enfin justice.

C'était le cri de la conscience publique.

Le 23 février suivant, M. Charles Sauvestre, discutant dans l'*Opinion nationale* la loi du 30 juin 1838, reproduisait dans son entier l'article de l'*Impartial* et ajoutait :

Nous laissons, bien entendu, au journal d'Orléans, la responsabilité de ses affirmations. Toutefois, nous ferons remarquer qu'elles sont précises et qu'il s'est écoulé vingt jours sans qu'aucun démenti soit venu les combattre, du moins à notre connaissance.

Si le démenti ne vint pas, ce ne fut pas faute d'envie. Le jour même, M. Durangel adressait la lettre suivante à M. le directeur de Charenton :

Paris, 23 février 1869.

Mon cher directeur,

L'*Opinion nationale* nous attaque au sujet de Mlle Hersilie Rouy, dite Chevalier.

Le premier placement de cette demoiselle a eu lieu à Charenton en 1854.

Je suis chargé de répondre à l'article du journal; mais auparavant, pour éclaircir un point resté douteux, j'aurais besoin du dossier de la personne.

Veuillez, je vous prie, me le transmettre appuyé d'un mot.

Le dossier fut transmis et renvoyé deux jours après avec la lettre ci-jointe du Ministre de l'intérieur :

Paris, 25 février 1869.

Monsieur le directeur,

Je m'empresse de vous renvoyer le dossier relatif à la demoiselle Chevalier-Rouy, ancienne pensionnaire de la maison impériale de santé.

L'examen des diverses pièces de ce dossier m'a donné lieu de reconnaître que la malade avait été admise sur la simple production d'un certificat médical, et à la demande verbale du médecin signataire de ce certificat.

Bien que cette irrégularité ne puisse engager votre responsabilité personnelle, puisque l'admission remonte à 1854, je crois devoir vous la signaler et vous recommander de veiller scrupuleusement à ce qu'aucun placement volontaire n'ait lieu sans une demande écrite rédigée dans la forme prescrite par l'art. 8 de la loi du 30 juin 1838, et accompagnée des justifications énoncées au même article.

Je n'ai pas besoin de vous faire observer qu'en aucun cas le médecin certificateur ne pouvait être en même temps le signataire de la demande.

Recevez, etc.

Le Ministre de l'intérieur.
Pour le Ministre :
Le Conseiller d'État, secrétaire général,
Ph. DE BOSREDON.

CHAPITRE XV

Paris. — L'enquête Rabut-Constans. — Refus d'assistance judiciaire.

Je n'ai eu connaissance de cette piquante correspondance ministérielle que plusieurs années après, lorsque mes rapporteurs me communiquèrent les pièces qu'ils avaient relevées. Je vis bien qu'on ne répondait rien à l'*Opinion nationale* ; mais on ne répondait pas davantage à mes réclamations, et j'étais loin de croire qu'à ce moment même M. Durangel me rendait déjà le nom de Rouy, et que M. le Ministre constatait l'irrégularité de mon entrée ainsi que la responsabilité personnelle du directeur, qui m'avait acceptée sans les pièces exigées par la loi.

Lasse d'attendre, je voulus adresser une plainte au parquet, et j'allai, armée de toutes mes pièces, consulter un des avocats les plus en renom de la ville.

Il commença par m'avertir que, soit criminelle, soit correctionnelle, soit civile, le parquet d'Orléans n'accepterait aucune plainte de moi ; et comme je me récriais :

— Connaissez-vous un moyen de faire marcher la justice malgré elle? me demanda-t-il un peu vivement.

Hélas! je savais par une longue expérience qu'il ne suffit pas de montrer à la justice un crime à empêcher ou à punir pour qu'elle s'en occupe.

Convaincue que je n'arriverais à rien à Orléans, je résolus de partir pour Paris, quoique ce fût, selon M. Vilneau, « *aller me jeter tête baissée dans le piége qu'on me tendait, et risquer fort de n'y pas conserver longtemps la liberté que j'étais si heureuse d'avoir recouvrée.* »

Je ne m'y aventurai toutefois qu'en prenant mes précautions.

M. le docteur Constant le Normant des Varannes m'adressa à son ami, M. le docteur Henri Favre, directeur du journal *la France médicale*. M. Cotelle, bâtonnier de l'ordre des avocats d'Orléans, me recommanda à M. Jules Favre, qui consentit à s'occuper de mon affaire.

J'arrivai à Paris dans les premiers jours de mars, et j'y descendis chez des dames bonnes et compatissantes qui m'accordèrent la plus généreuse hospitalité pendant le court séjour que j'y fis.

Dès le lendemain, le docteur Henri Favre me présenta à son illustre homonyme, qui me reçut avec une grande bienveillance, prit une connaissance sommaire de l'affaire, la jugea fort grave et très-difficile à suivre, à cause de la nécessité d'obtenir l'autorisation du conseil d'État. Il fut convenu que l'on réclamerait le secours de l'assistance judiciaire contre les auteurs de ma séquestration et contre le directeur de Charenton.

M. Sidney Vigneaux, jeune avocat, ami de M. Henri Favre, se chargea, concurremment avec M. Georges Coulon, de rédiger ma demande, qui concluait en 100,000 fr. de dommages-intérêts, d'après l'appréciation de M. Jules Favre.

Je vis alors mon cousin Laurency. Secondé par le docteur Henri Favre, il s'efforça de m'obtenir une audience des chefs de division de la justice et de l'intérieur. Toutes les portes me furent rigoureusement fermées. M. Follet, chef du bureau des aliénés, vint voir mon cousin, lui montra une volumineuse liasse de mes écrits, disant que j'étais très-folle, que mes lettres étaient même dangereuses pour la morale publique, etc.

J'eus une longue discussion à soutenir avec mes nouveaux protecteurs pour expliquer et justifier ce qu'il y avait de vrai dans ce qu'on me reprochait, entr'autres mes deux rentrées presque immédiates après avoir été mise en liberté, ce qui pouvait passer pour une preuve de folie et d'incapacité intellectuelle. N'était-ce pas encore là cependant que j'en serais réduite, si la charité privée se lassait avant qu'on n'eût fait droit à mes réclamations, puisqu'on ne voulait me secourir que comme folle?

N'ayant plus rien à faire à Paris, où aucun de ceux dont mon affaire dépendait ne voulait ni me voir ni m'entendre, je revins à Orléans, au bout de trois semaines, munie d'une lettre de M. Henri Favre au docteur le Normant des Varannes; il y appréciait ma situation en ces termes :

Paris, 16 mars 1868.

Mon cher ami,

L'intervention que j'ai prise dans le voyage de Mlle Hersilie Rouy touche à sa fin.

Il s'agissait de dépouiller un dossier compliqué ; grâce au concours d'un jeune avocat de mes amis, j'ai fait de mon mieux.

Il fallait voir Jules Favre et constituer avec son concours les bases d'une instance judiciaire. Cette démarche a produit l'effet désiré.

Une requête a été déposée par l'illustre avocat en personne, le 8 de ce mois.

Mlle Rouy, pleine de raison et de convenance, remplie de talents et de plus d'une sorte, ne manque, pour le moment du moins, que d'une position matérielle acquise, qu'il n'est pas malheureusement en mon pouvoir de lui procurer, etc.

Mon cousin m'avait recommandée à M. le général Fleury, directeur des Haras, qui avait bien voulu remettre à l'Impératrice une lettre de moi sollicitant une enquête. Le 23 mars, le secrétaire des commandements, M. Damas Hinard, le prévint que S. M. l'avait

... M. de Forcade la Roquette, ministre ... de faire droit à cette demande.

... Requête; mais en attendant il fallait ... l'idée de faire appel à un ancien ami, ... Prévôt, en le priant de voir s'il ne serait ... d'organiser un concert à mon bénéfice à ... le lendemain de la fête de Jeanne d'Arc. ... parla à M. Charles Lamoureux qui, avec ... grâce et un empressement dont je ne saurais ... gré, réunit des artistes d'élite, les inté... triste situation et obtint leur concours dé... Le 2 mai 1869 eut lieu dans la salle de ... devant une nombreuse et sympathique assis... concert où figurèrent, avec M. Lamoureux, ... Guibert, son élève; Mᵐᵉ Séveste, de l'Opéra-... Bots, de l'Athénée. Mᵐᵉ Cantin, premier ... avait bien voulu accepter le ... d'accompagnatrice. Quatre artistes célè... Gock, Beauvallet, Dubier et Genrot exécu... d'un quatuor de M. Salesse.
... que je n'avais touché un piano, ... obligée de faire ma partie, pour satis... publique. M. Lodet avait eu la bonté ... instrument sur lequel j'avais essayé de ... souvenirs de mon talent d'autrefois. ... de Weber; puis, avec l'obligeant ... Moreau et de M. Gock, un trio du Roy ... m'accueillit avec la plus grande bien-

veillance et fit ovation aux artistes qui me venaient si généreusement en aide.

On rendit compte dans les journaux de ce concert, qui réveillait l'attention sur la bénéficiaire. M. Charles Sauvestre, inséra tout au long, dans un article intitulé *Une résurrection,* publié par l'*Opinion nationale,* la lettre que lui écrivait à ce sujet M. Azévédo.

J'appris sur ces entrefaites que M. Rouy avait été mandé à la Préfecture de police, laquelle allait faire son rapport et conclure contre moi sur les dires de mes ennemis.

J'écrivis de nouveau à l'Impératrice, toujours par l'entremise de mon cousin et du général Fleury :

Hôtel du Loiret, 15 mai 1869.

Madame,

Votre Majesté a ordonné une enquête. Cette enquête n'a pas été faite, et aujourd'hui comme depuis le premier jour de mon enlèvement, on m'a jugée et condamnée sans m'entendre, sans voir mes pièces, malgré vos ordres.

Douleur extrême ! on me perd près de vous !

C'est encore à Votre Majesté que je m'adresse, en la suppliant d'avoir la bonté de prendre elle-même connaissance de la lettre suivante.

C'est grave : on trompe les souverains. En voici la preuve.

Daignez agréer, Madame, etc.

Hersilie Rouy.

La lettre incluse dans celle-ci était adressée à M. Durangel et résumait ma situation.

On s'en émut à la Préfecture de police, et M. Jeuffrey, chef de la première division, écrivit à M. le directeur de Charenton :

Paris, 16 mai 1869.

Mlle Rouy, dont nous nous sommes déjà fort occupés, va nous donner du fil à retordre ; vous connaissez les personnes qui paraissent la prendre sous leur patronage. Pourriez-vous me communiquer le dossier ? Je voudrais causer avec vous de cette affaire.

M. Jeuffrey, trouvant dans ce dossier la lettre de blâme du Ministre de l'intérieur que j'ai citée à la fin du chap. XIV, se tint coi et laissa les journaux parler de moi tant qu'ils voulurent.

Je ne puis m'empêcher de remarquer que jamais je ne suis traitée de folle ni nommée Chevalier dans toutes les correspondances échangées à mon sujet, bien entendu quand elles ne doivent point passer sous mes yeux.

Le 5 juin, le secrétaire des commandements écrivait « *que, suivant le désir exprimé par Sa Majesté*, le Ministre de l'intérieur avait prescrit une nouvelle enquête *dans laquelle je serais entendue*, et qu'on joindrait au dossier de l'information les pièces les plus caractéristiques de ma correspondance. »

M. le préfet du Loiret me fit connaître qu'un secours de 500 fr. m'avait été accordé et me serait remis par sommes de 100 fr., de mois en mois. Mais on me fit bien remarquer qu'on venait à mon aide *sur la recommandation de S. M., et non ministériellement.* Le ministère, ne voulant se reconnaitre aucun tort, aurait eu peur de paraitre consentir à une réparation en me donnant de lui-même un secours. On me prévint en outre qu'on arrêterait immédiatement les fonds, si je me faisais voir ou si on parlait de moi.

M. Rabut, commissaire aux délégations judiciaires, me fut dépêché et vint à l'hôtel du Loiret demander Mlle *Chevalier.* — Nous ne la connaissons pas. — Mais si. — Mais non. — Mlle Rouy? — C'est différent ; vous allez la voir.

M. Rabut causa quelques instants avec moi, ne comprit rien à une affaire incompréhensible, demanda à mes hôtesses si j'*avais le cerveau solide....* et s'en fut, sans être allé voir aucun de ceux qui s'occupaient de moi.

M. le docteur Constans, inspecteur général des aliénés, le suivit de près. On lui répondit, comme à M. Rabut, ne pas connaître Mlle Chevalier. — Mais si, une folle. — Nous n'avons pas de folle ici.

Il fut obligé de demander Mlle Rouy pour pouvoir être introduit.

M. le docteur Constans fit une très-longue pause chez moi. Il examina tous mes actes, lut mes lettres de famille, ne comprit pas comment des relations de parenté si bien établies pouvaient être niées. Il m'apprit alors, et cela me fut confirmé plus tard au ministère et à la Préfecture de police, que M. le docteur baron Pelletan de Kinkelin, ayant l'habitude de se débarrasser de ceux qui le gênaient au moyen d'un certificat de folie, on pensait que j'étais une ancienne maîtresse l'ayant importuné de mes poursuites, à laquelle il avait proposé une promenade sentimentale qui avait abouti à Charenton. Il ajouta qu'un jugement m'interdisait le nom de Rouy. Voilà comment il était renseigné.

J'eus beaucoup de peine à lui faire comprendre que tout cela était faux, que je n'avais jamais vu le docteur Pelletan avant mon enlèvement. Je lui montrai le jugement, qui ne concerne que ma sœur et qui, loin de lui ôter le nom de Rouy, le lui confirme. Il me dit alors, comme tout être raisonnable, que s'il y avait des doutes sur la régularité de mes actes, c'était à la justice à en décider, et non à des étrangers à trancher la question d'autorité, mais qu'on ne reconnaîtrait jamais avoir eu des torts envers moi, ce que m'avait déjà dit M. le préfet du Loiret. Lui-même se fût trouvé également compromis, puisqu'il m'avait crue folle sur ce qu'on lui avait dit de moi, aussi bien que sur ce que je lui avais raconté à Maréville et à Orléans, cet imbroglio paraissant le produit d'une imagination malade. Il ajouta que je *me croyais* une naissance royale.

— D'abord, lui dis-je, je ne l'ai jamais cru, puisque j'ai apporté des actes prouvant le contraire; mais personne ne sachant au juste mon nom, j'ai attiré l'attention sur des bruits qui avaient couru. C'était aux médecins à me guérir en me procurant les noms de mes père et mère, et aux directeurs à s'assurer de mon identité.

— Oui ; cependant convenez que nous ne pouvons nous condamner tous pour vous exonérer ; c'est ce qui empêche de venir à votre aide. Du reste, vous êtes entourée de bienveillance, et vous dites que vous *mangez peu*...

— Encore tant peu que je mange, faut-il que je mange tous les jours ; la charité privée ne me doit rien. Pourquoi resterais-je misérable, quand j'ai droit à une réparation ?

— Croyez-moi, vous ferez mieux de vous taire.

— Merci de vos conseils, monsieur ; je crois qu'ils partent d'un bon sentiment. Mais chacun cherche à m'accabler, malgré mon désir de conciliation, et je ne puis réellement pas être constamment sacrifiée à la réputation et à la tranquillité de ceux qui me devaient justice et protection.

— Ayez de la patience.

— Il y a quinze ans que j'en ai.

— Cette patience ne vous a pas empêchée d'écrire !

— Je n'ai tant écrit que parce qu'on n'a pas fait droit à mes lettres.

Nous bataillâmes ainsi pendant longtemps. Naturellement, M. le docteur Constans m'a trouvée folle ; naturellement aussi, j'ai pris mes témoins en lui envoyant le lendemain, 14 juin 1869, par l'entremise de

M. Durangel, chef de la division des aliénés au ministère, une lettre résumant notre conversation, et que je terminais ainsi :

Qu'ai-je à craindre maintenant? qu'ai-je à perdre? Ne m'a-t-on pas tout pris, tout ôté? Quels torts ai-je eus? Celui de prendre *des sobriquets*, de répéter ce que chacun a dit? C'est une plaisanterie, n'est-ce pas, Monsieur l'inspecteur, que cette accusation? Ne m'a-t-on pas mise en position d'agir ainsi, de tout oser ?

Que je publie les lettres que j'ai entre les mains; ma vie, que chacun connaît, en la faisant appuyer de nombreux témoins; mon journal, mes impressions, mes mémoires.... qu'y verra-t-on? Dévoûment, travail, honneur !

L'honneur, Monsieur l'inspecteur, à la place du *déshonneur officiel* dont on m'a abreuvée depuis quinze ans.

Et vous me dites de me taire, de rester dans mon coin, d'attendre les secours de la bienveillance qui m'entoure !...

De quelle bienveillance? Quelle est la bienveillance qui m'a secourue depuis six mois que je suis libre? Est-ce la bienveillance officielle, ministérielle? — Voulez-vous savoir ce qu'elle est ?

MM. Lenormant et Greffier ont refusé de me voir. Ceci est pour la justice.

MM. Durangel et Follet m'ont fermé leur porte. Ceci est pour l'intérieur.

Quant aux autres.... MM. les procureurs ont refusé de m'entendre. M. le préfet du Loiret a été bienveillant parce qu'il est bon et aimable; mais lui et Mme Dureau l'ont été comme simples particuliers. M. le maire d'Orléans m'a jetée à la porte de l'hôpital; ses amis ont refusé de prendre des billets pour mon concert....

Que me reste-t-il? — L'Impératrice!

Oui, grâce au général Fleury. Mais on fait en son nom ce que l'on veut; et l'Impératrice ne m'a encore donné que 200 fr....

Ce n'est pas tant qu'une petite bourgeoise sans opinion qui, touchée d'un tel malheur, m'a logée, nourrie, vêtue à Paris et a payé deux mois de mon hôtel ici.

Vous me dites de me taire ! Est-ce là votre justice, Monsieur ? Accepter la honte, le déshonneur, un nom équivoque, une réputation flétrie.... faible, misérable, malade, traîner une vie de mendicité, de mépris.... Pourquoi ? Pour qui ? — Que dois-je à personne ? qui donc m'a tendu la main avec courage, bonté, justice ?....

En admettant que je me taise, le terrible *on* se taira-t-il ?

On avait en effet beaucoup parlé de moi dans la presse et ailleurs; ni la Préfecture de police, ni le ministère n'avaient rien trouvé à répondre, et on s'indignait hautement du silence et de l'inaction de la justice.

Fort inquiète de la façon dont M. Rabut et M. le docteur Constans allaient s'y prendre pour justifier l'administration, et craignant, avec juste raison, que ce ne fût à mes dépens, je vis bien qu'il fallait me décider à retourner à Paris, si je ne voulais pas qu'il en fût de cette seconde enquête comme de la première ordonnée par l'Impératrice. Me trouvant un peu moins accablée et moins malade, quoique ma santé fût toujours dans un état déplorable, je partis le 3 juillet et m'installai en pension dans une famille, 68, rue de Malte.

Je me risquai de nouveau à faire une visite au ministère de l'intérieur; — j'étais *seule*, cette fois; — j'ai été reçue.

M. Durangel était à son bureau. Devant la cheminée,

englouti dans un fauteuil, était un homme plus âgé que lui, décoré, me regardant en dessous, sans bouger ni saluer.

Personne ne me parlant, je finis par demander lequel des deux était M. Durangel. Celui-ci s'inclina, en m'assurant de toute la bienveillance du ministère, avec des yeux qui démentaient ses paroles; puis il me complimenta d'être *guérie* d'une aussi longue maladie.

— Guérie? Vous êtes dans la plus grande erreur, monsieur; je suis plus malade que jamais, de toute façon, et ceci me prouve combien vous êtes abusé par ceux qui vous renseignent. Ce n'est pas votre faute, assurément, et je ne m'en prends pas à vous; mais vous devriez m'être un peu reconnaissant de toute la peine que je me donne pour vous faire savoir la vérité à mes risques et périls. Vous ne savez pas même encore qui je suis, et votre chef de bureau a été dire à mon cousin et au docteur Henri Favre, qui se trouvait là, que j'étais atteinte d'une folie religieuse !

M. Durangel me montra l'individu silencieux et me dit :

— M. Follet.

— Ah! mon ennemi personnel! Hé bien, monsieur, pourquoi donc me dites-vous atteinte d'une monomanie religieuse? Est-ce parce que je signe l'Antechrist?

Là-dessus, on ne put s'empêcher de rire.

— Enfin, vous êtes guérie, puisque vous êtes libre?

— En êtes-vous donc là, messieurs? Me pourrez-vous faire croire que vous êtes aussi candides que cela, que vous croyez aussi profondément aux certificats de MM. les aliénistes? Vous connaissez assez mon horrible position pour savoir que ce n'est pas à cause de ma *folie* qu'on me séquestrait, mais par l'impossibilité où l'on s'était mis *soi-même* de me rendre libre, en me dépouillant de mon nom, de tout ce que je possédais, aussi bien dans vos maisons que chez moi.

— Nous sommes en règle : vous êtes inscrite Chevalier-Rouy.

— D'abord, je ne suis pas *Chevalier-Rouy*, mais Hersilie Rouy; ensuite vous savez fort bien qu'il n'y a aucuns papiers me concernant nulle part, et que c'est parce que j'ai réclamé le nom de Rouy qu'on l'a ajouté au nom de Chevalier, qui est celui de l'enregistrement. Et la preuve, c'est que je suis sortie Chevalier, et que le commissaire de police et M. le docteur Constans ont demandé Mlle Chevalier et non Mlle Rouy. Vous plaidez une mauvaise cause, messieurs ; mieux vaudrait avouer tout simplement qu'on a eu tort, et réparer ce tort en me protégeant.

— Cela est impossible ! On vous a gardée parce que vous étiez folle, et mise en liberté parce que vous étiez guérie.

— De quoi ?

— C'est l'affaire des médecins.

— Alors ne répondez donc pas pour eux, et restez neutre !

— Avez-vous vu M. Mettetal ?
— Non.
— Allez le voir de ma part, madame ; dites-lui que je vous recommande à lui ; priez-le de faire l'enquête ordonnée le plus tôt possible, et soyez assurée de toute notre bienveillance.
— Si vous écriviez un mot à M. Mettetal ? Il vous croirait mieux que moi ; on ne croit pas les folles.
— Vous ne l'êtes plus.
— Erreur ! je suis plus folle et plus enragée que jamais, car je suis décidée à *publier* ce que je n'écrivais qu'en secret.

Je saluai profondément ces messieurs qui, s'étant un peu déridés, m'accompagnèrent jusqu'à leur porte.

En rentrant chez moi, j'adressai les vers suivants à M. Durangel :

Antéchristianisme. — Fatalité !

Oui ! la nécessité des vertus et des vices
D'un astre impérieux doit suivre les caprices,
Et l'homme sur soi-même a si peu de crédit
Qu'il devient scélérat quand Delphes l'a prédit.
L'âme est donc tout esclave ; une loi souveraine
Vers le bien ou le mal incessamment l'entraîne,
Et vous ne recevez ni crainte ni désir
De cette liberté qui n'a rien à choisir.
Attachés sans relâche à cet ordre sublime,
Vertueux sans mérite et vicieux sans crime,
Qu'on massacre les rois, qu'on brise les autels,
C'est la faute des dieux et non pas des mortels.

> De toute la vertu sur la terre épandue,
> Tout le prix, à ces dieux, toute la gloire est due ;
> Ils agissent en vous quand vous croyez agir ;
> Alors qu'on délibère, on ne fait qu'obéir,
> Et notre volonté n'aime, hait, cherche, évite,
> Que selon que d'en haut leur bras la précipite.

Signé : L'Antechrist, et suivi de :

> Au crime, malgré moi, l'ordre du ciel m'attache ;
> Pour y faire tomber, à moi-même il me cache.
> Il offre, en aveuglant, tout ce qu'il a prédit.
> Il m'élève, il m'abaisse, en tous lieux me conduit.
> Hélas ! il est bien vrai qu'en vain l'on s'imagine
> Dérober notre vie à ce qu'il nous destine ;
> Le soin de l'éviter fait courir au devant,
> Et l'adresse à le fuir y pousse plus avant !

Toujours signé : L'Antechrist !

Décidément, j'étais plus que folle, car là je ne parlais plus vaguement d'une inexorable fatalité ; je me posais *moi-même en pierre d'achoppement*, devant faire tomber chacun dans un crime quelconque, afin que cette terrible parole : « Il devient criminel quand Delphes l'a prédit, » fût vraie. Je tirais parti de ma position pour me dire *inconnue à moi-même*. En fallait-il davantage à messieurs du ministère ? J'attendis en vain médecin ou gendarme. On se contenta de dire que j'étais *folle*.

Après avoir laissé le lecteur juge de cette folie, je lui dois cependant une petite explication, qu'il me pardonnera, parce que, s'il connaît à fond tout le répertoire

…parmi la jeune France des individus … comme sage, vieillards, nourris du plus …

…vers sont de lui, sauf une légère modification, … à autrui ce qu'Œdipe dit de lui-même. …appris, enfant, presque sur les genoux de … qui était mon instituteur. Ils m'avaient frap- … ayant retenus, et ils me sont justement reve- …moire après que j'ai eu lancé ce fameux …antéchrist, qui après tout exprime exactement … Dieu et en une invincible prédestination. … voudra s'assurer des choses n'a qu'à ouvrir … ce type douloureux de la fatalité, qui passe … âge comme une menace lugubre ; qui fait … lors qu'on voit une nation succomber, qu'un …, ayant monté jusqu'à Dieu, a appelé sur …ble justice !

… peu de jours après, suivant le conseil de …, chez M. Mettetal, chef de la division de … la Préfecture de police.

… aussi mal disposé pour moi que MM. Du- …ollet, qui m'avaient du moins reçu poli- … Mettetal est certainement un homme fort …, mais tellement enclin à donner raison …, qu'il ne put me cacher sa façon de …

…, me demanda ce qu'étaient ces pré- …tions que j'avais portées à Charenton, à quel propos et comment je m'en étais munie. » Quand il sut que j'avais été *avertie* de ce qui allait m'arriver, il voulut savoir qui était ce personnage si bien renseigné.

— Je ne le connais pas.

— Allons donc ! c'est que vous ne voulez pas le nommer.

Et il me dit tout net « que j'étais CHEVALIER, qu'un *jugement* me défendait tout autre nom, et que M. le docteur baron de Kinkelin s'était débarrassé de moi parce que je l'importunais de mon amour.

Il parlait avec une telle assurance, une telle vivacité, que je suis restée un moment interdite, ne sachant pas si en effet un jugement avait pu être rendu contre moi ou contre mon nom à mon insu.

— Où est ce jugement ? demandai-je enfin ; comment n'a-t-il pas été signifié à moi ou aux administrations ?

— On se le procurera.

— Vous ne l'avez donc pas ?

— Non ; mais on me l'a dit, et cela est.

— Oh ! si ce n'est que cela, je crois bien que vous en parlez comme de M. Pelletan.

— Eh bien ! vous direz peut-être qu'il n'était pas votre amant ?

— Certainement. A quoi pensez-vous donc ? Je ne l'avais jamais vu avant le jour où il m'a enlevée de la part de mon frère.

— F......vous nommez pas Chevalier ?

[...] vous.
[...] venir M. Jeuffrey, chef du bureau [...] arrivé, droit comme un L, pour dire [...] que j'étais enregistrée CHEVALIER [...] par conséquent tout était parfait. Quant [...] inconnus, il n'en était plus question de[...] était campé sur l'adultère.
[...]
[...] pouvez-vous avancer de telles choses[...]
[...] on ; on les aura, les preuves !
[...] de continuer l'enquête. On ne put four[...]ellement, aucun jugement. Je produisis, au [...] celui qui confirmait à ma sœur le nom de [...] voulut batailler sur ma légitimité. Je mis fin [...] disant qu'il n'était pas question de légitimité [...]ardive, mais simplement d'un *nom civil*, [...] et ne pouvant être quitté sans un jugement. [...] dire : « Je ne suis pas la fille de l'astronome; [...]connue dont vous ne savez rien.... » Je fus [...]ment entraînée à défendre mon nom, mes [...] possession d'état, mon pauvre père, ma [...] lesquels mon frère — le propre fils de mon [...] fait *épouser ma sœur à son fils aîné* — [...]mes mains le scandale pour m'accabler et [...] ce nom de CHEVALIER, qui avait surgi on ne [...] pour faire *chuter* tous les coupables.
[...] de nouveau à M. Mettetal, à M. Durangel,

pour bien préciser les faits, donner sur ma famille tous les détails que je possédais, envoyer copie des actes, etc. Je retournai voir M. Jeuffrey, qui m'a franchement engagée à ne pas persister à réclamer l'enquête, attendu qu'elle me serait contraire ; que je devais bien penser qu'on ne se condamnerait pas soi-même ; qu'on s'entendrait pour m'écraser et que je ne pouvais avoir la prétention de l'emporter sur tous.

J'allai à la Préfecture de police et y vis un nouveau commissaire aux délégations judiciaires, M. Jullet, M. Rabut ayant été changé. Mais il avait fait son rapport, et voici ce qu'en dit M. le vicomte d'Aboville :

Tout lecteur de bonne foi, qui lira le rapport Rabut du 2 juin 1869, reconnaîtra que l'on y traite avec la même importance, et habilement mêlés, les faits mêmes de la cause, qui intéressaient seuls la justice, et des histoires mystérieuses (1) qu'une imagination de femme amie du merveilleux avait eu l'imprudence d'y joindre. En donnant de tout cela une analyse bien sèche, sans explication, sans lien dans les idées, M. Rabut a fait des réponses de Mlle Rouy un fatras incompréhensible, bien propre à faire douter de sa raison, à l'époque même où elle est le mieux attestée par les maîtres de l'hôtel où elle demeurait et les nombreuses personnes qui la voyaient journellement à Orléans. — Quant à M. Jullet, ayant cru, d'après certaines dépositions que nous discuterons plus loin, que le commissaire de police avait prêté un concours officieux au placement de Mlle Rouy à Charenton, il conclut, à tort selon moi, qu'il n'y avait pas eu séquestration arbitraire. Ces conclusions firent rejeter la demande de Mlle Rouy

(1) Celles de la disparition de mes frères Ulysse et Télémaque.

A moins d'agir comme homme privé pour un parent ou un ami, le concours d'un commissaire de police ne peut jamais être officieux, mais *officiel*, et comme tel consigné sur ses registres ; or, ceux de M. Stroppé ne portent rien me concernant, car il n'avait pas à y inscrire la fausse démarche que lui avaient fait faire mes concierges, puisqu'elle n'avait pas été suivie d'effet, moi lui ayant ouvert ma porte au premier bruit. Il serait vraiment trop commode de pouvoir dire : « J'étais en règle ; j'étais accompagné du commissaire de police, » et d'être cru sur parole, tandis que la victime de l'enlèvement clandestin passera pour folle et ne sera même pas crue en apportant les preuves de ce qu'elle dit.

Quoi qu'il en soit, M. Jeuffrey avait raison : l'enquête avait tourné contre moi. Je fus avisée, le 13 juillet 1869, que l'assistance judiciaire m'était refusée.

Que faire ? Réclamer une nouvelle enquête, recommencer sur nouveaux frais ? C'est à quoi je me décidai, ne pouvant croire que mon bon droit ne finît enfin par l'emporter. Je fis de nombreuses recherches pour retrouver les personnes qui avaient été mêlées à mes affaires ; plusieurs étaient absentes, mortes, disparues. Paris, à moitié démoli et reconstruit, était changé de fond en comble : je ne m'y reconnaissais plus ; mon triste état de santé mettait souvent obstacle à mes démarches.

Heureusement j'avais à Orléans, en M. et Mᵐᵉ le Normant des Varannes, des amis dévoués à ma cause. De leur côté les recherches étaient actives et aboutissaient généralement à des résultats, aussi concluants qu'inattendus. Notre correspondance était régulière et mérite d'être classée séparément, afin qu'on puisse se rendre compte des difficultés surgissant de tous côtés, de la persévérance extraordinaire déployée par cette famille exceptionnelle, s'unissant à moi pour me suivre dans mon infortune, dans ma lutte ; ne m'abandonnant pas, alors que chacun se trouvait rebuté par une poursuite aussi longue que vaine. J'ai toujours reçu cependant des preuves de bienveillante sympathie de tous ceux auxquels mes malheurs ont été connus ; ne pouvant entrer dans ce détail et voulant leur laisser un témoignage de ma gratitude, je donne à la fin de cet ouvrage la liste de ceux qui ont eu pitié d'une abandonnée ; on verra parmi eux beaucoup de fonctionnaires pour lesquels la pitié n'était peut-être pas sans danger.

M. Georges Coulon, secrétaire de Jules Favre, étant absent, M. de la Taille, avocat à Orléans, m'adressa à un jeune confrère de talent, M. Helbronner, qui voulut bien faire des démarches à la Préfecture de police pour obtenir une enquête véritablement sérieuse et, si possible, une conciliation. J'aurais volontiers renoncé à poursuivre les auteurs de ma séquestration, si l'administration avait bien voulu reconnaître qu'elle avait été abusée, que j'avais été victime d'une *erreur*, me réhabiliter ainsi moralement et m'assurer des moyens d'existence, en dédommagement de ce que m'avait fait perdre le défaut de tutelle administrative.

La nouvelle enquête se poursuivait. J'allai plusieurs fois à la Préfecture de police, où je fus longuement interrogée par M. Jullet, qui s'obstinait à vouloir rechercher le motif m'ayant fait séquestrer, examinait mes actes, se perdait dans ce labyrinthe, mais y mettait une grande bienveillance et me disait qu'il y passerait un mois, s'il le fallait, pour tirer tout cela au clair. D'autres étaient plus pressés, sans doute, et moins consciencieux, car M. Jeuffrey me dit un beau jour « que l'enquête était terminée. »

A ces mots, je bondis :

— Comment ! est-ce là une enquête ?

— Courez vite voir M. Jullet, me dit-il ; je trouve que ceux qui commettent des crimes méritent d'être punis, quand même ils seraient rois. Si par hasard le procès-verbal est remis à M. Mettetal, courez au ministère, protestez, demandez un supplément d'enquête.

J'allai aussitôt au commissariat ; M. Jullet n'y était pas. Je lui laissai un mot et me rendis chez M. Mettetal, qui m'envoya son secrétaire pour me dire que M. Helbronner était venu, qu'ils avaient pris rendez-vous et que j'eusse à causer avec lui auparavant. N'ayant pas trouvé M. Helbronner chez lui, je lui écrivis, et il vint me voir à sept heures du soir.

Il paraissait un peu découragé, et je crois encore qu'il ne m'a pas tout dit. Il avait vu l'enquête, qui était bien ce que je devais attendre. M. Mettetal croyait à la folie. Laquelle? On avait entendu M. Rouy, qui avait remis copie, mais copie seulement, de l'acte de mariage et de l'acte de décès de sa mère, et cela avait suffi pour conclure contre moi.

Dans la lutte que je soutenais contre les bureaux des ministères et de la Préfecture de police, on ne se contentait pas de m'accabler sous des rapports odieux et mensongers dont je subissais les effets, et que je connus plus tard, grâce à mes rapporteurs; des publications signées de pseudonymes, auxquels il ne me serait peut-être pas difficile de substituer les véritables noms, furent lancées dans le public, afin de discréditer les projets de réforme et d'exalter les bienfaits de la loi de 1838. Dans sa *Lettre à un Député*, M. Stéphan Senhert s'élevait surtout contre l'intervention du tribunal dans les séquestrations, intervention réclamée par tous les projets de loi, la qualifiant de *monstruosité*, *d'outrage à l'humanité;* son but était seulement, disait-il, d'empêcher *un grand intérêt social d'être compromis par des réformes intempestives.*

Dans un autre opuscule, paru en 1870, intitulé : *Une maison de fous*, et signé A. de Saint-Rémy, l'auteur tombe par hasard au milieu d'une partie champêtre, organisée pour les fous des deux sexes avec lesquels il déjeune sur l'herbe. Invité à visiter l'établissement, il y assiste à un concert ; le directeur lui fait les honneurs de ses pensionnaires, réels ou supposés, sans les nommer bien entendu, et voici le portrait ridicule qu'il y traçait de moi :

Reconnaissez-vous cette petite femme qui se donne des airs de princesse ? Elle a occupé un moment le piano, sur lequel elle possède un talent assez remarquable. C'est pour la cinquième fois qu'elle rentre dans mon établissement ; mais vous ne lui persuaderez pas qu'elle ne peut rester longtemps dans le monde en état de liberté. Elle dit avoir du sang royal dans les veines. On lui a pris son nom et sa fortune. Écoutez-la, si vous voulez juger par vous-même de son état mental.

En effet, elle prit la parole, qu'elle garda pendant plus d'un quart-d'heure, sans qu'il fût possible de placer un mot, et nous répéta avec une merveilleuse assurance l'histoire qu'elle s'était faite. Ceci n'était rien encore. Dans d'autres moments elle se donnait pour le diable et rêvait un mariage d'amour avec Jésus-Christ, qu'elle appelait de tous ses désirs.

Cette allusion si précise à la fameuse lettre prise dans ma malle fermée, à Maréville, et seule preuve de démence invoquée contre moi, prouve bien où M. de Saint-Rémy a puisé ses inspirations.

Cette brochure accordait, comme celle de Senhert, que l'unique réforme à faire était un peu plus de contrôle sur le fait accompli, par la création d'une commission de trois ou quatre membres. Mais elle était surtout dirigée contre Sandon ; son affaire et la mienne furent une des graves préoccupations des derniers temps de l'Empire. Quand on publia les papiers des Tuileries, on vit que l'Empereur avait acheté le silence de ce malheureux au moyen d'une pension de 6,000 fr. sur sa cassette particulière ; cette transaction restée secrète donnait en outre le droit de soutenir publiquement qu'il était fou et archifou, tout en étant, comme moi sans doute, atteint d'une folie *difficile à admettre dans le monde*. Tel n'a pas été l'avis du tribunal qui a maintenu, en avril 1875, la validité de son testament.

En regard du panégyrique de M. de Saint-Rémy, je demande la permission de placer une lettre de M. le docteur le Normant des Varannes. Je la transcris aussi afin d'établir que mes *défenseurs*, mes *appuis*, mes *amis*, ont bien autant d'esprit et possèdent des sentiments au moins aussi élevés que mes détracteurs et mes persécuteurs. J'ai moins de partisans, peut-être, que MM. les aliénistes, que MM. les amateurs de lettres de cachet ; mais tant peu qu'il y en ait, la qualité vaut la quantité, et souvent la minorité prévaut, quand cette minorité a pour elle la justice et le droit.

Orléans, 25 mars 1870.

Mademoiselle,

J'ai reçu de vous une carte que vous m'avez fait l'honneur de m'adresser, et qui témoigne que vous ne m'avez pas oublié. J'aurais voulu vous répondre immédiatement, et mille soucis et tracasseries de profession m'en ont empêché. Je vous prie donc de m'excuser et de vouloir bien croire que, malgré mon silence, je vous suis par la pensée et m'intéresse vivement au triomphe de votre cause, qui est celle de la justice. Lorsque viendra à la Chambre le moment de discuter la loi sur les aliénés, vous serez une preuve vivante de l'élasticité avec laquelle elle était appliquée, et vous serez une protestation, par vos malheurs, contre les facilités que donnait cet article 8 aux médecins, qu'on trouve parfois trop disposés à servir les passions ou les intérêts des familles.

J'espère qu'enfin on voudra percer les obscurités de tant de séquestrations injustifiables, au nombre desquelles la vôtre doit venir au premier rang, par les singularités et le mystère dont elle est marquée; par sa longue durée; par les témoignages remarquables que vous avez en votre faveur; par les incessantes réclamations que vous avez formulées à tous les moments et sous toutes les formes; par la réunion d'un dossier considérable de lettres et d'autres documents; et enfin surtout, Mademoiselle, par cette intelligence, cette vigueur de l'esprit, cette énergie de caractère que le ciel vous a conservées dans vos malheurs inouïs, qui sont une preuve éclatante que vous portez partout avec vous et qui, produite au grand jour de la publicité, devra confondre toute calomnie.

C'est la lumière qu'il faut sur cette existence que l'on a faite misérable et ténébreuse, et cette lumière se fera le jour où on déroulera en face du pays le triste tableau des abus d'une autorité agissant sans surveillance et sans contrôle.

Soyez donc persuadée que mes sympathies vous suivent, et sachez que vous pouvez compter sur mon concours et que je suis prêt à vous seconder de tout mon pouvoir.

Mme le Normant se rappelle à votre bon souvenir, et je vous prie, Mademoiselle, d'agréer, avec l'assurance de toute notre estime et notre amitié, l'expression de ma considération distinguée.

Docteur C. LE NORMANT DES VARANNES.

Le docteur le Normant était un des principaux médecins de la ville, frère du receveur des hospices qui avait réuni mon dossier ; depuis ma sortie il n'avait cessé de me prodiguer ses encouragements et ses soins ; personne ne pouvait donc être plus compétent ni mieux renseigné que lui.

M. Coulon était rentré à Paris ; M. Helbronner, un peu découragé, comme je l'ai dit, trop occupé pour suivre une affaire si compliquée, et ne voulant surtout pas avoir l'air d'aller sur les brisées d'un confrère, me remit de nouveau entre ses mains. Il perdait tout espoir de rien obtenir du ministère ou de la préfecture ; je n'avais pas le moyen de soutenir un procès : il ne voyait d'autre ressource que de solliciter une réparation amiable de mon frère, ou de recourir de nouveau à l'assistance judiciaire.

Jules Favre, ayant été refusé une fois, n'était pas disposé à s'exposer à un nouvel échec. Il me fallait un avocat en renom, pour avoir quelque chance d'être écoutée.

J'écrivis à M⁰ Lachaud, dont j'attendis vainement une réponse ; il n'est pas l'avocat des *assassinés*. C'est alors qu'ayant lu dans l'*Opinion nationale* les comptes-rendus si émouvants de l'affaire du capitaine Barthélemy, faits par M. Paul Lesage, avocat à la cour de cassation, je lui écrivis directement, sans autre appui près de lui que ma malheureuse situation dont je lui donnais l'exposé. Il me répondit aussitôt : « *Je suis tout prêt à vous soutenir dans la défense d'une cause qui intéresse tous les honnêtes gens*, » et prit immédiatement rendez-vous pour que je pusse lui communiquer mon dossier.

J'étais encouragée et secondée alors par l'excellent M. Eugène Garsonnet, dont je devais la connaissance à mes bons amis d'Orléans, et qui, poursuivant avec passion la réforme de la loi de 1838, était disposé à s'occuper de toutes les plaintes en séquestration, quand même son bon cœur ne l'aurait pas si fortement incliné du côté des opprimés.

Ma seconde demande en assistance judiciaire fut déposée le 6 avril 1870 ; je me basais, pour la renouveler, sur la production de pièces qui n'étaient pas en ma possession lors de ma première demande, et qui prouvaient les illégalités dont j'avais été victime.

Je fus mandée pour le 29 devant le bureau ; croyant qu'il s'agissait de m'interroger, je m'étais munie de copies de pièces, d'actes et de différents papiers que je pensais remettre à M. Paul Lesage, à qui j'avais donné rendez-vous au palais. On me fit entrer dans le cabinet de M. le rapporteur, et ma surprise fut grande en me trouvant en présence des deux fils Roury, de M. Bauer, ancien avoué, beau-père d'Henri, et de l'avoué du docteur Pelletan. M. Paul Lesage m'avait prévenue que l'assistance me serait refusée, la justice était contre les aliénés, et j'en eus presque la certitude en me voyant convoquée ainsi pour le jugement à rendre, sans mes conseils et seule contre ces hommes de loi.

D'autre part, M. Barroux, ancien directeur de Fains,

alors directeur de Charenton, se présentait aussi comme partie adverse, et M. Leblond, le rapporteur, lui fit une masse de politesses, évitant de me parler, de m'écouter et même de me regarder. M. Barroux pourtant, loin de m'être hostile, se montra très-sympathique ; du moins à cette séance, où il n'était pas personnellement en cause.

M. Leblond ayant lu l'acte d'accusation, le trouva grave, à cause de la déclaration faite par M. le président Vilneau que « *j'avais été placée sous un faux nom, et que ma mort avait été annoncée sous mon nom civil et connu.* » Mais il ajouta qu'il n'avait en main qu'une copie, et que par conséquent la pièce était douteuse. Je demandai vingt-quatre heures pour la fournir de la main même de son auteur. Elles ne me furent pas accordées.

Jean Rouy, interrogé, déclara que sa grand'mère s'était séparée amiablement de son grand-père, qui avait des maîtresses de tous les côtés ; que l'une l'avait gratifié de deux filles, moi et une autre ; que par conséquent j'étais fille adultérine et n'avais aucun droit au nom de Rouy. J'ai voulu mettre nos actes sous les yeux du rapporteur ; il m'a dit d'attendre, que le bureau allait se réunir et que nous nous expliquerions devant lui.

Je les fis voir alors à Jean Rouy, ainsi que le jugement. Il dit :

— Justement ! justement !

— Justement quoi ? Ne savez-vous donc pas que vous avez épousé Mlle Rouy ?

Il courut à la fenêtre d'un air effaré, pour bien voir probablement quel était le nom de sa femme. Il revint l'oreille basse et me remit le jugement en silence.

L'avoué du docteur Pelletan dit alors que l'assistance m'avait été refusée en 1869.

— Comment ? s'écria M. Leblond en sonnant vivement et demandant le dossier indiqué.

— De plus, ajouta l'avoué, madame a été enfermée par le fait de l'autorité.

— Mais alors, M. le docteur Pelletan est hors de cause ?

— Tout à fait.

— Il n'y a eu aucune intervention de l'autorité, dis-je.

— Si fait, me répondit impérieusement l'avoué.

Il montra des lettres signées : Sathan, l'Antechrist, la filleule de Pierre, Mlle François, etc., en disant :

— Vous voyez par ces signatures qu'elle est folle.

— Ce qui n'a pas empêché le docteur Pelletan de les bien comprendre, dis-je indignée ; donnez-en donc lecture.

Il les remit dans sa serviette en me regardant ironiquement, et donna à lire une lettre de quatre pages adressée par mon frère à M. Pelletan, et une de ce dernier.

M. Barroux, curieux de les connaître, se leva et alla

les lire tout haut, en sorte que j'entendis des infamies pires encore que celles qui avaient été écrites à M. et Mᵐᵉ le Normant des Varannes et à M. Boisbourdin. Cela datait de 1869. Mon frère cherchait à me faire déclarer de nouveau folle et donnait au docteur Pelletan les renseignements sur lesquels il pouvait s'appuyer pour se défendre, lui disant que j'étais en traitement comme folle lorsqu'on avait pris le parti de m'enfermer, après des alternatives de mieux et de plus mal. Le docteur Pelletan, de son côté, écrivait m'avoir *soignée lui-même pendant plus de six semaines.* Chaque fois que je voulais parler, on me disait : « Attendez. » M. Barroux témoigna qu'il n'y avait à Charenton ni demande d'admission, ni trace d'aucune autorité ; que même le ministère l'avait fortement réprimandé à ce sujet, mais qu'il n'y était pas alors et que ce n'était pas de sa faute. On lui a demandé ce qu'étaient les certificats ; il a répondu « qu'ils étaient au délire. »

Nous sortîmes du cabinet de M. le rapporteur, et peu après un huissier nous introduisit devant le bureau.

M. Leblond fit un rapport fort malveillant pour moi, acceptant toutes les affirmations de mes adversaires, et conclut en disant que mon instance avait déjà été repoussée l'année précédente.

— Alors pourquoi nous la présenter ? dit le président.

L'assistance judiciaire me fut refusée séance tenante,

et notification me fut faite de ce refus le 10 mai suivant, bien que M. Vilneau eût écrit le 2 une lettre dont on avait fait légaliser la signature, et qui confirmait et complétait celle dont j'avais donné la copie.

— Vous poursuivrez? me dit en sortant M. Barroux.

— Certes ! je n'ai essayé de la conciliation que pour n'avoir rien à me reprocher. Je vais porter plainte criminellement.

— De quoi vis-tu ? me dit Jean.

— De charités.

— Cela ne peut durer toujours; si j'avais de l'argent, je t'aiderais.

— Cela serait gracieux, après ce que vous avez tous fait !

— Ne suis-je pas ton beau-frère ?

— Peut-être; il n'est pas bien sûr que je sois la sœur de ta femme.

— Qu'est-ce que cela veut dire ?

— Qu'il y a eu beaucoup de versions sur moi et qu'il faudra savoir ce qu'elles signifient. Mais en ce moment, peu importe de qui je suis fille ou sœur ; c'est la raison pour laquelle j'ai été enlevée de chez moi, enfermée, dévalisée, qui est importante. La séquestration est tout. Quant au nom, c'est une affaire civile, et pour peu que vous teniez à ce que je ne sois pas Rouy, on pourra avoir un procès, après l'affaire de la séquestration vidée.

Il nous quitta assez penaud. M. Barroux me reconduisit jusqu'en dehors du palais, me rappelant le passé, ses bons offices, etc. Je l'en remerciai et, en rentrant chez moi, j'écrivis à mon frère une lettre où débordait toute mon indignation et que je terminais ainsi, après lui avoir retracé les faits tels qu'ils s'étaient passés :

Alors que je vivais de mon travail, vous m'avez jetée dans un abîme de douleurs ; vous avez semé sur nous tous le scandale et le trouble…. Récoltez le trouble et le scandale ! Couvrez votre fils, qui respecte tant l'honneur de la mère de sa femme, de l'honneur de la vôtre !

Quant à moi, je suis *Hersilie*. — C'est le seul nom qui me soit nécessaire.

Mais jusqu'à ce que l'opinion publique, la justice divine et humaine aient décidé entre nous, je serai

Votre victime,
Hersilie ROUY.

CHAPITRE XVI

Pétition aux Chambres. — La délaration de guerre. — Retour à Orléans.

Que devenir? J'écrivis au comte de Chambord, lui racontant mes tristes aventures, lui demandant de m'accorder la place de pianiste de Sa Majesté déchue, « qu'on avait dit être mon frère, et qui l'était en effet par Dieu et par le malheur. »

Le 16 mai, j'adressai une pétition aux Chambres; celle du Sénat resta dans les cartons. « Il n'y a rien à attendre de cette assemblée de ramollis, » m'écrivait un ami qui en avait fait l'expérience. « Ne savez-vous plus quel est le genre de déments qu'on appelle la *division du Sénat* à Charenton ? »

Ma pétition à la Chambre des députés eut un meilleur sort. M. Dréolle fut chargé du rapport et s'en occupa avec autant d'activité que de bienveillance. M. Paul Lesage, bien au courant de mes affaires, avait fait un tri des pièces qui devaient lui être soumises et le vit, avec M. Garsonnet. Celui-ci se donnait énormément de mouvement et, à force de stimuler les uns et les autres, avait fini par intéresser à la question des aliénés MM. Gambetta et Magnin, qui avaient déposé, depuis trois mois déjà, un projet de loi sur la matière. M. Gambetta était malade ; mais MM. Magnin et Glais-Bizoin avaient repris chaudement cette proposition, avaient obtenu un rapport favorable, et les bureaux avaient nommé une commission spéciale pour s'en occuper. De plus, la commission des aliénés, dont l'impératrice Eugénie était présidente d'honneur, avait entendu M. Garsonnet, lequel avait eu également une audience de M. le garde des sceaux, et en plaidant la question générale il n'avait pas oublié la mienne. M. Dréolle avait eu la bonté de me recevoir un jour au corps législatif pendant la séance, et de m'écouter avec la plus encourageante sympathie.

J'étais en rapport avec M. le docteur Thulié, avec MM. Jules Claretie, Sauvestre, Azévédo, Duvernoy, mon ancien professeur au Conservatoire, qui eut la gracieuseté de m'apporter ses nouvelles compositions ; avec bien d'autres encore, avocats, journalistes, médecins, hauts fonctionnaires, etc.

Parmi les personnes que je revis alors se trouvait M. le docteur Octave Lhuillier, qui m'avait rendu divers petits services lorsque j'étais à Maréville, entre autres de garder des lettres précieuses pour moi et dont je craignais justement d'être dépouillée. Il me les avait rendues aussitôt ma mise en liberté. Il était venu me

... relations depuis mon séjour à Paris, ... de mon frère et eut l'amabilité de m'in... ... de mariage. C'était en juin 1870. Je ... ne fus pas peu étonnée en me trouvant ... le docteur Palieten. L'impression que ... ... ne peut être mieux rendue que ... ... d'une lettre de M. le docteur Lhuillier :

« ... reçu que j'eusse pour premier témoin de ... la scène première de votre martyre. Que de ... ... à [ma femme] ! En venant me faire vos ... ... aussitôt après la messe de noces, vous appe... ... Palletin, qui fut tellement ému qu'il devint ... citron et s'empêtra dans la queue de sa robe ... point que je crus le voir tomber par terre ; il ... pour remettre ses esprits troublés. Rien que ... combien il était coupable.

... près de la fin de la session pour que je ... une solution de mon affaire ; cependant ... essentiellement à en saisir la Cham... ... les députés du Loiret, j'étais assurée de ... ... nombre de leurs collègues. Il y ... autres pétitions analogues à la mienne ; ... de la question de séquestration arbi... ... dans mon affaire, ainsi que une ... Lanjuinais, a vu fait d'une extrême ... une séquestration sous un autre nom

... 1870 était le jour fixé par M. Drolle,

mément de mouvement et, à force de stimuler les uns et les autres, avait fini par intéresser à la question des aliénés MM. Gambetta et Magnin, qui avaient déposé, depuis trois mois déjà, un projet de loi sur la matière. M. Gambetta était malade ; mais MM. Magnin et Glais-Bizoin avaient repris chaudement cette proposition, avaient obtenu un rapport favorable, et les bureaux avaient nommé une commission spéciale pour s'en occuper. De plus, la commission des aliénés, dont l'impératrice Eugénie était présidente d'honneur, avait entendu M. Garsonnet, lequel avait eu également une audience de M. le garde des sceaux, et en plaidant la question générale il n'avait pas oublié la mienne. M. Dréolle avait eu la bonté de me recevoir un jour au corps législatif pendant la séance, et de m'écouter avec la plus encourageante sympathie.

J'étais en rapport avec M. le docteur Thulié, avec MM. Jules Claretie, Sauvestre, Azévédo, Duvernoy, mon ancien professeur au Conservatoire, qui eut la gracieuseté de m'apporter ses nouvelles compositions; avec bien d'autres encore, avocats, journalistes, médecins, hauts fonctionnaires, etc.

Parmi les personnes que je revis alors se trouvait M. le docteur Octave Lhuillier, qui m'avait rendu divers petits services lorsque j'étais à Maréville, entre autres de garder des lettres précieuses pour moi et dont je craignais justement d'être dépouillée. Il me les avait rendues aussitôt ma mise en liberté. Il était venu me

... rentrée depuis mon séjour à Paris ... ma mère et eut l'amabilité de m'ins... de partage. C'était en juin 1870. Je ... ne fus pas peu étonnée en me trouvant ... du docteur Pelletan. L'impression que ... ne peut être mieux rendue que ... d'une lettre de M. le docteur Lhuillier :

... voulut que j'eusse pour premier témoin de ... la cause première de votre martyre. Que de ... fait à ma femme ! En venant me faire va... ... sacristie après la messe de noces, vous ape... ... à Pelletan, qui fut tellement ému qu'il devint ... et s'empêtra dans la queue de la robe ... point que je crus le voir tomber par terre j'ai ... pour remettre ses esprits troublés. Rien que ... combien il était coupable.

... trop près de la fin de la session pour que je ... une solution de mon affaire ; cependant ... essentiellement à en saisir la Cham... ... les députés du Loiret, j'étais assurée de ... certain nombre de leurs collègues. Il y ... autres pétitions analogues à la mienne ; ... de la question de séquestration arbi... ... dans mon affaire, ainsi que ce... ... Larguinais, a un fait d'une extrême ... une séquestration sous un autre nom ...

... 1870 était le jour fixé par M. Drioller,

la session finissant le jeudi suivant. La déclaration de guerre avec la Prusse occupait tous les esprits. M. le garde des sceaux, demandant la parole pour une motion d'ordre, dit que les rapports de pétitions n'avaient aucun caractère d'urgence, et demanda de reprendre immédiatement la discussion du budget. M. Pelletan répondit au ministre :

Nous ne devons pas interrompre nos travaux; le droit de pétition est écrit dans la constitution nouvelle. Il doit être respecté. Les questions les plus graves peuvent être soulevées par les pétitions. Il peut en venir qui réclament le redressement d'un abus. Aujourd'hui même, peut-être, va venir le rapport sur une pétition relative aux incarcérations de personnes qu'on dit aliénées.... L'ordre du jour porte des rapports de pétitions ; on ne peut changer l'ordre du jour sur la demande d'un ministre.

M. le président de Talhouet répondit que la Chambre était toujours maîtresse de son ordre du jour.

En vain M. Dréolle insista en faisant valoir qu'il y avait également des pétitions d'ouvriers, et d'entrepreneurs demandant la reprise des travaux ; la Chambre passa outre.

Tout était donc indéfiniment ajourné ; ce n'était pas seulement pour moi une question de temps, mais une question de vie. Jusque-là, grâce aux générosités des uns et des autres espérant voir bientôt un secours régulier mettre fin à ma détresse, j'étais arrivée à me soutenir à Paris, où ma pension était de 180 fr. par mois. Je n'avais pu, le 1er juillet, donner que 80 fr. à compte à ma propriétaire, en lui disant, ce qui était vrai, que ma tante d'Aix-la-Chapelle, la mère de Laurency, m'avait promis de payer ce mois. Le 18, elle me réclama le complément, en disant que l'argent de Prusse ne viendrait pas, qu'elle voulait être payée tout de suite, et, bien que je lui fisse observer que je ne m'étais pas engagée à la payer d'avance, elle ne voulut rien écouter et cria à me rendre folle, si j'eusse été — pour mon bonheur ! — capable de le devenir.

Je courus chez Laurency ; sa mère, au désespoir du départ de cinq de ses petits-fils pour l'armée prussienne, ne pensait plus guère à moi ; lui-même était tiraillé de tous côtés. Il me donna 50 fr. et apostilla chaudement mes demandes de secours aux ministères ; mais je ne pouvais en attendre le résultat. Il me fallait absolument compléter la somme réclamée par mon hôtesse. J'allai inutilement chez M. Piétri, puis chez M. Jeuffrey, demandant à qui m'adresser pour me faire rendre compte des bijoux qui m'avaient été volés à la Salpêtrière, ce qui ne pouvait être contesté, car il y avait eu inscription au registre de ce que j'y avais porté, et rien ne m'avait été rendu. Il me dit que cela regardait un chef de bureau de l'Assistance publique, M. Havet. Celui-ci me reçut très-bien, me dit qu'il me connaissait parfaitement et qu'il ne m'avait jamais crue folle ; qu'il avait lu mes lettres et avait déclaré que j'étais exaspérée et n'écrivais ainsi *que pour me moquer du monde.* Hélas! pourquoi les médecins ne m'avaient-ils pas jugée comme lui? Mais il m'apprit que les aliénés n'étaient plus du ressort de M. Husson et avaient été placés dans les attributions du préfet de la Seine. Il me conduisit à l'Hôtel-de-Ville, où un M. Danbié me dit que je pouvais faire mes réclamations à M. Gobert, directeur de la Salpêtrière, et s'il ne me donnait pas satisfaction, m'adresser au préfet de la Seine ou au préfet de police. Je rentrai chez moi, ne pouvant plus traîner ni mes jambes, ni mon corps.

Je repartis le lendemain et retournai chez M. Piétri, qui y était cette fois et me reçut parfaitement, grâce au nom de Laurency, qui lui avait adressé ma demande de secours. Il me dit avoir remis cette demande à M. Pascal, secrétaire de M. Conneau, qui tient tous les secours. Je montai chez M. Pascal, qui poussa des soupirs en disant qu'il aurait voulu faire plus dès qu'il avait vu le nom de Laurency, mais que jamais on n'a été si malheureux; que sa caisse était à sec; qu'il ne pouvait me donner que 50 fr., et encore que cette somme ne se donnait que tous les ans. Il a été fort poli, m'a gardée dans son bureau jusqu'à ce que l'argent fût prêt à la caisse..... Je rentrai vite solder mon hôtesse et me trouvai avec 15 fr. en poche, mais assurée du vivre et du couvert pour jusqu'à la fin du mois.

J'allai voir M. Jolibois, commissaire du gouvernement, chargé des informations à prendre au sujet de ma pétition, et lui demandai de m'entendre, lui disant à quel point le gouvernement était abusé par les bureaux. Il me répondit qu'il m'écouterait très-volontiers, mais seulement quand ma pétition serait sur le point de passer, parce que d'ici là il aurait tout oublié s'il s'en occupait maintenant. Tous ceux que je vis, avocats, députés, journalistes, fonctionnaires, m'en dirent autant. On avait bien autre chose en tête que les aliénés !

Je ne savais positivement où aller, ni que devenir, ne voulant pas être une charge illimitée pour mes bons amis d'Orléans, dont le fils aîné partait comme soldat par l'appel anticipé de la classe à laquelle il appartenait. Ces admirables amis avaient fait tout ce qu'on peut humainement faire.

J'écrivis et fis écrire de tous côtés à d'anciennes connaissances riches qui pouvaient me donner un abri dans un coin de leur château : au comte de Chalais, président d'une société de secours aux aliénés ; j'adressai une demande de secours à l'Impératrice et à H. Husson. M. Laurency se chargea de les envoyer. M. Piétri m'avait promis de recommander chaudement, au nom de l'Impératrice, « *qui ne s'occupait pas de ces détails*, » ma demande, qu'il serait chargé de transmettre au ministère de l'intérieur.

Je cherchai moi-même un établissement où l'on voulût me recevoir. A Sainte-Périne, on n'entrait qu'en payant, et il fallait être âgé de plus de soixante ans.

les lire tout haut, en sorte que j'entendis des infamies pires encore que celles qui avaient été écrites à M. et Mme le Normant des Varannes et à M. Boisbourdin. Cela datait de 1869. Mon frère cherchait à me faire déclarer de nouveau folle et donnait au docteur Pelletan les renseignements sur lesquels il pouvait s'appuyer pour se défendre, lui disant que j'étais en traitement comme folle lorsqu'on avait pris le parti de m'enfermer, après des alternatives de mieux et de plus mal. Le docteur Pelletan, de son côté, écrivait m'avoir *soignée lui-même pendant plus de six semaines*. Chaque fois que je voulais parler, on me disait : « Attendez. » M. Barroux témoigna qu'il n'y avait à Charenton ni demande d'admission, ni trace d'aucune autorité ; que même le ministère l'avait fortement réprimandé à ce sujet, mais qu'il n'y était pas alors et que ce n'était pas de sa faute. On lui a demandé ce qu'étaient les certificats ; il a répondu « qu'ils étaient au délire. »

Nous sortîmes du cabinet de M. le rapporteur, et peu après un huissier nous introduisit devant le bureau.

M. Leblond fit un rapport fort malveillant pour moi, acceptant toutes les affirmations de mes adversaires, et conclut en disant que mon instance avait déjà été repoussée l'année précédente.

— Alors pourquoi nous la présenter ? dit le président.

L'assistance judiciaire me fut refusée séance tenante,

et notification me fut faite de ce refus le 10 mai suivant, bien que M. Vilneau eût écrit le 2 une lettre dont on avait fait légaliser la signature, et qui confirmait et complétait celle dont j'avais donné la copie.

— Vous poursuivrez ? me dit en sortant M. Barroux.

— Certes ! je n'ai essayé de la conciliation que pour n'avoir rien à me reprocher. Je vais porter plainte criminellement.

— De quoi vis-tu ? me dit Jean.

— De charités.

— Cela ne peut durer toujours ; si j'avais de l'argent, je t'aiderais.

— Cela serait gracieux, après ce que vous avez tous fait !

— Ne suis-je pas ton beau-frère ?

— Peut-être ; il n'est pas bien sûr que je sois la sœur de ta femme.

— Qu'est-ce que cela veut dire ?

— Qu'il y a eu beaucoup de versions sur moi et qu'il faudra savoir ce qu'elles signifient. Mais en ce moment, peu importe de qui je suis fille ou sœur ; c'est la raison pour laquelle j'ai été enlevée de chez moi, enfermée, dévalisée, qui est importante. La séquestration est tout. Quant au nom, c'est une affaire civile, et pour peu que vous teniez à ce que je ne sois pas Rouy, on pourra avoir un procès, après l'affaire de la séquestration vidée.

Au moment où je désespérais presque, M. Camille Doucet envoyait 100 fr. pour moi à Laurency au nom de la Société des artistes; mon hôtesse m'offrait une diminution de 50 fr. par mois; j'avais touché l'infime reliquat de la vente de mon mobilier, et je recevais la lettre suivante de M. le président Vilneau :

Orléans, 6 août 1870.

Mademoiselle,

Je suis profondément touché de la triste situation à laquelle je vous vois aujourd'hui réduite. Chaque jour s'évanouissent les espérances que j'avais conçues dans votre intérêt. La clôture précipitée du corps législatif a ajourné indéfiniment le rapport de l'honorable M. Dréolle sur votre pétition et sur celles de personnes qui, comme vous, ont eu à souffrir des séquestrations arbitraires, ou tout au moins irrégulières.

J'espérais que ce rapport éclairerait l'autorité sur votre position spéciale et que l'administration, appréciant votre conduite pleine de modération et de convenance depuis votre sortie de l'asile d'Orléans, chercherait autant que possible à réparer le préjudice par vous souffert, en vous assurant les moyens d'une existence modeste, ou tout au moins une retraite convenable dans un établissement charitable où les justes susceptibilités de votre caractère n'auraient pas trop à souffrir.

En attendant la réalisation de ces espérances, auxquelles je ne renonce pas complètement, je vous adresse un nouveau témoignage de l'intérêt que ma famille et moi-même nous vous conservons.

J'aurai bientôt l'occasion de voir M. le comte de Pibrac, qui vous garde un souvenir toujours affectueux et dévoué; je l'inviterai à réveiller les sentiments de bienveillance de Mme de Saint-M...,

Recevez, Mademoiselle, en mon nom et au nom de ma fille,

trop souffrante pour répondre à votre lettre, l'assurance de mes meilleurs sentiments.

VILNEAU.

Le bon M. Vilneau s'abusait en conservant quelque espérance en l'administration de l'Assistance publique, M. Husson ayant répondu à Laurency ne pouvoir me donner qu'un secours de *dix à douze francs*. Cependant j'étais en mesure de rester encore, de lutter jusqu'au dernier moment, jusqu'à celui où on chasserait de Paris les bouches inutiles, car on parlait déjà de la possibilité qu'il fût assiégé. En attendant, je courais les théâtres qu'on avait rouverts, les cafés-concerts, les artistes. Plusieurs, Capoul en tête, voulaient bien chanter mon *Cri du peuple* quand il serait imprimé; mais où trouver un éditeur? Les mieux disposés me promettaient de le prendre quand on l'aurait chanté et qu'il aurait eu du succès..... Les événements se pressaient de plus en plus terribles... et M. et Mme le Normant, n'espérant plus rien, m'avaient loué une petite chambre à Orléans, l'avaient garnie de meubles à eux et m'y préparaient un refuge.

Voyant qu'il me fallait abandonner et pour longtemps tout espoir d'arriver à quelque chose par ma pétition, je me décidai, afin de ne pas risquer de me voir opposer la prescription, à dresser une plainte au criminel contre MM. Rouy et Pelletan. Je l'adressai, avec une lettre, à M. le procureur général, le 22 août 1870. Quelques jours plus tard, je me rendis au Palais-de-

Justice, et on m'envoya au cabinet de M. l'avocat général, qui me reçut immédiatement.

Il avait pris connaissance de la plainte, me nomma lui-même les personnages qu'elle concernait, et me dit avoir envoyé cette plainte au parquet du procureur impérial, en le priant de lui en faire son rapport le plus tôt possible.

Les événements se succédant rapidement, il n'a plus été question de justice, mais de faire ses malles et de quitter Paris.

Désireuse de savoir ce qu'il était advenu de ma plainte, je priai, en mai 1872, M. Anatole Despond, conseiller général du Loiret, qui m'a secondée en toutes choses avec beaucoup de zèle, du commencement à la fin de mes revendications, de vouloir bien s'en informer, et voici la réponse du parquet de Paris :

M. le procureur général me fait savoir qu'aucune suite n'a été donnée ; les renseignements recueillis n'ont pas démontré la séquestration arbitraire dont se plaint Mlle Rouy. — Les pièces de cette affaire ont été détruites dans l'incendie du Palais-de-Justice.

Il est bien peu probable qu'entre le 22 août et le 4 septembre on ait eu le temps d'examiner la valeur de mes réclamations. Mais les pièces étaient détruites, et, selon l'usage, on me condamnait *à priori*.

Les revers se succédaient : il ne pouvait plus être question de mon *Cri du peuple*, qui parlait de victoire et de clémence. Je le donne ici, à titre de curiosité tout au moins ; on y verra que *mon idée fixe* de me faire rendre justice ne m'empêchait point de pouvoir m'occuper d'autre chose que de moi-même. M. Tarbé des Sablons, président du comité de souscription pour les blessés, à qui je l'avais adressé, m'avait écrit qu'il en appréciait le mérite et m'avait engagée à l'offrir à Mme de Flavigny. Voici donc ces strophes, dont je ne puis ici donner la musique, et qui rappellent d'ailleurs de trop tristes souvenirs :

LE CRI DU PEUPLE !

I.

Accourons tous ! L'étranger nous menace ;
Dans son orgueil il lève un front hautain ;
Sur notre France il veut marquer sa place
Et nous tenir dans sa puissante main !
En combattant, apprenons-lui, mes frères,
A respecter la force de nos bras.
Courons, amis ! courons à nos frontières ; } *bis.*
Pour le pays devenons tous soldats !

II.

Élançons-nous dans la lutte sanglante ;
Que devant nous tout fuie épouvanté ;
Que le marin, sur la vague écumante,
A nos accents réponde, transporté !
Unissons-nous, et que chacun s'écrie
En lui donnant jusqu'à son dernier jour....
N'oublions pas que c'est à la patrie } *bis.*
Que nous devons notre premier amour !

20.

III.

Entendez-vous ? la gloire nous appelle !
A son accent volons de toute part ;
Que sur les murs d'une cité rebelle
Flotte en tous lieux, flotte notre étendard !
Que l'ennemi courbe sa tête altière ;
Que de la France il reçoive la loi...
Mais épargnons et sa fille et sa mère ; } bis.
Ayons pitié de leur mortel effroi !

IV.

Ne pleurez pas ! L'honneur, c'est l'existence
Pour tout Français connaissant sa valeur !
Nous reviendrons au lieu de notre enfance ;
Calmez, mes sœurs, calmez votre terreur !
Écoutez bien ! c'est un chant de victoire
Qui dans les airs retentit bruyamment....
Vive la France ! En célébrant sa gloire, } bis.
Partons, amis ! partons joyeusement !

V.

Allons, partons ! Mais quoi ! mon cœur chancelle,
Et je fléchis au moment du départ !
Adieu, ma mère ! adieu ! Peine cruelle !...
Il faut partir !... Allons, point de retard !
Du combattant gardez la souvenance,
Si près de vous il ne revenait pas.
Dites alors : « Il est mort pour la France ! » } bis.
C'est un bonheur qu'un semblable trépas !

Dédié à l'armée française par Hersilie Rouy.

Le 1er août 1870.

J'avais vainement cherché un refuge dans tous les établissements de charité publics et privés ; je voulais, en prenant des témoins de la nécessité affreuse qui me réduisait à cette extrémité, demander à rentrer dans un asile d'aliénés, un paradis, disait-on, auprès du dépôt de mendicité, seul abri qui me fût ouvert... et encore moyennant quinze jours ou trois semaines de démarches, tandis qu'il m'eût suffi de signer une lettre L'Antechrist, ou de dire que j'entendais *la voix de Dieu*, pour être aussitôt arrêtée, envoyée à la Salpêtrière et transférée en province. Je savais par expérience comment cela se passait..... Mes amis s'y opposèrent formellement ; cette résolution désespérée pouvait, malgré toutes mes précautions, être transformée officiellement en rechute. Ils me rappelaient avec instances.

Le désastre de Sedan arriva. J'adressai en quittant Paris une demande d'admission au dépôt de mendicité, afin d'avoir un gîte à tout événement, et le 14 septembre je fus installée, 5, rue de la Grille, à Orléans, tout près de M. et Mme le Normant, qui m'envoyaient ma nourriture de chez eux lorsque j'étais trop malade pour aller m'asseoir à leur table hospitalière.

Puis Orléans fut envahi, et les ennemis m'ayant chassée de chez moi à deux reprises, je fus recueillie par ces dévoués amis. Ils me donnèrent la chambre de leur fille absente, celle de leurs fils étant occupée par des blessés et leur salon par des Prussiens,

CHAPITRE XVII

Pétition à l'Assemblée nationale.

Après la chute de l'Empire, M. Dureau avait été remplacé à la préfecture d'Orléans par un républicain ancien et sincère, M. Alfred Pereira ; d'autres diront son admirable conduite pendant la guerre et ses funérailles, où l'accompagna toute la ville au plus fort de l'occupation. Lui et Mgr Dupanloup acquirent alors à la reconnaissance des Orléanais des titres que rien ne fera oublier.

J'avais déjà éprouvé la bienfaisance de M. Pereira comme simple particulier. En attendant que les circonstances lui permissent de s'occuper plus efficacement de mon affaire, il écrivit au Ministre de l'intérieur :

Orléans, 3 octobre 1870.

Monsieur le Ministre,

J'ai l'honneur de vous adresser une demande pour Mlle Rouy, dans le but d'obtenir un secours sur les fonds de l'État, en attendant que les circonstances lui permettent d'intenter une action en restitution de valeurs contre l'administration de l'Assistance publique de Paris.

La situation de Mlle Rouy, parfaitement établie dans sa demande, mérite toute votre bienveillance, et je ne saurais trop insister pour que l'allocation qu'elle sollicite lui soit accordée.

Je prends la liberté de vous indiquer le chiffre de 500 fr., comme *quantum*, somme égale qui a été précédemment accordée sur le budget des beaux-arts.

Veuillez, etc.

Le préfet du Loiret,
Signé : A. PEREIRA.

Cette demande resta provisoirement sans effet.

Je n'entrerai pas dans le détail des mois douloureux qui suivirent ; à chacun suffisait sa propre misère, et je me trouvai complètement à la charge de M. et de Mme le Normant des Varannes, chez lesquels je passai trois mois.

Lorsque la paix fut conclue, je rentrai dans ma petite chambre de la rue de la Grille. M. Pereira était mort, et M. Léon Renaud avait été nommé préfet du Loiret. M. Le Normant alla le voir pour presser l'obtention du secours demandé pour moi par son prédécesseur, et lui fit en même temps l'historique de mes malheurs. M. le préfet s'en montra très-ému, se fit communiquer les pièces, déclara qu'il allait sérieusement s'en occuper et qu'il me ferait rendre justice. M. Le Normant envoya ces documents, et au bout de six semaines environ se rendit au cabinet de M. le préfet, afin de savoir ce qu'il comptait faire en ma faveur. Après avoir attendu longtemps, fait demander de vouloir bien lui assigner un jour et une heure, si cela dérangeait M. le préfet de le recevoir ce jour-là, M. le Normant vit venir à lui le secrétaire particulier, qui lui remit le dossier.

« M. le préfet l'avait chargé de lui exprimer tous ses regrets de ne pouvoir s'en occuper ; en l'examinant, il avait reconnu qu'*il s'agissait surtout d'une question particulière, et qu'il ne pouvait s'en mêler.* »

Et qui donc s'occupera des questions particulières, sinon les délégués du pouvoir central dans chaque département ?

J'écrivis pour demander moi-même une audience.

La réponse se fit attendre ; il fallait sans doute consulter au ministère, et je ne devais pas espérer qu'on me laissât discuter ma propre affaire, moi, *l'aliénée*, devant un homme jeune, intelligent, susceptible d'enthousiasme, ainsi qu'il l'avait témoigné dans son entrevue avec M. le Normant. On lui prescrivit de m'écarter aussi bien que tous mes intermédiaires.

Le 18 mai 1871, je recevais la lettre que voici :

Le Préfet du Loiret s'empresse d'adresser à M¹¹ᵉ Rouy le mandat de paiement du secours de *deux cents francs* qui lui a été accordé par M. le Ministre de l'intérieur.

Il lui exprime en même temps le regret de ne pouvoir lui accorder l'audience qu'elle désire.

Ce qu'il y a de bon, c'est qu'on s'empresse toujours

avec moi, même pour m'accorder en *mai* 200 fr. sur 500 demandés en *octobre*. Enfin ! le plus clair, c'est que j'étais consignée à la Préfecture et que je n'avais plus qu'une chose à faire : renouveler ma pétition.

La voici telle que je l'adressai à l'Assemblée nationale. Elle reproduisait, en la complétant, celle adressée aux Chambres un an auparavant. Mlle Desjardins, fille d'un lithographe orléanais, proscrit au 2 décembre, eut la gracieuseté de l'autographier gratis ; son père en fit le tirage de même, et je n'eus à payer que le papier. Cela me permit d'en envoyer aux députés, aux ministres, aux journalistes, à tous ceux dont je pouvais espérer quelque appui :

Orléans, 5, rue de la Grille, 20 juillet 1871.

Monsieur le Président,

Je suis Mlle Rouy (Hersilie), fille de l'astronome Charles Rouy, mort à Paris le 20 octobre 1848.

J'ai tous les actes civils, religieux, publics, me conférant ce titre, ce nom, ainsi que tous les papiers établissant ma possession d'état, ma position sociale, mon honorabilité.

Le 8 septembre 1854, j'ai été enlevée de chez moi, placée à Charenton sous le nom de Joséphine Chevalier, de parents inconnus.

Celui qui m'a enlevée s'est présenté sous le nom de baron de K..., de la part de mon frère. Il était accompagné d'un portefaix qu'il a dit être le commissaire de police, auquel il a fait donner ma clé.

On s'est introduit dans mon domicile; on y a tout *pris, fouillé, vendu.*

On a annoncé la mort d'Hersilie Rouy à mes parents et à mes amis.

J'ai été placée, sans qu'aucune des formalités exigées par la loi aient été remplies. Il n'existe ni demande d'admission, ni procès-verbal du commissaire de police, ni papier me concernant, ni répondant.

J'étais une inconnue, aussitôt abandonnée que placée dans une maison de l'État.

J'avais sur moi mes actes civils, des papiers de famille, d'affaires, de l'argent.

Les religieuses de Charenton s'en sont emparées. Elles ont tout gardé et caché.

Les hommes officiels, entre les mains desquels j'ai été placée, m'ont transférée de Charenton à la Salpêtrière. De là, j'ai été passée de département en département, comme indigente de la Seine, sans qu'on veuille s'assurer de mon nom et de mon identité.

Malgré mes réclamations, on a refusé de me confronter avec personne, de rien réclamer aux religieuses de Charenton, qu'on ne pouvait croire capables de soustraction de papiers et de valeurs.

Toutes les lettres pouvant donner des renseignements sur mon compte ont été enlevées des dossiers administratifs.... ont même disparu, avec des actes milanais, du parquet d'Orléans, où M. le docteur Lepage, médecin-adjoint de l'asile des aliénés de cette ville, les avait portés en 1867.

Des inconnus, se disant mon père, gardant un strict incognito, ont écrit des lettres anonymes aux administrateurs des asiles de Fains et de Maréville, offrant de l'argent pour moi en 1857. L'un d'eux a signé : François.

Mon père, M. l'astronome Charles Rouy, était mort en 1848, neuf ans avant ces offres.

On savait si peu qui j'étais, que l'un des médecins de l'asile de Maréville m'a prise pour une dame Chevalier, qu'il avait connue autrefois; que différentes parentés m'ont été attribuées; que le Ministre de l'intérieur, ainsi que la Préfecture de police, a cru que j'étais une demoiselle Chevalier (à laquelle un jugement interdisait tout autre nom), ancienne maîtresse de M. le baron de K..., qui s'en était débarrassée en la disant folle.

Afin d'empêcher mes plaintes et mes réclamations, on m'a fouillée journellement, pour m'ôter tout moyen d'écrire; ON A MURÉ MA FENÊTRE.

Ce n'est qu'en 1868, après être restée enfermée cinq ans (sur quatorze) à l'asile des aliénés d'Orléans, sous le nom de Joséphine Chevallier, de parents inconnus, que j'ai pu en appeler à mon cousin germain, M. Laurency Rouy, chef de division aux Haras, à qui on avait annoncé ma mort comme à tous; faire venir à l'administration des hospices d'Orléans, par l'intermédiaire de M. le Normant des Varannes, receveur desdits hospices, ce qui restait des papiers qui m'avaient été pris à Charenton en 1854, et prouver que j'étais Hersilia Rouy, et non Joséphine Chevalier.

J'espérais qu'on allait s'occuper d'une affaire aussi grave.... Mais un certificat de sortie, signé SUBITEMENT par le médecin, chef de l'asile, m'a mise dehors, *sans abri, sans argent, sans amis, au milieu de l'hiver, et malade.*

Je serais, dans ces conditions, retombée de suite dans une de ces terribles maisons, ou j'aurais été placée dans un dépôt de mendicité, sans la charité de ceux qui, émus et indignés, sont venus à mon aide.

A peine, étant libre, ai-je eu repris mon nom et fait connaître mon existence, que ce nom m'a été contesté par la voie de la presse, et que des lettres diffamatoires, tendant à me perdre et à me *faire enfermer de nouveau*, ont été adressées à ceux qui avaient pitié de moi.

M. le comte du Faur de Pibrac; M. Vilneau, président de chambre honoraire à la cour; M. Ronceray, ancien avoué, tous trois administrateurs des hospices d'Orléans, et M. le Normant, m'ont prise sous leur protection et placée, sous mon nom civil d'Hersilie Rouy, à l'hôtel du Loiret.

J'ai adressé mes plaintes A LA JUSTICE, QUI N'A PAS RÉPONDU; L'ASSISTANCE JUDICIAIRE M'A ÉTÉ REFUSÉE.... LES PORTES DU MI-

NISTÈRE M'ONT ÉTÉ FERMÉES. Une pétition remise au corps législatif allait lui être soumise, quand la guerre, en éclatant, m'a rejetée dans une position de plus en plus douloureuse, de plus en plus désespérée.

Recueillie au moment de l'invasion par M. et Mme le Normant des Varannes, qui seuls ne m'ont point abandonnée, qui depuis ce moment m'ont nourrie, me nourrissent encore, mais qui ont de lourdes charges qui ne leur permettent pas de continuer à le faire, je vais manquer de pain, car je n'ai que celui qu'ils me donnent.

SANS EUX, JE SERAIS MORTE DE FAIM.

Je n'ai plus rien au monde. Ma santé est détruite. J'ai près de soixante ans ; je ne sais que devenir. On refuse de me restituer ce qui m'a été pris dans les établissements publics placés sous la responsabilité ministérielle. Je ne puis poursuivre civilement, n'ayant pas même de quoi manger.

Déboutée par tous..., et dans les maisons de l'État, par les employés de ces maisons, je ne puis espérer ni secours, ni justice, alors qu'on poursuit d'office le malheureux qui vole un morceau de pain pour ses enfants.

Je suis obligée d'en appeler à la protection de l'Assemblée nationale, à la charité, à l'humanité de la presse entière, pour demander son assistance, pour la prier de faire un appel au cœur de ceux qui auront, je l'espère, pitié de moi, et protesteront, en venant à mon aide, contre un état de choses livrant *la liberté, le nom, la réputation, le bien de chacun, à la discrétion du premier venu obtenant* LE CONCOURS ET LA SIGNATURE D'UN MÉDECIN QUELCONQUE.

Voilà, Monsieur le Président, le malheur que je crois de mon devoir de placer par vous sous les yeux de l'Assemblée nationale.

J'ai l'honneur de tenir toutes les preuves de ce que j'ai le chagrin de vous soumettre à votre disposition.

Je suis prête à répondre à toutes les questions qu'on voudra bien m'adresser et à produire une copie exacte des pièces authentiques que j'ai mises en lieu sûr.

M. le comte Benoit d'Azy est à l'Assemblée ; il peut attester que tout ce que je dis est vrai. M. Cochery, député du Loiret, connaît mon affreuse position.

Veuillez agréer, Monsieur le Président, l'assurance de mon profond respect.

Signé : Hersilie ROUY.

La presse entière s'occupa de cette affaire. Plusieurs journaux reproduisirent ma pétition ; quantité d'articles bienveillants lui furent consacrés, non seulement en France, mais en Belgique et en Angleterre. Je citerai deux extraits de ceux parus dans le *Figaro*, parce qu'ils établissent nettement la situation :

28 juillet 1871.

Plusieurs journaux réveillent le souvenir d'une histoire fort bizarre qui, à plusieurs reprises déjà, a occupé la presse.

Il s'agit d'une demoiselle Hersilie Rouy, pianiste de talent, qui, en 1854, fut enfermée à Charenton, *sous le nom de Joséphine Chevalier*. Quatorze ans se passèrent sans que la malheureuse, colportée d'asile en asile, pût faire entendre ses réclamations.

En 1868 enfin, sur l'initiative de M. Vilneau, président à la cour d'Orléans, cette suppression d'état fut démontrée, et Mlle Rouy fut mise en liberté. Une ou deux fois, sous l'Empire, elle protesta, par voie de pétition ; mais, *pour des raisons que j'ignore, l'affaire fut, pour ainsi dire, étouffée.* Aujourd'hui, elle revient sur l'eau ; il nous semble que la chose est assez grave pour que, d'OFFICE, le parquet entame des poursuites contre les personnes qui seront désignées par Mlle Rouy comme complices de sa séquestration.

Francis MAGNARD.

29 juillet 1871.

M. Dréolle m'envoie quelques notes au sujet de Mlle Rouy. Aussitôt le droit de pétition restitué à la chambre des députés, elle en avait usé des premières. M. Dréolle fut chargé d'examiner le dossier, et il allait préparer le rapport quand éclatèrent les événements de juillet 1870. On suspendit alors les séances consacrées aux pétitions, et Mlle Rouy dut en rester là.

Espérons que, maintenant, aucun obstacle ne l'empêchera plus de mettre l'opinion publique au courant de cette mystérieuse affaire.

Francis MAGNARD.

Seule, la *Liberté*, publia une note défavorable; sa forme acrimonieuse indique bien que le fait dont il s'agit la touchait vivement et personnellement. En effet, mon frère, incriminé dans ma pétition, était un ancien administrateur de la *Presse*. S'il y a à s'étonner d'une chose, c'est qu'il n'ait trouvé *qu'un seul journal* pour accepter la façon dont il présentait cette séquestration, lui, homme connu, influent, tandis que sa malheureuse sœur, inconnue la veille encore, recueillait d'unanimes témoignages de sympathie.

Voici la note de la *Liberté :*

Samedi 29 juillet 1871.

L'Assemblée nationale, si nous sommes bien informés, doit discuter un rapport sur la pétition *d'une demoiselle Hersilie Rouy*, dont plusieurs journaux ont raconté *l'histoire*.

Retenue comme folle pendant quatorze ans, et rendue depuis deux ans à la liberté, Mlle Rouy proteste contre la séquestration dont elle a été victime, et dénonce *un nombre indéterminé d'abus du même genre*, dont il serait urgent de prévenir le retour.

Nous avons sous les yeux la copie de la pétition de Mlle Rouy ; il y règne, d'un bout à l'autre, *une exaltation extrême*, et *la violence des récriminations*, TRÈS-PROBABLEMENT INJUSTES, auxquelles cette pauvre fille s'emporte *contre l'administration, contre la médecine, contre les religieuses, nous paraît* JUSTIFIER *les conclusions, qu'on dit très-sévères*, du rapport de la commission. Nous ne serions donc pas ÉTONNÉS que l'Assemblée nationale écartât, par l'ordre du jour, la pétition de Mlle Rouy.

Je ne sais pas si j'en dois être reconnaissante à ses bons offices et si M. de Girardin croyait prophétiser à coup sûr; toujours est-il que, sans parler de M. Mettetal, les défenseurs de la médecine aliéniste étaient nombreux et puissants à l'Assemblée et que ma pétition allait être écartée par la question préalable, comme une chose depuis longtemps jugée, sans l'intervention de M. Cochery, ancien secrétaire de M. Thiers. Il alla trouver M. Tailhand, rapporteur de la commission des pétitions, et lui affirma que la mienne avait un fondement sérieux. En même temps, M. le docteur Halmagrand, l'un des médecins les plus en renom d'Orléans, qui s'occupait de moi depuis quelques mois déjà, écrivit à M. Tailhand ; M. Crespin, maire et député d'Orléans, ancien avoué, auquel M. le Normant avait communiqué mon dossier, alla trouver son collègue et lui parla chaudement en ma faveur ; M. d'Aboville, autre député du Loiret, membre de la commission des pétitions, s'interposa également, et M. Tailhand écrivit à M. Vilneau pour avoir de lui des renseignements précis.

Il en reçut à souhait, de M. Vilneau, de M. le Normant et de moi. Convaincu de toute la gravité de cette affaire, et n'ayant pas le temps de l'étudier suffisamment avant la clôture de la session, M. Tailhand remit son rapport à la rentrée, et passant, contre l'ordinaire, ses vacances à Versailles, il se fit communiquer mon dossier au ministère de l'intérieur.

Je dois rapporter ici ce qui s'était passé à Orléans après l'envoi de ma pétition et la large publicité qui lui avait été accordée dans la presse.

Le 25 juillet, deux dames, arrivant de Montargis, où elles avaient lu ma pétition et y avaient remarqué les noms de Joséphine et de Rouy, vinrent me voir et s'informer si je n'étais pas une Joséphine Rouy, amie d'une personne de leur connaissance. Nous avons causé, et j'ai été étonnée de la façon dont ces dames avaient compris la position et tout ce qu'il y avait de compromettant pour le gouvernement dans cette affaire. Elles m'ont dit que mon adresse, mise en haut de ma pétition, pourrait bien m'amener un sauveur, mais aussi des curieux.

Je les rangeai simplement dans cette dernière catégorie et ne m'en serais plus occupée, si le lendemain je n'avais appris, en rentrant de chez Mme le Normant où j'avais passé la journée, que sergent de ville, gendarme, individu à cravate blanche, dame couverte de dentelles sont venus aux renseignements sur M¹¹ᵉ Joséphine CHEVALIER. Une discussion de nom s'élève, comme à l'hôtel du Loiret. On cherche à persuader à ma propriétaire, Mᵐᵉ Michaux, que je suis *folle*. Elle dit que non. On s'informe de mes moyens d'existence ; elle répond que je suis nourrie par M. le Normant. « — Sort-elle ? remue-t-elle ? — Elle souffre de la poitrine, et personne ne peut se plaindre d'elle. » Une autre, dont Mᵐᵉ Michaux n'a pas pu ou n'a pas voulu me dire le nom, l'arrête dans la rue, la fait entrer chez elle et lui dit que je vais être arrêtée, parce que je parle mal du gouvernement, que j'accuse des religieuses de m'avoir pris des papiers, et aussi parce que mon frère est *comte de Chambord*, qu'il y a eu un enlèvement, etc. Bref, elle embrouille tout ; mais il est certain que je suis espionnée, menacée et peut-être avertie comme en 1854.

M. Vilneau court à la préfecture et n'y peut voir que le commissaire de police, qui lui dit avoir agi par ordre. Ordre de qui ? Du préfet, sans doute.

C'est ce que j'écrivis à M. de Pont-Jest, en relevant quelques légères inexactitudes d'un article fort bienveillant pour moi dont il avait accompagné la reproduction de ma pétition dans le *Figaro*, me plaçant sous sa protection et sous celle de la presse si on me faisait de nouveau disparaître dans un asile.

Quelques jours plus tard, M. le Normant était mandé au cabinet de M. le préfet, qu'il trouva dans une grande agitation. M. de Pont-Jest n'avait pas vu de meilleur moyen pour conjurer le danger que de le faire connaître et avait publié, dans le *Figaro* du 4 août, ma lettre dont je ne lui demandais nullement l'insertion. M. Léon Renaud ayant donné à M. le Normant sa *parole d'honneur* qu'il n'était pour rien dans les agissements du commissaire de police, en reçut en retour la promesse que j'allais écrire au *Figaro* une lettre rectificative dont je demanderais l'insertion. J'écrivis la lettre; mais le *Figaro* ne l'inséra pas, et cet incident, n'ayant pas eu de suites, fut bientôt oublié.

Je restai libre; est-ce à cela que je le dois? Je l'ignore. Trois autorités seulement ont droit de donner des ordres au commissaire de police : le préfet, le maire et le parquet. Nous avions la parole d'honneur du préfet qu'il ne l'avait point fait. Le maire, un de mes plus chauds défenseurs, ne pouvait être soupçonné de cette mesure, dont il était indigné. Il fut donc avéré que je restais en butte à l'hostilité du parquet, qui ne pouvait me pardonner d'avoir signalé la disparition de mes actes et du rapport du docteur Lepage.

La *France médicale*, ayant pour directeur M. le docteur Henri Favre, mon premier protecteur à Paris, ne laissa point passer ma pétition inaperçue; elle fut accompagnée d'un article où M. le docteur Lapeyrère traitait la question générale et prenait vivement à partie la médecine aliéniste :

Le spécialiste, disait-il, n'est au demeurant qu'une fiction et un danger pour les autres comme pour lui-même.

Une fiction, parce qu'il suffit du sens commun pour être aussi bon juge que lui.

Un danger pour lui-même, parce que, préposé à la thérapeutique de la folie, il arrive, par la nature même de ses fonctions, à présupposer la folie chez tout sujet qui entre dans son asile; c'est-à-dire à devenir fou lui-même, étant l'esclave d'une idée fixe.

Quant à la liberté individuelle, l'exemple que nous venons d'ajouter à tant d'autres montre ce qu'elle a gagné à ce jeu-là.

Pour en finir avec une situation aussi nuisible à notre considération, — et ce sera là notre conclusion, — nous émettons d'abord le vœu que dans l'économie de la loi nécessairement appelée à remplacer le régime actuel, le médecin soit dégagé de toute responsabilité afférente aux circonstances et conditions qui seront proclamées indispensables au recrutement des asiles; après cela, que chaque asile ait, comme les hospices, un ou plusieurs médecins ordinaires chargés, comme dans les hospices, de soigner les maladies ordinaires, à l'égard desquelles les aliénés ne jouissent d'aucune immunité.

Voilà ce que nous avions à dire à propos du fait que nous venons de rapporter, et qu'on ne manquera pas de retourner contre notre profession.

Docteur LAPEYRÈRE.

Le 12 août, la *France médicale* insérait une réponse du docteur Laurent qui, aliéniste lui-même, prenait la défense du corps entier contre M. Lapeyrère, dont il ne contestait pas la bonne foi, mais la compétence, et dont il raillait la crédulité à mon sujet. Il continuait ainsi :

Or, le fait en question est on ne peut plus invraisemblable, et celui qui a réfléchi un tant soit peu au fonctionnement des asiles d'aliénés, après lecture de la loi et des règlements qui régissent les établissements, ne peut admettre un seul instant la possibilité d'une pareille suite de méprises et d'erreurs de la part d'hommes honnêtes d'abord, compétents ensuite en matière d'aliénation mentale. Il faudrait supposer la complicité d'un grand nombre de fonctionnaires, tous passibles devant la loi en cas de séquestration arbitraire, suppression de correspondances, etc....

« ... *A chaque plainte, on répondait par un redoublement de surveillance; on la fouillait pour lui ôter tout moyen de correspondre avec l'extérieur; on allait jusqu'à murer la fenêtre de sa cellule !!!* »

A celui qui peut accepter comme réel un récit semblable, les réflexions ne peuvent manquer d'abonder contre le retour de semblables méprises. Aussi le naïf chroniqueur judiciaire s'épanche-t-il longuement en appréciations accusatrices de toutes sortes, etc.

Le docteur Laurent ne se préoccupait pas de savoir si ces faits étaient prouvés, et s'élevait fortement contre la prétention émise par son collègue, que le bon sens suffit pour reconnaître la folie, attestant « *qu'il n'est pas de médecin d'asile à qui il ne soit arrivé de faire sortir des personnes admises sur le certificat de médecins non spécialistes, qu'ils reconnaissent bientôt ne pas devoir être soumises au traitement spécial que réclame la folie,* » et il terminait ainsi :

On ne saurait trop rehausser le prestige et la dignité du médecin aliéniste. Et n'en déplaise au vulgaire, envieux de notre profession, ce serait aussi l'intérêt de ce même vulgaire; car si depuis longues années on avait écouté davantage les conseils de toutes sortes du corps médical, la société n'en serait pas arrivée au point de démoralisation que nous constatons aujourd'hui avec tant d'amertume.

Docteur LAURENT,
Ex-médecin en chef d'asiles d'aliénés.

(*La fin au prochain numéro.*)

Voici la réponse que j'adressai immédiatement au docteur Laurent, par l'intermédiaire de la *France médicale*, qui l'inséra dans son numéro suivant :

Orléans, 5, rue de la Grille. — 14 août 1871.

Monsieur le docteur,

Je m'empresse de répondre à un article de vous, inséré dans le n° 16 de la *France médicale*, en date du 12 août 1871.

Cet article me concerne.

Je déclare que tout ce que j'ai placé sous les yeux de l'Assemblée nationale est complètement vrai. Je ne me serais pas permis de porter des plaintes semblables aux représentants de la nation, sans être en mesure de prouver de la manière la plus incontestable que tout ce que je dis est exact, et que j'ai plutôt atténué qu'augmenté le récit très-restreint que j'ai publié.

Si je n'ai cité ni le nom des coupables, ni celui des asiles dans la pétition que j'ai adressée à MM. les députés, à la presse, et dont je vous envoie un exemplaire, c'est que j'ai cru convenable de ne rendre compte de ces noms qu'à ceux qui ont le droit et le devoir de les connaître.

Je ne veux émettre aucune opinion personnelle sur le compte de ceux qui ont joué un rôle plus ou moins favorable dans ce triste épisode de ma vie.

Je dois seulement dire que j'ai rencontré quelques hommes de cœur dont le bon vouloir a été entravé par des difficultés administratives, et qui n'ont pu qu'adoucir ma captivité tout en la maintenant, parce qu'on m'avait placée dans l'impossibilité absolue de rentrer dans le monde, en me dépouillant de tout ce que je possédais, en ne me laissant ni effets, ni argent, ni domicile, ni papiers, ni nom, et en publiant ma mort.

La justice seule pouvait intervenir ; mais c'était une cause extrêmement grave, compromettante pour tous. J'étais Parisienne, et les administrations de province se refusaient à rechercher le nom et l'identité, à s'occuper des affaires d'une pensionnaire dont le préfet de la Seine seul était responsable.

Voilà ce qui m'a successivement fait passer de département en département, personne ne se souciant de me garder.

Vous le dites avec raison, Monsieur le docteur : une très-grande légèreté préside aux certificats d'aliénation mentale. Mais comment sont remis en liberté les individus reconnus avoir été soumis à tort au régime des aliénés, et que tout aliéniste, dites-vous, a rencontrés dans sa pratique? Reçoivent-ils un certificat de non aliénation donnant droit à une réhabilitation? ou, pour ménager la susceptibilité d'un confrère, sont-ils forcés, comme moi, de sortir subitement *guéris* d'une maladie mentale n'ayant pas existé?

Vous avez, dites-vous, une expérience de quinze années de séjour comme médecin dans les asiles d'aliénés. — J'en ai une de quatorze années comme malade.

Vous niez ma correspondance interceptée, ma fenêtre murée, parce qu'il ne vous paraît pas possible ni vraisemblable qu'on se soit livré à de pareilles énormités.

Permettez-moi de vous dire, Monsieur le docteur, que tous les médecins aliénistes en sont là. Du moment où une chose ne leur paraît pas ordinaire, ils s'écrient : « Folie ! » et ils certifient sans plus d'examen.

Je vous prends donc vous-même en témoignage contre vous.

Vous traitez de « naïf, le chroniqueur judiciaire qui s'épanche longuement en appréciations accusatrices. »

Vous citez des improbabilités....

J'ai été victime pendant quatorze ans de cette manière de s'assurer d'un état civil et mental.

Vous niez des faits, sans savoir ni où ni comment ils se sont accomplis, sans me connaître, sans demander le nom ni des préfets qui sont intervenus, ni des directeurs, ni des docteurs qui ont agi. Vous me condamnez d'un trait de plume, sans m'entendre, sans enquête !

Parce qu'il existe des malades qui dans leurs divagations disent des choses analogues à celles que je publie, s'en suit-il que je sois folle et que ces faits n'existent pas? La médecine spéciale ne peut-elle distinguer la différence qui existe entre une femme dénonçant des actes réels, de sang-froid, preuves en main, tout incroyables qu'ils puissent être, et la pauvre insensée avec laquelle vous et les vôtres me confondez ?

En vous répondant, Monsieur le docteur, je défends à mon tour ceux qui m'ont défendue. Je dis avec vous que la science aliéniste est clairvoyante, si ses adeptes peuvent se passer de tout examen !

La question d'aliénation mentale n'est que secondaire pour moi en ce moment. Il s'agit d'une séquestration criminelle; d'un placement effectué contrairement aux lois et aux réglements; de soustraction d'argent, d'actes civils, de papiers de famille et d'affaires, commise par des employés d'administration; de ma mort annoncée dans le monde, sous mon nom civil et connu, tandis qu'on me cachait sous un autre nom dans les asiles; et de la spoliation de tout ce que je possédais.

Voilà des crimes, des crimes commis sous la garde des préfets, des administrations, des directeurs, des docteurs, sous la surveillance et la responsabilité de la justice.

Pardonnez-moi, Monsieur le docteur, si je profite de l'occasion que vous m'offrez en attaquant ma véracité, pour me défendre à la fois près de vous et près des personnes que votre article doit avoir impressionnées défavorablement contre moi. Vous me paraissez, tout en cherchant à disculper vos confrères, être extrêmement de bonne foi, et j'aime à croire que vous ne vous refuserez pas à un examen sérieux de ce qui me concerne.

Il suffit d'un honnête homme pour faire rentrer bien des hommes égarés dans la bonne voie, et j'espère que vous me permettrez de compter sur vous pour cela.

Veuillez, Monsieur le docteur, recevoir l'assurance de ma haute considération.

Signé : Hersilie ROUY.

Le rédacteur en chef accompagna ma réponse de cette conclusion :

En nous adressant la lettre qui nous a valu celle qu'on vient de lire, M. Laurent nous en annonçait une autre qui n'est pas arrivée et dont l'utilité, au point où le débat se trouve inopinément porté, me semblerait d'ailleurs plus que douteuse. Je clorai donc la discussion avec cet intraitable et trop malavisé correspondant, sans répondre à des phrases toutes faites « sur la presse légère et sur les journaux de médecine qui, oubliant la gravité traditionnelle, vont puiser à des sources impures. » Je rappellerai seulement à M. Laurent qu'un fait est toujours un fait, d'où qu'il vienne, où qu'il se produise, du moins aux yeux des médecins ordinaires. Ce n'est pas ma faute si pour les médecins aliénistes la marque de fabrique fait seule la qualité des marchandises, ni si cette même catégorie de médecins paraît tant tenir à la casuistique d'une école qui prétend que « *péché caché est à moitié pardonné.* »

Il est grand temps, hélas ! de ne plus rien cacher du tout.

Docteur J. LAPEYRÈRE.

La discussion en resta là, en effet. Malgré mon invitation à s'assurer, par lui-même et par l'examen de mes pièces, de l'exactitude des faits que j'avançais, je n'entendis plus jamais parler du docteur Laurent.

CHAPITRE XVIII

Ma pétition. — M. Tailhand, premier rapporteur.

M. Tailhand avait étudié mon affaire avec toute la sagacité d'un magistrat expérimenté, et le dépouillement de mon dossier au ministère de l'intérieur lui avait apporté la preuve de tous les faits que j'avais avancés.

J'ai passé une partie de ma journée à lire et à noter tous les documents qu'il renferme (1), — écrit-il le 9 octobre 1871 à M. le Normant des Varannes. — Dans leur ensemble ils éclairent cette malheureuse affaire d'une lumière très-vive, et permettent de se faire une opinion aussi exacte que possible sur les nombreux incidents qui ont signalé la conduite des divers personnages qui ont provoqué la séquestration dont Mlle Rouy a été l'objet, et de ceux qui l'ont autorisée et maintenue. J'y ai trouvé des indications très-utiles sur la manière dont son enlèvement s'est effectué, ainsi que sur les circonstances qui l'ont accompagné.

(1) Je possède ces notes si précieuses sur lesquelles M. Tailhand a dressé son rapport.

Il n'est pas douteux aujourd'hui que cette grave mesure a été prise sans enquête préalable, et qu'elle n'a été constatée par aucun procès-verbal régulier. Il n'existe aucun indice pouvant établir que Mlle Rouy se soit jamais livrée, avant le 8 septembre, à un acte quelconque de nature à laisser supposer que sa sécurité personnelle ou celle de tiers fût compromise en quoi que ce soit. Deux ou trois témoins, entendus par le commissaire de police chargé de procéder à l'information de 1869, rapportent bien certaines rumeurs qui se seraient répandues en sens contraire, mais ils ne précisent rien. M. le docteur Pelletan, qui reconnaît ne l'avoir jamais vue antérieurement au jour où il s'est acquitté du mandat à lui donné par M. Daniel Rouy, déclare avoir vu dans la chambre de Mlle Rouy des tentures noires qui en garnissaient les murs, une sorte d'autel orné de nombreuses bougies auprès duquel se trouvaient plusieurs caisses en forme de cercueil, recouvertes de draperies blanches.

On sait ce qu'il en était de ces prétendus cercueils, œuvre de l'imagination de ma concierge, dont M. Pelletan n'a eu l'idée de se servir qu'en 1869 ; son certificat d'entrée à Charenton eût été moins vague, s'il m'eût trouvée, comme il l'a dit plus tard, en extase devant cet attirail bizarre qu'il n'aurait pas manqué de signaler.

Un point choquait la rectitude d'esprit de mon rapporteur : c'était celui des avertissements que j'avais reçus, et dont les précautions que j'avais prises démontraient la réalité.

Ces avis officieux — continuait-il — ne lui seraient-ils pas arrivés de la part de M. Laurency Rouy, son cousin, qui aurait surpris dans la conversation de M. Claude-Daniel Rouy la pensée de faire enfermer sa parente, dont il considérait ou affectait de considérer la raison comme profondément altérée? Et ce donneur d'avis officieux n'aurait-il pas employé l'intervention d'une dame de charité du quartier, Mlle de Grozelier, qui ne serait autre que la *dame noire* en question? On a cherché dans l'enquête administrative à se procurer le témoignage de Mlle de Grozelier, retirée à Paris chez les dames du Saint-Sacrement; mais cette dame, parvenue à un âge avancé, n'a pu fournir aucune donnée un peu certaine, la mémoire lui faisant défaut.

La lettre de Mlle de Grozelier citée, chapitre IV, affirme de la façon la plus précise que *jamais* il n'a été fait aucune démarche auprès d'elle, et, ainsi que le dit fort bien M. Tailhand, enlève une arme puissante aux mains de mes adversaires.

Mon zélé rapporteur rechercha avec soin, dans le dossier de l'intérieur, quelques-unes de ces lettres délirantes dont j'avais été, disait-on, si prodigue. Il n'en put trouver aucune antérieure à mon incarcération.

La première mention relative à cette circonstance très-importante se trouve dans un procès-verbal du commissaire de police du quartier du Mont-de-Piété, en date du 4 août 1855, signalant la remise à lui faite, par un ouvrier employé à la Salpêtrière, de trois lettres écrites par Mlle Rouy à son adresse, et qui témoignent de la façon la moins équivoque de son aberration.

On a vu, chapitre VII, ce qu'étaient ces lettres; mais devant les nombreux certificats concluant à l'aliénation, M. Tailhand, reconnaissant l'inutilité d'une lutte où on le déclarerait incompétent pour des faits passés loin de tout contrôle, dans le secret des asiles, prétendait s'en faire une arme en ma faveur, et en prouvant ma parfaite sanité d'esprit *avant* et *après* ma séquestration, démontrer toute l'horreur de cette séquestration, dont la rigueur et l'injustice m'avaient exaspérée au point de me troubler momentanément l'esprit.

Ce n'est point ainsi que je l'entendais ; mais une fois qu'il aurait été prouvé officiellement que je n'étais pas folle *avant* d'être enfermée, je me faisais fort de prouver, selon l'opinion des nombreux docteurs avec lesquels j'étais en relation habituelle, que si je n'étais point folle *après*, c'est que je ne l'avais jamais été.

Mon rapporteur trouva dans ce dossier de minutieux détails sur mes quatorze années de séquestration ; les lettres du directeur de Fains et du préfet de la Meuse, constatant les violences dont j'avais été l'objet ; et des pièces qui lui firent me rendre dès l'abord le nom de Rouy et dire : « *Je suis très-fixé sur tout ce qui se rapporte à l'état civil.* »

Je ne pouvais mieux demander, et il ne me restait plus qu'à hâter de tous mes vœux, à presser de tout mon pouvoir le rapport à l'Assemblée nationale.

Une année entière s'écoula cependant en recherches de toutes sortes, travaux, correspondances, etc. M. et Mᵐᵉ le Normant allèrent successivement à Versailles conférer avec M. Tailhand, lui montrer les originaux de mes pièces que je ne voulais à aucun prix confier aux hasards de la poste. Un photographe d'Orléans, M. Richou, avait eu la bonté de reproduire gratuitement mes actes, ainsi que le portrait de l'album, et de me photographier également telle que j'étais devenue avec les années et la souffrance. Je me plais à reconnaître ici l'extrême bienveillance que j'ai rencontrée dans toutes les classes de la société, où chacun m'est venu en aide de sa bourse, de ses démarches ou de son travail ; sans les nombreux copistes bénévoles que j'ai rencontrés, je ne serais jamais venue à bout de l'énorme quantité de dossiers qu'il me fallait envoyer à tous ceux qui s'occupaient de moi.

Il me vint alors un auxiliaire aussi puissant qu'inattendu. M. le procureur général d'Orléans, auquel le ministre de la justice avait demandé un rapport sur mon compte en novembre 1868, avait eu le tort ou de signer trop légèrement l'œuvre d'un subalterne, ou de ne se renseigner que près du docteur Payen. Ce qu'il avait appris depuis avait bien modifié son opinion ; il regrettait d'avoir empêché le ministère de donner suite à ma plainte, et en magistrat intègre, désireux de concourir à la découverte de la vérité, il donnait à M. le Normant des Varannes la déclaration suivante, qui constate ma suppression d'état :

Orléans, 3 juin 1872.

Le procureur général près la cour cour d'appel d'Orléans atteste, aux fins qu'il appartiendra, que Mlle Hersilie Rouy a été plusieurs années, sous le nom de Chevalier, pensionnaire à l'asile d'Orléans, et qu'elle en est sortie sur un certificat de guérison.

Tenaille d'ESTAIS.

Il l'accompagnait de la prière à MM. les directeurs de Charenton et de la Salpêtrière de communiquer à M. le Normant les dossiers me concernant.

Celui-ci écrivait le 5 juin :

> Je viens de passer trois heures au moins à prendre la copie des curieux documents du dossier de Charenton, et il abonde en pièces importantes pour Hersilie ; il y a du Durangel, du Mettetal, et curieux ; des rapports, des lettres Pelletan, et enfin l'historique parfaitement constaté de la remise des papiers à la sœur, la date ; M. Cochin a agi, et beaucoup. Demain j'espère obtenir communication du dossier de la Salpêtrière.

On comprend de quelle utilité ces relevés furent pour mon rapporteur. C'est à M. Tenaille d'Estais également que je dus la communication de mes certificats d'Auxerre, et de tout ce qui se rapporte à la vente de mon mobilier.

Enfin, en juillet 1872, M. Tailhand nous écrivait :

> Je vous promets de faire mon rapport au retour de l'assemblée et dans une des premières séances.

Je note ici une grosse affaire pour moi : mon déménagement ; la maison de la rue de la Grille étant reprise par le propriétaire, il me fallait absolument la quitter. Je m'installai, 29, rue des Charretiers, chez les demoiselles Moufflet, qui purent se charger de ma nourriture, ayant en même temps que moi quelques autres dames pensionnaires, et chez lesquelles je suis encore.

Me voyant entre les mains d'un rapporteur qui cherchait si consciencieusement les moyens de s'éclairer, et que l'on secondait si bien de tous côtés, M. Claude-Daniel Rouy comprit la nécessité de se défendre et lui envoya, le 24 octobre, un mémoire où, après avoir réédité toutes ses calomnies de 1864, 1868 et 1869, il disait :

> Jusqu'à présent, disciple bien convaincu de mon maître et ami, M. Émile de Girardin, je n'avais, comme il me le conseille, répondu que par le mépris à toutes ces sottises (ma pétition). Peut-être ai-je eu tort, puisque leurs échos se sont fait entendre dans toute la France et que vous-même, Monsieur le président, vous avez cru devoir vous charger de les examiner et d'en faire un rapport à l'Assemblée nationale. Eh bien! Monsieur, vous penserez certainement comme moi, dans votre conscience de magistrat, que l'expression de la vérité doit avoir la même publicité que l'assertion du mensonge, et qu'il ne sera que de toute justice de la proclamer officiellement et bien haut.

Je n'en demandais pas davantage; seulement on avait jusqu'ici accepté comme vérités les assertions de mes ennemis, ou tout au moins de mes adversaires, car, excepté mon frère dont je ne m'explique pas l'acharnement, je n'étais en butte à aucune animosité personnelle ; on ne m'accablait que pour s'exonérer, et je demandais à être jugée sur des preuves. Sauf l'acte de décès de sa mère, qui pouvait être l'objet d'un jugement rectificatif de mon état civil, mais qui ne modifiait en rien ma situation présente et acquise, M. Rouy n'apportait que des affirmations dont la fausseté était depuis longtemps démontrée : nombreux témoins de ma folie réclamant ma séquestration, ses bontés méconnues, mes prodigalités, mes désordres de conduite, etc. Il ne varie que sur un seul point : *jamais* il ne m'a contesté le nom de Rouy, au grand jamais (1) ; c'est *moi* qui ai pris celui de Joséphine Chevalier pour mieux me cacher, après être sortie ou m'être évadée de la Salpêtrière ; de là vient qu'on me l'a attribué en m'y réintégrant. Sans m'attacher à ce qu'il y aurait de bizarre à ce qu'un établissement inscrivît sur ses registres le nom de guerre pris par une folle en rupture de ban, à la place de celui sous lequel on l'avait reçue, je renverrai le lecteur aux chapitres XIII et XIV, où se trouvent les lettres de M. Rouy à MM. le Normant et Boisbourdin, et à l'article des *Débats* affirmant que je ne m'appelle que Chevalier.

Mais M. Rouy comptait sur des appuis plus sérieux

---

(1) On sait à quoi s'en tenir sur ce point ; mais voici une pièce officielle ; c'est la soumission sur papier timbré du supplément de pension payé par M. Rouy à l'asile d'Orléans :

« Ville-d'Avray, 14 septembre 1864.

« Je soussigné, Claude-Daniel Rouy, propriétaire, etc., m'en-
« gage, en qualité de bienfaiteur de Mlle Hersilie *Chevalier*, à
« payer annuellement, etc..., sous la réserve expresse du silence
« envers l'obligée. »

Ce silence devait être une garantie contre moi ; mais toutes les pièces me concernant à l'asile d'Orléans furent transmises administrativement à M. Tailhand, sur sa demande.

que son éloquence; sur la solidarité des bureaux, des administrations et des médecins, et en offrant à mon rapporteur communication de la correspondance, il ajoutait :

Pour pouvoir juger à fond cette affaire, vous pourriez d'abord avoir des renseignements de M. Mettetal, votre collègue à l'Assemblée nationale, qui, bien avant l'incendie de la Préfecture, a eu toutes les pièces en main, qui a vu la demoiselle Rouy, et a étudié son affaire dans ses plus petits détails et à toutes ses phases.

Selon M. Rouy, j'avais profité de l'incendie de la Préfecture de police pour lancer ma pétition en croyant anéanti « *le volumineux dossier où étaient accumulées depuis tant d'années d'incessantes réclamations folles, et d'incessants résultats scrupuleusement obtenus et toujours les mêmes, toujours négatifs.* » Il se trompait, en comptant sur cet incendie pour réduire mon rapporteur aux seuls renseignements de M. Mettetal. Le dossier entier avait été remis au ministère de l'intérieur dès la fin de 1869, et c'est en le compulsant, comme on l'a vu au début de ce chapitre, que M. Tailhand avait établi son opinion.

Cependant M. Rouy et ceux qui s'étaient rendus solidaires de ses agissements envers moi, comptaient si bien avoir convaincu ou intimidé mon défenseur, que l'annexe au feuilleton n° 358, du 21 novembre 1872, portait cette mention :

Pétitions que la commission, à l'unanimité, propose d'écarter par la question préalable, conformément à l'article 35 du règlement : n° 381, la demoiselle Rouy, à Orléans.

Cette manœuvre échoua ; elle n'aurait pu réussir qu'en l'absence de M. Tailhand, sur laquelle on avait compté à tort, et dont le rapport était prêt. On s'y prit autrement.

Ici se place un fait tellement singulier qu'on aurait beau jeu pour le mettre sur le compte de mon imagination malade; heureusement j'en ai pour garant M. le Normant des Varannes, qui le tient de la bouche même de M. Tailhand. Celui-ci avait emporté son rapport à l'Assemblée pour en donner lecture à ses collègues de la commission, après la séance. Il trouva son portefeuille vide : *le rapport lui avait été subrepticement enlevé;* nulles recherches ne le purent faire retrouver.

Il fallait recommencer ce travail sur nouveaux frais, d'après les notes éparses dans tous les dossiers qui lui avaient servi à le faire. Membre de la commission des grâces, ainsi que de celle des pétitions, M. Tailhand était accablé de besogne, découragé peut-être aussi un peu par cette preuve d'une lutte acharnée qui ne reculait devant aucun moyen pour empêcher la lumière de se faire.

Il s'en occupa cependant, et la lettre suivante de M. Dumarnay, député du Finistère, à M. le Normant des Varannes, prouve que si ce rapt avait retardé le moment où justice me serait rendue, rien n'était venu ébranler les convictions de mon rapporteur :

« Versailles, 7 juillet 1873.

« .... J'ai bien reçu ta lettre avec les documents qui l'accom-
« pagnaient, concernant Mlle Rouy. J'en ai pris connaissance, et
« je crois rêver en lisant l'exposé des faits contenus dans ton
« mémoire au procureur général de Paris. Est-il bien possible
« qu'en France, au XIXe siècle, de pareilles iniquités aient pu
« se perpétuer pendant plus de dix ans !
« Je connais beaucoup mon collègue, M. Tailband, président
« à la cour de Nîmes, qui est chargé du rapport de la pétition ;
« les intérêts de Mlle Rouy ne pouvaient être confiés à de meil-
« leures mains : M. Tailland est un homme très-éclairé et très-
« ferme, et qui jouit d'une grande estime dans l'Assemblée. Je
« l'ai entretenu de cette étrange affaire et me suis assuré
« qu'il la possède admirablement dans tous ses détails. Tu peux
« être certain que son rapport signalera et qualifiera sévèrement
« toutes les illégalités dont cette triste affaire abonde ; il conclut
« au renvoi au Ministre de la justice, et tu peux être certain
« que ce renvoi sera prononcé sans que personne ose élever la
« voix en faveur des trop nombreux personnages, plus ou moins
« compromis dans cette affaire.
« Il paraît certain que c'est un frère de Mlle Rouy qui a pris
« l'initiative de cette odieuse persécution ; cependant, je ne vois
« pas bien son intérêt. Mlle Rouy n'avait pas de fortune per-
« sonnelle, et je ne vois pas qu'elle fût appelée à recueillir
« de succession qui pût exciter la convoitise de son frère. Il
« y a sans doute des motifs de haine ou d'intérêt que Mlle Rouy
« doit connaître, mais qui, dans aucun cas, ne peuvent même
« atténuer les actes criminels dont elle a été si longtemps vic-
« time.
« Nous sommes à la veille des vacances, et l'Assemblée a tan
« d'affaires urgentes à expédier avant sa séparation, que je ne
« puis croire qu'aucune séance soit désormais consacrée aux

« rapports de pétitions ; ce n'est donc qu'à notre rentrée, au
« mois de novembre, que cette affaire pourra être soumise à
« l'assemblée.

« Je puis te donner l'assurance que j'y donnerai toute mon
« attention, et que je la recommanderai aussi à l'attention de
« tous les collègues avec lesquels je suis en relations.

« A. DUMARNAY. »

Cependant, je n'étais pas seule en jeu dans cette lutte sans merci où l'on ne se faisait pas faute de se servir d'armes déloyales ; on savait bien quels services m'avait rendus, me rendait journellement M. le Normant, dont on ne pouvait récuser le témoignage et les travaux aussi facilement qu'on eût empêché de lire mes lettres en disant : « Elle est folle ! c'est une affaire déjà dix fois jugée ! »

A diverses reprises on l'avait averti qu'en continuant à me prêter son concours, il risquait sa position, dont il avait le plus grand besoin cependant. Ne voulant à aucun prix abandonner ce qu'il regardait comme un devoir de citoyen et d'honnête homme, mais tenant à se mettre, aussi bien que moi, sous la sauvegarde de l'opinion publique et de celle particulièrement compétente des principaux magistrats de la ville, il leur soumit un résumé de mon affaire avec pièces à l'appui, les engageant à l'étudier et à lui en donner leur avis. Il s'agisssait là d'un grand intérêt général, de la liberté individuelle mal sauvegardée par la loi, de l'insuffisance et des vices du régime auquel étaient soumis les aliénés; mon cas particulier n'était que la démonstration de ces tristes vérités.

Deux présidents et six conseillers à la Cour d'appel vinrent, par leur appréciation motivée, donner une grande force à mes revendications et former autour de mon dévoué défenseur comme une garde d'honneur le garantissant contre les sourdes menées, les animosités inavouables de certains personnages qui, sans que je susse pourquoi, m'étaient devenus hostiles après s'être proclamés bien haut mes protecteurs. Mais laissons cela : je ne veux me souvenir que de ceux, bien plus nombreux, qui me sont restés bons et secourables jusqu'au bout.

M. le Normant fit quelque temps après un nouveau voyage à Versailles; M. Tailhand lui lut son rapport, auquel il ne restait plus qu'à mettre la dernière main, et lui promit de ne rien négliger pour saisir le moment favorable de le porter à la tribune. Il lui écrivait le 10 février 1874 :

Obtenez de Mlle Rouy qu'elle veuille bien patienter encore un peu; je tiens plus que vous ne pensez à lire mon rapport.

Cependant, le rapport n'arrivait toujours pas, et Mme le Normant se rendit à Versailles pour presser de nouveau M. Tailhand. Elle le trouva dans les meilleures dispositions et au moment d'obtenir un supplément d'informations des plus inattendues. On lui avait promis communication d'un dossier confidentiel qui existait, *disait-on,* sur mon affaire.

Notre impatience et notre curiosité de connaître ces mystérieux documents étaient extrêmes ; nous en fûmes pour nos frais. Nous ne pûmes même savoir si M. Tailhand les avait vus ou pas vus. Je ne sais si c'est prévention de ma part ; mais à partir de ce moment, et des détails que Mme le Normant lui avait donnés sur certaines circonstances de ma jeunesse, sur la position exceptionnelle que j'avais eue à Blois, de 1830 à 1833, alors que j'y étais institutrice chez Mme de Galard de Zaleu, sœur de M. de Pradel, chambellan de Louis-Philippe, M. Tailhand n'eut plus aucune envie de faire son rapport. J'en trouve la confirmation dans une réponse qu'il m'adressait le 24 avril 1874 :

> Mademoiselle,
>
> La lettre que vous m'avez fait l'honneur de m'écrire m'a causé un profond sentiment de chagrin.... Vos malheurs passés, votre situation présente vous ont assuré mon plus profond dévoûment, et je vous prie de compter absolument sur la persistance de mes efforts pour vous faire accorder enfin *un dédommagement aux souffrances imméritées que vous avez subies...*

Hélas ! ainsi que je le pressentais, ce n'était plus *justice,* mais *assistance* que M. Tailhand poursuivrait pour moi, et j'en eus la preuve, aussitôt sa nomination comme garde des sceaux. Son collègue de l'intérieur, M. de Fourtou écrivit au préfet du Loiret d'en terminer avec mon affaire et avec moi, en m'offrant une pension dont le chiffre fut laissé en blanc, ainsi que je l'ai su depuis.

M. le préfet mit en mouvement M. Vilneau, manda à son cabinet M. le Normant, lui dit que le ministère était disposé à entrer en arrangement avec moi ; que ma pétition allait être reculée indéfiniment par la nécessité de nommer un nouveau rapporteur ; qu'il valait bien mieux, malade comme j'étais, en finir, m'assurer une existence tranquille pour mes dernières années ; et il lui demanda quelle pension lui semblait nécessaire pour cela.

M. le Normant répondit que je tenais avant tout à être réhabilitée, à ce que mon affaire fût portée à la tribune, afin que la justice se prononçât, qu'on sût ce qu'il avait été possible d'accumuler contre moi d'abus de pouvoir et d'illégalités en quatorze ans de détention arbitraire, et que je recommencerais patiemment avec un nouveau rapporteur le travail qui avait amené la conviction du premier. Il demandait donc pour moi, en attendant les dommages-intérêts auxquels j'avais droit, simplement de quoi vivre, 100 fr. par mois. Le ministère en accorda 125 et les fit partir du 1ᵉʳ janvier.

Je n'étais pas tout à fait de l'avis de mon défenseur. Sachant que la considération se mesure facilement à l'argent dont on dispose, je pensais qu'on aurait eu une plus haute idée de mes droits en voyant un chiffre plus élevé à la pension qui me permettrait d'attendre et de

22.

les faire valoir. Mais l'essentiel était de ne pas avoir entravé ma liberté d'action, et c'est ce que je précisai en écrivant sans tarder à M. Tailhand :

Orléans, 29, rue des Charretiers, 11 juin 1874.

Monsieur le Ministre,

Il se passe en ce moment une chose si étrange, que, malgré mon désir de ne pas vous troubler au milieu de vos grandes et multiples occupations, je crois devoir vous en informer ; cela vous fera comprendre bien facilement comment et pourquoi on a muré ma fenêtre alors qu'on m'avait sous la main et qu'on n'avait qu'un ordre à donner ; pourquoi on a cherché à me faire enfermer de nouveau, à me faire passer pour folle au moment où j'ai publié ma pétition. On ne l'ose plus ; on s'y prend autrement.

Je laisse à M. d'Aboville le soin de vous donner tous les détails ; je me borne à vous dire en hâte que M. le préfet du Loiret a dit : 1° que vous ne trouviez pas à propos de faire mon rapport, faute de savoir le mobile (1) ayant poussé M. Rouy à me faire enlever ; 2° que M. le Ministre de l'intérieur me fait faire par M. Durangel la proposition d'entrer dans un établissement de bienfaisance aux frais de l'Assistance publique, *à la condition de me taire sur le passé et de retirer ma pétition*.

C'est M. le président Vilneau qui a été mis en mouvement pour arriver à cette *transaction* à laquelle j'étais loin de m'attendre, je l'avoue. — Jusqu'à présent, Monsieur le Ministre, j'ai compté sur vous, sur votre parole. Vous avez réclamé des secours pour moi de M. le Ministre de l'intérieur, et ils m'ont

(1) On a vu au commencement de ce chapitre (lettre de M. Dumarnay) que ce manque de mobile apparent ne lui semblait pas alors devoir entraver l'action de la justice. Si l'on n'y trouvait pas de motif sérieux, le crime contre moi n'en était pas moins patent, ainsi que ses désastreuses conséquences.

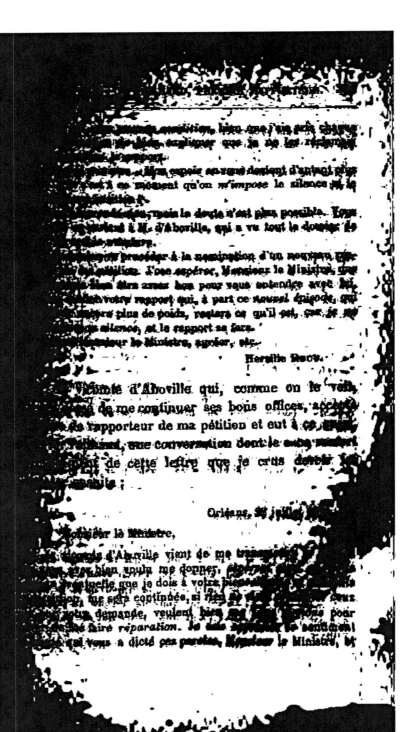

je vous en suis profondément reconnaissante. Mais le malheur que vous voudriez m'éviter peut arriver par le caprice d'un nouveau ministre, ou même d'un employé, et si je ne vous ai plus là pour me soutenir et me relever, je puis être brisée pour toujours.

Ma sécurité exige donc, non pas un rapport ménageant l'un ou l'autre, mais un rapport mettant sous les yeux de tous les épouvantables tortures de vingt années de mon existence, l'horrible position où je suis, manquant de tout, n'ayant ni un lit ni un siége, que ceux que la charité me prête. Tant qu'un rapport n'aura pas fait connaître les monstruosités qui ont été accomplies par des fonctionnaires dans des établissements publics, n'aura pas constaté les crimes qui ont été commis sur une femme inoffensive, le désordre et le mauvais vouloir dont j'ai été victime, les mensonges honteux auxquels on a recours pour m'accabler; tant qu'il n'aura pas été établi publiquement qu'on ne peut me reprocher que des lettres véhémentes, étranges, inexplicables, dues à mon excessive indignation et à la position qui m'était faite, je serai exposée à être non seulement traitée avec mépris et défiance, comme une insensée, mais encore à retomber dans ces gouffres affreux dont je ne suis sortie que par miracle.

Tant qu'une transaction judiciaire ne sera pas intervenue pour me faire obtenir, soit à l'amiable, soit par le fait des tribunaux, une réparation convenable et *irrévocable*, je serai à la merci des hommes qui, depuis vingt ans, se font un jeu de ma misère et de ma souffrance.

Mon rapport se fera donc, Monsieur le Ministre; il se fera le plus tôt possible, car je ne puis m'abuser sur la durée d'un secours aussi éventuel, ni m'accoutumer à un repos, à une tranquillité dont j'ai si grand besoin, et qui cependant me perdraient si je m'y laissais aller *avant* d'avoir assuré mon sort.

J'espère, Monsieur le Ministre, que le rapport de M. le vicomte d'Aboville sera fait pendant que vous êtes encore au pouvoir, et que par vous j'obtiendrai enfin une justice qui ne peut m'être refusée.

Je ne croyais pas, ayant porté plainte aussitôt ma sortie des asiles, n'ayant jamais interrompu cette plainte, qui est restée *trois ans* entre vos mains, je ne croyais pas qu'il pût y avoir *prescription pour crime*. Mais laissez-moi vous le dire, Monsieur le Ministre, je ne mets M. Rouy qu'au second plan, et ce sont ceux qui m'ont tenue enfermée auxquels je demande compte avant tout.

M. Rouy a été *caché* pendant quinze ans. S'il n'avait pas écrit, s'il n'avait pas agi d'une manière aussi dégradante pour m'accabler, nul n'aurait songé à lui. Il s'est accusé lui-même. Il se défend par de honteux mensonges ; il se met à couvert sous la responsabilité des autres, et sème sur sa propre famille la honte et le scandale, pour me perdre près de ceux qui s'intéressent à moi ; il s'est adressé, il y a moins de deux ans, à vous-même.

Si la justice est impuissante à punir de tels crimes, parce que ces crimes se sont accomplis dans des établissements ministériels et non dans un domicile particulier ; si elle ne peut faire obtenir réparation à la victime ; s'il *faut* que celle qui a été dépouillée se contente d'une *aumône* qu'on peut lui retirer, — qu'est donc la justice en France, Monsieur le Ministre ?

Laissez-moi alors en appeler d'autant plus à l'Assemblée nationale, lui soumettre un état de choses aussi effroyable, lui demander un secours que la justice ne peut m'offrir ! Et si tout me manque, M. le vicomte d'Aboville ne me manquera pas. Sous sa protection, j'ouvrirai une souscription et je poursuivrai *civilement*. Contre ces poursuites, du moins, la prescription ne me sera pas opposée, et l'effet du rapport aura ému l'opinion publique, assez, je l'espère, pour sauvegarder mon indépendance et ma liberté.

Veuillez agréer, Monsieur le Ministre, l'assurance de ma profonde et respectueuse reconnaissance

Hersilie ROUY.

J'adressai, le même jour, la lettre qu'on va lire à l'administration des hospices d'Orléans :

Monsieur le Président,
Messieurs les Administrateurs,

Je me fais un devoir de vous faire connaître qu'à la requête de M. Tailhand, garde des sceaux, ministre de la justice ; sur la pressante recommandation de hauts dignitaires, entre autres de M. le comte Benoist d'Azy, vice-président de l'Assemblée nationale ; de Mgr Dupanloup, évêque d'Orléans ; du Conseil général ; de MM. les députés et du préfet du Loiret, M. le Ministre de l'intérieur vient de m'accorder une pension annuelle de 1,500 fr.

Chacun de vous, Messieurs, sait que M. Tailhand était le rapporteur de ma pétition à l'Assemblée nationale ; qu'après une longue et consciencieuse enquête, il a rédigé un rapport que les affaires publiques ont seules retardé, et qu'il doit remettre, avec les pièces à l'appui, à M. le vicomte d'Aboville, notre député, choisi par la commission pour le remplacer.

La puissante intervention de M. le garde des sceaux parle trop haut en faveur de cette cause exceptionnelle, pour que je ne sois pas fondée à espérer une entière réhabilitation, me permettant de reconquérir le respect et la confiance qu'une aussi longue et cruelle diffamation m'a fait perdre.

La part que vous avez prise dans ma libération, Messieurs, ainsi que la bienveillante et bienfaisante protection dont vous avez bien voulu continuer à m'entourer jusqu'à ce jour, me font penser que vous recevrez avec plaisir l'annonce que je suis à l'abri des premières nécessités de la vie, jusqu'au jour de la justice et de la réparation.

Veuillez, Monsieur le Président, Messieurs les Administrateurs, agréer l'expression de ma reconnaissance et de mon respect.

Hersilie ROUY.

CHAPITRE XIX

Ma pétition. — M. le vicomte d'Aboville, deuxième rapporteur.

Je ne fus pas découragée comme on l'aurait pu croire en me voyant revenue pour la seconde fois à mon point de départ. D'abord, grâce à MM. Tailhand et de Fourtou, mon pain quotidien était assuré, et mes dévoués amis ne manquaient pas d'ajouter quelque superflu à ce strict nécessaire, du vin vieux et surtout des fruits dont j'étais avide, car ils rafraîchissaient et adoucissaient ma pauvre poitrine desséchée.

Puis M. le vicomte d'Aboville, qui s'occupait de moi depuis plusieurs années, était presque aussi au courant que nous-mêmes de ce qui me concernait. M. Tailhand lui avait promis communication de ses notes, qui élucidaient toute mon affaire au point de vue légal, avec une netteté dont on a pu juger, puisque j'en ai cité une grande partie, et une compétence indiscutable. M. d'Aboville résolut donc de porter ses investigations sur les points concernant ma famille et les motifs qu'elle avait pu avoir de me faire enlever, puisque c'était décidément elle qui, de son propre aveu, en avait pris l'initiative. Il alla pour cela consulter les pièces du dossier de Ville-d'Avray, ainsi que mon frère y avait invité son prédécesseur.

En reproduisant ici les résultats de cette enquête, je ne fais que répondre au vœu de M. Rouy, demandant qu'ils fussent connus, comme ma pétition, « *de toute la France, trouvant juste que l'expression de la vérité ait la même publicité que l'assertion du mensonge.* » Avec ces documents en main, le lecteur pourra juger de quel côté se trouvent l'un et l'autre.

M. d'Aboville demanda d'abord à M. Rouy communication de la lettre de détails annoncée par le docteur Pelletan, qui l'envoyait à Henri Rouy avec prière de la faire parvenir à son père après en avoir pris communication ; lettre écrite le lendemain de mon enlèvement dont elle rendait compte. Il était intéressant de voir si elle concordait avec la déclaration de M. Pelletan à l'enquête de 1869, notamment au sujet des tentures et des cercueils.

M. Rouy répondit qu'il l'avait égarée, perdue ; qu'il la chercherait ; de même pour le testament de mon père. Quant à ce qui s'était passé pour mes clés, le défaut d'inventaire, de scellés, il ne sait rien de ces détails, étant à cette époque malade à Ville-d'Avray des suites d'une cruelle opération.

Il ignore de même à qui a été signifié le jugement

du 12 janvier 1855, ainsi que le commandement et la vente du 12 février, et par qui j'ai été représentée à cette vente.

Une lettre de M. Henri Rouy, du 9 novembre 1854, dit que c'est Mme Cor, amie de M. Pelletan, qui est allée prendre chez moi les effets qu'on m'a envoyés à Charenton. C'est à peu près le seul renseignement précis que M. d'Aboville retire de sa visite.

Interrogé sur la personne qui a donné le nom de Chevalier à Charenton, M. Rouy, pour tâcher d'accorder les choses avec la nouvelle version de son mémoire à M. Tailhand, répond, m'écrit M. d'Aboville :

Qu'il suppose que les employés ont ajouté ce nom *après coup* avant celui de Rouy, pour se reconnaître lorsqu'il leur arrivait des réclamations ou des plaintes de Mlle Chevalier, se disant Rouy, ainsi qu'elle était désignée dans les autres asiles.

Dans une première entrevue (car M. d'Aboville a eu la bonté de retourner trois fois à Ville-d'Avray), M. Rouy m'avait répondu qu'elle seule pouvait s'être nommée ainsi, à son arrivée à Charenton, dans un moment de folie.

Ces réponses ne me semblent pas sérieuses. Il est évident que c'est M. Pelletan qui a donné à l'arrivée à Charenton le nom de Chevalier qui figure sur le registre d'admission à l'hospice. M. Rouy est sourd, ce qui facilite de sa part les réponses évasives ou l'absence de réponse.

Ayant inutilement, à deux reprises, fait la demande du testament de M. Charles Rouy, en offrant d'en payer la copie sur timbre et légalisée, je réclamai de nouveau, cette fois par lettre et formellement, le testament et la lettre du docteur Pelletan du 9 septembre 1854.

Voici la réponse textuelle de M. Rouy :

Monsieur le Président,
Messieurs les Administrateurs,

Je me fais un devoir de vous faire connaître qu'à la requête de M. Tailhand, garde des sceaux, ministre de la justice ; sur la pressante recommandation de hauts dignitaires, entre autres de M. le comte Benoist d'Azy, vice-président de l'Assemblée nationale ; de Mgr Dupanloup, évêque d'Orléans ; du Conseil général ; de MM. les députés et du préfet du Loiret, M. le Ministre de l'intérieur vient de m'accorder une pension annuelle de 1,500 fr.

Chacun de vous, Messieurs, sait que M. Tailhand était le rapporteur de ma pétition à l'Assemblée nationale ; qu'après une longue et consciencieuse enquête, il a rédigé un rapport que les affaires publiques ont seules retardé, et qu'il doit remettre, avec les pièces à l'appui, à M. le vicomte d'Aboville, notre député, choisi par la commission pour le remplacer.

La puissante intervention de M. le garde des sceaux parle trop haut en faveur de cette cause exceptionnelle, pour que je ne sois pas fondée à espérer une entière réhabilitation, me permettant de reconquérir le respect et la confiance qu'une aussi longue et cruelle diffamation m'a fait perdre.

La part que vous avez prise dans ma libération, Messieurs, ainsi que la bienveillante et bienfaisante protection dont vous avez bien voulu continuer à m'entourer jusqu'à ce jour, me font penser que vous recevrez avec plaisir l'annonce que je suis à l'abri des premières nécessités de la vie, jusqu'au jour de la justice et de la réparation.

Veuillez, Monsieur le Président, Messieurs les Administrateurs, agréer l'expression de ma reconnaissance et de mon respect.

Hersilie ROUY.

CHAPITRE XIX

Ma pétition. — M. le vicomte d'Aboville, deuxième rapporteur.

Je ne fus pas découragée comme on l'aurait pu croire en me voyant revenue pour la seconde fois à mon point de départ. D'abord, grâce à MM. Tailhand et de Fourtou, mon pain quotidien était assuré, et mes dévoués amis ne manquaient pas d'ajouter quelque superflu à ce strict nécessaire, du vin vieux et surtout des fruits dont j'étais avide, car ils rafraîchissaient et adoucissaient ma pauvre poitrine desséchée.

Puis M. le vicomte d'Aboville, qui s'occupait de moi depuis plusieurs années, était presque aussi au courant que nous-mêmes de ce qui me concernait. M. Tailhand lui avait promis communication de ses notes, qui élucidaient toute mon affaire au point de vue légal, avec une netteté dont on a pu juger, puisque j'en ai cité une grande partie, et une compétence indiscutable. M. d'Aboville résolut donc de porter ses investigations sur les points concernant ma famille et les motifs qu'elle avait de *douze ans*. Mon père s'en fut à Londres et là, vécut maritalement avec une jeune Allemande, Marianne, etc. (1).

Que Mme Rouy quittât son mari dans de telles circonstances, si ces faits sont exacts, on le comprend ; mais qu'elle abandonnât son fils aux soins de ces maîtresses de hasard dont mon père était, *disait-on*, entouré !!!

C'est pourtant ce qui a eu lieu. Depuis la disparition de sa mère, en 1798, et non en 1802, car la date est constatée par l'acte de notoriété joint à son contrat de mariage, M. Rouy n'a eu aucun rapport avec elle ; pas une lettre n'a été échangée, et il n'a plus entendu parler de Marie Stévens qu'après sa mort, par un oncle qui l'a averti d'aller recueillir sa succession.

Comment cet oncle avait-il pu le retrouver, alors que sa mère ignorait où il était ? M. Rouy répondit que la maison d'épicerie et sucrerie Rouy était connue dans le quartier des Lombards. Un almanach du commerce devait donner cette adresse, qu'en trente ans de séjour à Bruxelles Mme Rouy n'a pas eu la curiosité de connaître. Elle en voulait si fort à son mari, qu'elle en oubliait son enfant, élevé, à Paris, chez son oncle Étienne, dont plus tard il devint gendre.

En juillet 1870, nous avions demandé et obtenu

---

(1) Chose bizarre ! mon frère avait chez lui le portrait de cette Marianne ; de plus, on disait qu'elle avait pris soin de lui. Quand donc et où ? A Londres, sans doute, et en 1798.

les renseignements suivants du ministère des affaires étrangères :

Marie-Joseph Stévens est née à Wavre en 1765. En 1786, elle est entrée en service à Bruxelles.

En 1788, elle a épousé, à Paris, Charles Rouy, épicier. Abandonnée par son mari, elle a quitté Paris pour retourner à Bruxelles, s'établir en quartier (1). Elle y est restée jusqu'en 1830, époque à laquelle, étant tombée malade, elle est retournée à Wavre, près de sa nièce, la femme Gollier, boutiquière dans cette ville.

Elle possédait une pièce de terre, une créance hypothécaire et des économies.

Son fils est venu à Wavre recueillir la succession, faire vendre la terre et la créance hypothécaire.

M⁰ Pastur, notaire à Wavre, m'envoya copie de l'acte de décès de Marie-Joseph Stévens et de la déclaration des droits de succession, faite à Wavre le 7 juillet 1832, et signée C.-D. Rouy.

La pièce de terre avait été vendue 150 fr. par l'héritier, et il n'est pas fait mention de créance hypothécaire.

Le maire de Wavre nous ayant également dit que M.-J. Stévens n'était revenue dans le pays qu'un an environ avant sa mort, nous voulûmes rechercher ce qu'elle était devenue pendant plus de trente ans à Bruxelles, et quelle était la cause de cet oubli complet de tous les siens.

(1) Cette locution belge signifie qu'elle n'était plus domestique ni en garni, mais chez elle.

Il fut impossible d'y trouver trace de son séjour, ni de recueillir aucune indication sur son compte auprès des nombreuses familles Stévens domiciliées à Bruxelles ; le bourgmestre de cette ville, auquel nous nous adressâmes aussi, nous répondait, le 24 février 1872 :

Des recherches infructueuses ont également été faites dans les registres de population établis depuis 1816, pour découvrir l'inscription de la prénommée (Marie-Joseph Stévens, épouse Charles Rouy).

Le bourgmestre,
Signé : Y. Nupart.

Il fut donc acquis pour moi que Marie Stevens n'avait pas demeuré à Bruxelles, au moins sous son véritable nom.

Vers la même époque, une dame d'Orléans, qui venait me voir quelquefois et qui avait un oncle à Wavre, le pria d'aller voir la nièce de M.-J. Stévens, la veuve Gollier, alors âgée de quatre-vingt-sept ans, mais ayant conservé toutes ses facultés.

Celle-ci dit être restée toujours en relations avec sa tante et indiqua son adresse à Bruxelles, rue de l'Empereur, chez un marchand de faïence que M. le bourgmestre ne put pas retrouver non plus ; il ne figurait ni sur les listes du commerce, ni sur celles de la population. Mᵐᵉ Gollier n'avait conservé aucune lettre de sa tante, et il y avait à peu près vingt ans qu'elle ne l'avait vue lorsqu'elle revint à Wavre.

M.-J. Stevens n'avait jamais exercé aucune profession à Bruxelles; elle vivait de ses petits revenus et des secours de sa famille. Arrivée à Wavre en 1830, elle y était assistée par ses frères Joseph et Nicolas, et par sa nièce. Elle avait été abandonnée par son mari, parti avec une cousine de sa femme, native également de Wavre. M. C.-D. Rouy est venu y voir sa mère en 1830; il était en militaire. Il lui écrivait de temps en temps et lui envoyait de petits cadeaux. Or, mon frère était retraité pour blessures graves depuis 1825.

De toutes ces contradictions il ne pouvait résulter qu'une très-grande incertitude sur l'identité réelle de la personne décédée à Wavre avec le titre d'épouse de Charles Rouy, qu'il y eût subterfuge ou similitude de nom. Pour moi, c'est la confirmation que mon pauvre père, si attaqué, si diffamé par son propre fils, était bien réellement veuf et marié à ma bonne, chère et respectable mère, Henriette Chevalier. Et c'est ce que j'arriverai peut-être un jour à découvrir et à prouver, si Dieu me prête vie.

Quant à mes rapporteurs, tout en partageant mes doutes, ils jugèrent avec raison qu'on ne pouvait sans preuves s'attaquer à un acte régulier de l'état civil et que, ainsi que je l'avais dit cent fois lorsqu'on ramenait à tout propos la question de ma naissance, il ne s'agissait pas de savoir si j'étais légitime, adultérine ou bâtarde, mais pourquoi on m'avait enfermée sans être folle et sous un nom qui n'était pas le mien. Or, c'est cela qu'il ne convenait à personne d'éclaircir.

Comme motif de ma folie supposée, M. Rouy invoquait la mort d'une enfant et l'abandon du père. Il disait posséder des lettres où je faisais l'aveu de ma faute. M. d'Aboville vit ces lettres, et elles lui parurent de moi, ainsi qu'il le dit à mes amis, qui s'en impressionnèrent, malgré les dénégations que j'avais constamment opposées à cette accusation, consignée catégoriquement dans le procès-verbal de M. Jullet, du 1ᵉʳ octobre 1869 :

Le 22 avril 1848, elle faisait enregistrer à la mairie du deuxième arrondissement une fille née d'*elle*, rue Richer, 33, et de père non dénommé.

M. le Normant m'écrivit même un mot assez dur au sujet de mon manque de confiance en eux, qui ne m'auraient pas abandonnée, même en me sachant coupable, car nul n'avait le droit de m'enfermer arbitrairement pour cela et de punir une faute par un crime.

Je fus outrée de leur injustice ; je dis que, si j'en étais réduite là, je réclamerais un examen médical qui confondrait mes calomniateurs (1), et j'écrivis à M. d'Aboville :

(1) Chose bizarre ! depuis la mort de Mⁱˡᵉ Rouy, le bruit a couru que cet examen avait eu lieu pendant qu'elle était internée à l'asile d'Orléans, et avait prouvé qu'elle n'avait jamais eu d'enfant. Il nous est impossible de savoir ce qu'il y a de vrai dans ceci, l'intéressée et les médecins de l'asile n'existant plus. *(Note de l'éditeur.)*

10 janvier 1876.

...mercie profondément de tout ce que vous avez fait
... importants documents que vous avez réunis et qui
... tablement un complot ourdi de concert avec la
... disparaître comme on l'a fait de sa fille
... fermer la porte du monde, et le scandale était
... Sachant que je m'occupais d'un enfant, il fallait
... mettre ma folie sur le compte de sa mort, de
... père. On l'a fait.

... lettre du 27 décembre 1868 à M. le Normant, M. Rouy
... faire scandale, si on veut le poursuivre. Il ne peut
... ni le nom, ni l'âge de l'enfant; il dit : « Je ne sais
... une phrase entortillée. Mais en 1869 il est plus
... donne le nom, l'âge, l'arrondissement; il déclare
... inconnue. Il en sait plus qu'en 1868. Aujourd'hui, il
... je ne sais pas. » Il donne des lettres de moi, il
... bout de cinq jours j'étais sur pied pour cacher ma
... bien beau de ma part, Monsieur, et j'avais tant à
... cacher ma faute que je me montrais partout, même sur
... de février, comme vous pourrez vous en assurer
... votre rue, si toutefois le témoignage des dames
... j'ai invoqué, vous paraît aussi digne de foi que celui
... gens de Ville-d'Avray.

... pas très-bien pourquoi je vous aurais dit que
... n'était pas mienne, si elle l'avait été. J'ai un carac-
... indépendant, et du moment où ma conscience
... quelque chose, sans vouloir braver les préjugés du
... selon ce que je considère comme un devoir à

... la charge d'un enfant, je savais qu'on me l'attri-
... avais pris mon parti. J'étais loin de me savoir déc-
... revendiquer. Cela a produit un effet singulier
... en moi; tout d'abord je suis restée abasourdie
... impétueuse l'emportant, l'indignation,

le dégoût m'ont fait écrire avec violence, et je vous disais les *noms, lieu, témoins......* Fort heureusement, je suis toujours brouillée avec M. le Normant; sans cela, je lui aurais tout dit, s'il était venu..... Mais la nuit porte conseil, et j'ai jeté mes lettres au feu. Divulguer, même à vous, un secret confié; après m'être dévouée pendant tant d'années, jeter le trouble dans les familles, pourquoi? N'ai-je pas soixante-deux ans, *l'habitude de l'outrage?* Ai-je le droit d'anéantir le bonheur d'autrui?....

Alors, Monsieur, ma nature s'est adoucie, et j'ai pleuré !..... Oui, moi, j'ai pleuré un rêve de bonheur perdu; j'ai été lâche un moment. Ne le dites pas : oubliez-le.

J'espère que vous voudrez bien regarder comme un devoir d'honnête homme de me rendre compte de ce que ces lettres contiennent, de me le dire sans restriction, en détail si vous pouvez. C'est bien le moins que je sache *ce que j'ai écrit :* car si vous êtes fixé, je ne le suis pas tout à fait autant que vous, et je marche de surprise en surprise dans ma triste vie.....

Ici je supprime quelques violences de langage, car j'ignore quel est le faussaire qui a écrit ces lettres, ni comment elles sont parvenues à mon frère. Mon écriture était assez bien imitée, paraît-il, pour qu'il ait pu s'y tromper, ce qui ne l'excuse pas de s'en être servi pour me déshonorer sans aucun profit pour lui-même. L'enfant dont la mort m'aurait rendue folle est en vie : je le lui avais écrit en 1868, et il lui était facile de s'en assurer. Je continuais ainsi :

Je ne conçois pas, Monsieur, que vous n'ayez pas pensé à regarder la date et le papier, car le papier a un âge. Avez-vous vu le timbre de la poste? Je ne me suis servie d'enveloppes que de 1852 à 1854. Je suis très-sérieusement contente de ces *lettres inattendues ;* elles sont providentielles pour moi, et, sans qu'il soit besoin d'en faire bruit, il est bon que je sache où les

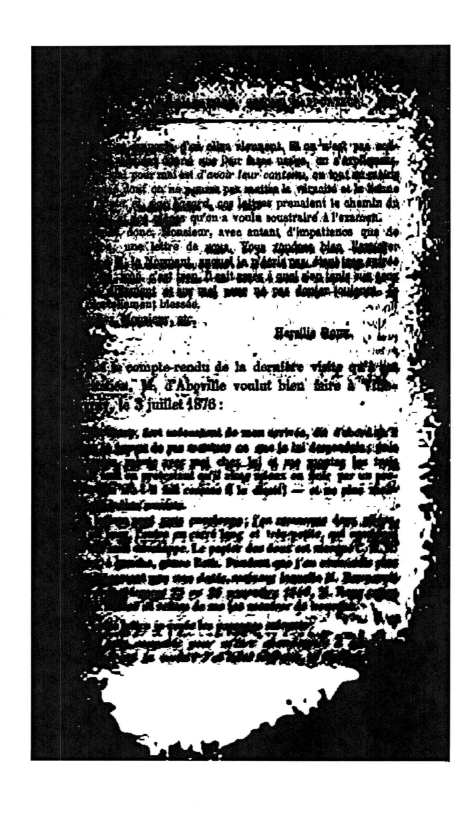

dûment. Je ne crois pas qu'une femme puisse aimer sans succomber. Elle n'aimerait pas, ou serait de marbre. J'ai lutté, j'ai cédé... j'attends.....

Dimanche....., Plaignez-moi, Charles.

Votre sœur affectionnée,
Signé : HERSILIE.

Lettre sans enveloppe et sans date.

La signature et le paraphe m'ont paru être ceux de Mlle Rouy à cette époque ; seulement elle est écrite avec une plume plus grosse que le spécimen de 1870 que j'avais apporté, et vers la fin, avec une main troublée.

Quant à la lettre de son fils, M. Rouy me l'a refusée. Il a refusé également toute autre communication et tous renseignements, bien que je lui aie fait observer que, si l'affaire avait une suite, il se nuirait ainsi.

Je me suis donc retiré au bout d'une demi-heure.

Signé : E. d'ABOVILLE.

Mais M. Rouy connaissait trop bien la puissance des solidarités qu'il avait su établir à son profit, pour craindre d'aller jamais en justice ; sa tactique était surtout de gagner du temps, et il y réussissait de toutes manières. M. Tailhand n'avait remis à M. d'Aboville que la moindre partie des pièces me concernant ; il avait égaré le reste. Entre son cabinet de Versailles, de Privas, de Nîmes, les nombreux dossiers dont chacun d'eux était encombré, les recherches étaient longues et difficiles ; elles devaient aboutir cependant, mais lorsqu'il serait trop tard pour s'en servir.

M. Léon Renaud avait été nommé à la Préfecture de police ; on a vu, chapitre XVII, combien il avait été impressionné de ma triste histoire, alors qu'il était préfet du Loiret, bien qu'il n'eût pas été maître de donner suite à ses bonnes inspirations. M. d'Aboville crut pouvoir être renseigné positivement par lui sur le rôle joué par la police dans ma séquestration, et lui adressa une demande à laquelle M. Léon Renaud répondit par l'envoi d'une *Note* assez longue, destinée à justifier la façon dont s'était opéré mon placement à Charenton.

J'y étais dite née à Milan, et mon acte de baptême qualifiait mes parents d'*époux légitimes;* mais un jugement ayant fait rectifier l'acte de décès de ma mère comme n'ayant pas été mariée, la *Note* trouve tout naturel de m'ôter mon nom civil, après plus de trente ans de possession, sans autre formalité.

Elle donne, en le complétant un peu, le certificat du docteur Pelletan et fait valoir que ce certificat n'est qu'une superfétation ; qu'on pouvait, d'après l'article 8 de la loi, se dispenser de l'exiger, puisqu'il y avait *urgence*, et cite à l'appui de cette urgence la déclaration de M. Pelletan à l'enquête de 1869, déclaration que nous avons reproduite chapitre v, page 77.

Mais qui l'a constatée, cette urgence? Personne, car la *Note* est obligée d'en faire ainsi l'aveu :

M. Stropé, commissaire de police, est mort, et il n'a été trouvé à son commissariat aucune trace de son intervention dans la circonstance; cela s'explique d'ailleurs par ce fait que la séquestration de la demoiselle Chevalier n'a pas été faite d'office par l'autorité, et qu'elle a eu le caractère d'un placement volontaire.

D'accord ; mais alors il fallait une *demande d'admission* ; l'article 8 est formel sur ce point. Procès-verbal d'urgence pour l'admission d'office, demande d'admission, sur timbre et signée, pour placement volontaire, voilà la pièce indispensable dans l'un ou l'autre cas, et le certificat médical seul peut manquer, quitte à être suppléé plus tard. Et qu'on ne vienne pas objecter le manque de temps, de renseignements ; la demande d'admission est très-souvent rédigée et signée dans les bureaux mêmes de l'asile où on amène le malade. C'est cette pièce que le docteur Pelletan eût dû faire pour être en règle, et non son certificat, car la même personne ne peut à la fois certifier et placer le malade.

La justification de cette irrégularité continuait ainsi :

On comprend facilement que le commissaire de police appelé à donner son concours pour faire ouvrir par un serrurier la porte du logement de Mlle Chevalier, dont le silence prolongé inquiétait les voisins, ait conseillé au docteur Pelletan, comme ami de la famille Rouy, de pourvoir aux mesures de traitement et de surveillance que réclamait d'urgence l'état mental de la demoiselle Chevalier et l'ait fait officieusement assister par un de ses employés.

Deux observations étaient jointes à cette *Note* lorsqu'elle me fut communiquée ; l'une était de M. d'Aboville :

S'il y avait eu urgence, est-ce que le commissaire de police, ayant fait ouvrir la porte le 20 août, n'aurait pas averti qu'il ne l'aurait pas consigné sur ses re-

Lait de M⁽ᵐᵉ⁾ le Normant :

« Mais, grand Dieu ! si le commissaire de police ordonnait à un de ses employés d'assister en uniforme violemment un maire de chez lui, sans constater ce qui peut légitimer une telle visite aux maîtres des citoyens ? »

Ceci, assurément, ne fait pas honneur à Renault, soit qu'il l'ait lue, soit qu'il ait signé la lettre d'envoi.

Il y a une chose : c'est qu'en tout, par-tout, ministères, préfectures et police n'avaient souci que de s'exonérer les uns les autres et ne voulaient nullement la vérité.

Le temps passait à solliciter ces documents qu'on livre avec lenteur. La Chambre fut dissoute au commencement de 1876, avant que M. d'Aboville eût fait son rapport ; il ne fut pas résolu, et mes publications de mieux en mieux appuyées, s'en furent en-... à vau-l'eau.

Avant que le résultat de ses travaux fût imprimé, M. le vicomte d'Aboville en adressa la forme de lettre à M. le Normant. Je ne ... pas dans son entier, pour ne pas revenir sur ... tant de fois expliquées ; j'en ai d'ailleurs cité ... Mais j'en reproduirai le début et la ...

Glux, 25 octobre 1876.

Monsieur,

J'ai éprouvé un vif regret de ne pouvoir présenter à l'Assemblée nationale, avant sa dissolution, le rapport que j'avais été chargé de préparer sur la pétition de Mlle Rouy, lorsqu'en mai 1874, M. Tailhand, premier rapporteur, fut nommé garde des sceaux.

Plusieurs motifs m'en ont empêché: mon honorable prédécesseur n'a retrouvé qu'à l'automne 1875 une partie de son volumineux dossier; des dérangements de santé qui ne me sont pas habituels sont venus, pendant les deux prorogations de 1875, m'ôter la possibilité de me livrer d'une manière suivie à ce travail; enfin je n'ai pu qu'à la suite de plusieurs demandes obtenir du ministre de l'intérieur certaines communications nécessaires, entre autres celle de l'enquête de 1869. En attendant ce document, j'ai cherché de mon côté à éclairer les points obscurs de cette triste histoire.

Vous m'avez souvent demandé, Monsieur, de résumer mon opinion résultant, soit de ces recherches personnelles, soit des pièces qui m'ont été remises. Je viens répondre aujourd'hui à ce désir, si légitime de la part d'un homme qui, après avoir contribué plus que personne à faire rendre la liberté à la victime de cette séquestration, a consacré huit années de sa vie à sa réhabilitation.

Après avoir employé une trentaine de pages à faire l'historique de tout ce qui s'était passé, en entourant chaque fait de preuves indiscutables et réfutant victorieusement les mensonges accumulés à plaisir pour me perdre, M. d'Aboville terminait ainsi :

Je résume maintenant mes conclusions.

Sans avoir commis aucun acte de folie constaté, sur les simples récits de son portier, Mlle Rouy, dans la maturité de l'âge et en pleine expansion de son talent de pianiste, a été enlevée de son domicile par le docteur Pelletan, à la prière de son frère de père, M. Claude-Daniel Rouy.

Elle a été reçue à Charenton en violation formelle de la loi, sans aucune demande signée et sur le certificat médical de l'homme même qui l'amenait; inscrite sous un nom qu'elle n'avait jamais porté; dépouillée à Charenton et privée pendant huit ans des papiers établissant son état civil; frustrée de son argent et de ses bijoux; promenée ensuite pendant quatorze ans d'asile en asile, pendant qu'on la faisait passer pour morte à Paris; maintenue à trois reprises dans ces établissements contre le sentiment des médecins, sur ordres venus directement de l'administration générale de l'Assistance publique de Paris.

Faute de tutelle administrative, son mobilier a été en grande partie perdu.

Dans ces asiles, elle a subi des traitements indignes; son talent s'est évanoui, et avec lui elle a perdu ses moyens d'existence.

Telles ont été pour elle les conséquences terribles de l'inobservation des lois. De ce chef, elle a droit à une réparation du gouvernement.

Le ministre de l'intérieur est déjà entré dans cette voie en mettant, le 22 juillet 1874, « une somme de 1,500 fr. par an à la disposition du département du Loiret, dans l'intérêt de Mlle Rouy. »

Cette somme est insuffisante pour lui permettre de rendre ce qu'elle a été forcée d'emprunter pour vivre depuis sa mise en liberté; insuffisante aussi pour la mettre au-dessus des besoins de la vieillesse et de sa santé perdue dans les asiles. Sans doute il est impossible de lui rendre ces vingt années, brisées d'abord par des tortures morales et physiques, puis par les anxiétés de la misère; mais on doit du moins, par une pension régulière, assurer le pain de ses vieux jours contre les vicissitudes de la politique.

Elle a le droit aussi de demander au ministre de la justice de rechercher, par une enquête plus impartiale que celle de 1869, et de punir, s'il y a lieu, les agents de son enlèvement, directs ou indirects, que n'a pas encore couverts la prescription.

Pour ces deux motifs, j'estime que la pétition de Mlle Hersilie Rouy devait être renvoyée au ministre de l'intérieur et au ministre de la justice.

Enfin, et ce sera pour Mlle Rouy la meilleure, la seule consolation de ses souffrances, il faut qu'elles servent à prévenir le retour de faits analogues, en montrant la nécessité d'exiger la stricte exécution des lois existantes sur la matière, de les améliorer en ce qu'elles peuvent avoir d'incomplet. « Si, en effet, la « société a le droit de prendre des précautions à l'égard de la « personne des aliénés qui sont un danger public, elle a aussi « le devoir de veiller sur ces malheureux, de suppléer à leur « misère, de prendre, à défaut de leur famille, la tutelle de « leurs biens, de sauvegarder leurs intérêts ; de les rendre, s'il « se peut, à la raison et à la santé, mais par dessus tout de pré-« venir les monstrueux abus d'une séquestration insuffisamment « justifiée à son origine, ou prolongée ensuite au delà d'une « absolue nécessité. »

Je crois applicable au cas qui nous occupe ces belles paroles, empruntées au rapport sommaire de M. le comte de Bességuier, mon ancien collègue, sur la proposition de réviser la loi du 30 juin 1838 (4 décembre 1873), et je souhaite que la présente étude puisse apporter quelques éléments à cette révision.

Signé : Vicomte E. d'Aboville,
Ancien député du Loiret à l'Assemblée nationale de 1871.

Je l'en remerciai quelques jours après en ces termes :

Nous le tenons enfin, cet admirable rapport !

Je ne m'étonne plus, Monsieur, ni du temps qu'il vous a fallu, ni de la peine que vous vous êtes donnée pour recueillir tous les documents indispensables afin de faire une œuvre aussi magistrale, aussi irréfutable, un *tour de force* véritable et, je le crois, *unique*; c'est-à-dire d'arriver à me disculper complètement en ne citant pas un seul passage de lettres amies, en éloignant même ce que je puis avoir avancé, en ne vous appuyant que sur les accusations de mes adversaires, qui sont d'autant plus indignes qu'ils me devaient indulgence, justice, protection et pitié, si réellement j'étais folle ; qu'ils devaient, dans tous les cas, soumettre ma position aux autorités supérieures, et non les induire en erreur.

Grâce à vous, Monsieur, ce sont mes ennemis qui me servent de *marchepied*...... comme le dit David dans ses psaumes.

Ce rapport, écrit avec une conscience, une clarté, une précision, une fermeté douce et polie qui remet chaque chose à sa place, lui donne sa valeur réelle en adoucissant même les torts des coupables qu'il accule, est, selon moi, un document tel, que je voudrais le voir publier, non seulement pour moi, pour tous, mais comme modèle de style, de bienveillance et d'équité.

Qu'il y a loin de cette douceur, de cet esprit de modération, de conciliation, de calme, n'exagérant pas les faits, à ma fougue de soixante-trois ans !

Combien votre esprit de sagesse aurait été nécessaire là où, au lieu de chercher à relever le moral abattu ou exaspéré, on ne cherchait qu'à augmenter par des commentaires odieux, par des outrages cruels, un état de surexcitation si naturel ! Comme on aurait eu besoin de vous avoir là pour dire : « Faites enquête. » Mais à quoi une demande d'enquête arrive-t-elle ? A vous faire mettre à la porte... *guérie !*

..... Je vous sais gré de n'avoir pas parlé des *défaillances intellectuelles* que M. Tailhand m'attribue par égard pour les aliénistes ; j'ai toujours été maîtresse de ma volonté ; je donne les motifs, bons ou mauvais, qui m'ont fait agir à tort ou à raison ; et l'aliéné est *irresponsable*, tandis que j'assume parfaitement toute la responsabilité de mes actes.

Merci encore et encore, monsieur, de m'avoir si bien comprise et si bien défendue. Laissez-moi espérer que vous ne laisserez pas votre ouvrage inachevé, et que jusqu'à la fin vous voudrez bien rester mon appui, mon défenseur et être médiateur, si une conciliation désirable est possible.

Vous, M. et Mme le Normant des Varannes et M. Tailhand, formez un groupe invincible, car vous vous appuyez sur le droit et sur la vérité. Il faudra bien qu'on mette des limites à ces terribles certificats qui, grâce à de la complaisance, à quelques mots techniques, font d'un être intelligent et honorable une idiote, une brute dangereuse, une éhontée, capable des plus inconvenantes actions (1)!.....

Recevez, monsieur, avec l'expression de ma profonde reconnaissance, celle de mon respect le plus absolu.

Hersilie ROUY.

(1) C'est bien ainsi, mais en se gardant de citer aucun fait à l'appui, que me représentaient certains certificats dont mes rapporteurs avaient obtenu communication.

CHAPITRE XX

Coup d'œil rétrospectif.

Je n'avais eu aucune nouvelle de ma plainte du 8 octobre 1868 contre le docteur Payen. Les investigations de mes rapporteurs me firent connaître que le garde des sceaux, impressionné de la gravité des faits que je lui signalais, l'avait renvoyée au procureur général d'Orléans, avec cette lettre :

Paris, 5 novembre 1868.

Monsieur le procureur général,

Je vous transmets, avec la réclamation ci-jointe, une lettre de M. le Normant des Varannes qui appelle mon attention sur la séquestration de quinze années subie dans les asiles d'aliénés par la demoiselle Hersilie Rouy, actuellement au pensionnat de l'asile d'Orléans.

Je vous prie de vouloir bien examiner avec soin le mérite de la plainte ci-jointe et de m'adresser un rapport sur la suite dont elle vous aura paru susceptible.

Le garde des sceaux, ministre de la justice et des cultes,
Par autorisation :
Le directeur des affaires criminelles et des grâces,
BABINET.

M. le procureur général se contenta de demander au docteur Payen un rapport duquel il conclut que j'avais grand tort de me plaindre, ayant été, « non pas chassée, mais, sur mes réclamations incessantes, rendue à la liberté. » Il oublie de dire que cette liberté, dans les conditions où on me la rendait, était pour moi un odieux déni de justice, puisqu'elle empêchait l'administration de poursuivre gratuitement ma demande en rectification d'état civil.

Dans sa réponse au Ministre, le 18 du même mois, M. le procureur général, après avoir écrit en propres termes : *La demoiselle* ROUY *a été admise le 29 août 1863 à l'asile d'Orléans sous le nom de* CHEVALIER, constate ma position artistique à Paris et continue ainsi :

> Elle était connue alors sous les noms de *Hersilie Rouy*. Depuis quinze ans, sans qu'on sache à la demande de quelle personne et sur l'avis de quel médecin, elle a été successivement placée dans les asiles de Charenton, la Salpêtrière, Fains, etc.....
> Sa situation avait attiré mon attention ; j'ai su qu'elle avait appelé de même celle de mon prédécesseur et de M. le préfet du Loiret. Interpellé par moi, M. le docteur Payen n'avait pas hésité à m'assurer que, dans sa conviction, il y avait chez Mlle Chevalier aliénation mentale. Mlle Chevalier parle et écrit beaucoup. J'ai lu avec attention plusieurs de ses lettres.... Cette correspondance m'a paru indiquer effectivement chez son auteur le trouble des facultés mentales.
> Dans une lettre adressée à M. le préfet le 16 juillet dernier, j'ai remarqué notamment le passage suivant :
> « Je crois de mon devoir de répéter aujourd'hui qu'il y a deux

« Hersilie, et la preuve, c'est que depuis quinze ans je dis,
« écris, répète : une Hersilie est disparue du matin au soir ; sa
« trace est introuvable : seule je connais ce secret, et je dois en
« avertir les autorités...... »

La plainte même me semble indiquer un état d'esprit qui n'est pas la raison..... Dans les explications écrites que j'ai provoquées de sa part, M. le docteur Payen dit : « Si nous avons
« délivré le certificat de sortie, c'est que, tout en maintenant
« d'une manière générale notre sentiment affirmatif sur l'alié-
« nation mentale de cette personne, nous y avons été surtout
« incité par une rémission assez soutenue dans son état mala-
« dif, et surtout par l'opportunité d'une nouvelle épreuve de
« liberté. »

M. le docteur Payen répond d'ailleurs à la plainte qu'il ne saurait être responsable du dépôt de Mlle Chevalier dans les maisons de Charenton, de la Salpêtrière, de Fains et d'Auxerre; que ce n'est pas lui qui a déterminé son envoi à Orléans, et que s'il a été d'avis de l'y maintenir, c'est qu'il est demeuré jusqu'ici convaincu d'un état mental qui expliquait cette mesure et en nécessitait la continuation. Il ajoute que son opinion à cet égard a été partagée par les fonctionnaires administratifs et judiciaires, et par les inspecteurs généraux qui ont visité l'asile depuis 1863, et vis-à-vis desquels Mlle Chevalier n'a pas manqué de produire sa demande de sortie.

En cet état des faits, j'estime, Monsieur le garde des sceaux, que la réclamation de la plaignante contre le docteur Payen n'est susceptible d'aucune suite.

Quant à la constatation que prétendrait faire Mlle Rouy d'un état civil que l'on aurait essayé de lui enlever, il ne paraîtrait pas que ce soit à Orléans qu'il pourrait y être procédé utilement.

Je suis avec respect, etc.

Le procureur général,
Signé : TENAILLE d'ESTAIS.

Dès que j'eus connaissance de cette pièce, j'en

adressai à M. le garde des sceaux, le 22 décembre 1876, une réfutation en règle. Mais il y avait sept ans que j'étais condamnée sans appel et que la justice répondait à toutes mes réclamations : « C'est une chose jugée. »

Voici quelques passages de ma lettre au ministre :

Une séquestration faisant perdre à une créature humaine sa liberté, ses droits civils; livrant ce qu'elle possède à celui qui veut prendre; brisant toute une existence, marquant au front pour la vie, n'est pas une bagatelle, Monsieur le ministre, et il faut un peu plus que le style boursouflé ou décousu de quelques lettres, écrites avec rapidité, désespoir ou exaspération, au milieu des grimaces, des cris, des chants discordants et frénétiques de la folie.... il faut un peu plus que l'*invraisemblance* de ce que dit une personne *dont on ne sait rien....* un peu plus que la prétendue conviction d'un homme qui avoue qu'il séquestre par ordre, pour prendre contre une femme inoffensive une semblable mesure.

Si on avait eu la bonté de m'interroger, comme on a interrogé M. le docteur Payen, de s'assurer des choses, de questionner M. le Normant des Varannes, d'examiner les pièces authentiques que nous pouvions produire.... on aurait compris que ce *crime* était un crime prémédité, qui s'est accompli exactement comme on me l'avait annoncé, dans les établissements publics, sous la garde des préfectures, des administrations, sous la surveillance de la justice. On aurait su que quand j'ai voulu donner des renseignements, dire mes antécédents, ma position, mon entourage, ma famille, on a crié à la folie, à l'orgueil, aux idées de grandeur.... et le rapport de M. le procureur général, après cet examen, aurait été autre qu'il n'a été.

Malgré l'arrivée de mes papiers, malgré toutes les preuves de ma raison et de ma véracité, je n'en reste pas moins accablée, *par le fait du parquet lui-même*, sous la *conviction* d'un aliéniste qui ne sait rien !!... C'est horrible !

Que me reproche M. le procureur général ? Il cite une lettre

[...] — et je dis : « Il y a deux Hersilie, [...] elle est morte. »

[...] Monsieur le ministre, une dame étrangère [...] sous le nom d'Hersilie Rouy. Je l'ai appris [...] par les autres. Elle me l'a dit plus tard elle-même, [...] ses raisons, de fort bons conseils et des marques [...]. On ne sait ce qu'elle est devenue ; j'ai dé[...] et dès que j'ai été enfermée, le bruit de la [...] Rouy — de laquelle ? — a été répandu ; on a [...] à mes parents, amis et connaissances. [...] faits réels et constatés.

[...] voulu contester mon état civil, on se serait adressé [...]. C'est aux bureaux d'aliénés qu'on s'est adressé [...] une femme connue, en plein jour, en plein [...] moment, ses paroles ont été sans portée, son appel [...] sait d'où provient le nom de Chevalier.... et la [...] ne n'est pas nous que cela regarde. On ne fait ici [...] inconnue dont l'identité est aussi douteuse [...] notre médecin, qui n'en sait pas plus que [...] conviction, et nous nous inclinons devant sa science [...]

[...] n'est-elle donc pas la France, et le crime devient-[...] parce qu'il arrive de Paris qui le sauvegarde ?

[...] M. le garde des sceaux avait été touché [...] malade et sans ressources, et il écri-[...] à M. le procureur général, le 23 décem-

[...] de me faire connaître si Mlle Rouy est re[...] si elle est allée demeurer dans une autre localité. [...] savoir quelles ressources elle a pour vivre, [...] avoir quitté l'asile dans un dénûment complet.

[...] qu'on m'avait même refusé à ma sortie

24

le petit trousseau qui m'avait été spontanément voté par la commission un mois avant ! Ce qui n'empêchait pas M. le procureur général, toujours aussi bien renseigné, de répondre le 26 :

Mlle Hersilie Rouy, qui fait l'objet de votre dépêche, est logée présentement à Orléans, rue Bannier, n° 18. J'ai lieu de penser qu'elle ne manque de rien. MM. Ronceray et de Pibrac, administrateurs des Hospices d'Orléans, qui s'intéressent à elle, ne la laisseront pas dans le dénûment.

Du moment où il était assuré qu'on me ferait l'aumône, M. le ministre se tint pour satisfait.

Quant à ma plainte au ministre de l'intérieur, les bureaux tranchèrent également la question contre moi, sans même faire un semblant d'information, et en avertirent en ces termes M. le préfet du Loiret :

Paris, 20 novembre 1868.

.... Depuis sa première séquestration, qui remonte à plus de dix ans, la pétitionnaire a adressé à mon département d'incessantes réclamations contre les administrations des différents asiles dans lesquels elle a été traitée. Ses plaintes, toujours sans fondement, témoignent seulement des graves désordres de son intelligence. Celle qu'elle vient de m'adresser semble empreinte des mêmes conceptions délirantes.

Je crois néanmoins utile de vous la communiquer, et je vous prie de me la renvoyer avec le certificat et le rapport médical qui ont motivé l'ordre de sortie, etc.

Le Ministre de l'intérieur,
Par autorisation :
Le Conseiller d'État, secrétaire général,
Signé : DE BOSREDON.

Réponse de M. le préfet du Loiret.

Orléans, 21 novembre 1868.

Monsieur le ministre, de vous adresser copie
... en chef de l'asile des aliénés, qui con-
... la sortie de la demoiselle Chevalier (...
... ne serait plus motivée, ce qui a donné
... J'ai donné le 11 de ce mois de la maitre en li...
... plusieurs fois examinée et interrogée, tant dans
... à l'asile que dans des visites particulières
... insisté près de moi, soit...
... dans plusieurs lettres, pour obtenir sa mise en
...

... dans le courant du mois d'août dernier, de
M. le procureur général... elle a prétendu qu'elle
... sous un faux nom, celui de Chevalier, et
se nommerait réellement Rouy. J'ai alors écrit, sous
... août, à M. le préfet de la Seine, en le priant de
... vérifier cette allégation et de m'envoyer copie de
... de cette pensionnaire.

J'ai reçu le rapport médical concluant à la mise en
... Chevalier, le 26 octobre dernier, j'ai écrit de
M. le préfet de la Seine.... Le 11 de ce mois, n'ayant
... réponse (il a bien voulu me faire connaître depuis,
... demandé à Votre Excellence les renseigne-
... l'état civil de la demoiselle Chevalier), j'ai cru
... présence d'une nouvelle démarche faite auprès de
... docteur Payen, ordonner la sortie... La demoiselle
... depuis environ quatorze ans, a été successivement
... cinq asiles différents, où elle a toujours élevé des
... réclamations, etc."

Signé : J. DUREAU.

... que M. Dureau évite soigneusement
... son opinion personnelle, mais que rien dans

sa lettre ne peut laisser supposer qu'il me croie insensée.

En voici une preuve décisive, que je dois à la protection toute spéciale dont M. de Marcère voulut bien m'honorer lorsqu'il était ministre de l'intérieur, et qui a dû déterminer sa conviction. C'est le brouillon d'une lettre où M. Dureau parlait selon sa conscience et dont il a dû bâtonner une partie, car on voulait sans doute en haut lieu que tous les renseignements demandés à Orléans conclussent à la folie.

Cette pièce est *antérieure de deux ans* à ma mise en liberté et était adressée à M. Husson, directeur de l'Assistance publique ; les passages en italiques sont ceux supprimés dans la lettre officielle :

Copie du brouillon tel qu'il se trouve aux archives de la Préfecture du Loiret.

Orléans, 26 mars 1866.

Par lettre du 19 octobre 1863, vous avez bien voulu, sur ma demande, me faire connaître les actes de démence qui ont amené à Paris la séquestration de la nommée Chevalier-Rouy, pensionnaire du département de la Seine à l'asile d'Orléans, et les motifs particuliers qui pouvaient s'opposer à sa mise en liberté.

Ces renseignements et les documents qui les accompagnaient ont été communiqués au médecin de l'asile d'Orléans, et les divers certificats de ce fonctionnaire, délivrés depuis, sur le compte de la demoiselle Chevalier, ont conclu successivement à son maintien dans l'asile.

Mais ensuite de diverses circonstances, notamment de lettres que les autorités ont reçues à plusieurs reprises de la demoiselle Chevalier, *et qui n'ont paru porter aucune trace de désordre mental,* j'ai dû m'occuper d'une manière toute particulière de cette pensionnaire. Je l'ai visitée et interrogée, de concert avec M. le procureur général, *en cherchant à me rendre un compte exact de l'état de son esprit, et rien, ni dans dans ses paroles, ni dans son attitude, n'est venu modifier les impressions résultant pour moi de ses lettres.*

Ces impressions, Monsieur le directeur, sont également celles d'un homme, sinon spécial, au moins recommandable par sa haute intelligence, et membre de la commission administrative des Hospices d'Orléans.

Toutefois, en présence des affirmations précises de la science, persistant à déclarer la demoiselle Chevalier affectée d'aliénation mentale, il paraîtrait que sa mise en liberté ne serait pas sans inconvénient.

Mais M. le procureur général, dont toute la sollicitude n'a cessé également de se porter sur la demoiselle Chevalier, a reconnu un fait avec moi : c'est qu'en raison surtout de son esprit actif et cultivé et de son éducation distinguée, la demoiselle Chevalier est moins à sa place dans l'asile d'Orléans qu'elle ne le serait dans un autre asile, où sont organisés pour les aliénés différents genres de secours qui ne se trouvent pas ici.

Je viens donc, Monsieur le directeur, vous prier d'examiner quels pourraient être les asiles qui, sous ce rapport, conviendraient mieux à sa situation, et de m'indiquer celui sur lequel vous aurez décidé qu'il conviendrait de la diriger.

Signé : DUREAU.

Par quelle pression M. Dureau fut-il obligé de modifier sa réponse primitive au point de lui donner un sens tout opposé ? C'est ce qu'on ne saura probablement jamais. Mais en conservant ce brouillon, qu'il lui était si facile d'anéantir, M. Dureau, dont je n'ai eu qu'à me louer, a voulu laisser subsister son témoignage dans la prévision qu'il pourrait me servir un jour. Il est mort depuis plusieurs années, et sans cette précaution on aurait pu croire, malgré ses affirmations plusieurs fois répétées, qu'il avait changé d'avis ou était resté au moins dans le doute à mon égard ; ce doute grâce auquel on s'abstient si facilement de se ranger du parti du plus faible.

Le 19 avril suivant, le transfert était refusé par M. Husson, et voici la raison qu'il en donnait :

> Vous savez que les exigences de son caractère, et non le régime des maisons par où elle a passé, ont été la cause unique des nombreux et coûteux changements de résidence que je viens d'énumérer.

Parmi les pièces obtenues du ministère par M. Tailhand, se trouve un rapport du docteur Calmeil.

Ainsi que je l'ai raconté chapitre VIII, le 15 mai 1869, j'avais écrit de nouveau à l'Impératrice pour lui demander d'ordonner une seconde enquête vraiment sérieuse et où je serais entendue. *Le 22 mai*, M. Mettetal écrivait au directeur de Charenton :

> Son Excellence M. le ministre de l'intérieur désire avoir un rapport détaillé sur les faits relatifs au séjour de la demoiselle Chevalier-Rouy dans la maison de Charenton.
>
> En conséquence, je vous prie de réclamer ce rapport à M. le docteur Calmeil, et de me le transmettre le plus tôt possible.
>
> METTETAL.

Quelle autorité peut-on accorder à un pareil rapport, rédigé en 1869 sur des faits qui se sont passés en 1854 ? écrivait M. Tailhand au bas de la copie qu'il venait de faire de la lettre de M. Mettetal. En effet, la seule chose qu'il fût loyalement possible de faire après tant d'années écoulées, c'était le simple relevé des notes médicales inscrites au registre pendant mon séjour à Charenton.

Le docteur Calmeil, cependant, trouva moyen de faire un rapport de dix pages sur une personne qu'il avait eue, *quatorze ans auparavant, trois mois* dans son service. Il avait alors près de lui M. Barroux, mon ancien directeur de Fains, devenu directeur de Charenton, et comme médecin-adjoint M. le docteur Foville, ex-médecin en chef du service des femmes à Maréville.

Il fallait, en exonérant le docteur Pelletan, exonérer tous ceux qui m'avaient gardée à la suite, et l'on donne à ce sujet sur mes antécédents des détails essentiellement fantaisistes, dont il eût été bon d'indiquer au moins la provenance. Ce rapport est si évidemment composé pour les besoins de la cause, qu'on n'a pas osé le produire ; mais il n'en existe pas moins à mon dossier et impressionnera défavorablement quiconque le lira sans avoir connaissance des pièces que je pouvais dès lors lui opposer. Il s'attache à dénaturer mes paroles et mes actes, pour prouver la nécessité de me faire enfermer par suite « *d'un état latent d'aliéna-*

tion » bien antérieur à ma séquestration. Il établit pourtant qu'à mon entrée à Charenton j'ai parlé de mon père, de mon oncle, de mon frère, de ma famille et de ma position, en des termes ne laissant aucun doute sur ma filiation ni sur ma parenté, que plus tard chacun a arrangées à sa guise, en me prêtant des idées que ce rapport dément.

Il donne de longs détails sur ma santé, sur ma manière de vivre :

> Qui était celle de beaucoup d'artistes, tantôt dans la gêne, tantôt dans le luxe. Elle a fatigué son système nerveux par des excès de veilles, par son assiduité à l'étude, à la culture de la musique. Ses espérances ont souvent été remplacées par des déceptions ; son existence a dû être remplie d'émotions. Mlle Chevalier-Rouy s'est livrée avec ardeur à l'étude des mystères du somnambulisme et du magnétisme animal..... L'activité de son intelligence s'exerçait de préférence sur ces matières dangereuses.
>
> Peu à peu, ses sens s'exaltèrent, et elle commença à éprouver des hallucinations de la vue... Plus tard, elle se persuada qu'elle était possédée par un esprit magnétique et en butte à des persécutions secrètes.... Vers le 1er septembre, Mlle Chevalier-Rouy commença à se montrer tout à fait indifférente à ses intérêts ; elle avait laissé de côté ses leçons..... Sa domestique essaya de la raisonner ; mais il paraît que la malade l'effraya par son attitude et la violence de ses propos.

Tout ceci, selon M. le docteur Calmeil, résulte de l'interrogatoire que M. l'interne Verjan avait été chargé de me faire subir.

Je me suis occupée de spiritisme comme tout le

[...] et tout le monde s'en occupait,
[...] pour un médium assez puissant
[...] une discussion à fond sur ce sujet,
[...] comprends pas la coupable légèreté
[...] lieu d'examiner et d'étudier ces
[...] qu'ils traitent d'épidémie cérébrale, tra[...]
[...] imperturbable aplomb, en qualifiant de
[...] conviction basée sur des faits réels et incon[...]

[...] pas fait difficulté de causer de ces choses
[...] de dire que j'avais une conviction pro[...]
[...] intervention d'un être suprême, en une des[...]
[...]able.

[...] des songes m'ayant avertie des événe[...]
[...] et deux apparitions en rêve : l'une en
[...], au moment de la mort de ma petite
[...]tine ; l'autre pendant que j'étais à Lon[...]
[...], m'annonçant la mort de mon oncle
[...] l'heure même où il expirait. Il n'est personne
[...]chant bien dans ses souvenirs, ne puisse
[...] fait analogue. Seulement on a transformé
[...] hallucinations que j'aurais éprouvées en
[...] qui change terriblement les choses.

[...] dire que le spiritisme a fait sur moi très-peu
[...] que mon père s'occupait de sciences
[...] que j'assistais à toutes les conversations, à
[...] expériences de magnétisme ou autres, et que
[...] étonnait pas.

Lorsqu'on me représente comme totalement absorbée par le spiritisme, j'étais fort occupée à régler tous mes comptes, à réunir mes papiers, à prendre les précautions qu'on m'avait indiquées en vue de ma disparition prochaine. On s'étonne que j'aie cessé mes leçons au 1ᵉʳ septembre, en pleines vacances ! Je les avais même cessées, comme tous les professeurs, au commencement d'août. Enfin, je doute qu'on me croie d'humeur à me laisser faire la leçon par ma domestique. On a vu, chapitre II, comment et pourquoi je l'avais mise à la porte dès le milieu de juillet, et comment on avait profité de ce que je sortais toute la journée pour me dire suicidée, folle et séquestrée chez moi.

M. Verjan, qui m'a paru fort jeune et que je n'ai pas revu, aura mal compris et m'aura appliqué ce que je lui avais raconté des frayeurs de ma concierge. Il serait d'ailleurs singulier que *la malade*, comme on m'appelle, ait donné sur elle-même ces singuliers détails.

J'ai été fort étonnée quand, le lendemain de mon arrivée à la visite, M. le docteur Calmeil revint de nouveau sur l'esprit frappeur et me dit :

— Vous entendez des voix dans le mur ?

— Dans le mur, non.... à moins que ce mur ne soit une cloison et qu'on ne parle derrière.

— C'est comme tout le monde, alors ! Vous entendez Dieu ?

— Je dis que la voix intérieure qui nous parle vient de Dieu, c'est-à-dire d'un être suprême et non de la matière.

— Moi aussi, alors, j'entends la voix de Dieu !

— Assurément, comme tout le monde, à moins que vous ne croyiez que c'est celle du diable.

De tout ceci, M. le docteur Calmeil conclut — en 1869 — que j'étais dans un état analogue aux religieuses de Loudun, et il l'affirme ainsi :

Un médecin éclairé ne pouvait que déclarer, en septembre 1854, que Mlle Chevalier-Rouy avait cessé de posséder un jugement sain et d'obéir à la notion du sens commun. De même il était fondé à rapporter la maladie de cette habile artiste à la classe des monomanies avec hallucinations de plusieurs sens.... Elle conservait la faculté de raisonner d'une manière suivie et même spécieuse sur les matières étrangères à ses convictions déraisonnables.

Mes convictions déraisonnables, c'était sans doute le spiritisme ; mais je n'étais pas folle pour y croire, bien que cela puisse rendre folle et qu'on en ait vu des exemples.

M. le docteur Calmeil daigne convenir que je ne présente *aucun symptôme de paralysie ; que ma diction est élégante et correcte.* Il s'étonne, le lendemain de mon arrivée, de me trouver *surexcitée et parlant avec volubilité !*

On serait surexcitée à moins. En vérité, messieurs les aliénistes sont précieux ! Je voudrais bien savoir s'ils seraient joyeux et satisfaits de se voir enfermer parmi des fous, de passer une nuit blanche dans un dortoir où des hystériques viendraient se précipiter sur eux et iraient un peu plus loin tomber en convulsions !

> La nuit, il lui arrive d'entendre la *voix de sa pensée*. Cette voix la tutoie et raisonne avec elle ; cette voix lui a dit qu'elle était Satan, mais elle a refusé de donner son âme à Satan. Alors cette voix lui a dit : *Je suis Dieu, et je t'aime.*
> Elle parle ensuite du vol d'un enfant qui lui avait été confié par sa mère..... Il nous a été absolument impossible de la plier aux exigences du service et de la discipline.....
> Nous ne pouvons qu'approuver la détermination qui fut prise à son égard le 8 septembre 1854..... On pouvait espérer d'obtenir son rétablissement..... On la mettait à l'abri des accidents qui *pouvaient* surgir d'un instant à l'autre..... Enfin on *évitait l'inconvénient de mettre le public dans la confidence* du malheur qui venait de l'atteindre, etc.

On a si bien évité cet inconvénient qu'on m'a escamotée de chez moi comme une muscade ; changée de nom, pour qu'on ne sût pas où j'étais ; dite morte, pour que personne n'eût l'idée de chercher ce que j'étais devenue.

Quant à l'affirmation que mon sommeil est troublé par cette voix qui me dit : *Je suis Dieu, et je t'aime,* ou, comme il est dit à un autre endroit, par l'esprit magnétique qui prend la forme du duc de Parme, de Satan ou de Dieu, ceci provenait d'une source où l'on n'aurait pas dû puiser et d'un piége que j'avoue avoir tendu
‾‾‾‾‾‾‾s, pour prouver qu'une fois entre leurs

mains *rien* n'est respecté; que la malheureuse aliénée est absolument à leur discrétion.

On sait qu'on avait *forcé* ma malle à Marêville et qu'on y avait pris une enveloppe cachetée portant pour suscription : *Secret de ma confession.*

Cette enveloppe fut ouverte et son contenu remis à M. Barroux, qui l'envoya à M. Durangel le 3 mars 1869 ; mais on en avait, comme on le voit, pris bonne note à Charenton.

Or, cette enveloppe contenait, avec quelques autres papiers de même nature, *une déclaration d'amour à l'Antechrist*, et elle est citée presque entièrement, sans qu'on dise, bien entendu, comment on se l'est procurée, dans l'enquête de 1869 dont nous parlerons plus loin. Voici ce qu'en dit M. d'Aboville :

Ces pages, où l'on doit reconnaître des écarts d'imagination, n'étaient destinées à être lues par personne. On en pourrait trouver d'aussi exaltées dans certains poètes qui n'ont pas été poursuivis pour les avoir publiées. Il faut remarquer, avec M. Tailhand, qu'elles sont toutes, sans exception, postérieures à sa séquestration, et si c'est là ce que son séjour de quatorze ans au milieu des idiots et des fous lui a fait faire de plus extravagant, on conclura, avec M. le docteur Halmagrand dans sa lettre déjà citée, qu'elle devait avoir la tête solide pour y avoir encore aussi bien résisté.

Parmi l'innombrable quantité de lettres délirantes qu'on m'accuse d'avoir écrites, *on n'a jamais pu montrer que celle-ci*. Si elle n'eût pas présenté une apparence de folie, on n'en aurait pas parlé, et la violation de ma malle et d'une enveloppe qui pouvait contenir des choses fort graves pour moi et pour d'autres, d'après sa suscription, aurait toujours été ignorée.

C'est pourquoi je n'étais pas folle en traitant de *voleur* le médecin que je savais coupable de ce rapt....

Certes, aucun de ces messieurs ne croyait alors qu'une contre-enquête serait faite ; que j'aurais connaissance de ces bassesses et aurais en ma possession ces pièces qui, en me présentant sous un côté immoral, vaniteux, égoïste et insensé, m'ôtaient tout espoir de l'appui de l'Impératrice.

Enfin j'avais parlé du vol d'un enfant... Est-ce que, devant une question de cette importance, le devoir du médecin en chef n'était pas d'appeler le procureur impérial et de provoquer une information ? On ne savait rien de moi ; je dénonçais un crime, et j'en apportais des preuves suffisantes pour qu'on pût facilement, en 1854, en atteindre les auteurs. Ces papiers m'ont été pris avec les autres, et ceux qui concernaient cette enfant ne m'ont pas été rendus.

Cependant, le rapport de M. le docteur Calmeil a cela de bon :

1° Qu'il déclare qu'à part le spiritisme (dont je ne parlais jamais) je conservais la faculté de raisonner sur les matières étrangères à mes *convictions déraisonnables*.....

— Et qui donc donne le droit de **séquestrer pour une**
...tion ?

2° Que je me déclarais simplement ce que j'étais, une artiste vivant de son laborieux travail ;

3° Que j'y parlais de ma famille. Et il n'est question dans ce rapport ni de porte forcée, ni de commissaire de police, ni d'autel, de cercueils, d'illumination, d'extase ; ni de désespoir amoureux ou maternel ; ni de grands personnages m'ayant affichée publiquement ; il constate que tout est simple et honorable autour de moi, et que si on cherche dans ma vie, on y trouve un excès de travail et pas d'autre.

Je ne m'étais jamais expliqué pour quel motif Mme la supérieure de Charenton avait manqué si gravement au réglement en conservant mes papiers, au lieu de les remettre au bureau, et comment elle ne m'en avait, huit ans après, rendu qu'une partie. Elle n'y avait aucun intérêt et s'était montrée avec moi plutôt bienveillante qu'hostile. Il était impossible de croire qu'elle eût agi d'elle-même, mais probablement à l'instigation de ceux qui m'avaient fait renfermer et qui pouvaient l'avoir chargée de garder les papiers de famille dont j'étais nantie, après en avoir distrait ceux dont on voulait me dépouiller.

Le fait, bien que très-dommageable pour moi, n'aurait eu rien de blâmable, Mme la supérieure n'étant pas chargée de vérifier l'enregistrement des malades et ignorant très-probablement que le mien fût irrégulier. Ces renseignements pouvaient nous faire découvrir le mobile tant cherché de ma séquestration.

Je priai donc Mme le Normant des Varannes d'être assez bonne pour aller à Charenton, accompagnée de M. L..., et voici comment elle rendit compte de cette entrevue :

Paris, 30 janvier 1872.

Nous avons trouvé une femme impénétrable. Elle a brûlé ses vaisseaux dès les premiers mots, en niant tout, absolument tout, même l'existence des papiers. Puis elle s'est souvenue qu'il y en avait eu ; mais elle pense que c'est Mlle Rouy qui les lui avait confiés. J'ai précisé les faits ; elle s'est un peu rappelé..... La sœur Saint-S... ne sait rien, n'a rien vu, connait bien Mlle Rouy, mais n'était pas alors surveillante de ce service. Enfin les papiers, pris par elle ou par une autre, ont été remis à la supérieure, qui les a envoyés au bureau ; elles n'en savent pas plus long. Toutes les fois qu'il y a eu des réclamations, Mme la supérieure les envoyait au bureau, et M. Martin disait ne rien avoir.

Ces papiers, qu'elle se souvient d'avoir feuilletés, étaient un tas de paperasses de l'écriture de Mlle Rouy pour la plupart, et que M. Martin aura sans doute brûlées.

Elle revenait toujours sur la question de folie, et nous avions beaucoup de peine à la ramener aux papiers. M. L... lui a déclaré très-positivement qu'il avait vu Mlle Rouy, qu'elle n'était pas folle et ne l'avait jamais été, et que quant aux papiers ce n'étaient point des chiffons sans valeur, car ils avaient été rendus en partie, et il s'y trouvait un acte de naissance dont la suppression avait permis de faire passer Mlle Rouy pour morte, et de perpétuer sa séquestration en donnant à ses réclamations l'apparence de la folie. Mme la supérieure se contenta de dire : « C'est bien singulier ! »

Les trois témoignages concordants de M. Benoît d'Azy, de sœur Liduvine et de M. Renaud du Mottey ne lui font rien, et elle est prête à affirmer en justice qu'elle n'a jamais renvoyé de papiers, ni même vu de sœurs de Saint-Charles.

CHAP. XX. — COUP D'ŒIL RÉTROSPECTIF.   437

— Vous aurez sans doute bientôt occasion de le faire, lui ai-je dit, et je regrette vivement que vos souvenirs vous servent si mal, car votre responsabilité se trouve bien plus grande que si vous aviez agi sous l'influence d'une réclamation de famille pour rendre une partie des papiers et conserver les autres en dépôt.

Mais elle soutint *mordicus* qu'elle n'avait jamais vu personne, ni de la famille, ni autrement ; qu'on ne lui a rien dit, rien demandé et qu'elle n'a rien fait. Elle m'a demandé si nous avions quelque preuve de ce qui manquait. Je lui ai répondu que nous nous étions peu occupés de ce fait, bien qu'il eût aussi son importance, l'essentiel étant de prouver la possession par Mlle Rouy de son acte de naissance, de la soustraction et de la restitution de cet acte, et que nous en avions des preuves irréfutables.

Elle soutenait bien que Mlle Hersilie était inscrite *Rouy* au bureau ; quant à cela, je lui ai tenu tête.... La déclaration de M. Barroux à l'assistance judiciaire a eu l'air de la convaincre ; mais elle a tenu à nous faire voir que sur le cahier où l'on donne le nom et le numéro de chaque malade dans les vingt-quatre heures de son entrée, celle-ci était bien inscrite Rouy, sans rien autre, pas même un prénom. Cette inscription sur leur livre d'ordre est, dit-elle, de la main de M. Martin, le même qui, quelques heures plus tôt, l'inscrivait *Chevalier* au bureau. Mais il a eu la précaution de mourir il y a deux ans, en sorte qu'on est bien sûr qu'il ne parlera pas.

Cela a duré *deux heures trois quarts*, et nous y serions encore, je crois, si la nuit n'était venue, car la supérieure semblait prendre grand plaisir à notre conversation.

Nous l'avons mise à même, en faisant connaître ce qui l'avait fait agir, de diminuer sa responsabilité ; ce n'est pas notre faute si elle ne l'a pas compris. M. L... m'a pressée de voir M. Tailhand, de lui raconter notre entrevue ; il faut, dit-il, que justice se fasse et que du moins celle de la conscience publique puisse se prononcer en mettant tous ces faits au jour, si l'autre nous fait défaut.

Le M. L... dont il est ici question est un éditeur de Paris avec lequel je m'étais entendue pour publier une brochure contenant ma pétition, un résumé des faits, mes principales pièces et quelques-uns des articles des journaux qui avaient parlé de mon affaire.

Mᵐᵉ le Normant des Varannes écrivait à ce sujet, le 2 février 1872 :

> J'ai vu M. Tailhand, toujours dans d'excellentes dispositions, qui a commencé son rapport et assure qu'il ne dépassera pas trois semaines, comme limite extrême, pour le présenter. Je lui ai parlé de la publication, qu'il trouve toute naturelle ; il demande seulement qu'elle ne soit faite qu'après son rapport, ce que je lui ai promis.

On sait comment, le rapport n'ayant jamais été présenté, la publication n'a pu avoir lieu.

Je priai mon dévoué défenseur, M. le Normant des Varannes, d'adresser un exposé de l'histoire de mes papiers à Mgr l'archevêque de Paris, pensant que sa voix serait plus écoutée que la mienne, marquée, hélas ! du stigmate ineffaçable de la folie.

Cet exposé fut envoyé le 28 avril 1873. N'en recevant aucunes nouvelles, trois mois après, M. le Normant se présenta à l'Archevêché et fut reçu par Monseigneur, qui lui dit avoir transmis son mémoire au directeur de la communauté de Charenton, et que la supérieure et la sœur Saint-S... avaient renouvelé leurs dénégations absolues au sujet des papiers apportés par moi à mon entrée.

M. le Normant voulut alors placer sous les yeux de Monseigneur les preuves multiples de l'existence, du rapt et du renvoi des papiers, données dans son mémoire, qui n'avait peut-être pas été lu ; mais l'archevêque s'y refusa, disant que sa conviction était faite ; que loin de chercher à atténuer les choses, s'il avait trouvé la supérieure coupable, il l'aurait cassée ; que s'il y avait une brebis galeuse dans le troupeau, elle devait être retranchée ; mais que devant l'insistance de M. le Normant, il ne pouvait s'empêcher de le plaindre et de le croire sous l'empire *d'une idée fixe*.

M. le Normant s'en revint, sans avoir gagné autre chose que de se voir taxé, comme il l'avait déjà été par M. le procureur impérial, d'être plus fou que moi, parce qu'il voulait prouver la vérité.

J'ai parlé à diverses reprises du rapport qui fut fait par les bureaux du ministère de l'intérieur, en 1869. Je l'ai aujourd'hui en ma possession et regrette que l'espace me fasse défaut pour reproduire en entier ce qu'on a audacieusement placé sous les yeux du ministre et de la souveraine. On le trouvera aux archives du Loiret avec le reste.

Sans se soucier du blâme infligé par la lettre ministérielle citée chapitre XIV, le rapport régularise mon entrée en disant qu'elle a eu lieu *sur la demande* du docteur Pelletan.

Mes deux séquestrations d'office de 1855 et 1863 y sont présentées comme régulières.

Chaque fois que se manifestait le moindre apaisement, l'administration s'empressait de délivrer un ordre de sortie ; mais de nouveaux faits exigeaient presque aussitôt une séquestration nouvelle.

Lesquels ? On n'en cite aucun ; on parle de lettres qu'on n'a jamais montrées; on transforme une note médicale du docteur Lasègue en certificat impératif; on viole la loi à chacune de ces rentrées, comme à la première, ainsi que l'a très-bien démontré M. Tailhand dans le passage cité chapitre XI.

Voici comment on explique ma folie :

Mlle Rouy, que l'indépendance de son caractère et de ses habitudes avait déjà amenée à rompre avec sa famille, contracta alors des relations avec une personne *très-haut placée*, qui lui avait promis de régulariser sa situation, et dont elle se considérait comme la fiancée.

Son espoir, que ses amis taxaient de folie, ne se réalisa pas en effet, et le 22 avril 1848 on enregistrait à la mairie..... une fille de père et mère non déclarés.

Enfin Mlle Rouy perdit cette enfant, et, à partir de cette époque, on remarqua chez elle des signes évidents de la maladie qui devait bientôt nécessiter sa séquestration.

Tout ce qui est rapporté ci-dessus étant complètement faux, j'y donne le *démenti le plus formel*, et j'appuie ce que je dis, non seulement des pièces que j'ai portées à Charenton, mais encore de toutes celles recueillies par mes rapporteurs. Le lecteur est assez au courant des faits pour réfuter lui-même cette série de mensonges ; je lui rappellerai seulement que c'est après la mort de mon père, six mois après la naissance de l'enfant, que j'ai cessé de voir ma famille, et qu'il ne se trouve nulle place pour cette vie *d'indépendance* que j'aurais menée. Mais il fallait à tout prix me déconsidérer aux yeux de l'Impératrice.

Le rapport énumère les certificats qui m'ont été donnés dans les divers asiles, mais n'énumère que cela. A Fains, où l'on sait ce qui s'est passé, le docteur Auzouy seul, entre les vingt-cinq docteurs que j'ai connus, m'accuse de *penchants érotiques* ; — en vérité, il faudrait souvent retourner les certificats contre ceux qui les font ! — mais il n'est fait nulle mention de la scène qui a amené le changement des sœurs, ni de la lettre du préfet de la Meuse au ministère, pas plus que de celle du directeur de Fains, qui étaient pourtant des pièces officielles, tout comme les certificats.

En somme, ces certificats constatent surtout mes plaintes, ma manie d'écrire, de réclamer mes papiers, de protester contre le nom de Chevalier et de prendre tous les noms imaginables plutôt que celui-là. Mais de faits extravagants, on n'en articule pas un seul, pas plus qu'on ne produit mes lettres délirantes. On cite seulement des passages (sans date et sans indication d'origine) de ce que renfermait l'enveloppe prise à Maréville.

On ne cite pas, bien entendu, le certificat de *non aliénation* qui m'avait été donné, après quinze jours d'observation à l'asile d'Orléans, par le docteur Payen. On dit seulement :

Les appréciations du docteur Payen ne diffèrent pas des déclarations de ses confrères, et il semble inutile de les reproduire.

Mais ce certificat existait, pouvait être invoqué en ma faveur, et il fallait le faire démentir par son auteur.

Le rapport dit qu'à la suite de mes réclamations au premier président et au procureur général, M. Dureau voulut m'interroger lui-même, que je parvins à l'intéresser, et qu'il demanda l'opinion motivée du médecin.

Il y a là une première inexactitude : M. le préfet est venu me voir le 12 décembre 1865, et la pièce donnée à sa demande est datée du 29 juin 1865, six mois *avant* l'époque où il est censé l'avoir demandée. Je crois devoir la citer en son entier :

Monsieur le Préfet,

J'ai l'honneur de répondre à votre lettre concernant Mlle Chevalier, pensionnaire du département de la Seine.

Si l'état de cette malade, parfaitement constaté par mes collègues, a laissé un peu de doute dans votre esprit par mon certificat de quinzaine, qui ne vous paraît pas assez affirmatif, c'est que je me réservais de l'étudier davantage pour mieux la juger. Une plus longue observation m'a fait reconnaître en elle, non pas de l'incohérence dans les idées, mais un sentiment exagéré de sa personne, un amour-propre excessif qui ne voit qu'injustice à son égard dès qu'on accorde quelque attention aux autres, élevant la moindre inadvertance en hostilité, se répandant en invectives contre les personnes qui l'entourent, gardiennes, sœurs, médecin, ses geôliers, ses bourreaux, etc., etc.

C'est dans l'exagération du sentiment personnel, dans cet égoïsme personnifié, ses hautes prétentions, l'exaltation de son mérite, cette haute idée d'elle-même, que Mlle Rouy Hersilie

Chevalier se disait fille de la duchesse de Berry et devant monter sur le trône ; qu'elle signait ses feuilletons sous les noms d'Étoile-d'Or, de Satan, l'Antechrist, le Diable, sous celui de l'anagramme Oury. C'est dans ces dispositions d'esprit qu'épuisée par une vie trop active, qu'elle prodigua dans les lettres et les arts où elle se montra, disait-elle, au premier rang, qu'elle entra à la Salpêtrière ; et si je consulte son dossier, je trouve que tous les médecins, MM. Trélat, Métivier, Falret, Lasègue, Calmeil, Husson, l'ont bien considérée comme folle ; que les directeurs et médecins de Fains, Maréville, Auxerre, MM. Auzouy, Teillieux, Foville, etc., etc., ont tous porté le même jugement et se sont tous montrés désireux de voir s'éloigner de leur asile une aussi intraitable pensionnaire, et de la pire espèce, par le trouble qu'elle sème partout et l'insubordination difficile à réprimer quand elle se rattache à une personne aussi intelligente qu'opiniâtre dans ses déterminations, résumant l'orgueil, la vanité et l'envie, et que nous considérons, comme tous nos collègues, comme un type de folie d'orgueil incurable, qui doit être retenue dans un asile d'aliénés, que nous verrions avec plaisir n'être pas celui d'Orléans.

Signé : **PAYEN.**

Assurément, ce n'est pas tout roses de retenir parmi les folles une personne qui ne l'est point ; comme mes autres médecins, le pauvre docteur Payen avait eu l'occasion de s'en apercevoir, et il fait de moi un petit monstre assez réussi. Mais où est la folie là-dedans, sauf le refrain habituel : *Se croit fille de la duchesse de Berry,* copié sur mon certificat de transfert et si bien démenti par celui de quinzaine du même docteur Payen ?

Il y a une chose plus grave encore : c'est que ce document a été antidaté, fait après coup, probablement

en 1869, alors qu'on réunissait tout pour m'accabler irrévocablement.

En voici les preuves.

Toutes les communications entre le médecin de l'asile et le préfet se font par l'intermédiaire de l'administration. Il devrait donc se trouver à mon dossier de l'asile la lettre de demande du préfet et la minute de la lettre d'envoi du rapport. Il n'y existe rien de semblable.

La loi exige avec raison que toutes les notes concernant un aliéné soient inscrites au registre à la suite l'une de l'autre, sans lacune entre elles; et le docteur Payen se conformait très-exactement à cette prescription. Or, il n'y a pas trace du rapport ci-dessus en 1865, et les seules notes me concernant, au nombre de *quatre*, sont celles-ci :

Janvier. — Son caractère n'a rien gagné ; elle veut sa liberté à tout prix, menace de se faire périr, de faire un mauvais coup. On ne cesse d'avoir pour elle les plus grands égards. Elle ne comprend pas qu'on la laisse perdre ainsi le fruit de son talent, s'adresse au préfet, aux autorités, etc.

Février et mars. — Même état.

Avril. — Elle semble plus convenable depuis quelques semaines; a demandé à aller aux offices. — Accordé.

De mai à décembre. — Même état.

La minute du rapport du docteur Payen se trouvant au dossier de la Préfecture du Loiret, il est évident qu'il l'a écrit, comme il est évident qu'il l'aurait inscrit au registre et envoyé administrativement, s'il l'eût rédigé à la date qu'il porte.

M. Dureau n'avait, du reste, nul besoin de demander un rapport nouveau à M. Payen, puisqu'au sujet d'une lettre arrivée de Paris et insistant pour qu'on maintînt ma séquestration, il avait demandé *verbalement* au docteur un rapport qui lui fut envoyé le 29 octobre 1863, et est *régulièrement enregistré sur le livre de l'asile*. Tous les rapports et certificats étant aux bureaux de la Préfecture du Loiret, M. le préfet n'avait qu'à se les faire soumettre pour être édifié sur mon compte depuis deux ans.

J'y relève, en outre, un anachronisme : le docteur Payen m'y appelle *Rouy*, — Hersilie Chevalier, — alors que j'étais encore Chevalier tout court. Ce n'est qu'en 1866 que M. de Pibrac s'est mis en rapport avec la famille Benoît d'Azy ; qu'en 1867 et 1868 qu'on a eu mes actes, lesquels ne m'ont pas empêchée de sortir de l'asile *Chevalier* comme j'y étais entrée. De plus, dans aucun de ses certificats il ne souffle mot de la royale filiation qui m'était attribuée par le docteur Falret, sinon dans ce rapport clandestin de 1865, écrit sans doute et connu seulement en 1869.

M. le docteur Payen a été récompensé de son obéissance dans la même année par sa nomination comme chevalier de la Légion-d'Honneur, en même temps que MM. Mettetal et Durangel étaient nommés officiers, ce à quoi, je me hâte de le dire, ils avaient assurément d'autres titres que cette honteuse affaire. Je ne relève que la coïncidence.

Voici enfin comment le rapport s'opposait à ce que je fusse interrogée dans l'enquête, suivant que j'en avais adressé la demande expresse à l'Impératrice. Après avoir reconnu que *j'allais mieux*, il disait :

> Ne serait-ce pas compromettre ce résultat que d'exposer Mlle Rouy aux émotions de l'enquête personnelle qu'elle sollicite? Quelle serait d'ailleurs l'utilité de cet interrogatoire? Mlle Rouy demande à se disculper de graves accusations portées contre elle..... Il ne s'agit pas ici d'une personne coupable qui puisse être utilement entendue pour sa défense, mais d'une personne longtemps malade, dont l'état s'est amélioré depuis quelques mois à peine et qui a besoin, non pas de justification, mais de protection et d'assistance.

Croit-on par hasard, au ministère, qu'on n'ait pas d'émotions aux aliénées? et ne devais-je pas avoir à cœur de me laver des imputations si graves contre mon honneur par lesquelles on tâchait de justifier ma folie? Mais c'est cette folie si laborieusement échafaudée à laquelle on aurait cessé de croire, si j'avais été vue et interrogée d'une façon sérieuse et loyale ; et c'est ce qu'on s'efforçait d'éviter sous une apparence de commisération.

Le 18 juin, M. Rouy avait été mandé chez le commissaire chargé de l'enquête, M. Jullet. Il s'excuse de ne pouvoir y aller, à cause de son âge et de l'état de sa santé, et lui adresse, le surlendemain, la copie d'une lettre destinée au procureur impérial, où, sans produire aucune pièce, il renouvelle et accentue tout ce qu'il a débité contre moi :

La folie de Mlle Hersilie ou Joséphine Chevalier à été tellement notoire, tellement évidente, tellement constatée, que je ne puis comprendre que par une recrudescence nouvelle, si jamais elle a eu des instants de lucidité, sa demande de me poursuivre.....

Comment peut-on contester la folie d'une personne qui se dit être la fille de la duchesse de Berry..... et qui, m'a-t-il été dit, avait même, dans certains accès, menacé la vie de l'Empereur comme usurpateur de ses droits ?.,...

C'était de plus fort en plus fort. Dans sa lettre de 1864 au préposé responsable de l'asile d'Orléans, il disait que je ne parlais de rien moins que de l'assassiner, ainsi que le docteur Pelletan. Cette fois-ci, la vie de l'Empereur était en jeu, et c'était un bon moyen d'empêcher d'examiner de trop près l'état mental d'une folle si dangereuse. Cependant, comme on avait en main mes certificats durant quatorze ans et qu'il n'y avait jamais été question d'assassiner personne, on me laissa libre ; mais on me refusa l'assistance judiciaire, et on continua d'admettre, sur la foi de mon frère, que je ne pouvais porter le nom de Rouy *sans proclamer mon père et le sien* BIGAME *et* FAUSSAIRE.

Le 1er octobre suivant, M. Jullet se transporta sans doute à Ville-d'Avray, car on trouve le procès-verbal de l'interrogatoire qu'il fit subir à M. Rouy. Cet interrogatoire est à peu près semblable au mémoire adressé en 1872 à M. Tailhand..... et il ne souffle pas mot de mes velléités assassines.

CHAPITRE XXI

Conciliation.

Le préfet du Loiret avait encore une fois été changé ; c'était alors M. Sazerac de Forges, et M. le comte d'Harcourt voulut bien me promettre sa protection auprès de ce haut fonctionnaire, auquel M. le Normant des Varannes porta, à la fin de 1876, un dossier complet de mon affaire qu'il promit d'examiner avec soin.

Il en parla sans doute au ministère, car, le 19 janvier suivant, je recevais la visite d'un inspecteur général, accompagné du docteur Lepage fils, devenu médecin en chef de l'asile d'Orléans après la mort du docteur Payen.

Les premières paroles de M. l'inspecteur furent pour me dire qu'il avait lu le rapport de M. d'Aboville, ainsi que plusieurs autres pièces qu'il avait trouvées à la Préfecture, et qu'il désirait beaucoup rendre ma situation meilleure en me procurant les soins, le local e l'espace dont j'avais besoin, me trouvant fort mal dan ma petite chambre de la rue des Charretiers.

Il avait l'air si bienveillant en me parlant ainsi, que je m'attendais à une véritable conciliation. Je lui avouai que j'étais heureuse de sa bonne visite, visite que j'étais, du reste, prête à réclamer à M. Durangel, pensant ne pouvoir rencontrer un plus sympathique intermédiaire.

L'inutilité d'une troisième pétition aux Chambres m'était trop démontrée par ce qui s'était passé pour MM. Tailhand et d'Aboville. Aurais-je eu le temps et la force de recommencer une troisième fois ma lutte contre l'armée des fonctionnaires et des spécialistes ligués contre moi ? Le triste état de ma santé ne m'en laissait guère l'espoir, et, en tout cas, je serais arrivée trop tard ; il y aurait eu, il y avait déjà, disait-on, prescription pour la poursuite au criminel. Il ne me restait donc que l'action civile ; je pouvais obtenir le même résultat et mettre fin à des discussions qui m'étaient extrêmement pénibles par un arrangement amiable, plus désirable pour tous que le scandale de si tristes revendications.

M. l'inspecteur général me proposa alors... Charenton ou Ville-Évrard, dont il me vanta le beau parc, ajoutant que M. Durangel s'empresserait de mettre une bourse de première classe à ma disposition !

Venir m'offrir la séquestration aux aliénés dans une pension où je vivais libre depuis cinq ans ; justement à Orléans, où cette séquestration avait pris fin il y avait près de neuf ans ; où l'indignation avait été si grande ;

où j'étais l'objet de la curiosité et de l'intérêt général ; où chacun était témoin de ma raison, de ma prudence, n'était-ce pas avouer, *prouver* qu'on peut enfermer les gens les plus inoffensifs, les plus tranquilles, non parce qu'ils sont fous, mais parce qu'ils gênent ? On est donc, ainsi que je l'avais répété à satiété, sous le coup d'un *certificat médical*, d'un *ordre de police non motivé*, bien plus facilement qu'on ne l'était autrefois sous celui d'une lettre de cachet ? avec cette circonstance aggravante qu'une accusation de folie vous livre à qui veut, par une *rechute*, vous ôter de son chemin.

En 1871, lorsque j'étais sans aucune ressource, le même inspecteur général, accompagné du docteur Payen, était déjà venu m'offrir Charenton : je l'avais refusé avec indignation...

Cette fois je me contins ; c'était une avance, tout étrange qu'elle fût, et je proposai à mon tour à M. l'inspecteur de s'entendre avec Charenton, la Préfecture de police et l'administration de la Seine, pour que chacun de ces établissements me constituât une pension viagère, s'ajoutant aux 1,500 fr. du ministère, et pour qu'une indemnité convenable me fût donnée, afin que je pusse m'acquitter grandement et me procurer les meubles nécessaires pour m'organiser chez moi. Il devait bien comprendre que je ne pouvais, dans les conditions présentes, me replacer à aucun titre entre les mains de ceux qui auraient de plus en plus intérêt à me perdre.

Je lui citai les art. 117 et 119 du Code pénal, accordant à la victime d'une séquestration arbitraire *vingt-cinq francs* (au minimum) par jour de détention et par *personne* ayant contribué à cette séquestration.

Il se récria beaucoup, me parla de ma famille qu'il me dit de poursuivre, et avoua que « *Charenton n'en faisait pas d'autres !* »

Quand il vit que j'avais un parti pris de refuser cette singulière réparation, il me pria de lui épargner de faire de nouveaux rapports, en restant comme j'étais, m'assurant que M. le Normant ne me réclamerait pas ses meubles, et que ceux auxquels je devais de l'argent ne me tourmenteraient pas..... Enfin..... *il m'engagea à me taire*, en me menaçant de *m'écraser* si je persistais dans mes réclamations.

C'était d'un naïf navrant..... La menace était déguisée sous un sourire, mais n'en était pas moins faite.

— C'est moi plutôt, docteur, qui vous *écraserais* sous ces documents, dis-je en lui montrant l'énorme dossier que je classais.

Il me quitta sur ce mot.

Cependant je le croyais disposé à m'être favorable. Sa démarche me paraissait avoir pour but de sonder mes dispositions, et lorsque M. d'Aboville sollicita peu après du ministère une indemnité et une pension qui seraient pour moi un commencement de réparation amiable et me permettraient de prendre enfin un repos dont j'avais si grand besoin, je le priai de soumettre d'abord mon dossier à M. l'inspecteur général, auquel j'écrivis pour lui demander de vouloir bien examiner ces pièces, et prêter son appui à M. d'Aboville près de MM. de Fourtou et Durangel.

En même temps (avril 1877), M. le Normant des Varannes, ayant obtenu de M. Dufaure, faisant alors l'intérim du ministère de l'intérieur, la promesse qu'on examinerait mon affaire, bien que ma séquestration, faisait-on dire au Ministre, eût été *demandée par ma famille et ordonnée par la police*, envoyait au ministère, qui avait toutes les autres pièces, copie des lettres et des notes où M. Tailhand donnait son opinion motivée et du mémoire de M. d'Aboville, par l'entremise de M. Durangel.

..... Réfléchissant, lui écrivait-il, que le Ministre n'aura pas le temps d'entrer dans les détails de cette affaire, que vous l'avez suivie dans toutes ses phases et que votre avis sera sans doute prépondérant, je me décide à vous adresser personnellement ces deux pièces, ainsi que m'y a engagé M. Bernier, député du Loiret, qui s'intéresse particulièrement à cette question et vous aurait même vu à ce sujet, s'il n'était retenu à Orléans pendant les vacances de l'Assemblée.

..... Voyez donc, Monsieur, si, devant la gravité des faits énoncés plus haut, il n'y aurait pas moyen d'arriver à une solution amiable et réparatrice, que l'administration, si fortement compromise, doit désirer plus que personne, et d'éviter un rapport public qui serait à tous les points de vue scandaleux et regrettable.

Veuillez me croire, Monsieur le directeur, votre respectueux et dévoué serviteur.

E. LE NORMANT DES VARANNES.

CHAP. XXI. — CONCILIATION.

N'ayant pas reçu, ni moi non plus, de réponse de M. l'inspecteur général, M. d'Aboville alla, le 16 juin, avec mon volumineux travail sous le bras, trouver M. Durangel, qui lui promit d'appuyer ma demande et le pria de lui laisser le dossier.

En le quittant, M. d'Aboville écrivit au Ministre pour lui demander une audience. Il lui fut répondu que M. le Ministre, trop occupé en ce moment pour le recevoir, avait ordonné une enquête.

Trois mois après, M. d'Aboville ayant rencontré M. de Fourtou dans le cabinet de son secrétaire, apprit de lui qu'il n'avait pas eu la moindre connaissance de cette affaire.

Voilà comme on fait parler et répondre les ministres.

Le 10 août seulement, M. l'inspecteur général répondait à M. d'Aboville. J'extrais quelques passages de sa lettre :

...... J'ai le regret de ne pouvoir m'associer aux charitables démarches que vous avez l'intention de faire en faveur de Mlle Rouy ou Chevalier, peu importe.

Il y a plus de vingt ans que je connais cette infortunée.

...... J'ai souvent été chargé de faire des rapports sur son état.

...... Pour moi, Monsieur, Mlle Rouy était folle il y a vingt ans, antérieurement aussi sans aucun doute, et qui plus est, elle l'est encore, bien que j'aie reconnu depuis longtemps qu'un apaisement relatif, considérable même, s'est fait dans ses idées délirantes, quoiqu'elle soit toujours hallucinée.

...... Je ne me permettrai point de blâmer le sentiment tout de charité qui vous a fait agir, vous, Monsieur, ainsi que les autres protecteurs de Mlle Rouy. Je me vois obligé cependant à faire quelques réserves au sujet de M. le Normant des Varannes, dont la position aurait peut-être dû interdire l'action directe, et qui peut-être n'a plus aujourd'hui le mérite d'un parfait désintéressement.

..... Je ne nie pas qu'une irrégularité n'ait été commise au moment de la séquestration..... Pour le mobilier, je n'ai jamais su ce qu'il était devenu, comme la somme provenant de la vente.....

Vous voyez, Monsieur, que, quel que soit mon désir de vous être agréable, je ne puis coopérer avec vous à faire obtenir à Mlle Rouy ce qu'elle appelle *la réparation qui lui est due*.

Ainsi, le seul de tous mes défenseurs qui eût fait, pour moi, de réels sacrifices était aussi le seul dont le dévoûment fût suspecté de vues intéressées ; n'ayant pu le réduire à l'inaction et au silence par la crainte de perdre sa position, on espérait y parvenir en le diffamant auprès d'un homme qui, plus que personne, avait pu l'apprécier. C'était indigne !

Cette lettre prouvait bien, du reste, que M. l'inspecteur général s'était dispensé d'étudier mon dossier avant de répondre, comme avant de faire ses rapports, puisqu'il ne savait rien de mes affaires, ignorait que M. le Normant eût agi à la demande de l'administration, et traitait une suppression d'état et de personne avec une pareille légèreté.

Dès le commencement, M. le Normant des Varannes, dont on incriminait si gratuitement la conduite généreuse et dévouée, avait eu autant à cœur d'avertir l'autorité de la gravité de mon affaire, afin d'en atténuer les conséquences, que de me faire rendre justice. En en prenant l'initiative, le ministère eût prouvé d'une façon éclatante que, s'il avait pu être trompé sur ma véritable situation, il n'hésitait pas, une fois éclairé, à réparer le dommage causé et à prévenir, par de justes réformes, le retour des abus.

La *Note confidentielle* de M. le Normant au Ministre de la justice, et sa lettre au Ministre de l'intérieur, du 17 et du 19 novembre 1868, témoignent de la façon constamment loyale, désintéressée et courageuse dont il a agi; son but, une fois mon sort assuré, était de faire modifier une loi si facile à violer, *ou même à observer*, pour faire entrer qui on veut dans les asiles; qui offre des obstacles insurmontables à ceux qui y sont renfermés à tort pour arriver à recouvrer leur liberté; qui ne sauvegarde efficacement ni les biens, ni la sécurité, ni la vie même des véritables aliénés. La mauvaise organisation des asiles, l'insuffisance du personnel, l'absence de réglement et de contrôle sérieux, la clôture exacte qu'on est parvenu à y établir en font des maisons de torture et de force plutôt que des maisons de santé (1).

(1) La séquestration du vingt fois millionnaire Jean Mistral, à la pension de 1,800 fr. depuis quarante-trois ans, démontre éloquemment combien Mlle Rouy avait raison de dire que la protection de la loi est dérisoire pour les aliénés.

(*Note de l'éditeur.*)

Il est certain que, si je n'avais été retenue par la crainte de compromettre mes dévoués amis, j'aurais fait un tel tapage, un tel scandale en voyant qu'il m'était impossible d'obtenir justice, que je n'aurais certes pas attendu dix ans une réparation. Si jamais on publie ma correspondance, on verra quelle peine ils ont eue souvent à me calmer, à m'empêcher de faire quelque coup d'éclat.

Dans sa réponse, après avoir lavé, comme il le convenait, M. le Normant de l'injuste insinuation de M. l'inspecteur général ; après avoir très-nettement établi ma situation et la responsabilité de l'État ; après avoir relaté les témoignages de parfaite sanité d'esprit recueillis près des personnes m'ayant vue et ayant eu des rapports fréquents avec moi, avant et après ma séquestration, M. d'Aboville ajoutait :

> Tenez pour certain que si Mlle Rouy n'obtient pas une réparation suffisante, elle la réclamera encore devant le nouveau Parlement et qu'elle y sera vigoureusement appuyée.
>
> .... Pour moi, l'internement de l'aliéné n'est légitime que si sa maladie mentale lui ôte ses moyens d'existence, ou bien menace soit sa sécurité, soit celle d'autrui.
>
> Ce sentiment, très-arrêté dans mon esprit, vous expliquera l'intérêt que je garde à la cause de Mlle Rouy, bien que je n'aie plus à m'en occuper par devoir.

M. l'inspecteur général répondit le 29 août à M. d'Aboville, maintenant ses premiers dires, affirmant que, si on avait modifié mon nom, ç'avait été pour me donner *le seul que je pouvais légalement porter.* D'abord on m'en donnait deux, aussi peu justifiés l'un que l'autre ; et puis, qu'en savait-il ? Après avoir été quatorze ans sans vouloir savoir qui j'étais, il est assez curieux de voir un médecin venir trancher une question d'état civil qui, moi libre, ne le regarde plus, en disant : « Il paraît ressortir assez clairement de ses papiers qu'elle est fille naturelle et adultérine. »

Pour le défaut de tutelle, son explication est plus singulière encore :

..... On n'a pris nul soin de ce qu'elle possédait ?
Mais on aurait crié bien plus haut encore, et cette fois avec raison, si, dès l'entrée à Charenton, on avait vendu sans savoir si elle ne pourrait bientôt sortir guérie. — C'est donc sagement qu'on a attendu, jusqu'au moment sans doute où on a dû reconnaître ou présumer son incurabilité.

..... La demande d'admission qui a manqué au dossier était un oubli, une omission regrettable ; mais de là à croire qu'elle a été préméditée et le résultat d'un complot, il y a loin.

..... Le changement de nom prouve-t-il qu'il n'y a pas identité de personne ?...

Un médecin ne fait pas un certificat pour une toquade, et s'il vous convient d'admettre qu'on ait pu le faire, je n'admets pas que dix, quinze personnes d'un titre officiel, estimées, honorées, dont plusieurs sont justement citées dans le monde savant comme des maîtres, aient pu faire la même chose et se rendre successivement complices d'une mauvaise action, d'un crime.

Voilà, Monsieur, le véritable objet de cette lettre, parce que vous et ceux qui concourent au but que vous poursuivez le mettent en oubli.

Et veuillez noter encore que vous n'accusez pas seulement

ces hommes, mais aussi tous les fonctionnaires, magistrats et autres, qui depuis la longue séquestration de votre protégée ont eu à entendre, écouter et juger ses nombreuses et incessantes réclamations.

Naturellement, M. d'Aboville ne répondit pas à cette lettre. Que dire, en effet, à un homme qui, ayant mission de renseigner l'autorité, ne sait pas le premier mot de ce qu'il affirme, arrange tout à sa façon, ne se rend pas compte de la portée de ce qu'il écrit et croit que tout est dit quand il parle de *conviction*, là où il faut *certitude* et où on produit des preuves ?

Si les choses étaient ce que ce haut fonctionnaire les dit ; si la loi et les règlements autorisaient seulement une partie de ce qu'il avance, il y a déjà longtemps qu'on aurait fait justice de ces maisons dites de bienfaisance que MM. les spécialistes peuplent à leur caprice, de par la confiance illimitée qu'on leur accorde.

On reste stupéfait devant l'aplomb imperturbable d'un membre de cette corporation qui, sans avoir examiné la moindre pièce, veut en remontrer au consciencieux rapporteur qui les a réunies et étudiées !

C'est donc *moi* qui répondis à cette lettre, et je le fis en *folle*, c'est-à-dire avec toute la liberté et toute la véracité dont les fous ont le privilége. C'est ce qui m'oblige à ne donner que les passages les plus modérés de ma réponse :

"...... Du moment où il suffit de se présenter *soi-même*, de placer *soi-même*, de déclarer le nom de la personne internée *soi-même*, de mentionner l'urgence *soi-même*, le tout sans témoin, sans autre signature que la sienne, sans le moindre procès-verbal constatant cette urgence, *sans autres papiers que celui confectionné par le personnage réclamant la séquestration,* on n'a pas besoin de se gêner ; et le premier venu peut se défaire de son voisin ou de celui qui l'ennuie en se posant en ami bienfaisant.

..... En me changeant de nom officiellement, n'a-t-on pas changé mon identité d'office ? La mort *d'Hersilie Rouy* n'a-t-elle pas été annoncée pendant qu'on me traînait de département en département sous le nom de Joséphine Chevalier, de parents inconnus?.... Ne sait-on pas que mes actes ont été examinés depuis 1868 par des magistrats des plus autorisés ; que ma *possession d'état* est incontestable ; que je suis *Rouy* de par la loi ?

..... M. l'inspecteur général, qui s'appuie si haut sur la magistrature, oublie pourtant que, du jour où des magistrats ayant mission de s'assurer et de surveiller ont bien voulu m'entendre, la confiance en la science spéciale a été ébranlée, le doute s'est produit, et c'est *précisément* quand des *magistrats* se sont chargés de soumettre la question à M. le procureur général que j'ai été *mise à la porte* de l'asile d'Orléans par un certificat de sortie ; ce sont des *magistrats*, administrateurs des Hospices, l'un président de chambre à la cour d'appel, qui m'ont placée à l'hôtel du Loiret, *après l'examen de mes papiers, sous mon nom civil d'Hersilie Rouy* ; enfin c'est M. Tailhand, président à la cour d'appel de Nîmes, *garde des sceaux*, qui est intervenu près de M. Durangel pour me faire obtenir une pension.

..... N'avons-nous pas la preuve à Auxerre, à Orléans, que les médecins ne sont pas libres d'agir à leur gré ; qu'on me gardait par ordre ; que le directeur d'Auxerre a reçu une *semonce* pour m'avoir *faite libre ?* Et M. Jeuffrey et tant d'autres ne m'ont-ils pas dit: *Nous ne pouvons nous condamner nous-mêmes en avouant une erreur, et nos chefs nous soutiendront.*

J'ajoute, puisque M. l'inspecteur général refuse d'intervenir charité qui vous a fait agir, vous, Monsieur, ainsi que les autres protecteurs de Mlle Rouy. Je me vois obligé cependant à faire quelques réserves au sujet de M. le Normant des Varannes, dont la position aurait peut-être dû interdire l'action directe, et qui peut-être n'a plus aujourd'hui le mérite d'un parfait désintéressement.

..... Je ne nie pas qu'une irrégularité n'ait été commise au moment de la séquestration..... Pour le mobilier, je n'ai jamais su ce qu'il était devenu, comme la somme provenant de la vente.....

Vous voyez, Monsieur, que, quel que soit mon désir de vous être agréable, je ne puis coopérer avec vous à faire obtenir à Mlle Rouy ce qu'elle appelle *la réparation qui lui est due.*

Ainsi, le seul de tous mes défenseurs qui eût fait, pour moi, de réels sacrifices était aussi le seul dont le dévoûment fût suspecté de vues intéressées ; n'ayant pu le réduire à l'inaction et au silence par la crainte de perdre sa position, on espérait y parvenir en le diffamant auprès d'un homme qui, plus que personne, avait pu l'apprécier. C'était indigne !

Cette lettre prouvait bien, du reste, que M. l'inspecteur général s'était dispensé d'étudier mon dossier avant de répondre, comme avant de faire ses rapports, puisqu'il ne savait rien de mes affaires, ignorait que M. le Normant eût agi à la demande de l'administration, et traitait une suppression d'état et de personne avec une pareille légèreté.

Dès le commencement, M. le Normant des Varannes, dont on incriminait si gratuitement la conduite généreuse et dévouée, avait eu autant à cœur d'avertir l'au-

... à M. Durangel et la première ... eue avec lui M. d'Aboville, qui ... 24 juin, la laissant continuer d' ... auprès de M. de Fourtou, alors qu' ... depuis longtemps à M. Jules Simon ... du chiffre de ma pension, que M. Welche ... à M. d'Aboville comme ayant été accordée ... personnelles.

... et huit mois de démarches pour ... mentation ... toutes mes pièces, ainsi que je l'avais ... M. l'inspecteur général, entre les menaces ... ron, avoué à Paris, qui promit de me trouver ... avec lequel il soutiendrait mon affaire gra... sauf à être payés tous deux plus tard, en cas ... sur les dommages-intérêts qu'ils m'auraient ...

... nouveau changement de ministère amena le dé... M. Durangel et son remplacement par M. de ... je fus deux mois sans rien toucher. Pui... le nouveau directeur, étonné de voir tité ... cette importance servie sur les fonds du ... de l'intérieur, avait voulu savoir sur quoi ... On sauva encore une fois la situation dans ... aux, car le service régulier de ma pension fut ... arrêté du 22 février 1878, ... mandat ... les arrérages en retard. ...
... pas moins vrai que cette ...

Il est certain que, si je n'avais été retenue par la crainte de compromettre mes dévoués amis, j'aurais fait un tel tapage, un tel scandale en voyant qu'il m'était impossible d'obtenir justice, que je n'aurais certes pas attendu dix ans une réparation. Si jamais on publie ma correspondance, on verra quelle peine ils ont eue souvent à me calmer, à m'empêcher de faire quelque coup d'éclat.

Dans sa réponse, après avoir lavé, comme il le convenait, M. le Normant de l'injuste insinuation de M. l'inspecteur général; après avoir très-nettement établi ma situation et la responsabilité de l'État; après avoir relaté les témoignages de parfaite sanité d'esprit recueillis près des personnes m'ayant vue et ayant eu des rapports fréquents avec moi, avant et après ma séquestration, M. d'Aboville ajoutait :

> Tenez pour certain que si Mlle Rouy n'obtient pas une réparation suffisante, elle la réclamera encore devant le nouveau Parlement et qu'elle y sera vigoureusement appuyée.
>
> .... Pour moi, l'internement de l'aliéné n'est légitime que si sa maladie mentale lui ôte ses moyens d'existence, ou bien menace soit sa sécurité, soit celle d'autrui.
>
> Ce sentiment, très-arrêté dans mon esprit, vous expliquera l'intérêt que je garde à la cause de Mlle Rouy, bien que je n'aie plus à m'en occuper par devoir.

M. l'inspecteur général répondit le 29 août à M. d'Aboville, maintenant ses premiers dires, affirmant que, si on avait modifié mon nom, ç'avait été pour me donner *le seul que je pouvais légalement porter*. D'abord on m'en donnait deux, aussi peu justifiés l'un que l'autre; et puis, qu'en savait-il? Après avoir été quatorze ans sans vouloir savoir qui j'étais, il est assez curieux de voir un médecin venir trancher une question d'état civil qui, moi libre, ne le regarde plus, en disant : « Il paraît ressortir assez clairement de ses papiers qu'elle est fille naturelle et adultérine. »

Pour le défaut de tutelle, son explication est plus singulière encore :

..... On n'a pris nul soin de ce qu'elle possédait?
Mais on aurait crié bien plus haut encore, et cette fois avec raison, si, dès l'entrée à Charenton, on avait vendu sans savoir si elle ne pourrait bientôt sortir guérie. — C'est donc sagement qu'on a attendu, — jusqu'au moment sans doute où on a dû reconnaître ou présumer son incurabilité.

..... La demande d'admission qui a manqué au dossier était un oubli, une omission regrettable; mais de là à croire qu'elle a été préméditée et le résultat d'un complot, il y a loin.

..... Le changement de nom prouve-t-il qu'il n'y a pas identité de personne?...

Un médecin ne fait pas un certificat pour une toquade, et s'il vous convient d'admettre qu'on ait pu le faire, je n'admets pas que dix, quinze personnes d'un titre officiel, estimées, honorées, dont plusieurs sont justement citées dans le monde savant comme des maîtres, aient pu faire la même chose et se rendre successivement complices d'une mauvaise action, d'un crime.

Voilà, Monsieur, le véritable objet de cette lettre, parce que vous et ceux qui concourent au but que vous poursuivez le mettent en oubli.

Et veuillez noter encore que vous n'accusez pas seulement

curieuses que ces visites révélèrent à M. le Normant. Il se borna, sauf en ce qui me concernait, à se renseigner auprès des principaux employés, dont il fut fort bien accueilli, sur les choses d'administration générale et les réformes que l'expérience leur suggérait ; leurs réponses confirmèrent son opinion et mes dires, et donnèrent une autorité plus grande à son travail, qu'il communiqua successivement aux ministères de la justice et de l'intérieur, où il fut très-favorablement apprécié ; on lui annonça qu'il serait un des premiers appelés devant la commission qu'on allait nommer pour la révision de la loi. Tout s'est borné à ces lettres de politesse, bien qu'on lui eût même donné au ministère de la justice l'espoir de voir éditer son ouvrage par l'Imprimerie nationale. Les fréquents changements de ministère, les complications politiques ont empêché jusqu'ici qu'on s'occupât sérieusement des aliénés. Le moment opportun en viendra-t-il bientôt ? Je souhaite que la ténacité bretonne de mon fidèle défenseur atteigne enfin ce but si désirable.

J'en reviens à mes affaires. A la Salpêtrière, où j'avais refusé de recevoir mes bijoux, parce qu'il y manquait la chaîne de Venise en or à fermoir émaillé et les boucles d'oreilles semblables, et qu'on voulait me faire donner un reçu de la totalité, tout avait disparu. Il y avait eu des détournements successifs ; on avait renvoyé des employés, sauvegardé l'avenir, mais étouffé l'affaire, et c'était bien irrévocablement perdu.

A Charenton, quelle ne fut pas la surprise de M. le Normant en découvrant que je figurais sur deux registres! J'avais d'abord été enregistrée sur le livre matricule 6, f° 382, de la façon que j'ai indiquée chapitre v. Au verso de cette feuille, après une entrée du 12 septembre, est le *visa* du procureur impérial, bien évidemment apposé sans lire, car il eût été frappé du défaut de pièces et de l'irrégularité de mon enregistrement. A quoi tiennent les destinées! Si ce magistrat eût examiné le registre, se fût fait rendre compte de ma situation, j'étais sauvée!... *quatre jours* après mon entrée.... Mais il signa les yeux fermés.

Cependant, un autre pouvait être plus clairvoyant. Par prudence, le registre 6, contenant encore dix-sept feuilles blanches, fut abandonné; on se garda bien de faire figurer le nom de Chevalier à la table, et on ouvrit le registre n° 7 en y reportant les quatre entrées antérieures à la mienne, qui fut inscrite à sa date du 8 septembre, le certificat du docteur Pelletan et celui d'entrée retranscrits sur ce nouveau registre de la main du docteur en chef. On enregistra à la suite l'entrée du 12 septembre, sans mention du *visa* qu'elle avait reçu.

L'article 12 de la loi prescrit d'avoir un registre coté et paraphé par le maire, sur lequel seront immédiatement inscrits les noms, profession et domicile de la personne placée; les noms, profession et domicile de celui qui aura fait la demande. L'article 43 de l'instruction générale développe très-judicieusement l'impérieuse nécessité de tenir le registre sans aucun blanc, ni rature, ni renvoi. On voit de quelle importance est l'exacte observation de ces prescriptions et combien, pour l'avoir si audacieusement violée, il fallait que l'administration de Charenton se sentît dans son tort à mon sujet. Mais pourquoi, du moment où l'on s'en était aperçu, ne pas régulariser alors mon entrée en se procurant la pièce indispensable qui manquait, la demande d'admission faite par un tiers? Pourquoi ne pas l'exiger de M. Pelletan, puisqu'on ne connaissait que lui? Pourquoi rester sous le coup d'une découverte possible dont on avait seulement diminué les chances en m'inscrivant sur un nouveau registre, et y complétant à peu près mon entrée par les indications que j'avais données, mais en m'y laissant Chevalier-Rouy, de parents inconnus? On avait donc des motifs à Charenton pour ne pas vouloir se mettre en règle et constater qui j'étais réellement? C'est inexplicable.

Les lettres de M. d'Aboville me montraient mon affaire en bonne voie d'arrangement. Il était évident qu'une transaction devait garantir absolument contre mes revendications tous les fonctionnaires et employés du gouvernement; mais je n'entendais ni cacher ce que j'avais souffert et qui contenait un si grand enseignement, ni amnistier ceux qui, après m'avoir engloutie dans ces enfers, n'avaient reculé devant aucune calomnie pour m'y maintenir quand j'y étais et pour me perdre depuis que j'en étais sortie.

Je crus devoir en prévenir loyalement M. de Crisenoy :

Orléans, 25 octobre 1878.

..... Mon intention formelle, Monsieur le directeur, est de poursuivre personnellement la famille et M. Pelletan, qui se sont entendus, comme vous en avez les preuves. Mon intention est aussi de poursuivre la succession Payen. (Il a légué 400,000 fr. à la ville d'Orléans.) Il savait que je le poursuivrais, car il l'a enregistré au registre matricule. — Je le poursuivai en dommages-intérêts pour mauvais traitements, etc.

Cela est une affaire *toute particulière*, complètement en dehors de l'administration d'Orléans, qui a été admirable pour moi, — et même de M. le préfet, qui a fait ses efforts pour me libérer.

De même, je poursuivrai la succession Husson.

..... Quant à MM. les inspecteurs généraux, à MM. de la Préfecture de police, qui dépensent des 60 à 80,000 fr. pour chercher les preuves des crimes commis par Billoir et consorts, et qui n'ont pas su, ayant mon nom, mon adresse, mes renseignements, s'assurer de mon identité, m'ont traînée pendant quatorze ans comme une aventurière.... c'est à vous, Monsieur le directeur, et par vous à MM. les Ministres de l'intérieur et de la justice, que je laisse le soin de savoir ce qu'ils méritent pour les renseignements qu'ils donnent.

Veuillez, etc.

Hersilie ROUY.

M. Joseph Michon, préfet du Loiret, fut bientôt chargé de me faire savoir les propositions du ministère de l'intérieur. Il adressa à M. Desplanches un extrait de la lettre de M. de Marcère : on m'offrait 12,000 fr. d'indemnité et une pension annuelle de 3,600 fr., à condition que je renoncerais à toute revendication contre le gouvernement et les fonctionnaires qui en dépendent. Ce n'était pas tout à fait ce que j'avais espéré ; cependant c'était déjà un si grand tour de force de l'avoir obtenu que, d'après le conseil de ceux qui m'avaient si bien secondée, je crus devoir l'accepter et me rendis au cabinet de M. le préfet pour le lui dire.

M. d'Aboville écrivit à M. le Normant, en le félicitant de « l'heureux résultat de sa persévérance, » qu'il avait été averti, par une lettre fort gracieuse de M. de Crisenoy, de cette décision à laquelle il avait lui-même tant contribué.

M. Michon m'accueillit fort bien et me dit que je devais écrire au Ministre mon acceptation, ce que je fis comme il suit :

Orléans, 20 novembre 1878.

Monsieur le Ministre,

Vous avez eu la bonté de décider qu'il me serait accordé :
« 12,000 fr. argent comptant ;
« 3,600 fr. pension annuelle ;
« A la condition que je ne réclamerai plus rien à l'État, ni aux fonctionnaires qui en dépendent. ».

J'accepte ces conditions, et j'ai l'honneur de vous le faire savoir par l'entremise de M. Joseph Michon, préfet du Loiret.

Veuillez me permettre de vous exprimer ma profonde reconnaissance pour l'intérêt que vous voulez bien me témoigner, pour la justice, la bienveillance et la promptitude avec laquelle vous cherchez à réparer, à l'amiable, le tort irréparable qui m'a été fait pendant tant d'années.

Je ne l'oublierai jamais.

Daignez agréer,
Monsieur le Ministre,
l'expression de mon profond respect.
Signé : Hersilie ROUY.

Dix jours après, M. le préfet du Loiret recevait l'arrêté suivant :

Le Ministre de l'intérieur,

Vu la demande de la demoiselle Hersilie Rouy, tendant à obtenir une augmentation de l'allocation annuelle qui lui a été précédemment accordée et une somme une fois payée, destinées à l'indemniser des pertes qu'elle peut avoir éprouvées par suite de l'inobservation par l'administration des prescriptions de la loi du 30 juin 1838 ;

Vu le rapport de M. le conseiller d'État, directeur de l'administration départementale et communale, et les documents à l'appui,

Arrête :

ARTICLE 1er.

Il est accordé à la demoiselle Hersilie Rouy une allocation de douze mille francs (12,000 fr.), imputable sur le chapitre XXVII du budget du ministère de l'intérieur.

ARTICLE 2.

L'allocation annuelle de dix-huit cents francs (1,800 fr.) accordée par les décisions précédentes est élevée à trois mille six cents francs (3,600 fr.) à partir du 1er octobre 1878.

Cette somme sera également imputée sur le chapitre XXVII du budget du ministère de l'intérieur.

ARTICLE 3.

Le directeur du secrétariat et de la comptabilité, et le directeur de l'administration départementale et communale, sont chargés, chacun en ce qui les concerne, de l'exécution du présent arrêté.

Fait à Paris, le 30 novembre 1878.

Signé : de MARCÈRE.

Pour ampliation,
Le directeur de l'administration départementale et communale,
Signé : R. de CRISENOY.

Pour copie conforme :
Le conseiller de préfecture,
Signé : F. de VERNEUIL.

J'en remerciai de nouveau M. le Ministre quelques jours après avoir touché les fonds annoncés; j'étais trop malade pour le faire au moment même. Cette réparation m'arrivait trop tard : le mal était fait, et je sentais qu'à moins d'un miracle, ma santé ne me permettrait pas de jouir de la satisfaction morale et du bien-être physique que sa justice m'accordait..... Mais si je ne pouvais vivre, je pourrais du moins mourir en paix. Cette certitude m'aida à surmonter la pénible crise dans laquelle j'avais failli succomber et dont je reparlerai plus loin.

Je désirais vivement connaître le rapport de M. de Crisenoy, et je l'obtins à force d'instances. Je le donne ici presque en entier, bien qu'il reproduise des faits déjà connus, parce qu'il est la première reconnaissance officielle de mes droits, et que, sans toucher à la question mentale, il la résout implicitement en ma faveur.

RAPPORT

Adressé à M. le Ministre de l'intérieur, sur la séquestration de la demoiselle Hersilie Rouy.

Monsieur le Ministre,

Le 8 septembre 1854, la demoiselle Hersilie Rouy, professeur de musique, demeurant rue de Penthièvre, n° 19, à Paris, fut enlevée de son domicile par M. le docteur Pelletan, médecin en chef de l'hôpital de la Riboissière, et conduite à l'asile de Charenton, sur la présentation d'un certificat ainsi conçu :

« Je soussigné, médecin de l'hôpital de la Riboissière, chevalier de la Légion-d'Honneur, certifie que Mlle Rouy (Hersilie), demeurant rue de Penthièvre, n° 19, est atteinte d'une monomanie aiguë avec hallucinations. Cette affection la rendant dangereuse pour elle-même et pour les personnes qui l'entourent, exige son admission immédiate dans un établissement spécial. »

Cette admission a eu lieu contrairement aux prescriptions de la loi du 30 juin 1838.

(*Suit le texte de l'art. 8 de la loi sur les aliénés.*)

La plupart de ces prescriptions n'ont pas été remplies en ce qui concerne la demoiselle Rouy, admise sur la demande de M. le baron Pelletan de Kinkelin, ami de la malade !!

La copie du certificat ci-dessus reproduit est signée du même docteur, alors que la loi interdit de demander le placement au médecin qui certifie la maladie.

M. le docteur Pelletan n'était pas l'ami de la malade, qu'il ne connaissait pas ; tout au plus l'avait-il vue une fois lorsqu'il vint l'enlever pour la conduire à Charenton. Il n'était pas l'ami de la famille, avec laquelle ses relations se bornaient à écrire des articles de médecine dans le journal *La Presse*, dirigé par M. Rouy, le frère de la demoiselle Hersilie.

En réalité, le placement a eu lieu à la demande de M. Rouy, qui a payé d'avance un mois de pension (50 fr.), afin d'arriver à un placement d'office et gratuit sous l'apparence d'un placement volontaire. C'est le docteur Pelletan lui-même qui avait indiqué ce moyen d'éluder la loi.

Cela résulte de la correspondance jointe au dossier.

A ce point de vue, le certificat du docteur Pelletan est inexact. Ce certificat lui-même ne repose, au point de vue médical, que sur les rapports des concierges et des bruits répétés par des tiers, le docteur Pelletan n'ayant pu, dans une courte entrevue et pendant le trajet de la rue de Penthièvre à Charenton, porter un jugement sur l'état mental de la demoiselle Rouy et surtout sur les dangers qui pourraient en résulter pour la sécurité publique.

Contrairement à la loi, le directeur de Charenton n'a exigé aucune pièce constatant l'identité de la demoiselle Rouy, et notamment le passeport mentionné à l'art. 8 ; il en est résulté que le placement a été fait sous le double nom de Chevalier-Rouy, et que trois semaines après l'admission un interne a été chargé d'interroger la demoiselle Rouy pour connaître son véritable nom.

Le 30 novembre 1854, la demoiselle Rouy a été transférée à la Salpêtrière en vertu d'un arrêté de M. le préfet de police, basé sur ce fait qu'elle ne pouvait plus payer de pension, fait matériellement inexact, puisque le premier mois de pension n'avait pas été payé par elle, mais par le sieur Rouy, et que la demoiselle Rouy, enlevée brusquement de son domicile, y avait laissé des effets, un mobilier que personne ne s'était occupé de mettre en sûreté et de réaliser à son profit.

(*Suit le texte de l'art. 31 de la loi sur les aliénés.*)

Ces prescriptions tutélaires ont été négligées pour la demoiselle Rouy; les clés de son appartement sont restées entre les mains des concierges, dont la probité était suspectée. Trois mois plus tard, le propriétaire intenta contre sa locataire une action pour obtenir la vente du mobilier et le terme du loyer échu.

Les actes extra-judiciaires furent signifiés rue de Penthièvre, bien que l'on sût la demoiselle Rouy séquestrée à Charenton. La vente eut lieu le 5 février et produisit 911 fr., qui furent employés à désintéresser le propriétaire et à payer les frais, s'élevant à 372 fr.; le reliquat, 139 fr., fut déposé à la caisse des dépôts et consignations, et remis à Mlle Rouy en 1870, à sa sortie de l'asile d'Orléans.

Nous avons dit précédemment que la demoiselle Rouy avait été inscrite sur le registre de Charenton sous le nom de Chevalier-Rouy, inscription difficile à justifier, puisque le certificat du docteur Pelletan portait le nom de Rouy. Cette désignation, qui constitue une altération de l'état civil de la demoiselle Rouy, n'a pu être imaginée par l'administration de Charenton. On doit en conclure qu'elle a été inventée sur les indications du docteur Pelletan et à l'instigation du sieur Rouy, son frère, en vue de dissimuler une parenté qui pouvait lui occasionner plus tard des embarras.

Par une coïncidence malheureuse, les papiers établissant son état civil, qu'elle avait eu le soin d'emporter avec elle à Charenton, lui furent enlevés le 19 septembre suivant ; mais au lieu de s'en servir pour régulariser son inscription, on les déposa dans un coin, où ils ne furent retrouvés qu'en 1862, par les soins de M. Cochin.

Malgré les réclamations incessantes de Mlle Rouy, elle fut transférée successivement dans plusieurs asiles départementaux, sous le nom de Chevalier-Rouy, jusqu'en 1863, où elle fut définitivement inscrite à l'asile d'Orléans sous le nom de *Chevalier*, de parents inconnus.

Il y a tout lieu de croire qu'il n'y a pas eu là, de la part de l'administration, de fautives intentions ; les négligences et l'inobservation des prescriptions légales ont eu pour résultat d'éloigner la demoiselle Rouy de ses relations et de ses amis, qui ont perdu sa trace et l'ont crue morte.

Depuis son entrée à la Salpêtrière, le 30 novembre 1854, jusqu'à sa sortie de l'asile d'Orléans, le 14 novembre 1868, la demoiselle Rouy a été rendue plusieurs fois à la liberté pendant quelques jours, puis séquestrée de nouveau d'office, en vertu d'arrêtés du préfet de police, réguliers dans la forme. Toutefois, il semble résulter, de plusieurs documents et de correspondances échangées entre le préfet du Loiret et l'administration de l'Assistance publique, qu'à partir de 1863 le maintien de la demoiselle Rouy à l'asile d'Orléans doit être surtout attribué à des injonctions émanées de cette administration et inspirées par M. Rouy, qui avait lieu de redouter la mise en liberté de sa belle-sœur.

La demoiselle Rouy n'a cessé de réclamer contre la séquestration illégale dont elle avait été l'objet, à l'Impératrice d'abord, puis à l'Assemblée, qui s'est séparée avant d'avoir été saisie du rapport concernant cette demande.

Toutefois, le Ministre de l'intérieur a accordé, en 1874, un secours de 1,500 fr. qui a été porté à 1,800 fr. à partir de 1878.

Aujourd'hui la demoiselle Rouy est âgée de soixante-quatre

ans, dans un état de santé qui l'empêche de se livrer à aucun travail, et sans ressources.

Elle demande que le secours annuel qui lui est alloué soit élevé à 3,600 fr., et sollicite en outre une allocation destinée à l'indemniser des pertes, du fait de l'administration, de mobilier, valeurs et bijoux qu'elle possédait, et à lui permettre d'acquitter les dettes qu'elle a dû contracter pour subvenir à son existence, depuis sa mise en liberté jusqu'en 1874. Elle établit une perte, savoir :

Mobilier, 4,000 fr.; bijoux, 1,800 fr.; deux billets à ordre, 600 fr.; un billet de banque de 500 fr. : ci 6,900 fr.

En accordant à la demoiselle Rouy une somme totale de 12,000 fr., on tiendra compte dans une certaine mesure des dépenses auxquelles elle a dû pourvoir de 1868 à 1873.

En résumé, la demoiselle Rouy était une artiste d'un talent incontestable, et jusqu'en 1854 elle a pourvu à son existence par son travail.

A cette époque, elle a été séquestrée illégalement, ainsi que l'a constaté d'ailleurs le Ministre de l'intérieur, dans sa dépêche du 25 février 1869. Elle a perdu le peu qu'elle possédait par la faute et la négligence de l'administration.

La demande de la demoiselle Rouy parait donc justifiée.

En conséquence, j'ai l'honneur de vous proposer de l'accueillir en accordant à la demoiselle Rouy les allocations ci-dessus énoncées. Un arrêté revêtu de votre signature consacrerait cette décision.

Agréez, Monsieur le Ministre, l'hommage de mon respect.

Le Conseiller d'État, directeur général de l'administration départementale et communale,

Signé : R. DE CRISENOY.

Une conciliation ainsi motivée était pour moi une réhabilitation, pour mes dévoués défenseurs une récompense, pour la cause générale des aliénés un triomphe.

L'infaillibilité spécialiste était enfin entamée.

CHAP. XXI. — CONCILIATION.

Voici la lettre que j'écrivis à M. de Crisenoy :

Orléans, 4 janvier 1879.

Monsieur le directeur,

Je ne sais comment vous remercier de toute la bienveillante bonté avec laquelle vous êtes venu à mon aide, non pas en m'accordant une faveur qu'un caprice peut enlever, mais en faisant un acte de justice et de réparation s'appuyant sur des documents incontestables.

Grâce à votre rapport, l'illégalité et l'arbitraire de ma séquestration sont prouvés; vous établissez victorieusement que je n'étais pas folle quand j'ai été enlevée de chez moi par un homme ne m'ayant jamais vue, et que la perte de tout ce que je possédais, due à mon admission dans ces conditions à Charenton, a forcément amené la longue séquestration dont j'ai été victime, tout moyen de rentrer dans le monde et de prouver mon identité m'étant impossible, jusqu'au jour où j'ai trouvé appui et protection dans l'administration des Hospices d'Orléans.

Non seulement vous avez établi mes droits à la tardive réparation que vous avez provoquée, Monsieur; mais encore, sachant le misérable état de santé dans lequel je suis, vous avez eu l'extrême bonté de faire ordonnancer, séance tenante, ce que M. le Ministre m'accordait à votre requête; et, grâce à cette généreuse attention de votre part, j'ai eu l'immense bonheur de pouvoir m'acquitter envers ceux dont le dévoûment a su triompher de toutes les difficultés.

Le 26 décembre, on touchait pour moi à la Banque un chèque de 12,000 fr., et le même jour on remettait à M. le préfet du Loiret un effet de 900 fr., signé de moi, qui doit solder le dernier trimestre de 1878.

Veuillez, Monsieur le directeur, recevoir l'expression de ma profonde reconnaissance.

Hersilie ROUY.

Et voici celle qu'il me répondit :

Paris, 9 janvier 1879.

Mademoiselle,

Je suis heureux d'avoir pu contribuer à vous faire obtenir la réparation que vous sollicitiez en vain depuis de longues années.

Cette réparation vous était due légitimement ; je crois l'avoir démontré péremptoirement, en même temps que l'on vous assurait, après tant de souffrances, des moyens d'existence qui, bien que modestes, vous permettront de vivre sans inquiétude de l'avenir.

Je fais des vœux pour que vous en jouissiez longtemps, et je me propose de mettre à profit, lorsque l'occasion s'en présentera, les renseignements dont vous avez bien voulu me donner communication.

Agréez, Mademoiselle, l'assurance de ma considération distinguée.

R. DE CRISENOY.

CHAPITRE XXII

Suites d'une réparation amiable.

Les journaux de Paris ayant annoncé la mort du fils cadet de mon frère, je publiai le 8 janvier 1879, dans le *Moniteur orléanais*, une note plus détaillée affirmant de nouveau ma possession d'état. Je voulais savoir si elle me serait encore contestée au moment où le ministère en faisait une reconnaissance éclatante. Quelques jours après, les trois journaux d'Orléans publiaient une lettre de moi conçue en ces termes :

Monsieur le rédacteur,

Ce n'est pas pour revenir encore sur ce qui concerne ma séquestration et ma sortie des Hospices d'Orléans, où j'ai eu le bonheur de rencontrer dans l'administration des hommes de cœur et de persévérance, qui ne m'ont pas abandonnée dans la détresse où je me suis trouvée, et dont le nom est dans toutes les bouches, que je m'adresse aujourd'hui à vous ; c'est que je ne puis exprimer, comme je le voudrais, ma reconnaissance à toutes les personnes qui m'ont secourue de leur bourse, de leurs sympathies et de leurs démarches, et que je suis trop faible et trop malade pour écrire individuellement à chacune d'elles.

Aussi ai-je recours à la publicité de votre estimable journal, que vous avez toujours mise si généreusement à ma disposition, Monsieur le rédacteur, pour faire savoir à tous ceux qui ont bien voulu me porter intérêt ce qui m'est dernièrement arrivé d'heureux.

(Après avoir rappelé ici mes divers secours, ma pension, mon indemnité et ceux auxquels je les devais, je terminais ainsi :)

Après vingt-quatre années de misère, de luttes incessantes et d'indicible douleur, je suis heureuse de vous faire connaître cet acte de justice, de réparation et surtout *cet antécédent* ; heureuse aussi de savoir que tout ce que j'ai souffert ne restera pas inutile, et que des mesures sont prises pour qu'on ne se fasse plus un jeu de la loi, quelle qu'elle soit, en se mettant à couvert derrière un certificat d'aliénation mentale.

Veuillez recevoir, etc.

Hersilie ROUY.

J'envoyai à M. Georges Rouy, secrétaire au journal le *Siècle*, fils de ma sœur et par conséquent petit-fils de mon père et de ma mère, un numéro du 8 et un du 14 janvier 1879, pensant que la famille devait avoir connaissance de la note nécrologique et de ma lettre.

Huit jours après, M. Alexandre Godou, rédacteur en chef de l'*Avenir du Loiret*, donnait à M. le docteur Halmagrand un pli qu'il venait de recevoir, et M. Besson, rédacteur en chef du *Moniteur orléanais*, remettait un pli identique à M. le vicomte d'Aboville.

C'était une note non signée que je transcris ici :

On vous rappelle aujourd'hui obligeamment qu'on ne doit pas publier de fausses nouvelles sur les dires erronés d'une vieille demoiselle de soixante-sept ans, qui a été folle pendant vingt-quatre ans.

On veut bien vous dire ceci : Mlle Hersilie est née, en 1812, à Milan, de M. Charles Rouy et de Mademoiselle Chevalier, M. Rouy étant marié à Mme Stevens, laquelle femme légitime est décédée ultérieurement, de sorte que Mlle Hersilie, déclarée Rouy sur les registres italiens, se verrait dépouillée de ce nom à la moindre demande de rectification d'état civil, fait qui a été reconnu par l'Assistance publique.

Quant à la question séquestration (bien gros mot!) Mlle Hersilie a été conduite par ordre de la police administrative dans un asile de l'État, et il faut réellement croire que les honorables docteurs de cet asile n'y ont pas prodigué leurs soins à une personne, pendant vingt-quatre ans, sans qu'il y ait un motif sérieux à leurs yeux de l'y conserver.

Il n'y avait pas de réponse à faire; il n'y avait qu'à constater une fois de plus, et toujours pièces en mains, que ma malheureuse famille parle de tout à tort et à travers, croit pouvoir renseigner, influencer, gouverner tout le monde, sans rien savoir de ce qu'elle dit ; que de plus, depuis vingt-cinq ans, elle fait scandale, cherche à me déconsidérer partout, ne recule devant aucun moyen pour cela, attaque jusqu'à l'honorabilité de ses propres parents pour me forcer, malgré moi, à lui donner, à ses dépens, une leçon dont elle souviendra assez, je l'espère, pour devenir prudente à l'avenir.

Je me bornai à adresser poste pour poste, à M. Georges Rouy, un numéro du *Journal du Loiret* que je ne lui avais pas encore envoyé, plus un numéro du *Mouvement médical* du 18 janvier 1879 publiant *in extenso* une lettre que j'avais adressée au docteur Halmagrand au sujet de mes sueurs si abondantes, si extraordinaires : elles avaient duré quatorze jours, sans interruption, dans l'hiver de 1860 et me faisaient dire, à moi, si rebelle aux larmes, *que mon corps sanglottait malgré moi*. Le docteur avait accompagné ma lettre de ses observations personnelles sur ce que j'avais éprouvé depuis qu'il me soignait, et le *Mouvement médical* avait publié le tout. J'avais précisément été prise d'une crise analogue au moment où j'obtenais ma pension, et on avait bien cru que je n'y survivrais pas.

Cette communication mit fin, pour le moment du moins, aux rectifications anonymes de « *fausses nouvelles et fausses affirmations.* »

M. Camescasse avait succédé à M. de Crisenoy. Je venais de toucher le trimestre de ma pension dans les premiers jours de juillet, lorsque mes hôtesses, MM^{lles} Moufflet, vinrent m'apprendre, tout étonnées, qu'elles avaient reçu la visite du commissaire du quartier, venant leur demander :

1º Quelles étaient les personnes que je fréquentais ;
2º Celles que je recevais ;
3º Quelles étaient leurs opinions politiques ;
4º Si moi-même je ne parlais pas politique et si elles pouvaient donner quelques détails sur mes opinions.

Elles avaient répondu que j'étais fort malade, ne sortais presque jamais, ne m'occupais que de mes affaires, et avaient donné les noms des quelques personnes qui avaient la bonté de venir me voir.

CHAP. XXII. — SUITES D'UNE RÉPARATION AMIABLE. 481

Très-surprise d'être en butte à une semblable inquisition de la part de l'autorité, j'en parlai à M. le Normant, qui obtint, de la bouche même du commissaire, la confirmation de la démarche qu'il avait faite par ordre de M. le préfet du Loiret.

Je crus devoir quelques explications à M. Camescasse, aux yeux duquel on semblait vouloir transformer en affaire politique une affaire de séquestration et d'état civil, et je lui adressai un exposé des faits avec une lettre dont voici les passages essentiels :

Monsieur le directeur,

On est venu de la part de la préfecture du Loiret aux renseignements sur moi, et d'après cette enquête j'ai acquis la certitude qu'on ne savait en aucune façon ce que signifiait le secours que je reçois du ministère.

C'est très-naturel.

Ayant été cachée pendant quatorze ans dans les asiles d'aliénés sous le nom de *Chevalier*, on ne connaît réellement que ce nom..... La pension que me faisait (bien malgré lui) M. Durangel était inscrite sous le nom de *Chevalier* (*aliénée*) (1).

Ce n'est que depuis l'étude sérieuse et sur documents authentiques que M. de Crisenoy a faite de mon affaire que cette pension et cette indemnité m'ont été allouées, sous mon nom légal d'Hersilie Rouy, par l'arrêté du 30 novembre 1878.

La *transaction* qui a mis fin à toutes revendications de ma part doit être au dossier du ministère.

Ce n'est pas, comme vous le verrez en lisant le rapport de votre prédécesseur à M. de Marcère, *une charité* que M. le Ministre me fait sur les fonds dont il dispose ; c'est une *indem-*

(1) Bien qu'elle me fût payée à Orléans sous celui de Rouy.

nité, une *réparation qu'il m'accorde* et que j'accepte sous forme de *secours*, pour amoindrir les conséquences de faits monstrueux et pour empêcher un affreux scandale.

Je n'eus pas de réponse de M. Camescasse ; mais ma pension continua à m'être servie régulièrement.

Tranquille sur mon sort, M. le Normant n'en poursuivait que plus activement son désir d'une réforme générale, et rien plus que ma lamentable histoire ne pouvant en démontrer la nécessité, il se mit en rapport avec un des conseillers généraux de la Seine qui avait pris chaudement à cœur la question des aliénés, tant au point de vue de leur bien-être, fort peu sauvegardé dans les asiles, que des finances de la ville, souvent gaspillées sans profit. L'honorable M. Manier reçut avec grand intérêt nos communications et nos documents, étudia mon affaire et y découvrit précisément un point qui, en venant à l'appui de son argumentation, lui permettait de développer et de faire connaître les nombreux abus dont j'avais été victime du premier au dernier jour de ma séquestration.

Il saisit la troisième commission, dont il faisait partie, d'une proposition tendant à recouvrer les frais d'entretien de Mlle Hersilie Rouy, retenue pendant quatorze ans dans les asiles de la Seine et considérée à tort comme indigente.

Cette commission, dite de l'*Assistance publique,* était composée de MM. Lafont, président ; Bourneville, secrétaire; Cadet, Dubois, Dujarrier, Forest, Loiseau, Manier, Métivier, Aristide Rey, Thulié.

M. Manier fut chargé du rapport à présenter au conseil général, et le lut à la séance du 6 novembre 1880.

Il commença par démontrer :

1° Que Mlle Rouy, entrée comme pensionnaire payante à Charenton, a été passée et maintenue faussement aux indigentes, parce que ceux qui l'ont fait enfermer l'ont présentée ainsi, et que l'administration n'a rien fait pour s'assurer de sa situation réelle ;

2° Que Mlle Rouy a été deux fois réintégrée à la Salpêtrière, après avoir été mise en liberté par des médecins consciencieux, parce que la dilapidation complète de tout ce qu'elle possédait l'avait obligée à aller demander un abri et du pain à la Préfecture de police........

..... Un capital de 12,000 fr. et une pension viagère de 3,600 fr. ont été enfin accordés à Mlle Rouy.

Mais est-ce bien là tout ce qu'il y avait à faire? L'intérêt de Mlle Rouy est-il seul en cause? Et l'Assistance publique, grevée pendant quatorze ans de la pension d'une personne parfaitement à même de payer, n'a-t-elle aucun recours à exercer contre les auteurs de cette mensongère déclaration d'indigence ?

Je ne le pense pas, et je vais établir, avec preuves à l'appui, que le classement de Mlle Rouy aux indigentes n'a pas été le fait d'une simple erreur administrative, mais de la volonté persévérante de ceux qui, l'ayant jetée aux aliénés, voulaient l'y maintenir à tout jamais en anéantissant son avoir et empêchant ainsi son retour dans le monde, où on avait d'ailleurs annoncé sa mort (1).

---

(1) Je ne reproduis pas ici le détail des faits, exposés surabondamment dans le cours de ces mémoires.

..... J'estime donc que le conseil général est fondé à poursuivre contre qui de droit le remboursement des sommes indûment payées par le département de la Seine pour la pension aux indigentes de M¹¹ᵉ Hersilie Rouy, du 1ᵉʳ décembre 1854 au 14 novembre 1868, plus les frais de ses différents transferts.

La preuve des faits avancés se trouve :

1º Dans les notes prises par M. Tailhand, premier rapporteur, sur les dossiers des ministères de la justice, de l'intérieur et de la préfecture de police ;

2º Dans le projet de rapport de M. le vicomte d'Aboville, deuxième rapporteur ;

3º Dans le rapport de M. le directeur de l'administration départementale et communale à M. le Ministre de l'intérieur, rapport qui résume les précédents et leur donne une confirmation officielle ;

4º Enfin dans les correspondances dont je présente les copies, et dont les originaux sont aux dossiers des asiles, des préfectures, des ministères, ou ont été communiqués par M. Rouy lui-même au second rapporteur.

Toutes ces pièces sont annexées au rapport.

Sans doute la somme qu'il s'agit, en l'espèce, pour le département, de recouvrer est en elle-même peu importante. Mais elle est le symptôme d'un état de choses plus grave : d'une part, la dilapidation des deniers communaux ; de l'autre, l'abandon où sont laissés les intérêts de l'aliéné indigent qui devient, dès son entrée à l'asile, une simple chose, un *numéro*, qu'on classe, qu'on garde ou qu'on renvoie, sans souci de ce qu'il a pu laisser au dehors ou de ce qu'il devient à sa sortie.

..... La loi ne doit pas créer des indigents, des désespérés, préparer des rechutes dont une bonne part de responsabilité revient à la négligence coupable de ceux qui l'appliquent.

Il faut d'abord tenir rigoureusement la main à ce qu'on observe la loi telle qu'elle est, en attendant qu'on la refasse, si elle est mauvaise. Et elle l'est, je le proclame bien haut.

La loi est mauvaise à cause surtout de son insuffisance, de l'autorité illimitée qu'elle accorde aux médecins, à leur appréciation, si bien qu'on peut dans la pratique, comme vous venez de le voir par l'exemple cité, se dispenser de demander même les faibles garanties qu'elle exige et se contenter, en tout et pour tout, du certificat du médecin, de la parole du médecin !

La loi est mauvaise, parce qu'il se pourrait qu'on encombrât les asiles d'incapables de toutes sortes ; parce que, sous couleur d'indigence, des familles cupides se débarrassent des leurs, soit totalement, soit en payant une part insignifiante de la pension. Une enquête sévère sur ce point vous révélerait un chiffre énorme, injustement prélevé sur les fonds consacrés aux vrais nécessiteux.

Je demande donc des poursuites qui porteront la lumière sur les faits que je viens de signaler.

.... J'ai dû me borner à la question pécuniaire, la seule qui fût de la compétence du conseil général.

La reconnaissance de la violation des prescriptions de la loi du 30 juin 1838 a été officiellement faite, sinon hautement publiée :

1° Par la lettre du Ministre de l'intérieur au directeur de Charenton, en date du 29 février 1869 ;

2° Par l'octroi d'une indemnité contre l'engagement d'abandonner des revendications dont on ne se fût pas préoccupé, si elles n'avaient été fondées en droit comme en équité ;

3° Enfin par la réponse du directeur de l'administration départementale et communale à la lettre de remerciments que lui adressait Mlle Rouy.

. . . .

Le rapporteur,
J. MANIER.

La troisième commission a l'honneur de vous proposer le projet de résolution suivant :

« Le Conseil,

« Invite l'administration à prendre les mesures nécessaires pour faire rentrer le département dans ses débours pour l'entretien de Mlle Hersilie Rouy, pendant quatorze ans, dans les asiles d'aliénés de la Seine et dans les asiles de province où elle a été successivement transférée. »

Cette résolution fut votée et l'affaire soumise au comité consultatif, d'où elle sortira quand il plaira à Dieu.

Le conseil général avait assurément le droit de s'occuper de cette grave question, mais non de s'emparer de mes créances ; c'est en mon nom qu'il devait poursuivre, et sur ma demande d'un compte de tutelle, sauf à ce que je le remboursasse plus tard sur les dommages-intérêts obtenus. Il y a là un échappatoire dont s'apercevra sans doute le comité consultatif, car il y a dans le conseil une majorité hostile à toutes les revendications des aliénés, et trouvant que tout est pour le mieux sous la meilleure des lois.... au dire du moins de ceux qui en vivent.

Quant à moi, je dis que cette loi si imparfaite, si dangereuse, est de plus sans aucune sanction pénale et qu'on peut la violer impunément.

Un article publié dans l'*Univers*, sur ma séquestration, le 22 août 1869, par M. Philippe Serret, le démontrait d'une façon si nette, que je crois devoir en citer une partie :

..... Disons tout de suite que l'enquête ne saurait aboutir. Elle pourra découvrir le coupable ; elle ne découvrira pas dans la loi de 1838, ni ailleurs, une disposition pénale qui puisse lui être appliquée.

..... Il existe bien, il est vrai, dans le code pénal, un article 341 qui prononce la peine des travaux forcés à temps pour le fait de la séquestration arbitraire d'une personne. Mais cet article ne s'adapte pas le moins du monde à la séquestration dans un asile d'aliénés, si criminels qu'en aient pu être les mobiles, si évidente que soit la fraude. Le crime puni et défini par l'article 341 est exclusivement le crime de *mise en charte privée* d'une personne. Pour que ce genre d'attentat existe légalement, il est de rigueur que l'individu séquestré soit détenu dans un domicile privé, sous la garde du séquestrateur lui-même, ou de gens à lui, ses affidés ou ses complices. Il faut que la victime se trouve, en un mot, sans communications possibles avec les personnes du dehors auxquelles elle pourrait demander main-forte. On ne retrouve pas ces conditions de criminalité légale dans le fait de la réclusion d'un individu dans une maison de fous, pour odieuses qu'en soient les circonstances. Supposons qu'on ait la preuve éclatante que le prétendu aliéné était parfaitement et notoirement sain d'esprit ; supposons qu'il soit indubitablement démontré que la prétendue aliénation a servi de prétexte aux passions les plus noires, à la combinaison la plus perverse ; l'article 341 du code pénal ne demeurera pas moins inapplicable.

On n'argumente pas par analogie en matière de dispositions pénales ; pour qu'un fait soit punissable, il faut qu'il rentre avec identité dans un type de délit prévu et défini par un article de loi.

M. Auguste Vacquerie, dans le *Rappel* du 2 mars 1880, met en lumière d'une façon saisissante la valeur et les contradictions des différents certificats qui m'ont été délivrés. Cette pièce devait figurer dans les annexes imprimées du rapport de M. Manier ; elle en fut écartée sur les instances des docteurs faisant partie de la troisième commission, qui ne pouvaient se résoudre à laisser ainsi flageller leurs confrères. Là comme ailleurs, il ne s'agissait pas de savoir si ce qu'on disait était fondé, mais si cela pouvait contrarier l'illustre compagnie.

J'ai acheté assez cher le droit de ne pas user de semblables ménagements; par malheur, les dimensions de cet ouvrage ne me permettent pas de reproduire, comme je le désirerais, le remarquable et spirituel résumé de M. Auguste Vacquerie que j'ai joint à mon dossier.

La famille Rouy, se voyant sur le point d'être attaquée au nom du conseil général, devait naturellement chercher à se défendre. M. Jean Rouy alla trouver M. Manier et déblatéra longuement contre moi, sans apporter aucun élément nouveau d'information.

Peu après, M. Manier nous adressa une *Note* imprimée, signée de M. Jean Rouy, en réponse au rapport présenté au conseil général, et destinée à être distribuée à tous ses membres.

Je fus indignée en lisant ce nouveau tissu d'erreurs et de calomnies, et, toute malade que je fusse, je préparai au courant de la plume une réfutation complète de cette note, que son auteur n'a pas osé jusqu'à présent faire distribuer. L'exemplaire que j'en ai reçu est le seul dont aient eu connaissance mes défenseurs, auxquels je n'ai pas manqué de le communiquer (1).

En voici la dernière phrase :

---

(1) Cette note a été distribuée à tous les membres du conseil général, après la mort de Mlle Hersilie Rouy.
(*Note de l'éditeur.*)

CHAP. XXII. — SUITES D'UNE RÉPARATION AMIABLE. 489

Cette note renferme ce que le fils avait à répondre sommairement aux imputations diffamatoires qui ont pu se produire d'après les divagations d'une aliénée, aux dires de laquelle des personnes officieuses avaient donné créance, sans se rappeler l'état mental de Mlle Hersilie et sans rien autre approfondir.

M. Jean Rouy avait encore une autre préoccupation. Mon mobilier avait été vendu 911 fr. ; j'avais reçu de l'état 12,000 fr. pour prix de ce même mobilier, *en partie composé de celui de mon père*, et Claude-Daniel Rouy, fils légitime, *n'a jamais reçu un centime de ces 12,911 fr.*, disait la *Note*.

Ceci était faux : mon père avait tout vendu, sauf ce qu'il avait emporté à Sainte-Périne et qui était revenu après son décès à mon frère. Mais peu importe.

Mon neveu Jean espérait combler cette lacune ; j'ai su pertinemment qu'il s'était adressé à un avoué d'Orléans *pour me faire interdire*. Qui peut prévoir l'avenir ? Pour n'être pas morte dix fois depuis que j'ai été enfermée, il faut que j'aie l'âme chevillée dans le corps. Je puis, contre toutes probabilités, durer encore quelques années, gagner beaucoup d'argent avec mes *Mémoires*, mes *Asiles*, les publications que je prépare. Tout en me disant prodigue, on me sait économe ; une bonne interdiction m'empêcherait de tester, et si ma succession en vaut la peine, on m'accepterait comme légitime pour hériter de moi !

Mais ce beau rêve s'est évanoui : aucun avoué d'Orléans n'aurait prêté son concours à une semblable ma-

nœuvre, qui l'eût couvert de ridicule et de honte, et la mort ne tardera pas sans doute à me donner un repos que je n'ai pu trouver nulle part. . . . .
. . . .

Note de l'Éditeur.

Les Mémoires de Mlle Rouy finissent là. Sa santé et ses forces déclinaient visiblement chaque jour. Irritée par ces diffamations persévérantes, elle voulait, pour en finir, attaquer en dommages-intérêts les successions Rouy et Pelletan, et s'occupait à grouper les documents nécessaires. Elle succomba presque subitement à une congestion pulmonaire, le 27 septembre 1881. Elle fut déclarée fille légitime dans son acte de décès, à la mairie comme à l'église, et M. Laurency-Rouy fit faire et distribuer le billet de faire part que nous reproduisons :

M

Monsieur et Madame LAURENCY-ROUY, Monsieur et Madame W. MOLL et leurs enfants, Monsieur et Madame GODFROI-PASTOR et leurs enfants, Monsieur et Madame Philippe MAYER et leurs enfants, Madame veuve PRUD'HOMME, Monsieur et Madame Victor SIX, Monsieur et Madame Prosper ROUY, Madame veuve ROUY-NININ et ses enfants, Monsieur et Madame JOVIGNOT et leurs enfants, Monsieur et Madame JUBERT et leurs enfants, Madame veuve GUETTE-ROUY et sa fille, Monsieur et Madame Gustave ROUY et leurs enfants,

Ont l'honneur de vous faire part de la perte douloureuse qu'ils viennent de faire en la personne de

Mademoiselle Hersilie ROUY,

leur cousine et arrière-cousine, décédée à Orléans, le 27 septembre 1881, en son domicile, munie des sacrements de l'Église.

Priez Dieu pour elle !

PIÈCES JUSTIFICATIVES.

Acte de naissance d'Henriette Chevalier.

Extrait des registres des baptêmes de la République de Genève, administrés dans le temple de la Madeleine.

Le six mars mil sept cent quatre-vingt-deux, est née Jeanne-Henriette, fille de Louis Chevalier, natif, et de Suzanne Fléau, mariés, etc.

Copie légalisée, le 9 décembre 1868, par le consul général de France.

M. CHEVALIER.

Acte de décès d'Henriette Chevalier.

Extrait du registre des actes de décès du 5e arrondissement de Paris.

L'an mil huit cent trente, le six octobre, trois heures, acte de décès de Henriette CHEVALIER, décédée le dit jour, deux heures du matin, rue Française, n° 8, âgée de quarante-huit ans, née à Genève (Suisse), épouse de Charles Rouy, âgé de soixante ans, mathématicien.

En marge :

Par jugement du tribunal civil de la Seine, en date du 29 octobre 1845, il a été ordonné que l'acte ci-contre serait rectifié, en ce que la décédée y est dite, à tort, épouse de Charles Rouy.

Acte de naissance d'Herailio Rouy.

Estratto dai registri dello stato civile delle nascite per la città di Milano dell' anno 1814, lib. IIII, *fog. 307, n° 2118, dipartimento d'Olona, distretta, cantone e comune di Milano, il quindici aprile mille ottocento quattordici.*

Si é presentato a noi ufficiali dello stato civile Carlo Rouy d'anni quaranta quattro, astronomo, abitante contrada Bassano Porone n° 1729, portando seco un infante di sesso feminile nato jeri alle due e mezza pomeridiane in detta casa a cui furono imposti li nomi di Camilla-Giuseppina-Ersilia.

Il suddetto notificante ha pure dichiarato essere di lui figlia la neonata e di Maria-Enrichetta CHEVALLIER, *abitante come sopra. Il presente atto e stato steso e letto in presenza di Carlo Gotti d'anni ventotto, e Guiseppe Pizzamiglio d'anni quarant' otto impiegato in Milano, e che si sono con noi sottoscritti,* Sotz.-*Carlo Rouy, Carlo Gotti, Giuseppe Pizzamiglio firmat,* T. *Giulini.*

Milano, li 13 octobre 1815.
Per l'ufficiale dello stato civile.

C. GIULINI, CLERICHETTI, *seg* coj^d.

Li 13 ottobre 1815.

Il Cesareo reg° Prefetto del departemento d'Olona certifica vera la firma sopra essere del sig^r conte Giulini, podesta de Milano.

Pel Prefetto impedito,
Il segret° gen^{le},
NOGUELLE, CIGOGNARA.

Acte de naissance d'Hersilie Rouy.
(Traduction officielle.)

Extrait des registres de naissance de l'état civil de la ville de Milan, de l'année 1814, livre IV, folio 307, n° 2118, département d'Olona, district, canton et commune de Milan, le quinze avril mil huit cent quatorze.

S'est présenté à nous, officier de l'état civil, *Charles Rouy*, astronome, âgé de quarante-quatre ans, habitant contrada Bassano Porone, n° 1729, portant avec lui un enfant du sexe féminin né hier, à deux heures et demie après midi, dans ladite maison, auquel furent donnés les noms de *Camille-Joséphine-Hersilie*. Le susdit notifiant nous a aussi déclaré être de lui la fille nouvellement née et de *Marie Chevalier*, habitant comme dessus.

Le présent acte a été fait et lu en présence de *Charles Gotti*, âgé de vingt-huit ans, et de *Joseph Pizzamiglio*, âgé de quarante-huit ans, employé, habitant à Milan, et qui ont signé avec nous.

Signé: Charles Rouy, Charles Gotti, Joseph Pizzamiglio et G. Giulini.

Milan, le 13 octobre 1815.
    Par l'officier de l'état-civil.
 (L. S.)   *Signé:* C. Giulini, *podestat*.
      Clerichetti, *secrétaire-adjoint*.

Le 13 octobre 1815, le préfet du département d'Olona certifie que la signature ci-dessus est celle de M. le comte Giulini, podestat de Milan.

    Pour le préfet absent,
      Le secrétaire général,
 (L. S.)   *Signé:* Nouvelle, Cicognara.

        Milan, 1er juin 1833.

L'authenticité de la signature d'autre part de M. Cicognara, secrétaire général de la préfecture départementale d'Olona, est certifiée.

Le chambellan, conseiller intime de S. M. I. et R., gouverneur de la Lombardie.

(L.-S.) *Signé :* HARTY.
G. CLERICI.

Suivent en français les légalisations :
1° Du consul de France à Milan ;
2° Du ministère des affaires étrangères de France.

Je soussigné, traducteur interprète juré, certifie que la traduction qui précède est véritable et conforme à l'original écrit en langue italienne, et que j'ai signé et paraphé *ne varietur ;* que pleine et entière foi doit être ajoutée à ladite traduction, tant en justice que hors.

Paris, ce 11 octobre 1833.

George FRENCH.

Vu par le maire du 3ᵉ arrondissement de Paris, pour légalisation de la signature ci-dessus de M. George French, traducteur interprète juré.

Paris, ce 11 octobre 1833.

BOULOY,
Adjoint.

Il est à remarquer que cette traduction, faite en 1833, d'après l'acte italien donné plus haut, dix-huit ans après l'autographe de Charles Rouy conservé dans les papiers de Mlle Hersilie, reproduit la singulière erreur commise par celui-ci. Le nom d'Henriette est supprimé : Hersilie devient fille de *Marie Chevalier*, sœur de sa mère, habitant Genève et mariée à un sieur Boiteux. De plus, Henriette Chevalier ne s'appelait pas Marie, mais *Jeanne-Henriette*, ainsi qu'il appert de son acte de naissance, donné page 492. Il est difficile de croire que ce changement de prénom de la mère de Mlle Rouy ne soit pas un fait prémédité.

L'acte italien, délivré en 1815 à M. Rouy, a été réexpédié par lui de France en Italie pour être revêtu de légalisations complémentaires. La signature du secrétaire général Noguelle, qui avait légalisé en 1815 celle du préfet d'Olona, est biffée et remplacée par celle de Cigognara. Pourquoi ?

Acte de baptême d'Hersilie Rouy.

Paroisse Saint-Thomas de Milan, le 23 mars 1867. Noms des personnes nées et baptisées dans cette paroisse, depuis le 2 janvier 1814 jusqu'au 28 décembre 1824.

On lit ce qui suit à la page 11 :

Mil huit cent quatorze, le 14 avril.

Camille-Joséphine-Hersilie, fille de Charles Rouy et de dame Marie-Henriette Chevalier, époux légitimes, habitant cette dite paroisse, n° 1729, née le 14 du mois courant, à deux heures et demie du soir.

Elle a été baptisée par moi, soussigné, dans cette paroisse ; le compère a été le sieur Joseph PETRACCHI, fils de feu Pierre, de cette paroisse.

En foi de quoi, signé : François GERVASONI,
Chanoine-curé.

En foi de l'exposé ci-dessus de la paroisse Saint-Thomas de Milan, le 23 mars 1867.

Le curé archiprêtre,
Signé : César BERTHOGLIO.

P.-S. Le n° 1729 du domicile se trouve dans la rue Bassano Porone.

Vu et enregistré *in sia curia archiepiscopali Mediolani die 20 mart. 1867*.

Signé : C. Philippus CARCANO,
Cameraria ord. Vicarius.

Vu au consulat général de France, à Milan, pour légalisation de la signature de Charles-Philippe Carcano, vicaire général de l'archevêché de Milan, le 27 mars 1867.

Pour le consul général de France :
Le chancelier,
Signé : Louis DUCESSOIS. (322, article 63.)

Copié et traduit sur l'original arrivant de Milan, le 15 avril 1867.

Signé : Comte de PIBRAC.

Vu par nous, maire d'Orléans, pour légalisation de la signature de M. le comte de Pibrac, apposée ci-dessus.
Orléans, le 21 octobre 1867.

Signé : A. de LÉVIN.

CONSERVATOIRE IMPÉRIAL DE MUSIQUE ET DE DÉCLAMATION.

Je certifie que Mlle *Hersilie Rouy*, née à Milan, a été reçue élève titulaire au Conservatoire de musique, dans la classe de solfége de Mlle Leroux, le 14 avril 1824.

Elle quitta l'école au commencement de 1825, pour cause de santé.

Le directeur du Conservatoire,
Signé : AUBER.

Ce 31 mai 1870.

Actes concernant Télémaque Rouy.

Acte de naissance de Jean-Charles-Télémaque Rouy, né à Milan le 17 septembre 1815, fils de Charles Rouy et de Henriette CHEVALIER.

Acte de baptême, paroisse Saint-Thomas, à Milan, de Jean-Charles Télémaque, fils de Charles Rouy et de Henriette Chevalier, époux légitimes, parrain Benco Petroman, fils de feu Pierre.

Acte de décès de Charles Rouy, journalier, âgé de dix-huit ans, fils de Charles Rouy et de Marie Chevalier, né à Paris, mort des suites d'une blessure à l'Hôtel-Dieu de Marseille, le 21 octobre 1833.

Ainsi Télémaque, déclaré fils d'*Henriette* Chevalier à l'église comme à la mairie, se trouve à son décès fils de *Marie*. Le parrain, toujours sans marraine, *Petracchi* pour Hersilie, *Petroman* pour Télémaque, c'est toujours Pierre, fils de feu Pierre, sans autre indication. Et pourtant M. et Mme Rouy étaient alors des mieux posés dans la société de Milan, honorés de la protection particulière du vice-roi d'Italie, et bien à même, s'ils l'eussent voulu, de trouver des parrains et marraines sortables pour leurs enfants.

Acte de naissance de Dorothée Rouy.

Extrait des actes de baptême de la paroisse catholique de Saint-Louis de Moscou.... Avons baptisé Dorothée-Jeanne-Marie, née le 8 (22) juillet, du légitime mariage de Charles Rouy, professeur d'astronomie, etc., et de Henriette Cheva-

lier. Parrain : *M. J.-A.-C. de Heym*, *conseiller d'État, recteur de l'Académie de Moscou*, etc., etc. Marraine : *Son Excellence Mme la générale Dorothée de Lapoukin*.

M. et Mme Rouy arrivent à peine à Moscou, et leur fille Dorothée y trouve parrain et marraine dans une haute position sociale.

Extrait d'un jugement du tribunal de la Seine du 26 septembre 1845.

.... Le sieur *Charles Rouy*, propriétaire, rue de Chaillot, n° 99, et la demoiselle *Dorothée-Jeanne-Marie Rouy*, professeur de piano, faubourg Saint-Denis, n° 107, soussignés, exposent.....

Le tribunal ordonne... 1° que l'acte de baptême de la demoiselle Dorothée-Jeanne-Marie Rouy sera rectifié en ce qu'il y est dit par erreur que l'enfant dont il s'agit est née du légitime mariage de Charles Rouy et de Henriette Chevalier, aucun mariage n'ayant existé entre ledit Charles Rouy et ladite dame Chevalier; 2° que l'acte de Henriette Chevalier sera aussi rectifié, etc.

Ce jugement, ainsi rédigé, laisse supposer que Charles Rouy est célibataire, conserve le nom de Rouy à Dorothée-Jeanne-Marie, qui se trouve alors fille naturelle reconnue, et ne fait pas mention d'Hersilie. C'est pourtant sur ce jugement, qui ne la concerne pas, puisqu'elle n'y est pas intervenue et qu'aucune pièce n'appuie, qu'on s'est fondé à la Préfecture de police et aux ministères pour dire qu'un acte lui interdit le nom de Rouy.

Acte de notoriété après le décès de Charles Rouy.

Dressé le 6 mars 1849, devant M⁰ A.-N. Mayre, notaire à Paris,

MM. Chaudron et Roy déclarent qu'il n'a pas été fait d'inventaire après la mort de M. Charles Rouy, et qu'il a laissé pour *seul et unique héritier* M. Claude-Daniel Rouy, capitaine en retraite, etc.

Acte de vente.

Acte de vente, en mars 1852, d'un immeuble sis à Charonne, 31, rue de Fontarabie, par M. Claude-Daniel Rouy, *seul héritier* de Charles Rouy, ainsi que le constate un acte de notoriété du 6 mars 1849, etc.

ACTES SOUS SEING PRIVÉ.

Nous croyons devoir donner ici la teneur des cinq actes sous seing privé apportés par M⁽ˡˡᵉ⁾ Rouy à Charenton, et qu'elle en a fait sortir, ainsi qu'elle le raconte chap. III. Elle a adressé copie de ces actes au parquet d'Orléans, et comme ils en ont disparu, ainsi que son acte de baptême, elle les a renvoyés au Ministre de l'intérieur et à la préfecture de police, déclarant qu'elle avait eu en main les originaux et qu'elle était obligée d'en donner connaissance aux autorités, sans prendre aucunement la responsabilité de leur contenu.

1° Acte démentant la naissance d'Hersilie.

Je déclare que la fille enregistrée ce jourd'hui, 14 avril 1814, sous les noms de *Joséphine-Camille-Hersilie*, comme étant ma fille légitime, *n'est pas ma fille;* qu'elle appartient au comte J. P. Petrucci, autrement dit Petit-Pierre, fils de Pierre, envers lequel j'ai contracté de grandes obligations, de graves engagements, et qui m'a demandé de faire enregistrer cette enfant sous mon nom, pour lui donner un état civil et la cacher.

Fait à Milan, *contrada Bassano Porone*, le 14 avril 1814, *huit heures du soir*.

Charles ROUY.

2° Reçu de la petite Hersilie.

Je déclare avoir reçu ce jourd'hui, 22 septembre 1815, du comte Joseph-Pierre Petrucci, une petite fille devant porter les noms de l'enfant que j'ai fait enregistrer comme mienne le 14 avril 1814.

Je m'engage à la remettre entre les mains du comte J.-P. Petrucci, autrement dit Petit-Pierre, fils de Pierre, à sa demande ou à celle de toute personne qui se présentera munie de ce papier et de la moitié d'un assignat de cinq livres dont l'autre moitié est jointe aux actes reconnaissant l'enfant.

Fait à Milan le 22 septembre 1815, *contrada Bassano Porone*, neuf heures du soir.

Charles ROUY.

3° Acte déclarant la mort d'Hersilie.

Nous, soussignés, déclarons que la petite Hersilie, dite l'Étoile-d'Or, après une longue et douloureuse maladie qui l'a tenue trois mois au lit, est morte ce soir, 22 mai, au château de Stoupine, près Moscou; qu'après l'avoir gardée sur son lit de mort quatre jours et quatre nuits; qu'après avoir essayé de tous les moyens qui étaient en notre pouvoir pour la rappeler à la vie, nous étant assurés qu'elle n'existait plus, nous l'avons remise entre les mains de Pierre, fils de Pierre, qui nous l'avait confiée et qui l'a emportée en son lieu.

Stoupine, 22 mai 18....

    Ch. Rouy, Henriette Chevalier, Nathaly Ivan, dame de Bibikoff, Nicolas Alexandroff, Joli, médecin.

4° Reçu d'une enfant devant remplacer Hersilie.

Je déclare avoir reçu de Pierre, fils de Pierre, Péter Petrowitch; de Nathaly Ivan, dame de Bibikoff; de Nadejda Ivan, sa sœur, une petite fille devant prendre les noms et qualités de la défunte, sur la mort de laquelle nous nous engageons à garder le plus profond silence.

Les mêmes papiers et la même moitié d'assignat devant servir de billet à ordre pour remettre l'enfant susnommée au porteur, sans question ni réflexion.

Fait au château de Stoupine, près Moscou, le 26 mai 18....

                              Charles Rouy.

5° Acte des Tuileries.

Nous, soussignés, déclarons et constatons que la nommée Marie Chevalier, Suisse d'origine, vient de mettre au monde un enfant du sexe masculin; qu'elle s'engage à nous le livrer, vendre et abandonner, sans jamais chercher à savoir ce qu'il est devenu, ni le nom qu'il porte, ni le lieu où il est venu au monde; elle étant arrivée audit lieu de son accouchement dans une voiture hermétiquement fermée, aux stores baissés, le soir, la figure couverte d'un voile épais; devant s'en aller de même, quitter Paris sans descendre de voiture et sortir de France pour habiter, jusqu'à nouveaux ordres, dans le lieu où elle sera conduite par nous, pendant l'intervalle de six mois révolus.

Nous déclarons remettre à Marie Chevalier la somme de quatre cent mille francs, dont reçu par elle donné; lui promettant de veiller sur elle et de ne la laisser manquer de rien tant qu'elle tiendra strictement sa promesse et ses engagements.

Nous déclarons et reconnaissons que, la prudence l'exigeant, nous lui cachons le sexe de son enfant et la disons mère *d'une fille* dont on lui donnera des nouvelles ou dont on lui cachera l'existence, selon le besoin.

Fait au château des Tuileries, le 29 septembre 1820.

Revêtu de quatre signatures, parmi lesquelles se trouve celle du comte J.-P. Petrucci.

Ces actes étaient, en outre, revêtus de l'étoile qui servait souvent de signature à Mlle Rouy.

Certificat

Donné par le Révérend Père Pieri, prêtre italien réfugié, directeur des Sourds-Muets d'Orléans.

Le 30 septembre dernier, sur l'invitation de M. le Normant, je me suis rendu chez lui pour avoir un entretien avec la mystérieuse demoiselle Hersilie, placée depuis quelques années dans la maison des aliénés d'Orléans.

L'entretien fut presque de quatre heures ; par conséquent j'eus tout le temps nécessaire de la questionner sur différents points touchant son état mental, et de me convaincre que cette demoiselle n'était pas folle, attendu que son raisonnement et ses réponses ont été d'une clarté et d'une précision telles que pour moi il n'y a pas de doute qu'elle ne soit en possession de toutes ses facultés mentales. Cependant je dois faire remarquer que quand l'entretien avait quelque rapport aux sociétés secrètes, elle se taisait et tranchait la question en disant qu'elle ne pouvait plus parler; que si elle parlait, plusieurs seraient compromis dans leur existence.

Ne pouvant parler sur ces choses, elle laisse aux autres le soin de les deviner. C'est pour cela que je crois que cette demoiselle fait partie d'une société secrète et peut-être politique, et que des intérêts particuliers la font passer pour folle.

Voilà mon opinion.

Signé : Père Grégoire PIERI.

Orléans, 24 octobre 1868.

En donnant ce certificat, le Père Pieri avait demandé qu'on le tînt secret, afin de ne pas se compromettre inutilement ; mais il avait aussi recommandé de le faire citer comme témoin si Mlle Rouy arrivait en justice, parce qu'il pourrait donner des renseignements utiles qui aideraient à découvrir le fond de cette mystérieuse affaire.

Le Père Pieri étant mort le 5 décembre de la même année, rien ne s'oppose plus malheureusement à la divulgation de ce certificat, dont l'original est au dossier et la signature légalisée par le maire d'Orléans.

Extraits de la correspondance de Mlle Hersilie Rouy.

I

[..] janvier 1868. — *A M. le préposé responsable de l'asile d'Orléans* (1).

« ... Une femme était sur le point d'être enlevée pour être enfermée; elle en fut avertie par une amie énergique et dévouée.

« Partez, fuyez; ne perdez pas un instant; quittez la France. Je me charge de vos affaires; ne m'écrivez pas; les lettres sont dangereuses. Voici de l'argent, un passeport, des lettres pour mes amis. — Si on *m'enlève à votre place*, je demanderai *confrontation*, je produirai mes papiers, les vôtres, et on me lâchera avec force excuses.

« Je vais m'installer chez vous pour vous donner le temps de disparaître.... » L'autre a disparu.

« Quand l'étrangère a demandé à être *confrontée* avec la famille et les amis de l'absente, *les fonctionnaires publics ont*

(1) Mlle Rouy a dit, dès le premier jour de sa séquestration, qu'elle avait la place d'une autre et a demandé une confrontation qu'elle n'a jamais pu obtenir. Elle a écrit aux ministres, aux préfets, à toutes les autorités qu'elle était mêlée à des complications politiques; qu'il lui avait été enjoint de faire connaître certaines pièces concernant la duchesse de Berry et le duc de Bordeaux; c'est là-dessus, aussi bien que sur sa ressemblance réelle ou supposée avec la duchesse, qu'on s'est basé pour dire qu'elle s'en croyait fille et pour la déclarer folle.

Elle demandait instamment à être traduite en justice pour révéler ce qu'elle savait sur une association puissante qui préparait un bouleversement universel. Nous croyons devoir donner sur ces sujets quelques passages de sa correspondance, auxquels les événements qui ont eu lieu depuis donnent une effrayante portée. (*Note de l'éditeur.*)

haussé les épaules et l'ont dite *folle*; on a confisqué ses papiers, son argent, etc. Ce n'est pas tout. Comme on lui a fait de force porter le nom de l'autre, elle s'est rattrapée à ce nom. — « Au moins, a-t-elle dit, ne faites pas de moi une bâtarde ! » Bah ! on l'a dite *bâtarde*, puis, etc., etc., jusqu'à ce que M. le docteur Lepage ait acquis la *preuve de légitimité*, preuve qui est *fausse*, car ces papiers sont *faux*....

M. le docteur Lepage, que je suis désolée d'avoir peiné, car j'ai pour lui les sentiments les plus profonds, s'étonne..... me dit que je connais les affaires d'Hersilie Rouy. — C'est bien entendu, puisque je suis chargée de ses affaires, qui, après tout, me regardent.

II

31 janvier 1868. — Pensionnat de l'asile d'Orléans.
À Mme *le Normant des Varannes.*

.... J'ai dit : « J'étais chez Mlle Rouy, chargée de ses affaires. On devait l'enlever ; je l'ai sauvée : on m'a enlevée à sa place, et on m'a *forcée d'être elle*.

En rentrant à Charenton j'avais tous les actes et papiers relatifs à Mlle Rouy ; la supérieure s'en est emparée ; j'avais mes papiers *personnels* ; ils sont sortis de Charenton.

..... Je ne veux pas qu'on souille un ange ; Hersilie était un ange ! Je veux qu'on sache bien que ce n'est pas *elle* qui a été traînée dans les asiles ; je veux qu'on sache bien que cette famille Rouy l'a jetée à la douleur, lui a enlevé ce qu'elle avait gagné à la sueur de son front, l'a avilie, perdue, déshonorée, reniée, entendez-vous bien, Madame ? et que je l'ai sauvée, moi ! en me sacrifiant, et en apportant à la face de tous la preuve des crimes de cette famille.

Et vous venez me dire que j'ai quelque chose à cacher ? Mais si j'avais derrière moi la honte ou l'infamie, de quel front appellerais-je la justice à moi ? Me connaissez-vous, les uns ou les

EXTRAITS DE LA CORRESPONDANCE DE Mlle ROUY. 507

......? Avez-vous vu Mlle Rouy? Ne pouvais-je pas me faire un
jeu de votre confiance, accepter ce nom? Répondez: quel
intérêt ai-je à vous écrire ce que je vous écris? quel bien cela
peut-il me faire? Quoi donc! c'est à Hersilie que vous offrez tout,
et je refuse d'être cette Hersilie que vous aimez sans la connaître?

Eh bien! écoutez-moi encore, Madame: je dénonce la famille
Rouy à la justice; je déclare que Marie Chevalier a vendu son
fils au moment de l'accouchement vrai ou faux de la duchesse de
Berry, et que j'ai eu les pièces en mains.

Et vous voulez que ce soit Hersilie qui dénonce son père, que
ce soit elle qui dénonce ce frère indigne qui l'a fait enlever?
Joli et charmant rôle que vous donneriez à jouer à un âgé de
dévouement et d'amour filial!.... Si vous avez peur de voir une
héroïne, une victime, ne revenez pas; je ne suis pas femme à
reculer devant ma parole, et comme je ne veux pas non plus
jouer vis-à-vis d'une femme d'esprit le rôle d'une pauvre mendiante, je me fais un devoir de me montrer à vous telle que je
suis......

Sur ce, je m'arrête, Madame, vous laissant parfaitement libre
de me juger d'après cette lettre qui, je le crois, est assez longue
et assez explicite.

Votre bien affectueuse et tristement dévouée,
HERSILIE.

III

*10 août 1868. — Observations sur sa lettre à l'Impératrice du
27 mai 1862. (Voir chap. IX.)*

..... J'ai souvent dit : « J'ai vu et lu des papiers, actes signés de
quatre témoins; des lettres attestant que Marie Chevalier est
accouchée aux Tuileries d'un enfant mâle, au moment où sa
prince royal a été salué par le canon et a reçu le nom de Henri-
Dieudonné.....

Le garçon est resté..... *Une fille* est sortie, a été portée en Russie et a été remise entre les mains du grand maître de la police.

Voilà ce que j'ai *vu* et *lu*. J'ai *vu* aussi la fille qui a été conduite à Saint-Pétesbourg ; elle ressemblait beaucoup à la duchesse de Berry, mais en mieux; elle avait la même pâleur, les mêmes cheveux blonds. C'est à *elle* qu'appartient la mèche de cheveux blonds enfermée *sous l'enveloppe ci-jointe*, portant les mots : *A Marie!*

J'avais porté le tout à Charenton (1).

Je fais observer que je ne fais que raconter ce que j'ai *vu* et *lu*, sans donner sur aucun point mon avis personnel. Il est évident que *Marie* (2), qui dit à Valparaiso devoir son aisance à *une fille de don Pedro I*ᵉʳ, a joué un rôle quelconque, non pas au Brésil, mais en France..... Je dis seulement : « Tout cela est une *chose organisée* pour produire une *fille mystérieuse* sur laquelle se trouvent réunies des circonstances telles que rien n'en peut faire trouver le fil. »

Ainsi donc, on ajoute une fille de don Pedro à celle de la duchesse de Berry : on parle d'une *jumelle* de dona Maria..... Mais les dates de 1814 et 1815 ne concordent pas avec les dates de ces deux naissances royales. Comment se fait-il donc que l'astronome Charles Rouy, qui a reconnu un garçon et une fille à ces époques, se trouve mêlé dans ces affaires? Par Henriette, sa femme, sœur de *Marie* (3). Où est celui qui a été l'intermé-

---

(1) L'enveloppe et la mèche de cheveux lui ont été rendues et elle les a soigneusement conservées.

(2) C'est cette Marie Chevalier que Georges Freuch donne pour mère à Hersilie dans sa traduction infidèle, et qu'on retrouve passant pour sa femme à Valparaiso. — D'après dépêche du Ministre des affaires étrangères, elle existait en 1868; cette dépêche disait que Marie Chevalier avait quitté Valparaiso pour se rendre en Californie.

(3) Cette Marie n'a jamais quitté Genève, y est née, s'y est mariée à un M. Boiteux, veuf et père d'un fils, y est morte en 1839. A quelques années de là, MM. Boiteux père et fils se sont suicidés, l'un en Allemagne, l'autre en Suisse, à trois ans l'un de l'autre.

diaire, l'auteur de tout cela, sur lequel cela a roulé en Italie, en France, en Suisse, en Russie et jusqu'en Amérique? celui qui a porté l'enfant en Russie? celui auquel l'astronome a donné un reçu d'*Hersilie* comme lui appartenant?

Quant à moi, je le répète, je n'ai écrit la lettre ci-jointe que pour attirer l'attention sur ce point et sur ce qui est étrange autour de moi.

IV

23 septembre 1868. — *A M*me *le Normant des Varannes.*

..... Ne voyez-vous pas que les choses sont organisées par un maître qui a su prévoir tout, qui a tellement compliqué les tours et les détours, que plus on s'avance dans ce labyrinthe inextricable, plus on s'y perd? Rappelez-vous que je vous ai prévenue que tous ces actes n'étaient que le prélude, le prologue....

V

14 octobre 1868. — *A M*me *le Normant des Varannes.*

Voici quinze ans, chère Madame, que je fais comme Cassandre..... Souvent je me dis que j'essaie une lutte impossible! Mais l'horreur de voir un immense 93 se renouveler, de voir mettre le feu aux mairies, aux asiles, aux églises; de voir pendre des prêtres, des médecins, de voir..... des religieuses livrées à tous les outrages..... me poussent toujours à crier: « De grâce, occupez-vous de moi! faites-moi du bien! justifiez-moi, au nom de votre propre salut! »

Puis je retombe anéantie, brisée, en voyant le mépris répondre à mes cris, et je reste pétrifiée en voyant l'œuvre de

Pierre s'avancer à grands pas ; les libres penseurs, les garibaldiens, les athées s'élever, et l'Église, sapée par tous les bouts possibles, ne résister que par l'aumône, que par le luxe, que par une lutte désespérée qui s'arrêtera tout court devant..... *la pierre de l'Apocalypse*, devant la puissance de la plus effroyable de toutes les terreurs...... Et lorsque je vous vois tous détourner les yeux de ce point pour regarder du côté *des actes* qui doivent être le point de départ pour incendier les mairies et les églises ; lorsque je vous vois me conseiller de me taire, de ne pas dire des *mots* que je ne puis expliquer, parce qu'on pourrait continuer à me séquestrer pour *des mots*, je ne puis m'empêcher de frémir en pensant à la terrible vendetta qui tient le glaive levé.

※ (1)

(1) Cette étoile a servi souvent de signature à Mlle Rouy, surtout à la Salpêtrière et au bas des lettres où elle révélait une partie de ce qui lui avait été dit touchant les projets du bouleversement social de la mystérieuse association dont le comte Petrucci était le chef.

En octobre 1870, on releva, principalement en Normandie, sur des murs, des barrières, après le passage de colporteurs étrangers, les huit signes suivants que les journaux reproduisirent et qu'on prit généralement pour des signes de reconnaissance prussiens.

Leur vue causa à Mlle Rouy une émotion profonde ; l'étoile était, dit-elle, une signature annonçant que le chef de l'association était en France et qu'une année ne s'écoulerait pas avant que l'œuvre de destruction ne fût commencée. On sait ce qui a suivi.

VI

24 octobre 1860. — *A M. et Mme le Normant des Varannes.*

...... Vous m'avez accusée d'avoir cherché à jeter dans le doute, dans l'erreur, dans un dédale inextricable. Je le sais ! et c'est là ce que j'ai dû faire ! ! Que je sois en personne Hersilie Rouy, que je sois son ombre, peu importe, mes bons amis ! peu importent mon nom, mon identité. C'est moi, moi, l'être fatalement choisi pour marcher dans cette voie lugubre qui consiste à mettre sous les yeux de tous un assemblage de crimes inouïs, inexplicables. Et pour ce faire, l'ordre de ma cruelle destinée est qu'on ne sache pas *qui je suis, d'où je viens !* J'ai, vous le savez, demandé une *confrontation*, offert mes papiers dès les premiers jours ; mais je savais que cela ne serait utile qu'à épaissir les ténèbres qui m'entourent. Et voyez-le par vous-même ; plus vous avez de *papiers*, plus les *faux* s'accumulent. D'autres, dans le même genre, mais appartenant, non à une famille française, mais à des familles *étrangères*, et pouvant, par conséquent, me placer *sous une autre puissance, existent comme ceux* que vous avez entre les mains, et *Pierre* y est *Pierre !*

Vous devez comprendre que je ne puis échapper d'aucun côté, et que si j'en appelle à la France, c'est que mon cœur est cette fois d'accord avec mes destinées.

Quant à la confrontation sur laquelle compte tant M. le Normant, je ne puis vous dire que ce que je vous ai dit si souvent : « Malgré les preuves de ma bonne foi, de ma véracité.... c'est à la merci, à la discrétion de ceux qui ont fait *faux* sur *faux* qu'on me livre. » C'est horrible ! Et cela après ce qui m'est arrivé à Maréville, etc.

Le certificat du docteur Payen est une nouvelle preuve de ma connaissance des choses, de ma triste expérience de tout ce que je vous ai dit ! Ces hommes sacrifient impitoyablement ceux qui les gênent. Ceux qui ont eu des torts envers moi m'ont *cachée* de leur mieux. J'ai été pour eux tous un objet d'effroi, d'insomnie, et tous ont agi comme le fait le docteur Payen! C'est épouvantable!.... A quelle occasion me dit-il calme? Il ne m'a jamais vue autre qu'il ne me voit, ne m'a jamais parlé, ni plus ni moins. Je suis, grâce à vous, plus heureuse que jamais; cela pourtant ne m'empêche pas d'écrire, au contraire, car mon cœur vole vers vous! Cela — heureusement! — ne m'empêche pas de m'animer, de parler avec feu, d'être énervée.... ce qui rend le certificat d'autant plus mensonger, que mes écrits prennent de la valeur, et *troublent* et mettent en mouvement toutes les autorités! Voilà le moment que cet homme *choisit* pour me dire *non dangereuse!* Sans cela, j'étais engloutie à jamais. — *C'est sur cela*, c'est sur tout ce qui s'est groupé autour de moi, *qui que je sois*, qu'il faut attacher les yeux, car c'est là le danger, car c'est là la *question publique*. Mon individualité n'est rien en comparaison; ce n'est que la conséquence naturelle d'une organisation ténébreuse qui veut *impressionner* et imposer une femme mystérieuse.... Ne voyez que le but qu'il me faut atteindre; oubliez le nom, l'identité, pour ne voir que la femme et l'amie. Faites lire ceci à M. Tabouret, et dites-lui qu'il *faut* que je parle à Mgr Dupanloup lui-même. Faites lire aussi à MM. Vilneau, de Pibrac, à tous.... Hélas! pourquoi suis-je *moi*? J'aurais vécu si heureuse si j'avais été..... comme tout le monde!

VII

4 mai 1871. — *Extrait de la déposition adressée au préfet de police* (confié à M. le Normant des Varannes).

Il me dit, (août 1854), que le testament de Pierre avait huit exécuteurs testamentaires formant une société formidable et occulte, dont le but était un *bouleversement universel*, les moyens d'autant plus sûrs qu'ils étaient inattendus et les agents inconnus les uns aux autres; que ceux qui étaient *désignés* par cette terrible association ne pouvaient éviter leur sort, étant des êtres sans aucun appui, des enfants élevés par différentes familles dans les mêmes conditions que nous (1); ayant été soumis à de cruelles épreuves et devant venir à un moment donné soulever des réclamations de noms, d'identité, d'intérêts, amenant à leur suite des questions générales d'égalité, de droit, de justice et de croyance; attaquant les institutions civiles et religieuses; plaçant à la tête de ce mouvement prémédité un de ces êtres sans nom, sans âge, sans pays, devant assumer sur lui tout ce qui a été rêvé et prédit de plus terrifiant; un être osant tout, plaçant sur son front le mot *mystère;* prenant en main le pouvoir, marchant, au nom de tout ce qu'il y a de plus saint, au renversement de tout ordre établi.

N'ayant pas d'état civil, les registres devenus inutiles pour tous seront anéantis. De là tout s'enchaînera : chacun n'étant plus que lui-même ne sera élevé que par son propre mérite.

Le testament de Pierre alors sera ouvert, et son immense succession partagée entre ses héritiers. Pour atteindre ce but, rien ne sera épargné. On se servira aussi bien de la terreur superstitieuse que des crimes commis sur les marches du trône, comme dans les bouges les plus infects. On remuera *la cendre des morts*. La liberté de la femme sera proclamée, et les enfants hors la loi, dits enfants de Dieu, etc., etc..... Il ajouta : Il faut vaincre ou mourir. Il me communiqua quatre signes de ralliement devant attester la présence des exécuteurs testamentaires et de leurs agents. Ces signes sont :

L'étoile, qui signifie *Mystère*.		Le poignard, épée ou croix renversée, *Vendetta*.	
La hache, *Justice, Destruction*.		Le croissant, *Dieu, Fatalité!*	

(1) Tels que la princesse Stéphanie de Bourbon-Conti, Naündorff, etc.

Il me dit aussi que les choses devaient marcher vite et sûrement, parce que chaque année, *de tous les coins du monde*, les agents de la société dont il m'avait parlé se réunissaient à époque fixe; qu'en 1870 l'Empereur ne régnerait plus et qu'un grand bouleversement aurait lieu;

Qu'en 1874 on se réunirait.... qu'un nouveau bouleversement, *beaucoup plus grave encore*, aurait lieu — mais dans un autre sens — *par droit divin*;

Que je devais avertir, alors même qu'on ne répondrait à mes avertissements que par la moquerie et le mépris;

Mais qu'une fois que j'aurais bien dit ces choses à un chef responsable, que j'aurais pris des témoins de ce fait, je n'aurais plus à m'en occuper ni m'en inquiéter, parce que mon devoir ne m'obligeait pas à faire entendre les sourds, surtout ceux qui ne veulent pas entendre.

. . . .

Remis à M. le receveur des hospices, qui a étudié les actes, les a confrontés et rapprochés, qui sait que tout ce que j'ai dit et déclaré est et a toujours été vrai.

Hersilie ROUY.

VIII

11 décembre 1872. — *Réponse aux questions posées par M. le vicomte d'Aboville, député du Loiret* (1).

Avant mon enlèvement, vers la mi-août, un *inconnu* est venu m'avertir qu'on allait me faire passer pour folle, me changer de nom, me dire morte, me dépouiller de façon à rendre mon retour dans le monde impossible, fouiller et s'emparer de ma correspondance, parce qu'on me croyait en possession de secrets

(1) M. d'Aboville ne s'occupait encore de Mlle Rouy que comme député et ne fut nommé que deux ans plus tard rapporteur de sa pétition, en remplacement de M. Tailhand.

et de papiers concernant mon parrain, Pierre, fils de Pierre, qui était le chef d'une société secrète formidable dont les ramifications s'étendaient sur tous les points du globe ; que cette société voulait un bouleversement général auquel on procéderait par tous les moyens possibles, ne reculant ni devant le meurtre ni devant l'incendie ; que le but de tout niveler serait atteint par la destruction de tous les papiers civils et financiers, afin que chacun ne fût considéré que selon son mérite personnel, et non selon sa naissance ou sa fortune (1).

« Que la chute de l'empire, fixée pour l'année 1870, époque à laquelle les chefs de cette société devaient se réunir à Paris, serait le signal du commencement de ce pouvoir qui ne se cacherait plus ;

« Que déjà, depuis de longues années, les choses étaient préméditées et arrangées de façon à prouver que les registres de l'État n'étaient que des registres inutiles, où on faisait inscrire ce qu'on voulait et non ce qui était ; que j'en étais une preuve et que c'était pour cela qu'on allait me changer de nom et me faire disparaître, sans prendre d'autre peine que de donner une autre personnalité que la mienne aux administrations publiques ;

« Que, du reste, on avait déjà fait ainsi pour mes deux frères, Ulysse et Télémaque, que nous croyons morts… qu'on les avait éloignés, ainsi que d'autres personnes, parce qu'on craignait de leur part des indiscrétions…… (Voir chap. II.)

« Il joignit à des explications des actes sous seing privé, dont il me recommanda de prendre copie…… Ils étaient faits de façon à faire planer des doutes sur mon identité.

(1) Cette société qui, selon Mlle Rouy, remonterait au XVIe siècle, à la mort du cardinal Petrucci, paraît s'être, comme elle le dit, répandue en France. Sous le Consulat, un certain Pierre Petracchi, (est-ce son parrain ?), se disant fils de Pierre, et d'origine russe ou polonaise, étant venu à Orléans, fut considéré comme suspect et expulsé.

Dans le numéro du Gaulois du 3 novembre 1882, donnant l'organisation des nihilistes en France, il est dit que le chef du comité de Paris est un nommé Krakoff, dit Petruchi : ce pseudonyme est suivi d'un point d'interrogation auquel la lecture de cet ouvrage répond suffisamment.

Il me recommanda de réclamer mon acte de baptême, ainsi que celui de mon frère Télémaque, afin qu'on pût s'assurer de l'existence de ce *Pierre*, dont le nom, comme celui de *Marie*, auquel il se trouve presque toujours joint, est un mot de ralliement.

Je ne puis entrer ici dans d'autres explications au sujet de cette société dont Pierre est le chef. Tout ce que je puis dire, c'est qu'enlevée sous prétexte de tables tournantes, je suis rrivée à Charenton avec toutes les pièces qu'on m'avait engagée à y porter.....

Je n'ai pu parler de rien à Charenton, ni au docteur Trélat, médecin en chef de la Salpêtrière, qui ne m'a pas interrogée une seule fois. Mais ayant été passée aux Grandes-Loges, le docteur Métivié trouva ce que je lui dis fort grave..... (Voir les détails, chap. VII et VIII.)

Je fis remarquer au docteur qu'étant née en Italie, à Milan, en 1814, qu'étant en Russie en 1820, je ne pouvais matériellement pas être née aux Tuileries en septembre 1820 ; alors on dit que je devais être la sœur d'Henri V par notre mère.

Ce qui surtout donne de la gravité à tout cet imbroglio d'actes, qui, lorsqu'on les étudie, paraissent faits pour être tous invalidés, c'est que Henriette Chevalier ne s'appelle pas Marie-Henriette, mais bien *Jeanne-Henriette* ; que cependant on affecte, en ce qui me concerne, d'appuyer sur le nom de *Marie*.... que d'autre part, sur un acte mortuaire fait à propos d'un jeune homme mort assassiné à Marseille et qu'on a dit mon frère, le nom de Marie Chevalier se retrouve comme étant sa mère, au lieu de celui de Henriette, et qu'enfin ce pauvre Télémaque est à Valparaiso avec une Marie Chevalier qui passe pour sa mère, et qu'elle parle d'une fille *disparue* qu'elle aurait eue de l'empereur Don Pedro Ier, ce qui fait que le nom de *Pierre* se trouve encore et toujours joint à celui de Marie.....

Il n'est donc ici question ni de légitimité, ni de bâtardise, ni d'adultère.... Mon frère explique le nom de Chevalier comme il peut, parce qu'il pense qu'il est accusé de l'avoir fait inscrire. Mais il ne l'a jamais attaqué judiciairement, soit que cela lui soit, impossible, soit qu'il n'ait aucun intérêt à la faire. *C'est à ma personne qu'on en veut* ; c'est moi qu'on veut anéantir, que je me nomme de n'importe quel nom. Pourvu qu'on ne connaisse pas mon existence, il est indifférent que j'aie le nom de Rouy. — Mais Henrailie Rouy!!... n'est-ce pas la filleule de Pierre ?...

IX

6 janvier 1875. — *A M. d'Aboville*

Permettez-moi avant tout, Monsieur, de vous souhaiter une bonne année et de vous remercier de tout ce que vous avez fait pour moi depuis que nous avons le bonheur et l'honneur de vous connaître. Vous êtes tellement surchargé que je ne veux pas abuser de vos instants et que je viens répondre le plus brièvement possible à la question que vous posez à M. le Normant.

Non, il n'a *vu les pièces originales* des actes sous seing privé ; elles ont été emportées de Charenton, le 22 septembre 1854, par l'individu qui s'y est présenté sous le nom de docteur Chevalier, individu qui pourrait bien être Charles Johnson, si toutefois Johnson (fils de Jean) n'est pas un pseudonyme comme Petrowitch, Petracchi, Petromanu, Petrucci, (fils de Pierre). Vous devez comprendre que je ne prends pas la responsabilité de ces actes; je ne puis que dire que l'écriture m'a bien paru être celle de mon père ; mais il faut faire la part de l'ingrédient avec lequel on écrit, de la plume, du papier, de l'âge, qui naturellement apportent des modifications. Un expert seul aurait pu décider. Le docteur Chevalier.... m'a fort bien expliqué que ces pièces ne signifieraient rien tant qu'on ne protesterait pas en les produisant pour ou contre moi; que, bien entendu, ce n'était pas moi à m'en servir..... qu'on s'était arrangé pour troubler ma filiation et mon identité.... qu'elles venaient à l'appui des crimes qu'on allait commettre et prouvaient que depuis de longues années on avait prémédité de m'anéantir. Il m'a dit d'attirer l'attention sur ces actes, dont la copie suffit, parce qu'ils sont appuyés par des pièces authentiques....

Quand il a su par moi et la réponse de M. Calmeil et la soustraction de mes papiers, il m'a repris ce qui aurait pu *autoriser* à me changer de nom et à me dire de parents inconnus. Il m'a recommandé de conserver mon nom civil et ma possession d'état tant qu'un *jugement* ne me les aurait pas ôtés. Il m'a assuré (et nous en avons la preuve), qu'on ne m'attaquerait pas *judiciairement*, mais qu'on m'anéantirait clandestinement par des versions telles que celles dont il me donnait connaissance....

.... Mon père était mort lorsqu'on m'a parlé la première fois, en 1849, de ces pièces, et je n'ai vu les actes qu'alors que je ne pouvais plus éviter la catastrophe.

Entendons-nous donc bien : ces papiers existent et sont hors d'atteinte ; ils peuvent être répandus, et je suis fort aise d'en avoir eu connaissance et d'être prévenue contre l'effet qu'ils peuvent produire. Quelle valeur ont-ils si l'on ne poursuit pas ? Aucune, *judiciairement ;* mais ils ont une valeur énorme comme tradition, comme légende, et qui sait le parti qui peut en être tiré ?

Il va sans dire qu'on ne fait pas de telles choses sans un but. C'est donc une épée de Damoclès ; où est-elle suspendue ? Dieu seul le sait !

Et maintenant, Monsieur, je tiens à vous dire que, quoique votre rapport ne soit pas encore fait, je n'en ai pas moins foi et confiance en vous.

On ne peut marcher contre sa destinée. Si *vous* ne pouvez pas, cela explique pourquoi le pauvre M. Tailhand n'a pas pu.

C'est que l'*heure de Dieu* n'est pas *encore sonnée*. Au premier coup, tout changera. J'espère donc contre tout espoir, car je suis bien malade.

Recevez, etc,

Hersilie Rouy.

X

19 novembre 1875. — A M. le Normant des Varannes.

... Aussi j'en reviens toujours à vous rappeler notre convention, qui a été de mettre sous pli et d'attendre, sans en parler, la fin de l'affaire légale; cela viendra tout seul au moment le plus inattendu. Je vous ai dit mille fois, je prouve tout ce que j'avance; vous en réunissez les preuves vous-même. Une bonne fois pour toutes, aujourd'hui comme en 1868 (1), mettez cela dans la salle d'attente, car je ne dirai plus un mot. Je prouverai. Est-ce clair ;

Ouvrez les yeux, et fermez l'enveloppe.

C'est aux autres à chercher à présent.

XI

Nous trouvons cette note dans les papiers de Mlle Rouy :

Je ne puis ici relever toutes les phrases affectueuses qui m'ont été adressées par ma belle-sœur Désirée (Mme C.-D. Rouy). Ses lettres témoignent de nos sentiments d'estime et de fraternelle affection. — Cela suffit pour faire tomber l'accusation *d'ingratitude*, car j'ai toujours fait mon possible pour rendre sentiment pour sentiment, service pour service.

(1) Il s'agit des deux premières lettres dont nous avons donné des extraits.

Fragment d'une lettre de mon père qu'il m'écrivait en 1834, lorsque j'étais à Londres, institutrice chez lady Dillon (4 novembre).

..... Continue donc, ma chère enfant, en faisant l'instruction des autres, à faire aussi la tienne : ce que je vois avec le plus grand plaisir et qui me fait espérer que Dieu ne laissera pas sans récompense ton dévoûment et ta sublime résignation.

Fragment d'une lettre de Mme Désirée Rouy au sujet d'une place qu'on m'offrait en Russie.

..... Quant à ce que tu me dis pour la Russie, je pense comme toi que ta présence est trop nécessaire à notre vieux père pour que tu le quittes à présent..... Applique-toi à cultiver l'amitié de M. de Saint-Léger et de ceux qui t'aiment sincèrement et attache moins d'importance à la méchanceté perfide de..... Tu lui as toujours trop montré qu'elle pouvait impunément t'affliger; mais si vous restez ensemble, pour Dieu! ne te laisse donc plus mener et agiter par elle !

Ta véritable et sincère sœur et amie,

F^{me} D. Rouy.

Limoges, 4 septembre 1843.

POST-SCRIPTUM.

Au moment de terminer l'impression de cet ouvrage, nous apprenons l'échec définitif de M. Manier devant le Conseil général, au sujet des dépenses faites par le département de la Seine pour Mlle Rouy.

Cet échec est la confirmation éclatante de ce que les *Mémoires* de Mlle Rouy et sa douloureuse odyssée ont suffisamment démontré à qui les lira sans parti pris : c'est que toute réclamation, quelque juste qu'elle soit, sera toujours étouffée dès qu'elle concerne une personne qui a passé par les asiles, tant la compagnie aliéniste est puissante et prompte à écarter tout ce qui, de près ou de loin, pourrait conduire à l'examen de ses actes.

Il ne s'agissait nullement, dans la question posée au Conseil général, de savoir si la séquestration de Mlle Rouy avait été régulière ou irrégulière, légitime ou arbitraire, mais bien si ses auteurs devaient être recherchés pour avoir, par une fausse déclaration d'indigence, laissé dilapider l'avoir de la séquestrée et mis sa pension à la charge du département.

Le comité consultatif, appelé à donner son avis sur le point de savoir si, puisqu'on apportait les preuves écrites de la façon dont ils avaient opéré la séquestration et déclaré Mlle Rouy sans ressources et sans famille, MM. Pelletan et Rouy devaient être actionnés par le département en vertu de l'article 1383 du Code civil, qui dit : *Chacun est responsable du dommage qu'il a causé, non seulement par son fait, mais par sa négligence ou son imprudence;* le comité consultatif, reléguant aux considérations accessoires la question de finances et de responsabilité qui lui était seule soumise, se répandit en considérations aussi erronées qu'étrangères à cette question, pour prouver que M⁽ˡˡᵉ⁾ Rouy était folle et que sa séquestration était régulière, niant l'importance ou la valeur des preuves les mieux établies.

« Attendu, dit-il, qu'en ce qui touche à la prétendue séquestration arbitraire, la note (de M. Manier) se borne à signaler l'opinion du Ministre de l'intérieur, en 1869, celle du directeur de l'administration départementale et communale en 1878, suivant lesquelles l'internement de 1854 aurait été arbitraire, sans d'ailleurs appuyer cette opinion *personnelle d'aucune preuve, d'aucun document* (1), alors qu'à cette date les certificats des médecins les plus distingués, les plus honorables, les moins suspects, venant se contrôler l'un l'autre, établissent à maintes reprises, et chaque fois qu'il s'agit de transférer l'aliénée dans un nouvel établissement, l'état pathologique de la malade et la nécessité, tant pour elle-même que pour les autres, de la tenir enfermée.

« Vu tous les rapports, toutes les pièces; vu *la note de M. Jean Rouy*, etc. »

M. le rapporteur s'attache uniquement à justifier le médecin qui a donné le premier certificat d'écrou, et arrive à cette conclusion assurément inattendue :

« Si l'administration a été induite en erreur sur la situation de la demoiselle Chevalier Rouy en la lui présentant

---

(1) Cette opinion *personnelle* était basée sur les consciencieuses enquêtes de M. le président Tailhand, de M. le vicomte d'Aboville, et sur celles de MM. les Ministres de l'intérieur de 1869 et 1878. (Voir chapitres XIV, p. 305 ; XVIII, XIX, XXI, p. 467 à 478.

comme indigente, ce fait ne peut être imputé au docteur Pelletan pas plus qu'à M. Rouy.

« Le sieur Pelletan et le sieur Rouy n'avaient aucune qualité pour prendre une décision de cette nature (placement aux indigentes de la Salpêtrière), soit même pour s'y opposer, et dès lors l'article 1388 ne peut être invoqué contre eux. »

Pour démontrer la fausseté de cette appréciation, il nous suffira de renvoyer le lecteur aux faits officiels constatés dans ces *Mémoires*, notamment pages 78 et suivantes; 250, 297, 299, 306, 340, 364, 376, 381 à 385, 388, 443, 470, 483, 486 et 488.

L'avoir de l'aliéné doit être sauvegardé par celui ou ceux qui prennent l'initiative de la séquestration, et si, par négligence, mauvais vouloir ou imprudence, ils se dispensent de le faire, ils sont tenus d'en subir la conséquence en réparant le tort commis.

Ce n'est pas ainsi que l'entendait le comité; non seulement MM. Pelletan et Rouy n'étaient pas responsables, mais Mlle Rouy l'avait reconnu elle-même en ne les attaquant pas. On oubliait que son dénûment absolu et le double refus d'assistance judiciaire qu'elle avait éprouvé avaient seuls assuré l'impunité des coupables. Mlle Rouy s'étant désistée de toute poursuite contre les fonctionnaires, l'État se trouvait exonéré et c'était à la victime elle-même, ou pour mieux dire à sa succession, si elle en avait laissé une, car elle était morte dans l'intervalle, que le département devait demander le remboursement de ses dépenses!!

Nous extrayons du *Bulletin municipal* le compte-rendu abrégé de la discussion qui eut lieu à ce sujet dans la séance du Conseil général du 22 décembre 1882, et le livrons sans commentaire à l'appréciation des lecteurs:

M. Manier. — En 1880, le Conseil a invité l'administration à prendre les mesures nécessaires pour rentrer dans les débours faits par le département pour l'entretien, pendant quatorze ans, de Mlle Hersilie Rouy, séquestrée illégalement dans un asile d'aliénés. Je demande à l'administration quelles mesures elle a prises. On nous a fait connaître un avis du comité consultatif qui ne tend à rien moins qu'à ériger en droit cette maxime : « Les battus paient l'amende. »

Je ne puis admettre cette solution. Le département est créancier de l'État qui est responsable des fautes de ses agents. Il faut que l'État paie les 6,225 fr. indûment payés par le département.

M. le Sous-Directeur des Affaires départementales. — Le Conseil a décidé que l'administration s'en remettrait à la décision du comité consultatif pour poursuivre ou non la revendication contre l'État. Le comité consultatif a émis un avis très net, qui est que tout recours contre l'État serait illusoire.

Dès lors le département ne pourrait poursuivre le recouvrement que sur la succession de Mlle Hersilie Rouy ; or, cette demoiselle n'a rien laissé, puisqu'elle n'a vécu, à sa sortie de Charenton, que grâce à un subside de l'État. L'administration pense donc qu'il n'y a aucune suite à donner à l'affaire, et cela d'autant plus que, si quelqu'un avait chance d'obtenir gain de cause contre l'État, c'était la victime ; or, Mlle Rouy n'a pas cru devoir actionner l'État.

M. Manier. — L'État est-il, oui ou non, responsable de ses agents ? Oui. Si les agents fautifs ont disparu, l'État reste : il faut l'actionner. Si Mlle Rouy n'a pas poursuivi l'État, c'est qu'elle aimait mieux transiger pour avoir les moyens de vivre.

Mais le département, lui, n'a accepté aucune transaction. Il est créancier. Il doit poursuivre son débiteur. Si nous perdons, nous saurons que lorsqu'on est entre les mains de l'État on perd tout droit : cette décision ouvrirait une nouvelle carrière au révolver. On n'aurait plus d'autre recours que la force.

Quant à poursuivre la succession Rouy, ce serait monstrueux, puisque Mlle Rouy est la victime.

M. le Sous-Directeur des Affaires départementales. — Je répète que nous nous sommes conformés aux instructions du Conseil général. Le comité déclare que tout recours est inutile. Le tribunal des conflits, dans un cas analogue, a décidé dans le même sens. Dès lors, pourquoi faire des frais inutiles ?

M. Massier. — Pour le principe, pour qu'il soit constaté que les agents de l'État peuvent commettre un abus, sans que l'État soit actionnable.

CHAMBRE DES DÉPUTÉS. — BUREAU DES PROCÈS-VERBAUX ET PÉTITIONS.

*Le Président de la Chambre des députés
à M. le Normant des Varannes.*

Paris, le 12 janvier 1883.

La sixième commission des pétitions (1) a prononcé le renvoi au Ministre de l'intérieur, sur la pétition de M. le Normant des Varannes, inscrite au rôle général sous le n° 596.

Cette résolution est insérée au *Journal officiel* du 12 janvier 1883.

(Application de l'article 66 du règlement de la Chambre des députés.)

(1) Membres : Daron, *président;* Cavaignac, Desmons, Cirier, Outters, Laroche-Joubert, Ringuier, Escande, Vielfaure, Bacquias et Datas.

Sommaire de la pétition et motifs de la commission.

Pétition n° 596 (*déposée par M. ARNOULT, député du Finistère.*)

M. le Normant des Varannes, à Orléans, demande à la Chambre la révision de la loi du 30 juin 1838 sur les aliénés, et lui soumet à ce sujet un ensemble de considérations.

Motifs de la Commission. — M. le Normant des Varannes s'occupe depuis douze ans des questions relatives aux asiles d'aliénés. Il a été mêlé à diverses affaires de ce genre et a pu se rendre compte, à l'occasion, de certaines séquestrations arbitraires, des nombreux et graves défauts de la loi de 1838. Le récit qu'il fait d'une de ces séquestrations, les détails précis et intéressants qu'il fournit, les difficultés et les obstacles sans cesse renaissants qu'il fait connaître, et qu'il a dû surmonter avant d'obtenir la mise en liberté de la personne séquestrée, jettent la plus vive lumière sur cette question.

Aussitôt que la commission extra-parlementaire chargée de préparer la révision de la loi de 1838 fut nommée, le pétitionnaire songea à lui adresser les documents qu'il avait recueillis. Leur communication actuelle est on ne peut plus opportune. La Chambre est saisie d'une proposition ayant pour objet de modifier le règlement sur les asiles privés consacrés aux aliénés. La commission chargée d'étudier cette proposition conclut à la prise en considération. De son côté, le gouvernement fait étudier la question par une commission extra-parlementaire.

En attendant la composition d'une commission parlementaire, qui ne peut tarder beaucoup, la commission pense que le mémoire de M. le Normant des Varannes peut être utilement communiqué à la commission extra-parlementaire, et dans ce but propose le renvoi à M. le Ministre de l'intérieur. (*Renvoi au Ministre de l'intérieur.*)

Rapporteur : M. ESCANDE.

Extrait des dispositions testamentaires que Mlle Rouy m'a remises le 19 mars 1879, en me nommant son légataire universel et son exécuteur testamentaire.

« Je déclare que tous les meubles, tableaux, garniture de cheminée, glaces, livres, la montre et sa chaîne, sont à M. et Mme le Normant des Varannes (M. le Normant des Varannes est receveur des hospices d'Orléans).

« Je leur lègue toutes les copies des pièces authentiques, lettres autographes des députés, littérateurs, etc., qui se trouvent au bas de mon armoire, et qui portent sur les paquets désignation de leurs noms.

« Cette affaire à laquelle ils ont travaillé leur appartient, et ils pourront la publier soit en s'entendant avec un éditeur, un journal, ou une société voulant en tirer drame ou roman. »

Pour copie conforme :
Vicomte E. D'Aboville.

Orléans, le 14 octobre 1881.

LISTE ALPHABÉTIQUE *des personnes qui, à un titre quelconque, sont intervenues dans ma vie et dans celle de Charles Rouy* (1).

I

FRANCE.

Berry (Mme la duchesse), 3, 169, 508.
Chambord (M. le comte de), 170, 341, 502.
Eugénie (l'impératrice), 168, 312, 347, 473.
Jérôme (Le roi), 3.
Harcourt (d'), secrétaire du Président de la République, 477.
Mac-Mahon (Duchesse de Magenta), 477.
Louis XVIII, 3.

ITALIE.

Beauharnais (le prince Eugène de), vice-roi d'Italie, 3.

RUSSIE.

Constantin (le grand-duc), vice-roi de Pologne, 2.
Heym (Y.-A.-C. de), conseiller d'État, recteur de l'académie de Moscou, 499.
Lapoukine (Mme la générale Dorothée de), 499.
Nicolas (Alexandroff), 502.

---

(1) Nous avons dû, pour restreindre en un seul volume de Mémoires les volumineux écrits laissés par Mlle Hersilie Rouy, supprimer forcément bien des détails; mais pour nous conformer à son désir de payer un tribut de reconnaissance à tous ceux qui se sont intéressés à son triste sort, nous avons dressé une liste aussi complète que cela nous a été possible des personnes mêlées à son histoire à un titre quelconque. Les noms qui ne sont pas accompagnés d'une pagination spéciale, rentrent dans la catégorie de ceux auxquels elle exprime sa gratitude d'une façon collective, pages 303, 379 et 477.

On trouvera aux Archives du Loiret l'expression de sa volonté à ce sujet, et plus de cinq cents lettres, adressées à elle ou à ses défenseurs, classées par dossier et par ordre alphabétique, avec un catalogue détaillé qui facilitera les recherches.

PORTUGAL.

Hermosa, ambassadeur, 3.
Dona Maria, reine de Portugal, 3, 508.

BRÉSIL.

Don Pedro Ier, empereur, 508.

RÉPUBLIQUE ARGENTINE.

Mitre (Le général), président, fils de Don Bartholomeo Mitre, 2.

II

Hauts fonctionnaires.

Babinet, 417, 421.
Beulé,
Bosredon (de), 306.
Broglie (Le duc de),
Cazot,
Constans,
Damas-Hinard, 310, 313.
Dufaure, 453, 465.
Fleury (Le général), 310.
Fourtou, 388, 395, 454, 461.
Forcade de la Roquette, 311.
Frossard (Le général),
Goulard (de),
Greffier, 317.
Lefranc (Victor),
Marcère (de), 424, 463, 468, 470.
Normant (Paul le), 317.
Ollivier (Émile).
Ollivier (Adolphe).
Pradel (Comte de), 388.
Simon (Jules), 461.
Welche, 461.

III

Docteurs-médecins. — Inspecteurs généraux.

Audiat, 74.
Auzouy, 128, 133, 137, 143, 148, 157, 441.
Baille, 143.
Broc (Alfred), 162.
Constans, 134, 449, 454, 457.
Calmeil, 92, 427, 431, 435.
Charpignon,
Chipault.
Clinchamps (de),
Desplanels (Léopold de).
Falret, 125.
Favre (Henri), 308, 310, 369.
Ferrus, 134.
Foville, 149, 151, 154, 427, 433.
Gérard de Cailleux, 152.

LISTE ALPHABÉTIQUE. 531

Halmagrand père, 365, 483.
Halmagrand (Robert).
Husson, 183, 254, 299, 354, 422.
Khun, 143.
Lasègue, 91, 92, 115, 202, 204, 440.
Laurent, 369.
Lepage père, 267, 269.
Lepage fils, 449.
Lapeyrère, 369, 374.
Lhuillier (Octave), 177, 363.
Lombard, 45.
Lorraine.
Lunier, 272.
Mérier, 143.
Métivier, 100, 110, 170.
Minel, 143.
Normant des Varannes (le), 308, 332.
Parchappe, 164, 167, 172.

Payen (Narcisse), 209, 212, 217, 263, 275, 281, 297, 443, 446, 467.
Pelletan (Baron de Kinkerlin), 50, 77, 80, 82, 84, 103, 198, 207, 250, 337, 472.
Pallevoisin, 155, 156.
Piroux, 191.
Poret, 179, 185, 188, 190, 192, 460.
Reber (Léon), 148, 170.
Renaudin (Emile), 146.
Renaud du Motey, 149, 153, 174, 178, 437.
Rotta, 18, 22.
Teilleux, 148.
Trélat, 99, 100, 123.
Verjan, 428, 430.
Verron, 158, 161, 162, 166, 173.

IV

Fonctionnaires divers.

Aubert, comm^{re} de police.
Basse, directeur, 105, 127.
Barroux, directeur, 136, 140, 192, 340, 427, 432.
Behr (Baron de), préfet, 390.
Belœuf (Mlle), surveill^{te}, 102.
Brévelet (Mlle), *idem*, 179.
Besançon, chef de division.
Boisbourdin, 229, 235, 246, 249.
Boué, directeur, 82.
Boulay, adjoint, 495.
Camescasse, 481, 482.
Chalais (Comte de), 347.
Chandenay, préfet, 131, 136.
Clericetti, Milan, 494.
Chevillard, chef de cabinet.
Cicognara, Milan, 494.
Conneau, secrétaire, 346.
Crisenoy (de), 462, 467, 471, 476.
Doinel, archiviste, 1.
Durangel, 305, 307, 317, 319, 390, 440, 445, 449.
Dureau (Louis), 257, 262, 276, 304, 319, 356, 423, 425.
Follet, chef de division, 317, 319, 404, 444, 446.

Forestier (le), fondé de pouvoir à la recette générale.
French (George), 495.
Germon (Alexis), maire.
Gigot (Albert), préfet.
Guilini (Milan), 494.
Gobert, directeur, 346.
Gotti (Charles), Milan, 491.
Jolibois, commissaire, 346.
Jeuffrey, 312, 325, 329, 345, 460.
Jullet, 205, 326, 329.
Haussmann, préfet, 142, 152, 200.
Havet (Charles), 345.
Latour (Mme), 126.
Lesourd (Amédée), 263, 276, 287, 292.
Leveau (Alfred), 287, 292.
Levin (de).
Lherbon de Lussats, 164, 177.
Loiseleur, bibliothécaire,
Machard-Gramont, admin.
Magne, receveur général.
Mettetal, 323, 329, 426, 446,
Michon, 468.
Noguelle, secrétaire général de Milan, 493.
Normant des Varannes (Edouard le), 274, 276, 286, 302, 328, 351, 355, 358, 361, 368, 380, 387, 416, 417, 440, 449, 453, 456, 462, 464, 482.
Nupart (Bruxelles), 402.
Paris (Mme), surveillante, 179, 181, 183.
Pascal, 346.
Paul (Marquis de Saint-), 171.
Pécheux, agréé.
Pereira (Alfred), 357.
Pibrac (Comte de), 257, 263, 268, 273, 283, 361, 496.
Piébourg (Julien), 295, 477.
Piétri, 345, 347.
Pizzamiglio (Joseph), 494.
Rabut, 314.
Renault (Léon), 357, 368, 409.
Rochelambert (Marquis de la),
Renaudin (Émile), 146.
Rogniat (baron), 139, 142.
Ronceray, 287, 295.
Rouy (Laurency), chef de division, 274, 491.
Sazerac de Forges, 448.
Sanglier, 462.
Soyher, préfet, 188.
Stroppé, 46, 77, 327.
Tapin, 146.
Vignat, 284.
Vilneau (Auguste), 256, 273, 279, 283, 350, 366, 387.

V

Députés.

Aboville (Vicomte d'), 67, 79, 326, 365, 408, 412, 433, 454, 463.
Arnoult (Georges), 526.
Audiffret-Pasquier (Duc d'),
Aumale (Duc d'),

Benoist d'Azy, vice-président de l'Assemblée, 28, 174, 177, 361, 394, 437.
Berthier, 452.
Cochery, 365.
Crespin, 365.
Dréolle (Ernest), 341, 343.
Dumarnay (Auguste), 385.
Escande, 526.
Estancelin,
Fousset (Eugène).
Gambetta (Léon), 334, 341.
Glais-Bizoin, 342.
Harcourt (Comte d'), 449.
Jaubert (comte).

Joinville (prince de).
Joson (Paul).
Lanjuinais (vicomte), 343.
Magnin, 342.
Nemours (prince de).
Pelletan (Émile), 344.
Pereira (Alfred), 356.
Petau-Grandcour.
Rességuier (de), 416.
Robert de Massy, 301.
Tailhand, 67, 139, 185, 205, 240, 234, 375, 380, 387, 416, 427.
Tallon (Eugène).
Tailhouet (de), 344.

VI

Magistrats et avocats.

Baguenault de Puchesse, avocat, 305.
Beudant, recteur de l'école de droit, Paris.
Bimbenet (Eugène);
Bimbenet (Daniel), 387.
Bodan (du), proc. imp., 226.
Borie, procureur.
Boussion, président.
Carré, avocat.
Cotelle (Auguste), av., 308.
Coulon (Georges), av., 328.
Cuzon (Jules), avocat.
Ducessois (Louis), 496.
Desplanches, av., 463, 468.
Despond (Anatole), av., 352.
Dubec (Jules), avocat.
Dubois d'Angers, premier président, 387.

Escoffier, avocat.
Favre (Jules), avocat, 308.
Forest, conseiller général.
Frémont, conseiller, 387.
Gillet (Eugène), président de chambre des avocats.
Grandperret, procureur général, 211, 257, 261, 268.
Grattery, substitut, 268.
Helbronner (Horace), avocat, 328, 334.
Huc, professeur de droit à Toulouse.
Lachaud, avocat, 334.
Leroux, président de chambre, 387.
Leblond, avocat, 336, 338.
Leroy, substitut, 132.
Lesage (Paul), av., 334, 341.

Loture (de Lille), cons., 387.
Manier (Jules), conseiller général, 483, 486, 521.
Mauge du Bois des Entes, conseiller, 387.
Paulmier, conseiller, 387.
Pécheux (Th.), agréé.
Procureur impérial (Charenton 12 septembre), 54, 465.
Premier président (Nancy), 171.
Salzac, avocat.
Taille (Ch. de la), conseiller, 387.
Taille (de la), avocat.
Tenaille d'Estais, proc. général, 275, 359, 379, 418.
Vacheron, avoué, 462.
Vigneaux (Sydney), av., 309.

VII

Artistes. — Hommes de lettres. — Journalistes.

Azevedo (Alexis), 311, 342.
Aubert, 497.
Beauvalet, 311.
Bonnardot, journaliste.
Besson (Ernest), journ., 478.
Brunet de Boyer, journ., 478.
Camp (Maxime du), homme de lettres.
Cantin (Mlle), 311.
Capoul, 311, 351.
Claretie (Jules), 342.
Cochinat (Victor), journ.
Collot, journaliste, 303, 477.
Coquille, journaliste.
Dabier, 311.
Devriès (MM^{lles}), 311.
Doucet (Camille), 350.
Duvernoy (Henri), 342.
Frollo (Jean), journaliste.
Gack, 311.
Gauthier (Théophile), 6.
Genret, artiste, 311.
Girardin (Emile de), 67, 68, 364.
Godinot, journaliste, 477.
Godou (Alexis), 305, 478.
Gouzien (Armand), journ.
Guéroult (Constant), journ.
Guibert (Mlle Néomie), 311.
Guyot (Yves), 477.
Herz (Jacques et Henri), 6.
Henri, de l'Opéra, 6.
Lamoureux (Charles), 311.
Lapommerais (Henri de), 311.
Loddé, 311.
Mallart, 6.
Magnard (Francis), 363, 364.
Ponchard (M. et Mme), 6, 477.
Puget (Émile et Alfred), 311.
Prunier, (6).
Pont-Jest (René de), 367.
Remy (de Saint-), 331.
Salesse, 311.
Sarcey (Francisque), journ.
Sauvestre (Charles), 305, 311.
Serret (Philippe), 487.
Sevestre (Mlle), 311.
Simon, journaliste.

Sambert (Stéphan), 390.
Solet (M.), 249.
Taoul (Henri), journaliste.
Vacquerie (Auguste), 499.

Villemessant (de), fondateur du *Figaro*.
Waldor (Mme Mélanie), 49.
Wartel, de l'Opéra, 6.

VIII

Ecclésiastiques et Religieuses.

Arsène, (Sœur), 140.
Bara (Mme), 54.
Blanchard (L'abbé).
Bertosoglio, archevêque de Milan, 496.
Carcano, 496.
Coquerel (Athanase), 63.
Desbrosses (L'abbé).
Dupanloup, évêque d'Orléans, 262, 356, 394.
Emilienne, (Sœur), 143, 157.
Guibert, archevêque de Paris, 439.
Gervasoni, chanoine, 496.
Jacquet (L'abbé).
Liduvine, (Sœur), 173 à 175, 437.
Louisa, sœur, 166.
Malherbe (l'abbé), 499.
Marie, sœur, 143.

Mermilliod, évêque d'Hébron.
Milan (L'archevêque de), 267.
Nicolaï (Mme de), religieuse du Sacré-cœur.
Pafard, chanoine à Valparaiso.
Placide (Sœur), 265.
Pierri (le R. P.), 502.
Raulx (L'abbé), 132.
Roux (L'abbé), curé de Raucourt.
Sibour (Mgr), 4.
Saint-Sauveur (Sœur), 132, 436.
Sainte-Sophie, supérieure, 61, 174, 376, 436.
Tabouret (L'abbé), premier aumônier.

IX

Divers.

Allais (Mlle Stéphanie), Orl.
André (M. et Mme), 6, 7.
André (Mme Dominique), 6.
Arnoux (M. et Mme S.), Orl.
Barroux (Mme), 135.

Benoît d'Azy (La vicomtesse), Paris, 28.
Bernay (M. et Mme), Orl.
Boissière (M. et Mme), Orléans, 235.

Bertrand Dujoncquoy (M. et Mme), Orléans.
Blanchard (M. et Mme),
Boucher de Molandon (M.).
Boutroux (Mme), 8.
Buchepot (marquis de).
Cambis (comte de), 35.
Chambeyron (Mme et Mlle).
Chapelin (Mme et Mlle), 63.
Charoy aîné, Orléans.
Chaudron, 501.
Chevalier (Jeanne - Marie), femme Boiteux, 2.
Chevalier (Marie), Valparaiso, 494, 502.
Chevalier (Jeanne-Henriette), 495.
Clinchamp (Mme de), Orl.
Cochin (Augustin), 174.
Couturier (Mlle), Orléans.
Decazes (Mme la duchesse), Paris.
Delille (Mlle), Orléans.
Delion (Mlle), Orléans.
Del Lago (Baronne), 27, 30, 39, 41.
Deshayes-Bonneau, Orl.
Desjardins (M., Mme et Mlle), 359.
Desplanels (Le colonel et MM^{mes} de), Orléans.
Dillon (Lady), 5.
Dreux (Mlle Joséphine), Orl.
Dumay (Mlle), 8.
Dureau (Mme), 317.
Faby (Vicomte et vicomtesse de), Paris.
Flavigny (Mme de), 353.
Foucher de Careil (Comt^{sse}.
Fougeron (Emile), Orl.
Fournier, prés. de section.
Fousset (M. et Mme), Orl.
Gaillard (Charles), Orléans.
Galard de Zaleu (Mme de), 5, 388.
Gagniet (Ernest), Orléans.
Garsonnet (Eugène), Inspecteur général, 334, 341.
Garsonnet, professeur à l'École de droit.
Gaucheron (Mme), Orléans.
Geffrier (Victor de), Orl.
Grenard (M. et Mme), 36.
Gollier (Mme veuve), 402.
Grozelier (Mlle de), 47, 71.
Guercheville (comt^{sse} de).
Hayet (Mme), 69, 74.
Hamilcar (Joséphine), 54.
Hême (Mme), Orléans.
Houry (Alexandre).
Illiers (M. d'), Orléans.
Imbault (Henri), avoué, Orl.
Ivan (Nathaly et Nadejda), 499.
Jacob (Georges).
Johnson (Charles), 30, 33.
Joubert (Mlle de), 54.
Lafitte (Mme), 83.
Lambel (Cte et Ctesse de), 191.
Landreloup (Gustave), Orl.
Latour (Léon).
Lefebure (Mme), 43, 68, 74.
Leclerc (Henri et Jules), 436 à 438.
Mareau-Grandcour, 311.
Mareau (Jules), 311.
Massicart (Félix), Orléans.
Maur (M. et Mme E. de Saint-), 177, 263.
Maur (M. de Saint-), conseiller général, Orléans.
Migout de Furcy (Mme), 308.

LISTE ALPHABÉTIQUE.

Mirville (Marquis de).
Mistral (Jean), 457.
Molgfini frères, Orléans.
Montandoin (M. et Mme de).
Monillet (Mlle), 380, 481.
Moufflette (Mlle), 197.
Montoney (Mlle de), Paris.
Nazon (colonel de), Orléans.
Nicolle (Famille), 42, 45, 47,
Normant des Varannes (Mme Edouard le), 273, 276. 328, 351, 387, 416, 436.
Normant des Varannes (Mme et Mlle Constant le).
Normant des Varannes (M. et Mme Ulrich le).
Normant (le), 293, 297.
Ocarol de Pazos (Mme Fany), de Valparaiso.
O'Riordan (La comtesse), Orl.
Oyarcin (Mlle), Valparaiso.
Pascal, 346.
Pastur, 401.
Piessac (Mme de), Orléans.
Pellagot (Le colonel), Orl.
Pelletier, ancien administr.
Pereira de Lisa (Mme), Gênes.
Pigeonneau (François), Paris.
Petracchi, 29, 496, 503, 515.
Petroman, 29, 497, 503.
Petrucci, 29, 496 à 503.
Petrowicht, 29, 496 à 503.
Petruski, 515.
Porcher (Fernand), 311.
Proust-Michel (M. et Mme).
Reboul-Richebraque (Mme), 18.

Reversé (Mlle Marie), Orl.
Rogniat (La baronne), 136.
Rouy (L'astronome Charles), 2, 21, 494, 500 à 502.
Rouy (Mme Laurency), Paris, 491.
Rouy (Claude-Daniel), 10, 79, 94, 249, 296, 299, 301, 340, 365, 381, 397, 405, 446, 474, 501, 522.
Rouy (Jean), 339, 478, 489, 502.
Rouy (Henri), 84, 397.
Rouy (Georges), 479.
Rouy (Jean-Charles-Télémaque), 2, 497.
Rouy (Dorothée), 2, 497.
Rouy Mitre (Louis-Ulysse), 1, 515.
Rouy (M. et Mme Etienne), 8, 10.
Rouy, famille de Prusse, 345, 491.
Rotalier (Cte et Ctesse de), 58, 69, 74.
Roy, 501.
Salmon (Mlle), Orléans.
Serron (M. et Mme), Orléans.
Soyer (M.), Paris.
Tailhand (Mme et Mlle), Par.
Touanne (Le vicomte Anatole de la), Orléans.
Tranchau, inspecteur d'Académie, Orléans.
Valory (de), 136.
Vagnet, 191.
Vilneau (Mme et Mlle), Orl.

ERRATA.

Page 209, ligne 10, au lieu de *hautes position*, lisez *hautes prétentions*.

Page 295, ligne 25, au lieu de *pitié de rien*, lisez *pitié de moi*.

TABLE DES MATIÈRES.

	Pages.
Préface	I
Avant-propos	XI
Chapitre premier. — Abrégé de ma vie	1
Chapitre II. — Ce qui a précédé mon enlèvement	27
Chapitre III. — Mon enlèvement et mon entrée à Charenton	50
Chapitre IV. — Qui a fait agir le docteur Pelletan	65
Chapitre V. — Charenton : placement, enregistrement, transfert	76
Chapitre VI. — De Charenton à la Salpêtrière. — La Préfecture de police	87
Chapitre VII. — La Salpêtrière. — Première mise en liberté. — Mon arrestation	100
Chapitre VIII. — Ma rentrée à la Salpêtrière. — Premier transfert en province. — L'asile de Fains	119
Chapitre IX. — Deuxième transfert en province. — Asile de Maréville	142
Chapitre X. — Asile d'Auxerre	178
Chapitre XI. — L'hôtel Saint-Michel. — La Préfecture de police	196
Chapitre XII. — Asile d'Orléans. — Première partie	208

TABLE DES MATIÈRES.

	Pages.
Chapitre XIII. — Asile d'Orléans. — Deuxième partie. — Le pensionnat.	249
Chapitre XIV. — Asile d'Orléans. — Troisième partie. — L'arrivée de mes papiers.	273
Chapitre XV. — Paris. — L'enquête Rabut-Constans. — Refus d'assistance judiciaire.	307
Chapitre XVI. — Pétition aux Chambres. — La déclaration de guerre. — Retour à Orléans.	341
Chapitre XVII. — Pétition à l'Assemblée nationale.	356
Chapitre XVIII. — Ma pétition. — M. Tailhand, premier rapporteur.	375
Chapitre XIX. — Ma pétition. — M. le vicomte d'Aboville, deuxième rapporteur.	395
Chapitre XX. — Coup d'œil rétrospectif.	417
Chapitre XXI. — Conclusion.	448
Chapitre XXII. — Suites d'une réparation amiable.	477
Pièces justificatives.	492
Extraits de la correspondance de Mlle Hersilie Rouy.	505
Post-scriptum.	521
Liste alphabétique.	529
Errata.	538

Imp. Georges Jacob. — Orléans.